I0286719

www.ingramcontent.com/pod-product-compliance
Lightning Source LLC
Chambersburg PA
CBHW021829220426
43663CB00005B/178
9789186131470

مجموعه آثار صادق هدایت

مجموعه آثار صادق هدایت

جلد هفتم

برگردان به فارسی از زبان پهلوی

تحت نظر
بنیاد صادق هدایت و بنیاد کتابهای سوخته ایران

SADEGH HEDAYAT FOUNDATION

The Iranian Burnt Books Foundation بنیاد کتابهای سوخته ایران

طرح روی جلد از لیلا میری

مجموعه‌آثار صادق هدیت ـ Sadegh Hedayat - L'Oeuvre Complèt

جلد هفتم ـ VolumeVII

برگردان به فارسی از زبان پهلوی

ISBN 978-91-86131-47-0

تحت نظر

بنیاد صادق هدایت و بنیاد کتابهای سوختهٔ ایران

ویرایش اوّل ـ چاپ اوّل

مرداد ۱۳۹۱ –August 2012

نشر بنیاد کتابهای سوخته ایران

گروه انتشارات آزاد ایران

www.entesharate–iran.com

© کلیه‌ی حقوق برای بنیاد صادق هدایت (جهانگیر هدایت) و گروه انتشارات آزاد ایران (دکتر سام واثقی) محفوظاست. تهیه‌ی هر گونه اثر از متن این مجموعه و یا بخشی ازآن چه در ایران و چه در خارج از ایران طبق قانون کپی‌رایت ایران و کپی‌رایت بین‌المللی منوط به اجازه‌ی کتبی بنیاد صادق هدایت و گروه انتشارات آزاد ایران است.

IV

فهرست

پیشگفتار	VII
زند و هومن یسن	۱
کارنامه اردشیر پاپکان	۱۵۹
گجسته ابالیش	۲۱۱
شهرستان‌های ایران	۲۱۷
گزارش گمان‌شکنی	۲۳۵
یادگار جاماسپ	۳۵۵
آمدن شاه بهرام ورجاوند	۳۷۱

پیشگفتار

صادق هدایت در سال ۱۳۱۵ به هند سفر کرد. اما این سفر به این سادگی‌ها و برای گردش نبود بلکه مقدماتی چند فراهم آمدند تا این سفر برای او پیش آید.

در سال ۱۳۱۳ صادق هدایت ممنوع‌القلم شد. ماجرا از این قرار بود که کتاب مستطاب «وغ وغ ساهاب» را با همکاری دوستش مسعود فرزاد چاپ و منتشر کرد. مسعود فرزاد از دوستان «ربعه» هدایت بود. چهار نفر از جوانانی که از خارج به ایران برگشته و سواد و خط و ربطی داشتند در پاتوق‌هایی جمع می‌شدند و از مهم‌ترین کارهای آن‌ها تبادل کارهای ادبی و حتی تعیین مأموریت برای هرکدام بود که چه باید بکنند. چهار نفر عبارت بودند از مجتبی مینوی - آقابزرگ علوی - مسعود فرزاد و صادق هدایت. این گروه چهارنفری را به شوخی «ربعه» می‌نامیدند که در تاریخ ادبیات دهه ۲۰ ایران باقی‌ماند. این جوانان در مقابل خود گروه بسیار فاخر و پُرمدعا و انحصارگرایی داشتند که علم و ادب را ارث پدری خود انگاشته و به کسی اجازه نمی‌دادند بدون موافقت و جلب نظر آن‌ها وارد وادی شعر و ادبیات شوند. کارهای چهار جوان نوظهور که مدعی در کار شعر و ادب و تحقیق و تفحص بودند برای ادبای فاخر قابل قبول نبود و چون در کتب و مقالاتی که از آن‌ها منتشر می‌شد سنّت را شکسته هرچه می‌خواستند می‌گفتند و می‌نوشتند. گروه علما مدعی بودند این جوانان بی‌سوادند. نه سجع می‌دانند نه قافیه، نه عروض نه دستور زبان و نه طرز نوشتن صحیح که بدتر از همه را صادق هدایت می‌دانستند.

وقتی «وغ وغ ساهاب» منتشر شد دیگر مسلم شد که جنگی آغاز شده و ادبیات به خطر افتاده است. گروه ربعه هم که به حکومت پُر از فیس و افاده علم و شعر و ادب پی برده بودند دست به مبارزه زده و در واقع یک

جنگ پنهانی بین دو گروه آغاز شد. علما فاخر هم زور داشتند هم پول و هم عنوان و شغل و گروه ربعه هیچ نداشتند. حتی در پاتوقی که جمع می‌شدند هرکسی دانگ خودش را می‌داد.
در سال ۱۳۱۳ به مناسبت انتشار وغ وغ ساهاب علی‌اصغر حکمت از سر جنبانان علماء فاخرکه وزیر فرهنگ هم بود و بیا بروئی داشت از صادق هدایت شکایت کرد. یک وزیر از یک نویسنده جوان شکایت کرده! صادق هدایت را به تأمینات شهربانی خواستند و از او کتباً تعهد گرفتند که هیچ نوشته‌ای را در ایران چاپ نکند! قلم یک نویسنده آن هم نویسنده‌ای چون صادق هدایت که جز نوشتن کار دیگری نداشت ستون قلب اوست. صادق هدایت قلمش را غلاف کرد و البته بسیار عصبی و ناراحت بود و درگونه‌ای بلاتکلیفی به سر می‌برد. در سال ۱۳۱٤ دکتر شین پرتو که از دوستان صادق هدایت بود متوجه مشکلات شد و در سفارت ایران در هند سمتی داشت از او دعوت کرد به هند برود و صادق هدایت در تاریخ ۳ دسامبر ۱۹۳۶ عازم بمبئی شد. او در این شهر نزد استاد زبان پهلوی بهرام گور انکلساریا در انستیتو ک. آ. کاما شرقی به فراگیری زبان پهلوی می‌پردازد. ضمناً توسط محمدعلی جمالزاده به سر میرزا اسماعیل رئیس‌الوزرای ریاست میسور معرفی می‌شود که به میسور می‌رود. در واقع سفر به هند صادق هدایت فرار او از محیط خفقان‌آور در تهران بود. او در این سفر علاوه به فراگیری زبان پهلوی «بوف کور» را تکمیل و در ۵۰ نسخه تکثیرکرد و با فلسفه و عرفان هندی آشنایی بیشتر پیدا کرد و در شهریور ۱۳۱۶ به تهران برگشت.
حال به تهران برگشته، ممنوع‌القلم است و به یکی از کارهای ادبی مهم خود دست زد. ترجمه کتب و مقالاتی از زبان پهلوی به فارسی. نخستین کار او برگردان زند وهومن یسن وکارنامه اردشیرپاپکان در سال ۱۳۱۵ بود. البته

این کتب درسال ۱۳۲۲ منتشر شدند. کارهای بعدی هدایت برگردان گجسته ابالیش در سال ۱۳۱۹، برگردان شهرستان‌های ایران‌شهر درسال ۱۳۲۱، برگردان گزارش گمان‌شکنی و یادگار جاماسپ ۱۳۲۲ و بالاخره آمدن شاه بهرام ورجاوند ۱۳۲٤ می‌باشند.

صادق هدایت با استادان اروپایی که در زمینه زبان‌های باستانی تخصص داشتند کار می‌کرد. کتاب گزارش گمان‌شکنی که توسط پیر ژان دومناس استاد دانشگاه فریبورگ سوئیس به فرانسه در سال ۱۹٤۵ تألیف شده و در سال ۱۹۶۷امضاء کرده و به صادق هدایت داده که اصل این کتاب موجود است.

استاد محمدعلی کاتوزیان در باره این کار صادق هدایت، مسافرت به هند، یادگیری پهلوی و برگردان بسیاری کتب و مقالات می‌نویسد: اگر در هرجای اروپا کسی چنین همتی کرده بود یک کرسی استادی در دانشگاه را به او می‌دادند! ولی در ایران.

در ایران صادق هدایت کارمند یک اداره است. نه خانه دارد، نه زندگی، نه درآمد و نه بیا وُ برو و چون تملق نمی‌گوید و تعظیم نمی‌کند و طبق دستور انشاء نمی‌نویسد مغضوب حکومت است. ولی او چنان در افکار و عقاید و کردار خود راسخ است که هرگز تسلیم نمی‌شود.

سرانجام در شهریور ۱۳۲۰ پس ازحمله متفقین و عملاً اشغال ایران رضاشاه می‌رود و دستبند ممنوع‌القلمی را از خودنویس صادق هدایت باز می‌کنند و او می‌تواند به چاپ و انتشار آثاری که خود می‌نویسد بپردازد.

کتاب حاضر مجموعه کاملی است از تمام کوشش‌های صادق هدایت در برگردان کتب و مقالات از زبان پهلوی به فارسی. این نخستین بار است که این نوع کارهای صادق هدایت در یک مجموعه گردآوری می‌شوند.

گفتنی است زحمات بنیاد کتاب‌های سوخته ایران و گروه انتشارات آزاد ایران که به این کار همت گماشتند شایان تقدیرند و مخصوصاً آقای دکترسام واثقی. همچنین لازم می‌دانم از خانم سمیه سیاوشی که در امور کامپیوتری و حروف‌چینی و ویراستاری و خانم لیلا میری به خاطر طرح روی جلد و خانم مژگان پارسامقام به خاطر لوگوی بنیاد صادق هدایت صمیمانه تشکر کنم.

جهانگیر هدایت

زند بهمن یسن

زند وهومن یسن

کتابی که: «زند وهومن‌یسن» یا معمولاً «بهمن یشت» خوانده می‌شود، شامل یک رشته حوادثی است راجع به آینده ملّت و دین ایران که اورمزد وقوع آن‌ها را به زرتشت پیشگویی می‌کند.

این پیش‌آمدها، هر کدام در دوره مشخصی اتفاق می‌افتد، دوره ماقبل آخر که هنگام تاخت و تاز «دیوان ژولیده‌موی از تخمه خشم» و اهریمن‌نژادان چرمین‌کمر است، قسمت عمده متن کتاب را تشکیل می‌دهد. در این دوره، زنگیان و آوارگان و فرومایگان سرزمین ایران را فراگرفته، همه چیز را می‌سوزانند و می‌آلایند و تباه می‌کنند، تا آن‌جا که روستای بزرگ به شهر و شهر بزرگ به ده و ده بزرگ به دودمانی مبدل می‌شود و از آن دودمان بزرگ چیزی جز مشت استخوان باز نمی‌ماند.

این تغییرات قهقرایی نه تنها بر مردمان، بلکه بر جانوران و رستنی‌ها و عناصر طبیعت نیز طاری می‌گردد. در زمین و آسمان نشانی‌هایی نظیر پاره‌ای از نشانی‌هایی که در تورات و انجیل نیز آمده است پیدا می‌آید - در خورشید لکه‌هایی ظاهر می‌شود، شیوع جنایات، بایری زمین، فشار جسمانی و روحانی مردم از علامات این دوره است. افسار دیو خشم گسیخته می‌شود و به همه چیز لطمه وارد می‌آورد. احکام و سنن دیگر مراعات نمی‌شود، بادهای گرم و سرد می‌وزد ولی باران نمی‌بارد. این احوال همواره سخت‌تر و تاریک‌تر می‌شود و اهریمن پیروزمندی خود را به آواز بلند اعلام می‌دارد - اما ناگهان در امید باز می‌شود و کتاب با لحن خوشبین‌تری به پایان می‌رسد.

سی سال پیش از پایان هزاره زرتشت، دختر جوانی در دریاچه فرزدان (هامون؟) به آب‌تنی می‌پردازد و از فروغ نطفه زرتشت، که در آن‌جا به‌دست ۹۹٬۹۹۹ فروهر اشو نگه‌داری شده آبستن می‌شود. بدین‌سان

«هورشیدر» به دنیا می‌آید.[1] او پس از مشورت با اورمزد، نژاد دیوان و اهریمنان را به کمک بهرام ورجاوند که شاهزاده‌ای از تخمه کیانان بوده، ریشه‌کن می‌سازد و دوباره ایران را به آیین روزگار پیشینیان می‌آراید. از علامات ظهور او این است که خورشید سه روز از حرکت باز می‌ایستد. آن‌گاه هنگام هزاره «هورشیدرماه» و «سوشیانس» فرامی‌رسد. این پیغمبران نیز مانند هورشیدر، هر یک به طرزی معجزه‌آسا تولد می‌شوند. در طی هزاره هورشیدرماه، فن پزشکی ترقی شایانی می‌کند و مردمان آسان نمی‌میرند و نیز کرساسپ را برای کشتن آزی‌دهاک از خواب دیرین خود بیدار می‌کنند.

باری هزاره سوشیانس فرامی‌رسد. او که خاتم انبیاء و پیغمبر آخرالزمان است، دست به کار اصلاح امور می‌زند و زمینه رستاخیز را فراهم می‌سازد. این پیشگویی نتیجه منطقی است که از اصول تعالیم زرتشت ناشی می‌شود. در دین زردشت عمر دنیا به دروازه هزار سال تخمین زده شده است،[2] مطابق دوازده اختر و هر اختری هزار سال فرمانروایی می‌کند. سه‌هزار سال اول را دنیا به حالت مینوی در خاموشی و آرامش می‌گذرانیده و پیوسته نیمروز (ظهر) بوده است. در بندهش بزرگ (زندآگاهی) ترجمه بهرام گور انکلسریا (در دوم ص۳٤) راجع به پیدایش روشنان (ثوابت و مطلق ستارگان) می‌نویسد: «۱۷ - تا آمدن ایبگت[3] ماه و خورشید و ایشان ستارگان ایستاده

---

[1] J. Darmesteter, Etudes Iraniennes, II, p. 208-210.

[2] W. Jackson, Zoroastrian Studies, N.Y. 1928, p.111-115.

[3] یعنی مبداء شری که نسبت آن با مبداء خیر، نه از قبیل نسبت میان هستی و نیستی و یا علت و معلول بلکه مانند نسبت میان دو امر متضادی است که در یکدیگر متبادلاً تأثیر می‌بخشند و به تعبیر دیگر مبداء شری که با مبداء خیر به اصطلاح پاره‌ای از حکمای غرب دارای نسبت اقتطاب Polarité می‌باشد.

بودند و نمی‌رفتند و با اویژگی زمانه را می‌گذرانیدند و همواره نیمروز بود. پس از آمدن ایبگت، به روش ایستادند و تا فرجام از آن روش نایستند.»

با پدید آمدن اهریمن، حرکت نیز در دنیا پدید آمد و شب ایجاد شد و اهریمن به تباه کردن آفریدگان اورمزد پرداخت و روح خبیث با مخلوقات اورمزد بنای ضدیت را گذاشت، ولی با این قید و شرط که قدرت او از نه‌هزار سال تجاوز نکند.[1] سر نه‌هزار سال اورمزد با اهریمن مشغول پیکار می‌شود و این دو بنیشت (دوبن‌داده = دوبنیاد) اصلی، یعنی اورمزد منبع روشنایی بی‌پایان و دانای به همه چیز و اهریمن منشاء تاریکی بی‌پایان و دارای دانش محدود، تا قبل از ظهور سوشیانس (نجات‌دهنده دنیا) در کشمکش خواهند بود. تا سرانجام این زدوخورد به شکست اهریمن پایان می‌پذیرد.[2]

---

[1] بندهش در نخستین: «۱۸- و اورمزد به گنامینو گفت: زمانی را تعیین کن! تا این که پیکار برای نه‌هزار سال باشد. چه او می‌دانست در این زمان گنامینو ناتوان خواهد شد. (۱۹) پس گنامینوی نابین و نادان این پیمان را بپذیرفت... (۲۰) اورمزد این نیز به خرد همه‌آگاهی می‌دانست که در این نه‌هزار سال، سه‌هزار سال همه به کام اورمزد است، سه‌هزار سال اختلاط (گمیزش) به کام اورمزد و اهریمن هر دو باشد، و در سه‌هزارسال فرجامین گنامینو از پای درآمده و از زیان او به آفریدگان جلوگیری می‌شود.»

[2] یشت ۱۳ دیده شود. در مینوخرد (در هفتم ص۴۳ چاپ ارود تهمورس انکلسریا) می‌نویسد: «۷- مینوی خرد پاسخ کرد. (۸) که: اورمزد آفریدگار این دام و دهش و امشاسپندان و مینوخرد را از روشنایی خویش و با آفرین زمان بی‌کران بیافرید. (۹) زیرا که زمان بی‌کران، بی‌پایان، بی‌مرگ، بی‌درد و گرسنگی‌ناپذیر و تشنگی‌ناپذیر و بی‌ضد است که تا همیشه و تا ابد هیچ‌کس نمی‌تواند آن را از انجام کار خود باز دارد. (۱۰) و اهریمن خبیث، دیوان و نابکاران و نیز جادوان را از مقاربت غیرطبیعی خود به وجود آورد. (۱۱) و پیمان نه‌هزار زمستان را در زمان بی‌کران با اورمزد بست. (۱۲) و تا پایان آن هیچ‌کس تغییر دادن و دیگرگونه کردن آن نتواند. (۱۳) و چون نه‌هزار سال به پایان رسد، اهریمن ناتوان شود. (۱۴) و سروش اشوخشم را بزند. (۱۵) و مهر و زمان بی‌کران و مینوی دادگری که هیچ‌کس را نفریبد و سرنوشت و عنایت الهی [بغوبخت] همگی دام و دهش اهریمن را تا آخر و نیز دیو آز را بزنند. (۱۶) و همگی دام و دهش اورمزد بی‌ضد، دوباره چنان که در آغاز از جانب او آفریده شده بودند، بشنود.» نیز مجمل‌التواریخ چاپ تهران، ص۲۲ دیده شود.

تا زمانی که این پیکار به پایان نرسیده است، اورمزد نمی‌تواند در اشیاء و امور چنان که باید تصرف کند و سرنوشت را یک‌سره تغییر دهد. ولی با خرد همه‌آگاهی (دانش مطلق) که دارد، از آینده و گذشته آگاه است و در این صورت قادر به پیشگویی می‌باشد.

در ادبیات دینی زرتشتی چنین پیشگویی‌هایی از زمان بسیار قدیم وجود داشته و در اوستا اسم این پهلوانان آمده است.[1] و نیز در کتاب نهم دینکرد و و بندهش بزرگ و زرتشت‌نامه و جاماسپ‌نامه و کتاب‌های دیگر با کمابیش تغییراتی به شرح اغلب این وقایع برمی‌خوریم.

اما در این که متن کنونی همان نسخه اصلی «وهومن‌یسن» بوده باشد؛ جای تردید است. زیرا در این کتاب از متن وهومن‌یسن و کتاب‌های دیگر نقل‌قول می‌شود، در این صورت احتمال می‌رود خلاصه شرح اصلی باشد. در چنین خلاصه‌ای ناچار باید تکه‌هایی از کتاب اصلی و نیز قسمت‌هایی از اوستا وجود داشته باشد. و ظنّ غالب بر این است که بسیاری از مأخذ آن از اوستا و شارحین مختلف گرفته شده باشد.

چون در این کتاب به دقت نظر شود، دیده خواهد شد که مندرجات آن، منتخبات و یا دستچینی از نسک‌های گوناگونی است که بعدها در آن تصرفات زیادی شده، و هر تفسیرکننده‌ای این متن را به سلیقه و با وقایع زمان خود تطبیق داده و تعبیر کرده است.[2] به حدی که در ربط مطالب اولی

---

[1] محتمل است که زند وهومن‌یسن مأخوذ از هفتمین فرگرد ستوگرنسک باشد که خلاصه‌ی آن در هشتمین فصل دینکرد-۹ وجود دارد. به موجب دینکرد هشتم (۱۵-۱۴/۷) همین موضوع در قسمت دوم سپندنسک یعنی سومین نسک اوستای بزرگ مطرح شده است. بعید نیست که نویسنده‌ی زند وهومن‌یسن از هر دو منبع استفاده کرده باشد.

[2] مانند پیشگویی شاه نعمت‌الله که در هر زمانی با تغییرات کم‌وبیش چاپ می‌شود و شهرت عامیانه پیدا کرده است.

و وحدت اصلی کتاب خلل‌هایی وارد آمده است. این آشفتگی در نسخ پازند و فارسی بهمن‌یشت به مراتب بیشتر دیده می‌شود.

و اما راجع به تاریخ این کتاب، چیزی که محقق است نسخه کپنهاگ در حدود ۵۵۰ سال قبل نوشته شده و از آنجا که افتاده و اشتباهات زیادی در آن دیده می‌شود، بدیهی است که نسخه اصلی نبوده و از روی نسخه خطی قدیمی‌تری رونویس شده و هر رونویس‌کننده‌ای کم‌وبیش در آن دخل و تصرف کرده است.[1] راجع به پیشگویی‌ها نیز رونویس‌کنندگان همین آزادی را به خود اجازه داده‌اند. این مطلب از مقابله چهار دوره ستودگر در زند وهومن‌یسن با پیشگویی همین دوره در دینکرد که با یکدیگر متفاوت هستند آشکار می‌گردد.

نکته جالب توجه این است که گردآورنده این دستچین از پادشاهان ساسانی بعد از خسرو اول (انوشه‌روان) اسمی به میان نمی‌آورد. در این صورت نباید اشاره به حمله عرب و مغول بکند، فقط به طور اتفاق اشاره به اعراب می‌نماید.

از مطالب بالا چنین نتیجه می‌شود که اصل زند یا شرح وهومن‌یسن در اواخر دوره پادشاهی خسرو اول یا کمی بعد از او از اوستا ترجمه شده است. زیرا از پادشاهان بعد ساسانی اسمی نمی‌برد. گویا منتخبات فعلی خیلی بعد از حمله اعراب به توسط نویسنده‌ای گردآوری شده که شرح تاخت و تاز و غارتگری آن‌ها را به طور مبهمی با هجوم سرکردگان تورانی مخلوط می‌کند. احتمال می‌رود که گردآورنده در زمان چنگیزخان می‌زیسته، در این صورت

---

[1] بهرام بن پژدو شاعر زراتشت‌نامه، مدعی است که کتاب خود را از روی نسخه‌ی پهلوی به شعر درآورده است. این کتاب در حدود ۶۶۰ سال قبل (۱۲۷۸ میلادی) نوشته شده و از آنجا که پس از شرح حال و معجزات زرتشت، ناگهان به پیشگویی می‌پردازد، به نظر می‌آید که نسخه‌ی بهمن‌یشت را ضمیمه می‌کند. دارمستتر تاریخ تألیف زند وهومن‌یسن را بین ۱۰۹۹ میلادی و نیمه‌ی قرن چهاردهم یا کمی قبل از آن قرار می‌دهد.

نسخه فعلی باید ۱۵۰ سال با نسخه اصلی اختلاف زمان داشته باشد. اما به نظر نمی‌آید که از نسخه اصلی رونویس شده باشد، چون برای پرورانیدن دوره «آهن‌آلوده» زمان فرمانروایی ترکان موضوع شرح و بسط مفصل‌ترین به دست استنساخ‌کننده داده است. قسمت‌های زند وهومن‌یسن که از اوستا گرفته شده، از منابع خیلی قدیمی‌تر بوده که مربوط به زمان اولین پادشاهان ساسانی می‌شود و بی‌شک با منتخبات کنونی فرق داشته است.

باری نظریات بالا از اشتباه در سنوات، مخصوصاً از اشتباهات تاریخی راجع به دوره فرمانروایی مهاجمین و تولد هورشیدر تأیید می‌شود. زرتشتیان انتظار ظهور هورشیدر را در آخرین دوره سه حواری خود دارند. ولی مانند یهودیان مفسرین و شارحین پیوسته ظهور این وقایع را به تعویق می‌اندازند و هنوز چشم به راه هستند. اما از روی سنواتی که در زند وهومن‌یسن آورده شده، چندین بار است که این هزاره‌ها به سر رفته است.

چنان که قبلاً اشاره شد، در عقاید زرتشتیان در باب خلقت عالم، مدت وجود عالم به دوازده دوره متساوی تقسیم شده. در اوستا و کتاب‌های پهلوی مدت هر یک از این دوره‌ها هزار سال است. جای تردید است که در اعتقادات اولیه زرتشتی این تقسیم‌بندی وجود داشته باشد. هر یک از این دوره‌ها در زیر تأثیر یک ستاره می‌باشد که ظاهراً نماینده ایزد است. از این شالده ساختمان اولیه دنیای مزدیسنا در اوستا نشانی‌هایی باقی است[1]، و به این وسیله می‌توان آن را دوباره برقرار کرد.

---

[1] احتمال قوی می‌رود که در این تقسیم‌بندی ادوار خلقت، سعی نموده‌اند واحد زمان فلکی را براساس حرکت رجعی اعتدالین قرار بدهند. تقریباً در ۲۶۰۰۰ سال نقطه‌ی اعتدال ربیعی سرتاسر محیط فلک ممثل را می‌پیماید. در صورتی که این حرکت رجعی دائمی و یک نواخت بوده باشد، انحنای محیط فلک ممثل طبق معادله‌ی مخصوصی تغییر می‌پذیرد که محاسبه‌ی آن درست معلوم نیست. مدت رجعت نقطه‌ی اعتدال ربیعی تخمیناً

به عقیده دکتر وست West این مدت تاریخی که باعث انتظار زرتشتیان در زمان گذشته شده از سه عقیده مختلف ناشی می‌شود:

۱- در متن کتاب ذکر می‌شود که پیکار بزرگ باید در پایان هزاره زرتشت اتفاق بیافتد. در این کشمکش دیوان و اهریمنان نابود خواهند شد، از این قرار هیچ‌گونه شرارت و بدی در هزاره جدید که دوره هوشیدر باشد راه نخواهد یافت، و فرمانروایی دیوان پیش از خاتمه هزاره زرتشت خواهد بود. چنین عقیده‌ای را نویسنده متن اصلی اوستایی اظهار داشته است که فقط دوره کوتاهی برای فرمانروایی دیوان انتظار داشته تا بعد از هزاره زرتشت نابود بشوند. و در آن زمان به وقوع این پیش‌آمد و ظهور هوشیدر که بایستی دوباره دین را آرایش بکند هنوز خیلی وقت مانده بوده است.

۲- هجوم نژاد دیوان و لطماتی که می‌رسانند، زمانی به وقوع می‌پیوسته که هزاره زرتشت خاتمه یافته بوده. هوشیدر به دنیا می‌آید و چون سی سال از عمرش می‌گذرد، بهرام ورجاوند متولد می‌شود، و او نیز در سی سالگی لشگرکشی کرده مهاجمین را ریشه‌کن می‌نماید. چنین گفتاری را باید به مترجم پهلوی و شارحینی نسبت داد که در حدود ۵۹۰-۵۷۰ میلادی در دوره پادشاهی آشفته هرمزد چهارم پسر و جانشین خسرو اول اظهار کرده‌اند و رشادت‌های سردار سرشناس ایرانی، بهرام چوبین در مد نظرشان بوده

۲۶۰۰۰ سال می‌باشد و ممکن است به علت‌های سماوی تغییر بنماید. در این صورت محتمل است که منجمین باستان برای رجعت نقطه‌ی اعتدال ربیعی ۲۴۰۰۰ سال فرض کرده باشند که به دروازه دوره که هر کدام دو هزار سال است تقسیم می‌گردد و در این مدت نقطه‌ی اعتدال ربیعی ۳۰ درجه از خط سیر خورشید را می‌پیماید. کشف حرکت قهقرایی اعتدالین را به منجم یونانی هیپارخوس Hipparque اهل نیقیه Nicaea که ۱۲۸ سال قبل از میلاد می‌زیسته نسبت می‌دهند. ولی احتمال قوی می‌رود که این حرکت ظاهری قهقرایی نقطه‌ی اعتدال ربیعی در زمان‌های خیلی پیشین به توسط منجمین مصری و کلدانی و ایرانی کشف شده باشد که استادان علوم یونانیان بشمار می‌روند. ولیکن در متن زند وهومن‌یسن تصریح شده و می‌نویسد: «دهمین صد سال» به علاوه چندین دوره را نام می‌برد که اختلاف این دوره‌ها به هزار سال نمی‌رسد.

است. این مستنسخ انتظار پایان فرمانروایی دیوان را فقط برای یک قرن داشته است.

۳- در جای دیگر ذکر می‌شود (در نهم-۱) که هوشیدر در سال ۱۸۰۰ متولد خواهد شد: یعنی ۸۰۰ سال پس از هزاره زرتشت و یا در هشتصدمین سال هزاره خودش. در این صورت دوره فرمانروایی دیوان هشتصد سال به تأخیر می‌افتد و پشوتن که آراینده دین می‌باشد، در پایان هزاره ظهور نمی‌کند. جزئیات مزبور را باید یکی از رونویس‌کنندگان این مجموعه افزوده باشد. اما مدت‌ها است که از هزاره زرتشت می‌گذرد و اتفاقات پیش‌بینی‌شده رخ نداده است.

اشکال دیگری که باید حل شود، اختلاف نظر فاحش مورخین سر تاریخ زرتشت می‌باشد که به طور مختلف از ۳۸۹ تا ۸۶۰۰ سال قبل از میلاد حدس زده‌اند و هر کدام دلایلی می‌آورند.[1] طبق محاسبه تقریبی «وست» تاریخ ظهور هوشیدر زرتشت با ۶۶۰ قبل از میلاد تطبیق می‌کند. از این قرار ظهور سال ۳۴۱ و ظهور هوشیدرماه سال ۱۳۴۱ و ظهور سوشیانس ۲۳۴۱ میلادی اتفاق می‌افتد. به موجب این محاسبه رستاخیز در تاریخ ۲۳۹۸ میلادی روی خواهد داد.[2] مطابق دلیل نجومی که آقای بهرام گور انکلسریا شفاهاً اظهار داشتند تاریخ ظهور زرتشت را می‌شود به ۸۶۰۰ سال قبل از میلاد تخمین

---

[1] W. Jackson, Zoroastrian Studies, p. 17-18.

[2] دلیل دیگری که برای قدمت زمان زرتشت می‌توان آورد همانا زبان اوستا است که به مراتب کهنه‌تر از هزار سال قبل از میلاد به نظر می‌رسد. سرودهای قسمت‌های کهنه‌ی اوستا هم‌زمان سرودهای ویدا Védas می‌باشد و به زبانی نوشته شده که بسیار نزدیک به سانسکریت ویدها است:

زد.[1] اما در این صورت با داستان‌های دینی زرتشت که دوره عالم را به دوازده‌هزار سال تقسیم کرده است نیز متباین می‌باشد.
به هر حال سنوات هزاره‌هایی که در این کتاب آمده هیچ کدام یا حقیقت تاریخی وفق نمی‌دهد و یا دوره‌ها مطابق قانون دیگری محاسبه می‌شده است. فقط چیزی که مهم است، قسمت عمده این کتاب شورش ایرانیانی را که پایبند به دین زرتشت بوده‌اند، در زیر تسلط بیگانگان و اهریمن‌نژادان به خوبی نشان می‌دهد. همان شورشی که بعدها به انواع گوناگون تجلی کرد و در نتیجه نویسندگان، شعرا و سرداران و فرقه‌های گوناگون مذهبی در ایران به وجود آورد. زند وهومن‌یسن نیز تکه‌ای از ادبیات آشفته و مضطرب آن زمان را در بردارد.

***

به نظر می‌آید که افسانه‌پرستی یکی از احتیاجات اصلی روح آدمی است. چه در زندگی انفرادی و چه در زندگی اجتماعی، افسانه مقام مهمی را حائز می‌باشد. در زمان‌های پیشین، این احتیاج از طرف پیشوایان دین و یا افسانه‌سرایان تأمین و برآورده می‌شده، امروزه به خصوص علمای اجتماع و هنرپیشگان و نویسندگان این وسیله را در دست گرفته و به دلخواه خود و یا به موجب مقتضیات روز آن را به کار می‌برند.
گذشته از احکام و شرایع دینی قوه تصور و تخیل ملی و اعتقادات عامیانه در اساس آن تأثیر انکارناپذیری دارد. انسان عموماً نظر به گذشته و آینده

---

[1] در حدود ۷۱ سال و نیم نقطه‌ی اعتدالین یک درجه سیر قهقرایی طی می‌کند، به طوری که تقریباً در ۲۱۵۰ سال، اعتدالین در برج سابق می‌افتد. به موجب اسناد پهلوی که در دست است، در زمان زرتشت نقطه‌ی اعتدالین در برج ثور بوده و کبیسه‌ی نوروز از زمستان شروع می‌شده و اکنون در برج حمل می‌باشد، و کبیسه از ۱۳ آوریل شروع می‌شود. پس از محاسبه‌ی دقیق نجومی به دست می‌آید که از زمان زرتشت تا میلاد ۸۶۰۰ سال می‌گذرد.

دارد، از زمان حال که شامل درد و رنج است گریزان می‌باشد و در بهبود این دردها، همواره چشم امید و انتظار به آینده است. مجموع آرزوهای توده را زمانی خیال‌پرستان و گاهی شعرا و هنگامی روحانیون یا اشخاص متعصب مذهبی با کلام خودشان به صورت کلی درآورده و بدین‌وسیله شالده آینده را می‌ریزند. یعنی سرنوشت بشر و یا قسمتی از آن را راهنمایی می‌کنند. باید اقرار کرد که این شالده اغلب به دست اشخاص فکور و آزادفکر ریخته نمی‌شود. چه بسا اتفاق می‌افتد متعصبین افکار و آرزوهای توده را با منافع خود توافق داده مطابق افکار مذهبی خود می‌پرورانند. از این لحاظ پی بردن به سرچشمه و تحولاتی که این عقیده در ادوار گوناگون پیموده بسیار جالب توجه خواهد بود که موضوع کتابی جداگانه است. اعتقاد به وجود یک قائم که در آخر دنیا باید به نحوی خارق عادت و معجزآسا ظهور کند و دنیا را پس از آن که پر از ظلم و جور شده از عدل و داد پر نماید و پایه ایمان را مستحکم بسازد در اغلب مذاهب حتی در مصر قدیم نیز وجود داشته است.[۱] به طوری که در حقیقت نمی‌توان ثابت کرد که اصل و سرچشمه آن کجا است.

با اشاره به بعضی اسناد و مدارک که در مذاهب دیگر راجع به این موضوع وجود دارد قضاوت را به خواننده واگذار می‌کنم. به مناسبت شباهت تام جزئیات این وقایع در نزد ملل گوناگون، ممکن است مطالعه آن از لحاظ فلکلر و تحقیق درباره داستان‌های باستان قابل توجه باشد. - زیرا این عقیده یکی از آرزوهای مبهم و دیرین بشر است و عجبی نخواهد بود اگر می‌بینیم در هر زمان انسان امیدوار به آینده بهتری بوده است. انسان نه تنها

---

[۱] علاوه بر کتاب مجعول خنوخ Hénoch (باب ۳۶-۶۲) در اوراق پاپیروس مصری نیز موضوع اعتقاد به وجود مسیح صریحاً ذکر شده است. کتاب‌های زیر دیده شود:
Ipuir Writings, Gardener, Wisdom lit. of the Egypt, Chester Beatty, Le Codex de Papyrus.

می‌خواهد امید زندگی جاودان در ماوراء دنیای مادی به خود بدهد، بلکه مایل است منشأ کارهایی معجزآسا و خارق عادت نیز واقع شده، آراء و عقاید و تعصب‌های خود را به وسیله دخالت قوای زمینی و آسمانی مستحکم و به دیگران مدلل و ثابت بکند. عامل عمده این عقیده ایمان است. به همین مناسبت این پیشگویی در اغلب ادیان مقام خاص و مهمی را برای پیغمبران آخر زمان حفظ کرده، و هر ملتی با رنگ و بو و طبق روحیه خود این عقیده را اقتباس و با احتیاجات خود وفق داده[۱] و در نتیجه راه امیدی برای پیغمبران آینده باز گذاشته است.

در این که اصل زند وهومن‌یسن خیلی مختصرتر و مانند ادبیات اوستایی افسانه‌آمیز بوده و مخصوصاً قسمت شکوه و ناله راجع به دوره «آهن‌آلوده» در آن وجود نداشته شکی نیست، زیرا در موقع اقتدار و تسلط دین زرتشت نسبت به آینده آن آنقدر اظهار بدبینی نمی‌شده.[۲] طبیعی

[۱] در پیشگویی زرتشتی میدان کارزار ایران خواهد بود. تمام توجه اورمزد به ایران است که در خوانیرس، مرکز هفت کشور واقع شده و پیوسته تکرار می‌کند: «ایرانی که من آفریدم!» تمام توجه قوای مادی و معنوی به ایران می‌باشد که چشم و چراغ عالم است و به موجب افسانه‌ی زیرکانه‌ای این اصلاح به دست پسران زرتشت انجام خواهد گرفت. در کتاب ارمیاءِ نبی، باب هفتم، خداوند اسرائیل می‌گوید: «۲۰- بنابراین خداوند یهود چنین می‌گوید: اینک خشم و غضب من بر این مکان بر انسان و بر بهایم و بر درختان صحرا و بر محصول زمین ریخته خواهد شد و افروخته شده خاموش نخواهد گردید.» در ترجمه‌ی فارسی بحارالانوار مجلسی، ص۲۴۳، می‌نویسد: «بمن وحی فرمود که یا محمد به درستی که قصاص من در خصوص بندگانم پیش‌ازآن که ایشان را خلق کنم جاری شده و قصاص من گذرنده است تا این که با آن قضا هلاک بکنم هر که را که می‌خواهم و هدایت بکنم هر که را که می‌خواهم.»

[۲] مسیحیان نیز یک رشته پیشگویی‌هایی که علامات وحشت دوره‌ی آخر زمان را شرح می‌دهد زیر عنوان: Les terreurs de l’an mille دارند که می‌بایستی در هزارمین سال بعد از عیسی اتفاق افتاده باشد. پیشگویی مهم دیگری که راجع به آخر دنیا و آینده‌ی بشر شده کتاب «I Ging ای گینگ» چینی است که ر. ویلهلم ترجمه نموده است:

R. Wilhelm, Das Buch der Wandlungen.

است که قسمت عمده این ادبیات در زمان پایمال شدن دین زرتشت به دست اعراب افزوده شده است و ضمناً اشارات سربسته‌ای از حمله مغول دربردارد.

لیکن جنگ دو قوه متضاد خیر و شر و پیروزی روشنایی و خوبی بر تاریکی و بدی در آخر دنیا مربوط به اساس دین زرتشت است. و به همین مناسبت، اعتقاد به دو اصل متضاد، دست‌آویز مخالفین و اسباب تمسخر و حمله سایر مذاهب به دین زرتشتی گردیده است. وجود شخصی که در آخر دنیا باید خروج کرده قوه شر و بدی را ریشه‌کن کند و بر آن فایق گردد نتیجه منطقی است که از این اعتقاد ناشی می‌شود.

از این گذشته در دین زرتشت عوامل بسیاری وجود دارد که وقوع این پیش‌آمدها را پیش‌بینی می‌نماید. از جمله پهلوانان بی‌مرگی که انتظار می‌باشند، مانند کرساسپ پهلوان خفته که مقدر است در آخر زمان بیدار شده ضحاک را بکشد. هم‌چنین بازمانده نطفه زرتشت در دریاچه کیانسیه یا فرزدان که به توسط ۹۹,۹۹۹ فروهر اشو نگاهداری می‌شود تا به موقع خود پرورش یافته و منجیان آخر زمان به وجود بیایند. مطلبی که این معجزات را تأیید می‌کند، اعتقاد مذهب زرتشتی به تقدیر می‌باشد. از آنجا که دین زرتشتی براساس نجوم قرار گرفته و مربوط به خلقت عالم می‌شود، روش عالم به موجب تأثیر ستارگان و سیارگان قبلاً مقدر و معین شده است. تغییر در روش عالم متصور نیست، اما اورمزد دارای علم مطلق (خرد هرویسپ‌آگاهی) است، از آینده نیز آگاه و قادر به پیشگویی

علاوه بر Oracles یونانی و رومی پیشگویان قدیم و جدید مانند: سودنبورگ Swedenborg و نسترادامus، فلاماریون، ولز H.G.Wells، کایزرلینگ H.Keyserling، اشپنگلر و غیره هر کدام به طرز خاصی پیشگویی‌هایی راجع‌به آینده بشر نموده‌اند.

می‌باشد. لیکن در وقایع آینده نیز نمی‌تواند دخالت بکند، چنان که از باب سوم همین کتاب بر می‌آید: زرتشت از اورمزد تقاضای زندگی جاودان می‌کند و اورمزد به پاسخ می‌گوید: «چون مقدر است که تو به دست توربراتروش کشته بشوی، لذا اگر ترا بی‌مرگ بکنم، طبعاً توربراتروش کشنده تو نیز بی‌مرگ می‌شود و این برخلاف مدار روزگار و تقدیر است.» یا به عبارت دیگر: تغییر سرنوشت ممکن نیست.[۱] سپس اورمزد خرد هرویسپ‌آگاهی خود را به زرتشت انتقال می‌دهد و او آینده را در آن می‌بیند و متقاعد می‌شود. از این قرار به موجب شرایط بالا، پیشگویی سرنوشت مردمان برای زرتشت ممکن است، و تغییراتی که باید در آخر زمان به دست اشخاصی که وظیفه هر یک قبلاً تعیین و پیش‌بینی شده رخ بدهد، به خودی خود امری منطقی و قابل قبول به نظر می‌رسد، لذا چنان که ملاحظه می‌شود پیش‌بینی برای وقوع چنین پیش‌آمدهایی در دین زرتشت شده است، به طوری که به وحدت فکر اساسی پیش‌گویی خللی وارد نمی‌آورد.

البته امید آنقدر گرانبهایی مانند پیشگویی: «زند وهومن‌یسن» استعداد زیادی برای مسافرت داشته است، و اقوام دیگر هر کدام طبق احتیاجات خود از آن استفاده کرده‌اند. لیکن چیزی که قابل توجه است، وحدت فکری است که این پیشگویی در دین زرتشت نشان می‌دهد و در سایر ادیان وجود ندارد. اشاراتی که سایر مذاهب به این موضوع می‌کنند ناشیانه و اشتباه‌آلود است. در تورات و انجیل علاوه بر آشفتگی مطالب، عدم ارتباط در جملات نیز مشهود می‌باشد. و اغلب با تعلیمات و اصول این مذاهب

---

[۱] مثلی است به زبان پهلوی که: بخت مدسپوختن نشاید. (مرگ آمد درنگ را نشاید) رجوع شود به:
Casartelli, Phill. Relig. du Mazdéisme sous les Sassanides, pp. 4-5-28.

تناقض فاحشی نشان می‌دهد، به طوری که ثابت می‌شود کـه ایـن افسانه مهاجرتی است. زیرا استخراج‌کننده آن را درست نفهمیده و مسخ کرده، به نحوی که فاقد ربط منطقی می‌باشد. از این قبیل اسـت پیشگویی مکاشفه یوحنای رسول (باب بیستم ۲-۳) کـه پیمـان اهـریمن و اورمـزد را بـه یـاد می‌آورد. در صورتی که متن این کتاب‌ها خیلی بهتر از کتاب‌هـای زرتشتی نگاهداری شده است. از این موضوع چنین به دست می‌آید که نه تنها بعضی از مذاهب که معتقد به ظهور قائم می‌باشند، این فکـر را از دیـن زرتشـت گرفته‌اند، بلکه به طور مستقیم از تعلیمات آن ملهم گردیده و حتی برخی از آن‌ها در اثر این پیشگویی به وجود آمده‌اند.[1]

به عقیده نیبرگ نکته قابل توجه آن است که هر چند در کلیه مـذاهب در باب منشاء شر توضیحاتی داده شده است، ولی فقط فکر ایرانی اسـت کـه توانسته برای شر نیز اثبات یا حالت و موجودیتی بنماید و ضدیت خیر و شـر را به وسیله ثنویت دقیق و قطعی منطقی کند. مـذهبی وجـود نـدارد کـه نکوشیده باشد تا ساختمان دنیا و تشکیلات زندگی انسانی را تفسیـر بکنـد. فقط مذاهب بزرگی که ایرانیان به وجود آوردنـد بـه درام کنـونی کـه در نتیجه آفرینش به وجود آمده نتیجه منطقی می‌دهد، فقط آن‌ها مسئله معاد را به صورت دقیق حل می‌کنند. مثلاً در انجیل متی (بـاب بیسـت‌وچهـارم - ۳۶) می‌گوید: «اما از آن روز و ساعت هیچ‌کس اطـلاع نـدارد حتی ملائکـه آسمان جز پدر من و بس»[2] این جمله شامل تمام مشخصات وقـایع پـس از

---

[1] L. Gordon Rylands, Did Jesus ever live? 1935.
راجع به موضوع مسیح و پیدایش این فکر در ایران به کتاب‌های زیر مراجعه شود:
L.H. Mills, Our Own Religion in Ancient prsia. Söderblom, La Vie Future, P. 255-260.

[2] در حاشیه‌ی حلیة‌المتقین مجلسی، ۱۳۱۶ ص ۵۰، می‌نویسد: «... بدان که وقتی برای ظهور آن حضرت معین نشده و بی‌خبر ظاهر می‌شود و به حدیث حضرت صادق(ع) هر که تعبیر وقت نماید خو درا در علم غیب با خداوند شریک کرده.»

مرگ فکر سامی است: یعنی چشم به راه یک رشته پیش‌آمدهای فاجعه‌انگیز می‌باشند که به طور حتم به وقوع می‌پیوندد، اما دنباله آن تعیین نشده است. در تعقیب این پیش‌آمدها دادگاهی تشکیل خواهد یافت که به حساب هر کسی رسیدگی می‌شود. روی هم رفته یک نوع درام اخلاقی است که در آن انسان فقط تماشاچی نیست بلکه بازیگری می‌باشد که فوق‌العاده علاقمند است و شدیداً حس می‌کند که وظیفه‌ای را عهده‌دار می‌باشد.

وقایع راجع به معاد و آخرت ایرانی چیز دیگری است. محتمل است که زرتشت دادگری شخصی و مسئولیت فردی را در درام آخری در نظر گرفته باشد، اما در دین زرتشت این درام صورت دیگری به خود می‌گیرد. شاید تاریخ مذاهب فکر یک درام فرجامین را که مطلقاً مادی و مربوط به تکوین عالم می‌شود و به موجب یک نوع ضرورت موجود در باطن خود این عالم جریان می‌پذیرد و بی‌آن که مستلزم عوامل خارجی باشد اتفاق می‌افتد مدیون مذهب زرتشت است. سرانجام این درام به طور محقق تماشاکننده بی‌طرف می‌تواند پیش‌بینی بکند و روز رستاخیز در آن با طریقه علمی دقیق پیش‌بینی شده است. و کسی که وظایف دینی خود را به طور رضایت‌بخش انجام داده می‌تواند بدون بیم و هراس، آزادانه در درامی که فاقد مزایای زیباپرستی نیست شرکت بکند.[1]

جای تعجب است که دکتر وست برخلاف معمول با نظر سطحی «زند وهومن‌یسن» را تحت مطالعه قرار داده و کوشیده است تا نشان دهد این کتاب مجعول و از سایر مذاهب اقتباس شده است. اما نباید فراموش کرد که متن وست اشتباه‌آلود می‌باشد، به اضافه، گویا، مترجم تا اندازه‌ای تعصب به خرج داده است. برای اثبات این مدعا نکات اسنادی از سایر کتب

---

[1] H.S. Nyberg. Journal Asiatique, t, ccxix, 1931, pp. 30-31.

مذهبی که ضمن حواشی این کتاب به آن‌ها اشاره خواهد شد، خود به خود اغلب ایرادات را برطرف خواهد کرد. مثلاً علامات و اتفاقاتی که در زند وهومن‌یسن ذکر شده و دکتر وست گمان نموده مربوط به اتفاقات زمان مغول و سلجوقیان در تورات و انجیل و روایات قبل از تاخت و تاز ترکان نیز وجود دارد. یا از جمله لغت «کرسانی» اوستایی که دکتر وست «کلیسا» حدس زده است. (در سوم - ۲۶).

هر چند مبانی مذاهب سامی هنوز کاملاً برای تاریخ مذاهب روشن نشده است،[۱] اما راجع به موعود در مذاهب عیسی و یهود و مانی و اسلام انتظار نجات‌دهنده‌ای را دارند که خواهد آمد و همه دنیا را باز اصلاح خواهد نمود. معهذا در بعضی جزئیات با یکدیگر فرق دارند. مثلاً یهودیان و عیسویان چشم به راه رجعت مسیح می‌باشند. در صورتی که در اسلام ظهور می‌کند، یعنی امامی که غایب است به موقع ظاهر می‌شود و دنیا را پس از آن که پر از ظلم و جور شده پر از عدل و داد می‌نماید. یهودیان و عیسویان نجات‌دهنده را مسیح می‌نامند که برگزیده شده (کتاب اشعیاء باب شصت‌ویکم)[۲] در مذاهب یهود و مسیح و زرتشتی قبل از ظهور نجات‌دهنده قوای بدی ظاهر می‌شوند. نزد یهود هجوم یأجوج و مأجوج، نزد عیسویان اژدها یا جانور یوحنایی Apocalypse و پیغمبر کذاب. نزد زرتشتیان مار ضحاک (که همان Anté-Christe عیسویان و دجال[۳] مسلمانان است.) نزد هر سه ملت

---

[۱] تأثیر عقاید زرتشتی در مذهب یهود به خوبی مشاهده می‌شود: «جای تردید است که یهوه خدای قمری یکی از قبایل گمنام سامی، محتملاً خدای بزرگِ جهانِ دوره‌ی بعد از هجرت یهود بشمار نمی‌رفت، مگر تحت تأثیر آهورامزدا که قرن‌ها پیش‌از اشعیاءِ نبی خداوند بزرگ جهان بود.»
A. H. Krappe, La Genese des Mythes, p. 246.

[۲] Margoliouth, On Mahdis and Mahdism, 1915.

[۳] به نظر می‌آید لغت دجال تحریفی از دروج پهلوی است که به معنی ضد اشویی و نام دیو ماده‌ای است که فریبنده و دروغگو می‌باشد. گویا خردجال نیز یک نوع تحریف «خرسه‌پا» از افسانه‌های اساطیری زرتشتی است. (بندهش بزرگ و روایات هرمزدیار فرامرز، بمبئی ۱۹۳۲، ص۹۷)

نجات‌دهنده از دودمان عالی‌مرتبه خواهد بود: نزد یهودیان و عیسویان از نژاد پادشاه اسرائیل، نزد زرتشتیان سوشیانس پسر زرتشت است. و مسلمانان مانند عیسویان معتقدند که عیسی باید قوای بدی را منهدم بسازد و دجال یا پیغمبر کذاب ظهور بکند. ولیکن اسلام همه این وظیفه را به عهده عیسی نمی‌گذارد و کارگشایی به دست امام غایب انجام خواهد گرفت که او نیز از اولاد پیغمبر اسلام است.[1]

گرچه مانی معتقد به رستاخیز جسمانی نیست[2]، ولیکن در مبحث قیامت (روز داوری) عقیده‌مند است زمانی می‌رسد که شر از دنیا برمی‌خیزد و تاریکی از روشنایی مجزا می‌شود و دنیا به حالت اول خود برمی‌گردد. مطالب بالا از اعتقاد به «سه زمان» ناشی می‌شود که بی‌شباهت به عقیده زرتشتیان نمی‌باشد.

(۱) دوره نخست، زمانی که روشنایی و تاریکی کاملاً از یکدیگر جدا بوده‌اند. (۲) دوره میانه، زمانی که در اثر تهاجم قوای تاریکی به روشنایی با هم مخلوط می‌شوند. (۳) دوره فرجامین، زمانی که روشنایی و تاریکی دوباره کاملاً از هم جدا می‌گردند و تا جاودان همین‌طور می‌مانند.[3]

در قطعه شماره ۹ (اسناد تورفان - کلکسیون لنین‌گراد) پرسش‌هایی راجع به آخر زمان و علامات آن می‌شود. گرچه اسناد مزبور خیلی بعد از مانی نوشته شده، ولی چنین به دست می‌آید پیرامون او معتقد بوده‌اند که مانی در آخر زمان ظهور خواهد کرد. تکه‌هایی از کتاب «شابوهرگان» مانی وجود

---

[1] بنا بر عقیده‌ی اسمعیلیان قبل از ظهور قائم سه امام مستور خواهند آمد. این سه امام مستور نمونه‌ای از سه پسر زرتشت می‌باشند.

[2] مردان‌فرخ، گزارش گمان‌شکن: چاپ تهران ۱۹۴۳، ص۴۷.

[3] W. Jackson, A sketch of the manichaean doctrine concerning the future life.

دارد، در آن‌ها اشاره به ظهور مانی نمی‌شود ولی از قراین چنین برمی‌آید که انتظار ظهور عیسی را دارند.

در «شابوهرگان» ترجمه مولر Müller نام «خردشهر ایزد» آمده است که در آخر زمان باید ظهور بکند. جاکسن معتقد است که بی‌شک عیسی به این لقب نامیده شده. در قطعات پهلوی لنین‌گراد، اشاراتی به «آمدشنیه پیشو زندگر» و در جای دیگر «مردان پوسر» شده است.

وقایعی که مصادف با ظهور می‌شود، عبارت است از علامات شگفت‌انگیزی که در آسمان پدید می‌آید و دال بر آمدن «خردشهر ایزد» می‌باشد و دانش را پیش از تکمیل فرشگرد به دنیا می‌آورد. فرشتگانی از شرق و غرب به فرمان او فرستاده می‌شوند و به همه اهل دنیا پیام می‌فرستند. اما اشخاص شرور او را انکار می‌کنند و کاذب می‌شمارند. از طرف دیگر پنج تن از نگهبانان پیروزگر آسمان‌ها و زمین‌ها با پرهیزکاران و دیوان فروتن به پرستش او سر فرود می‌آورند.

درباره اعتقاد ایرانیان به قائم، دو کتاب مهم یکی به قلم دارمستتر و دیگر ادگار بلوشه[1] وجود دارد که شامل نکات قابل توجهی در خصوص تحولات این عقیده در اسلام و در ایران می‌باشد که در این جا از موضوع ما خارج است. دو دانشمند نامبرده کوشیده‌اند پیشگویی‌های قبل و بعد از اسلام ایران را راجع به ظهور قائم با یکدیگر مقایسه بنمایند و به خصوص وقایع تاریخی بعد از اسلام را که ناشی از این عقیده شده مورد مطالعه قرار بدهند.

---

[1] J. Darmesteter, Le Mahdi depuis les origines de l'Islam jusqu'à nos jours. E. Blochet, Le messianisme dans l'hétérodoxie musulmane.
راجع به مقایسه عقاید اسلامی که همانند عقاید زرتشتی است رجوع شود:
Gray, Zoroastrian elements in Muhammadan theology. Goldziher, Islamisme et Parsisme.

ادگار بلوشه، در کتاب خود سرچشمه اعتقاد به وجود قائم را تراوش فکر ایرانی دانسته است. (ص ۱۲۶) می‌نگارد: «تشیع ایرانی که در سرتاسر اسلام، از حدود چین گرفته تا سواحل دوردستی که امواج اقیانوس اطلس روی آن خرد می‌شود، تولید انقلابات بی‌شمار کرده است، از عکس‌العمل اعتقاد ایرانی به ظهور قائم بر ضد روحیه سامی به وجود آمده که اساس آن برداختن اعتقاد به وجود قائم بوده است.»

***

از کتاب «زند وهومن‌یسن» نسخ متعددی به پازند و فارسی وجود دارد، ولی چنین به نظر می‌رسد که نسخه پهلوی نسبتاً از نسخه‌های بالا اصیل‌تر مانده است. در سنه ۱۸۸۰ میلادی دانشمند پهلوی‌دان، دکتر وست برای اولین بار بهمن‌یشت را از پهلوی به انگلیسی ترجمه کرده است.[۱] ولی متن کنونی براساس صحیح‌ترین متن پهلوی است که آقای بهرام گورانکلسریا با تصحیحات لازم در سنه ۱۹۱۹ میلادی در بمبئی به طبع رسانیده است.[۲] در آخر آن نیز قطعه‌ای پهلوی راجع به «درایش اهریمن به دیوان» وجود دارد که عیناً نقل می‌شود و نیز قسمتی از «جاماسپ‌نامه» و «زرتشت‌نامه» که نسبت مستقیم با پیشگویی‌های زند وهومن‌یسن دارد که در دنباله کتاب افزوده می‌گردد.

این کتاب حتی‌المقدور به طور تحت لفظی ترجمه و به فارسی ساده گردانیده شده است. لغات مشکل و توضیحاتی که مربوط به متن پهلوی است در پاورقی داده می‌شود و اسناد که راجع به موضوع کتاب است در حواشی نقل می‌گردد. جملاتی که در قالب [ ] گذاشته شده ظاهراً تفسیر یا

---

۱ S.B.E Vol 5. Pahlavi texts, (Part I) E. W. West. p. 189-235, Oxford, 1880.

۲ B. T. Anklesaria, Zand Vohuman Yasn, Bombay, 1919.

توضیحاتی است که شارحین به متن اصلی افزوده‌اند و قسمت‌هایی که در هلالین ( ) گذاشته شده علامت نسخه بدل و یا جملاتی جملاتی است که اضافه شده است. هر جا ستاره در متن گذاشته شده به حواشی مراجعه شود.

گرچه به واسطه نقص الفبای فارسی بهتر این بود که متن با الفبای صدادار لاتین چاپ می‌شد[۱]، ولی از آن جا که وسایل طبع فراهم نبود، با الفبای فارسی معمولی اضافه گردید و کسانی که مایل باشند مطالعه دقیق بنمایند باید به نسخه اصل مراجعه کنند. در خاتمه سپاسگزاری خود را به دانشمند فرزانه آقای بهرام گورانکلسریا که از هرگونه کمک و راهنمایی در ترجمه این متن به این جانب فروگزار نکردند تقدیم می‌نمایم.

ص. هدایت

[۱] نه تنها حروف الفبای کنونی که از عربی گرفته شده برای ضبط متن‌های پهلوی و با لغات فرس قدیم ناقص است، بلکه لهجه‌ها و زبان‌های بومی ایرانی را نیز نمی‌توان با این حروف ضبط کرد. حتی برای فارسی معمولی نیز شایسته نمی‌باشد. مثلاً یک نفر چک یا فرانسوی می‌تواند فارسی را به حروف زبان خود بنویسد و اگر آن را به هم‌زبان خود بدهد که فارسی نداند آن شخص قادر است متن فارسی را بی‌غلط بخواند. ولیکن اگر زبان چک یا فرانسه را به حروف فارسی بنویسند و به یک نفر فارسی‌زبان بدهند که از این زبان‌ها بااطلاع باشد، غیرممکن است که بتواند آن را بی‌غلط بخواند. فارسی معمولی را نیز نمی‌توان با تلفظ کامل و دقیق با حروف کنونی نوشت و به همین علت فارسی نوشته و زبانی، دو زبان جداگانه شده است. مثلاً: «رفتم و بهش گفتم» را باید معرب و به شکل ساختگی: «رفتم و به او گفتم» نوشت. موضوع تغییر خط احتیاج ضروری و حیاتی است و هیچ ربطی با تفریح یا فرنگی‌مآبی و یا تقلید ندارد. غرور ملی را نیز جریحه‌دار نمی‌کند، زیرا خطوط قدیم فارسی نیز مانند: میخی، پهلوی و اوستایی اختراع صددرصد ایرانی نبوده، چنان که حروف فارسی کنونی اختراع ایرانی نمی‌باشد و به تناسب موقع با احتیاجات خود وفق داده‌اند. امروزه هم بی‌آن‌که لازم باشد اختراج تازه‌ای در خط فارسی بکنند. باید حروف فارسی به صورت الفبایی لاتینی بسیار ساده و با حروف صدادار باشد تا بتوان تمام مشخصات زبان را با آن ضبط کرد.

(بخش - ۱)

زند[۱] وهومن‌یسن

(۰) «به خشنودی دادار اورمزد به‌افزونی، افزونی‌دار، درخشنده فرهمند و امشاسپندان[۲]! آفرین‌ویژه[۳] بر دین بهی مزدیسنان[٤]! تندرستی و دیرزیوشی[۵] و آبادانی او را باد که این برایش نوشته می‌شود.»[۶]

درِ نخستین

(۱) چنان که از ستودگر[۷] پیداست: زرتشت از اورمزد انوشگی[۸] خواست. (۲) پس اورمزد خرد هرویسپ‌آگاه[۹] را به زرتشت نمود. (۳) اوبن[۱۰] درختی بدان بدان بدید، که چهار شاخه بدان بود: یکی زرین، یکی سیمین، یکی پولادین و یکی از آهن‌آلوده[۱۱]. (٤) پس او پنداشت که (این را) به خواب دید. (۵) چون

[۱] تفسیر.

[۲] فرشتگان مقرب اورمزد که مقدس و بی‌مرگ می‌باشند و عده‌ی آن‌ها هفت است.

[۳] خالص - بی‌آلایش.

[٤] مقصودزرتشتیان پرستنده‌ی اورمزدهستندکه بهدینان نیزمی‌گویند،مقابل آن دیویسنان یعنی دیوپرستان می‌باشند.

[۵] طول عمر.

[۶] این قسمت از طرف استنساخ‌کننده برای کسی که دستور رونویس کتاب را داده اضافه شده است.

[۷] به موجب دینکرد این کتاب اولین مجموعه‌ی ادبیات مزدیسنان بوده است. در روایات دومین کتاب محسوب می‌شود.

[۸] بی‌مرگی-زندگی جاودان در فارسی جدید لغات نوشدارو (انوش‌دارو) و نوشیروان (انوشه‌روان) از ترکیبات انوش یا ائوش می‌باشد.

[۹] آگاه و محیط به همه چیز Omniscient

[۱۰] ته - بدنه - پایه - تنه.

[۱۱] گومیخت = اختلاط دو ناجنس -ناویژه- ضد لغت آمیخته که اختلاط دو همجنس می‌باشد = ریم آهن.

زرتشت از خواب بیدار شد، گفت که: «خدای مینویان[1] و گیتیان[2] به من نمود نمود که بن درختی دیدم که چهار شاخه بدان بود.»

(۶) اورمزد به سپیتامان[3] زرتشت گفت که: «آن درخت یک بن که تو دیدی، آن گیتی است که من اورمزد آفریدم. (۷) آن چهار شاخه، چهار هنگامی است که می‌رسد. (۸) آن زرین، آن است که من و تو گفتگوی[4] دینی دینی کنیم، و گشتاسپ‌شاه[5] دین بپذیرد، و کالبد دیوان بشکند، و دیوان از آشکاری به دور شده در روش‌نهانی[6] باشند. (۹) آن سیمین، خداوندی شاه اردشیرکی[7] است. (۱۰) و آن پولادین، خداوندی انوشه‌روان خسرو پسر کواد[8]. (۱۱) و آن از آهن‌آلود* (هنگام) فرمانروایی بیدادانه دیوان

[1] لاهوت، درکتاب‌های فلسفی و عرفانی دوره‌ی اسلامی به تعبیرهای عالم معنوی-عالم امر-عالم غیب(جهان بود) عالم ملکوت و غیره یاد شده است.

[2] ناسوت یا عالم خلق - عالم شهادت (جهان نمود) عالم مادی وغیره در کتاب‌های بعد از اسلام ترجمه شده است.

[3] به موجب بندهش (در سی‌ودوم-۱) نام نهمین پدربزرگ زرتشت است.

[4] در متن همپرسه آمده (هم‌پرسش) مشورت - گفتگو، Interview.

[5] در زمان سلطنت گشتاسپ، زرتشت به دربار او رفته و اوستایی که روی ۱۲هزار پوست گاو به خط طلایی نوشته شده بود عرضه داشت گشتاسپ به دین زرتشت گروید و آتشکده‌هایی بنا نهاد. این اتفاق در سی‌امین سال سلطنت گشتاسپ رخ می‌دهد و چهارمین هزاره آغاز می‌گردد.

[6] یعنی مخفی شدن به صورت آدمی یا جانوران. دارمستتر در زند اوستا جلد اول ص۹۰ یادداشت می‌کند: «به شکل مخصوص دیوان و نه آدمیان، و این شکلی است که از بدی دوران ناگزیر به خود می‌گیرند.» سپس از شرح پهلوی نقل می‌کند: «آن‌هایی که قادر به نامریی کردن کالبد خود می‌باشند. او (زرتشت) کالبدشان را شکست، آن‌هایی که نمی‌توانستند نامریی شوند خودشان را شکست (نابود کرد.) شکستن کالبد، عبارت از این است که از این لحظه به بعد که شکل دیوان را پذیرفتند نمی‌توانند آزار برسانند، چنان که کنون که به شکل جانوران و آدمیان می‌باشند نمی‌توانند زیان برسانند.» در کارنامه‌ی اردشیر پاپکان در نخستین-۶ نهان‌روشی در مورد ساسان به کار رفته است.

[7] اردشیر درازدست هخامنشی.

[8] خسرو اول (انوشیروان) پسر قباد.

ژولیده‌موی از تخمه خشم است[۱]، چون دهمین صد سال[۲] تو به سر رود، ای سپیتامان زرتشت!»

درِ دوم

(۱) به زند وهومن‌یسن[۳]، خردادیسن و آشتادیسن پیداست، که یک بار گجسته[٤] مزدک پسر بامداد، دشمن دین پیدا آمد[۵]، تا مردمان را دشمن دین یزدان کند. (۲) آن انوشه‌روان خسرو پسر کواد[۶]، خسرو پسر ماوینداد، نوشاپوهر پسر داذ اورمزد، دستور آذرپاذگان، آذرفرنبغ راستگو و آذرباذ، آذرمهر، و بخت‌آفرید[۷] را به پیش خواست. (۳) او از ایشان پیمان خواست[۸]،

---

[۱] در این جا خشم اسم معنی نیست بلکه مفهوم دیو خشم Asmodée را دارد در جاماسپ‌نامه دیوان ژولیده‌موی، اعراب را معرفی می‌کند: «۲۸- از آن فراز ایشان خود به خود افتند و یکدیگر را تباه کنند. پس تازیان ژولیده‌موی از تخمه‌ی خشم بیایند، به اندک زور و زاور (قدرت) ایرانشهر را سیصدوهشتاد و دو سال و نه ماه و هفت روز و چهار زمان فراز گیرند.» جاماسپ‌نامه، چاپ رم، ۱۹۳۹، درِ پانزدهم.

[۲] در متن دهمین صد زمستان آمده است.

[۳] شکی نیست که زند به معنی ترجمه از پهلوی است. این مطلب قابل توجه می‌باشد زیرا خرداد و اشتادیشت وجود دارد، ولی در آن‌ها اشاره به مزدک نمی‌شود.

[٤] ملعون ضد خجسته است و در موارد اهریمن و اسکندر و افراسیاب و ابالیش استعمال شده است.

[۵] در بندهش بزرگ (چاپ انکلسریا درِ ۳٤-۲۷ ص۲۱۵) می‌نویسد: «در پادشاهی کواد، مزدک بامدادان به پیدایی آمده، داد (آیین) مزدکی نهاد، کواد را بفریفت و شیفته کرد، فرمود: زن و فرزند و خواسته به همه و همگی باید داشت. و دین مزدیسنان را از کار بازداشت، تا انوشه‌روان خسرو پسر کواد فرواکی آمد، (به سن بلوغ رسید) و مزدک را بکشت و دین مزدیسنان بیاراست و آن خیونان (هون‌ها) که همواره به ایرانشهر تاخت‌وتاز می‌کردند سرکوبید و راند و ایرانشهر را بی‌بیم کرد.»

[۶] خسرو پسر قباد می‌باشد.

[۷] داد هرمزد و آذرفرنبغ نام مفسرین است. آذرباد و بخت‌آفرید در ادبیات دینی پهلوی سرشناس می‌باشند. در هفتم بند ۶ همین کتاب نام داد اورمزد آمده است.

[۸] در متن فارسی از این پیمان ذکری نمی‌شود، اما می‌نویسد که خسرو پیامی به مزدک فرستاد و از او درخواست کرد تا به پرسش‌هایی که از طرف انجمن موبدان از او می‌شود پاسخ بدهد در صورتی که نتواند از عهده‌ی جواب برآید کشته شود. مزدک پذیرفت از او ده مسئله دینی سوال شد، مزدک به یکی از آن‌ها نتوانست جواب بدهد و شاه فرمان به کشتن او داد.

که: «این یسن‌ها را نهان مدارید؛ و جز به بستگان خود زند میاموزید[1].»* (٤) ایشان به خسرو پیمان کردند.

درِ سوم

(۱) به زند وهومن‌یسن پیداست،[2] که زرتشت دیگر بار از اورمزد انوشگی خواست. (۲) او گفت، ([زرتشت می‌باشد]): دادارا! میان آفریدگان تو من پرهیزکارتر و کارگرترم، اگر چون درخت: جوید‌بیش[3]، گوکپتشا[4]، یوشت فریان[5] و چهرومیان پسر گشتاسپ[6]» ([او همان پشوتن درخشان است.])[7] «مرا انوشه کنی، اگر مرا چون ایشان انوشه کنی، مردمان به دین تو بهتر بگروند، (چون می‌اندیشند:) که آن پیشوای دین چون دین بهی ویژه[8]

---

[1] منع متشابهی به زرتشت راجع به متن اوستا شده است. رجوع شود به خردادیسن-۱۰.

[2] از جمله‌ی بالا چنین به دست می‌آید که متن فعلی تفسیر اصلی نمی‌باشد بلکه خلاصه‌ی آن است، نسخ خطی پازند از این فصل شروع می‌شود.

[3] یا: ون‌ئی هرویسپ تخمک (درخت همگی تخم‌ها) نام درخت افسانه‌ای است که در دریاچه‌ی «وروگشا» می‌باشد و از تخمه‌ی آن همه‌ی گیاه‌ها روئیده‌اند. نام دیگر آن: جوید بیش یعنی راننده‌ی دردها (بندهش دیده شود).

[4] اگر یرث پسر پشنگ برادر افراسیاب که گوید شاه نیز نامیده می‌شود. در مینوخرد بسان جانور اساطیری معرفی شده: «(۳۱) گوپتشاه به ایران‌ویج اندر کشور خوانیرس می‌باشد. (۳۲) و از پای تا نیم - تن گاو و از نیم تن تاز بر مردم. (۳۳) و همواره به کنار دریا نشیند. (۳٤) و یزش یزدان همی کند و زوهر (آب مقدس) به دریا همی ریزد. (۳۵) از ریختن آن زوهر، خرفستر بی‌شمار اندر دریا بمیرند. (۳۶) چه اگر او آن یزش فراوان نکند و آن زوهر به دریا نریزد و آن خرفستر بی‌شمار را تباه نسازد: پس هرگاه که باران بارد خرفستر نیز مانند باران ببارد.» مینوخرد در شصت‌ویکم ص۱۶۷.

[5] شاید هائوشت پسر گوروا باشد (دینکرد). نیز رجوع شود به آبان‌یشت ۸۱ و فروردین‌یشت ۱۲۰.

[6] پشوتن پسر گشتاسپ می‌باشد و این چهار تن از اورمزد زندگی ابدی یافته‌اند، ولی به موجب روایات دیگر پهلوی به این عده افزوده می‌شود. در اسلام نیز خواجه خضر و الیاس و غیره که آب زندگی نوشیده‌اند زندگی جاودانی یافته‌اند و ملقب به رجال‌الغیب می‌باشند.

[7] قسمت‌هایی که در قلاب گذاشته شده توضیحات شارحین است.

[8] در این جا به معنی مقدس است.

مزدیسنان از اورمزد بپذیرفت انوشه بباشد» و نیز آن مردمان به دین تو بهتر گروند.»

(۳) اورمزد بدو گفت[۱]. «ای سپیتامان زرتشت! اگر ترا انوشه کنم، پس تور براتروش کرپ[۲] انوشه باشد؛ و چون تور براتروش کرپ انوشه باشد، رستاخیز و تن‌پسین[۳] کردن نشاید.»

(٤) زرتشت را در اندیشه[٤] دشوار نمود. (۵) اورمزد به خرد هرویسپ‌آگاه دانست، که سپیتامان زرتشت اشو[۵] چه اندیشید. (۶) او دست زرتشت را فراز گرفت؛ او اورمزد مینویی افزونی، دادار اشوی جهان استومندان[۶] خرد هرویسپ‌آگاه را به سان آب[۷]، بر دست زرتشت کرد، او گفت، ([او اورمزد]) که: «فراز خور.»

---

[۱] در متن پهلوی اغلب ضمیر قبل از فاعل واقع شده مانند (اوزرتشت گفت) و این طرز سیاق اوستایی است. چنین به دست می‌آید که این متن یا تقلید از اوستا شده و یا از متن اوستای کهنه ترجمه شده که اصل متن آن از بین رفته است.

[۲] در فارسی به اشکال براتروش - پرتروش و پوران تروش آمده است. نام یکی از برادران خانواده‌ی کرپ از نسل خواهر منوچهر می‌باشد که جادوگر بوده و به موجب اسناد پارسیان زرتشت به دست تور براتروش کشته می‌شود، اورمزد به زرتشت می‌گوید: اگر تو بی‌مرگ شوی کشنده‌ی تو (که البته زرتشت نمی‌دانسته) او هم بی‌مرگ خواهد شد و در این صورت معاد جسمانی غیرممکن خواهد بود. (کتاب هفتم دینکرد دیده شود.) بهرام پژدو می‌گوید:

بر تروش آن مهتر جادوان — یکی جادویی ساخت اندر نهان

(۳۷۳)

[۳] تن اخروی - یعنی بدنی که در روز قیامت مردگان را به آن می‌آرایند یعنی معاد جسمانی.

[٤] در متن منش به معنی نظر - تصور آمده است mind-idea-conception

[۵] مقدس - پرهیزکار - بی‌آلایش.

[۶] اسطقسات - عناصر - ارکان. کلمه‌ی «استومند» چه از جهت ریشه و چه از جهت مفهوم هر دو مطابق می‌باشد با آن چه به زبان یونانی «استوئیخیون» خوانده شده و در کتب فلسفی عربی به صورت «اسطقس» نقل گردیده است. ریشه‌ی تقریبی استومندان به عربی همان «ارکان» می‌باشد که به جای عناصر به کار رفته است. ریشه‌ی لغت استومند از «است» آمده که به معنی استخوان است (لاتین Os یونانی Osteon) در کلمات هسته - ستون - استوانه - استودان و استخوان باقی مانده است. شاید اس و اساس عربی نیز با ریشه‌ی «است» فارسی یکی باشد.

[۷] در متن «به آبکرپ» آمده یعنی به شکل آب - به شکل مایع.

(۷) و زرتشت آن را فراز خورد، از آن خرد هرویسپ‌آگاه به زرتشت اندر آمیخت.* (۸) هفت شبانه‌روز، زرتشت در خرد اورمزد بود[1]. (۹) پس زرتشت مردمان و گوسپندان را به هفت کشور زمین بدید، ([که هر یک را چند تا موی به پشت و سر به کجا دارند.]) (۱۰) او دار و درخت بدید، ([که چگونه باشد،]) که اروران[2] چند ریشه به سپندارمذ[3] زمین دارند[4] ([که چگونه رسته‌اند یا به یکدیگر آمیخته می‌باشند.])

(۱۱) در هفتمین شبانه‌روز، او خرد هرویسپ‌آگاه را از زرتشت بازستانید.

(۱۲) زرتشت پنداشت که: «این را) به خواب خوشی که اورمزد داد دیدم و از خواب بیدار نشده‌ام.» (۱۳) او هر دو دست را برد و به تن خویش مالید (و اندیشید) که: «دیرزمانی است خواب هستم و از این خواب خوشی که اورمزد داد بیدار نشده‌ام.»

(۱٤) اورمزد به سپیتامان زرتشت گفت که: «به خواب خوشی که اورمزد داد چه دیدی؟»*

(۱۵) زرتشت گفت که: ای اورمزد مینویی افزونی! دادار جهان استومندان! مرد کامروایی[5] با بسی خواسته دیدم، که به تن بدنام و روان گرسنه و نزار و به دوزخ بود؛ خوش‌آیندم ننمود. (۱۶) درویشی بی‌چیز و بیچاره دیدم، که روانش فربه و به بهشت بود، مرا خویش‌آیند نمود[6]. (۱۷) مرد توانگری

---

[1] با اراده وراژنامه - درِ سوم-۲ مقایسه شود.

[2] Urvar یعنی رستنی‌ها و مجموع نباتات. در سانسکریت به معنی کشتزار است در لاتینی Arbor و به فرانسه Arbre می‌باشد.

[3] فرشته‌ی ماده‌ای که موکل زمین است و یکی از امشاسپندان مقدس و بی‌مرگ می‌باشد.

[4] با یادگار جاماسپ چاپ رم ۱۹۳۹ در نخستین ۱۱-۱۲-۱۳ مقایسه شود.

[5] در این جا شاید به معنی فربه و یا تن‌پرور است.

[6] این عقیده خیلی دور از اصول دین زرتشت است. زیرا یک نفر زرتشتی نه به وسیله‌ی ریاضت و نه گذشت از نعمت‌های دنیا به بهشت می‌رود، بلکه برعکس به وسیله زندگی فراخ ولی بی‌آلایش و برخورداری از نعمت‌های

بی‌فرزند دیدم، مرا برازنده ننمود. (۱۸) مرد شکسته‌ای با فرزند بسیار دیدم مرا برازنده نمود.[۱]* (۱۹) درختی دیدم که هفت شاخه بدان بود: یکی زرین، یکی سیمین، یکی روئین، یکی برنجین، یکی ارزیزین[۲]، یکی پولادین و یکی از آهن‌آلوده.»[۳]

(۲۰) اورمزد گفت که: «ای سپیتامان زرتشت! این را از پیش گویم: * (۲۱) درخت یک بن که تو دیدی، آن گیتی است که من اورمزد آفریدم. (۲۲) آن هفت شاخه که تو دیدی، آن هفت هنگامی است که خواهد رسید.»

(۲۳) «و آن زرین خداوندی گشتاسپ‌شاه[٤] است که من و تو در باره دین با هم گفتگو کنیم، گشتاسپ‌شاه دین بپذیرد و کالبد دیوان بشکند، و دیوان از آشکاری به دور شده در نهان‌روشی[۵] بمانند و اهریمن، دیوان و زاد و رودشان باز به تیرگی و تاریکی دوزخ رانده شوند، * و پرهیز آب و آتش و رستنی‌ها و سپندارمذ زمین پیدا بشود.»

(۲٤) «آن سیمین، خداوندی اردشیر کسی است، که بهمن پسر سپنداد خوانده شود[۶]، که دیوان را از مردمان جدا کند، همه جهان را بپیراید و دین را روا کند.»

(۲۵) «آن روئین، خداوندی اردشیر[۷] آراینده و پیراینده جهان و آن شاپوهرشاه[۱] باشد، که جهان را که من اورمزد آفریدم آراید و رستگاری به

دنیا که به سود آفرینش نیک باشد به بهشت خواهد رفت.

[۱] در دین زرتشت داشتن فرزندان بسیار از جمله‌ی اعمال پسندیده است.

[۲] قلتی.

[۳] آهن گسیخته = ریم آهن - چدن.

[٤] اولین پادشاهی که به دین زرتشت گروید و از او پشیمانی کرد. در نخستین بند ۸ دیده شود.

[۵] در نخستین بند ۸ یادداشت دیده شود.

[۶] اردشیر درازدست ملقب به وهومن، پسر سپندداد است (بهمن پسر اسفندیار در شاهنامه).

[۷] اردشیر پاپکان اولین پادشاه ساسانی است. در آفرین راپیتوین گفته می‌شود: «هم زور فروهر اردشیر پاپکان

سامان[۲] جهان روا کند و بهی پدیدار بشود، و آذرباذ پیروزبخت، پیراستار دین راست، با روی آماده شده[۳] برای این دین با جداراهان پیکار نماید، و باز آن را به راستی آورد[٤].»

(۲۶) «آن برنجین، خداوندی ولاش‌شاه[5] اشکانی است، که جداراهانی که باشند از جهان ببرد، و آن اکوان پسر گرکرسیاک[۶] دروند[۷]، از جدادینان راه تباه کند و از جهان نابین و ناپیدا شود.

(۲۷) «آن ارزیزین، خداوندی بهرام گورشاه[8] است، که مینوی رامش[1] را بینا و آشکار کند و اهریمن با جادوان با به تیرگی و تاریکی دوزخ رانده شوند.»

باد، با همه‌ی فروهر آراستاران و پیراستاران و ویتارتاران دین خدایی باد!»

[۱] پسر اردشیر است. به نظر می‌آید که رونویس‌کننده‌ی زمان ساسانی برای خوش‌آمد پادشاه وقت این صورت را به عمد دراز نموده و ضمناً جزئیات دیگر به آن افزوده است.

[۲] پایان - حد.

[۳] در متن فارسی روی گداخته آمده است.

[٤] اشاره به آذرباد مهر اسپند، نخست‌وزیر و موبد موبدان شاپور دوم که برای رفع اختلاف مذهبی سوگند یاد نمود. در روایات داراب هرمزدیار جلد اول ص ۵ می‌نویسد: «موبدان موبد آذرباد مهرسفند گفت: اگر شما را به راستی و درستی دین پاک و نیک مزدیسنا شکی است من سوگند یاد می‌کنم. کسانی که اندک تردیدی داشتند گفتند که: چگونه سوگند می‌خورید؟ آذرباد گفت: آن چنان که نه من روی بگدازید و من در نزد شما سر و تن می‌شویم. آنگاه روی گداخته به روی سینه من بریزید. اگر سوختم شما راست می‌گویید و اگر نسوختم من راست کردارم و شما باید که دست از کج‌روی بدارید و به دین مزدیسنا پایدار مانید. پس گمراهان این شرط را پذیرفتند. آذباد در پیش هفتاد هزار مرد، سر و تن شست و نه من روی گداخته بر سینه‌ی او ریختند و او را هیچ رنجی نرسید. پس از همه شبهه برخاست و به دین پاک بی‌گمان شده اعتراف نمودند.»

[۵] ولاش پادشاهی اشکانی که اوستا و زند را جمع‌آوری نموده و به دین زرتشت رونق داد. به موجب ترتیب زمان، دوره‌ی برنجین باید قبل از دوره‌ی روئین ذکر شده باشد، در متن فارسی و پازند این ملاحظه شده است.

[٦] نام یکی از دشمنان دین مزدیسنان است. (کرسانی Keresâni اوستائی). نیروسنگ کلیسا کیه خوانده و کلیسا حدس زده دارمستتر اکوان را نیز اسکندر تصور کرده است. گمان می‌کند مقصود عیسویان و مخصوصاً دشمن منفور ایران اسکندر است که از جانب روم (عیسویان) به ایران آمده. ولی این تعبیر خیلی دوری است و کرسیاک همان کرسانی اوستایی می‌باشد. در سروش هادوخت (در نخستین-۶) لغت کرسه و در یسنا (در نهم-۲٤) به لغت: کرسانی مراجعه شود. در متن فارسی نیز کلیسا و کلیسه می‌نویسند.

[۷] بدکردار - کافر - دیومنش Damné.

[۸] پادشاه ساسانی که به واسطه‌ی شکنجه‌ی دشمنان دین و جلوگیری از مذاهب بیگانه محبوب اهل دین شد.

(۲۸) «آن پولادین، خداوندی خسرو پسر کوادشاه[۲] است، که گجسته مزدک پسر بامداد[۳]، دشمن دین را که با جداراهان باشند، از این دین بازدارد.»

(۲۹) «آن از آهن‌آلوده، فرمانروایی بیدادانه دیوان ژولیده‌موی[٤] از تخمه خشم[٥] باشد، ای سپیتامان زرتشت! هزاره تو به سر آید، چون دهمین صد سال تو به پایان رسد، ای سپیتامان زرتشت!»

درِ چهارم

(۱) زرتشت گفت که: «ای دادار جهان استومندان مینویی افزونی! نشانه دهمین صد سال چه باشد؟»

(۲) اورمزد گفت: «ای سپیتامان زرتشت، نشانه هزاره تو که به سر رسد روشن کنم:

(۳) «در آن پست‌ترین هنگام، یک‌صد گونه و یک‌هزار گونه و ده‌هزار گونه، دیوان ژولیده‌موی از تخمه خشم، برسند. (٤) آن بدتخمان از کسته[٦] خوراسان[۷] به ایران‌شهر بریزند* افراشته درفش باشند، و زین سیاه دارند[۱]

---

[۱] طرب معنوی، معروف است که بهرام گور تمایل مخصوصی به شعر و موسیقی و طرب داشته است و به قول فردسوی و حمزه از هندوستان قبیله‌های لوری را به ایران دعوت کرد.

[۲] خسرو اول (انوشه‌روان) پسر قباد.

[۳] از مشخصات این دوره نیز مانند دوره‌ی قبل شکنجه‌ی مرتدان می‌باشد. عقاید مزدک که براساس یک نوع سوسیالیسم افراطی بود و از دین زرتشت سرچشمه می‌گرفت، در زمان قباد طرف توجه عامه گردید و خسر اول پسر قباد، مزدک را کشت و پیروان او را با قساوت عجیبی قتل‌عام کرد و به این جهت ملقب به «عادل» شد! به سلطنت قباد و مزدک تألیف کریستنسن مراجعه شود.

[٤] موی پریشان و سر برهنه در نزد ایرانیان قدیم ناپسندیده بوده است.

[٥] مقصود دیو خشم می‌باشد. در متن فارسی هاشم می‌نویسد گویا تعمد مترجم زرتشتی را می‌رساند وگرنه این لغت هیچ ربطی با هاشم ندارد.

[٦] خطه، Costé (فرانسه‌ی قدیم). شاید خطه معرب همین کلمه باشد.

[۷] مشرق و یا خراسان اما در هر صورت خیلی بعید است که این دیوان اعراب بوده باشند که از سمت مغرب

و موی ژولیده بر پشت دارند، و از نژاد پست‌ترین بندگان و دروگران[۲] «زویش»[3] و بیشتر مزدور باشند*.»

(۵) «ای سپیتامان زرتشت! آن تخمه و زاد و رود خشم را بن پیدا نیست. (۶) آنان به یاری جادو به ده‌های ایران که من اورمزد آفریدم بریزند. (۷) آنگاه بس چیزها را سوزند و آلایند، و خانه از خانه‌داران، ده از دهگانان، آبادی و بزرگی و دهگانی و راستی در دین و پیمان و زنهار و شادی و همگی آفرینش من اورمزد که دادم و این دین ویژه مزدیسنان، و آتش بهرام[٤] که به داد برپا شده است (همه) به نیستی رسد؛ و زنگیان[5] و آوارگان پیدا آیند. (۸) و آن روستای بزرگ شهر و آن شهر بزرگ ده و آن ده بزرگ دودمانی شود و از آن دودمان بزرگ بیش از استخوانی نماند.»

(۹) «ای سپیتامان زرتشت! این ده‌های ایران را که من اورمزد آفریدم به زیان‌جویی و بیدادی ([فرمانروایی بیدادانه]) برکنند. (۱۰) آن دیوان ژولیده‌موی فریفتار باشند.» ([چون آنچه که گویند نکنند]) «و بدترین دین دارند» ([چون آنچه که نگویند کنند]). (۱۱) ایشان را پایداری در گفتار و پیمان[۶] و راستی و آیین نیست؛ و زنهار ندارند، و به گفته خود استوار نباشند.

آمدند، مگر این که یک نفر ساکن کرمان چنین تصوری را بکند. گویا مقصود ترک‌ها می‌باشند که از جانب ترکستان به ایران حمله کردند وگرنه هیچیک از اختصاصات آن‌ها به جز دوره‌ی فرمانروایی طولانی ایشان را نمی‌توان با اعراب مقایسه کرد.

[۱] احتمال می‌رود اشاره به اعراب باشد.

[۲] «چون خرم‌دینان خروج کردند، از ناحیت اصفهان در ونده و کابله و قومی از باطنیان با ایشان پیوستند...» سیاست‌نامه، چاپ تهران، ص۱۷٤.

[۳] نام خانواده‌ای که دشمن زرتشت بوده است.

[٤] آتش مقدس که مظهر جسمانی سه آذر بزرگ، فرنبغ و گشنسپ و برزین‌مهر باشد و حامی همه‌ی آذرهای زمینی است. (در هفتم بند ٢٤ یادداشت دیده شود.)

[5] گویا اشاره به اعراب باشد.

[٦] در متن فارسی دست و پیمان نوشته شده است. به پهلوی پشت به معنی قول شرق و وعده و اطمینان دادن می‌باشد.

(۱۲) و این ده‌های من اورمزد را که آفریدم به فریفتاری و آز و فرمـانروایی بیدادانه برکنند.»

(۱۳) «اندر آن هنگام، ای سپیتامان زرتشت! همـه مـردم فریفتـار باشـند.» ([بدخواه یکدیگر باشند؛]) و مهرورزی بزرگ[1] دیگرگونه باشد. (۱٤) و آزرم و دلبستگی و روان‌دوستی از جهان بشود*. (۱۵) مهر پـدر از پسـر، و بـرادر از برادر برود؛ و داماد از پدرزن روی بگرداند، (؟) و خواهش مادر از دختر جدا و دیگرگونه باشد.»

(۱۶) «ای سپیتامان زرتشت! چون دهمین صد سال تو سـر بـرود، خورشـید راست‌تر و نهفته‌تر، و سال و ماه روز کوتاه‌تر باشد. (۱۷) و سپندارمذ زمـین تنگ‌تر و راه‌ها دشوارتر باشد. (۱۸) و میوه تخـم ندهـد*؛ و دانـه‌هـا از ده هشت بکاهد و دو بیفزاید؛ و آن که بیفراید سپید[2] نباشد. (۱۹) و رستنی‌ها و دار و درخت بکاهد، اگر کسی یک‌صد می‌ستاند، نود بکاهد و ده بیفزایـد، و آن که بیفزاید گوارا و خوشمزه نباشد. (۲۰) و مردم کوتاه‌تر زاینـد و هنـر و نیروی ایشان کم باشد، و فریفتارتر و بیدادتر باشند، و سپاس و آزرم نـان و نمک ندارند، ایشان در بند پرسش (از یکدیگر) نباشند.»

(۲۱) «در آن بدترین هنگام، یک مرغ را بیشتر گرامـی دارنـد تـا آن مـردم دیندار ایران را.* (۲۲) مزد ایشان به کار کم و کار و کربه[3] از دسـت ایشـان کم رود، و همه گونه جداکیشان بدخواه ایشان باشند.»

---

[1] دوستی بزرگ (به طعنه می‌گوید).

[2] رسیده.

[3] کار ثواب. تکالیف مذهبی را انجام دادن. کاربغ = وظیفه‌ی نسبت به خدا را بجا آوردن.

(۲۳) «و در همه جهان، مرده را چال کنند[1] و مرده را بگسترانند. (۲٤) و نهان کردن مرده و شستن مرده، و سوزاندن و بردن مرده به آب[2] و آتش و خوردن مردار[3] را به داد گیرند و نپرهیزند[4].»

(۲۵) «گمان کنند که کار و کربه بزرگ انجام دهند و راه دروندی[5] و دوزخ سپرند؛ و از اوارونی[6] و فرومایگی و گمراهی خشم و آز به دوزخ روند.»

(۲۶) «اندر آن هنگام سخت، ای سپیتامان زرتشت! ([هنگام فرمانروایی خشم سخت‌نیزه[7] و دیوان ژولیده‌موی از تخمه خشم،]) «آن پست‌ترین بندگان»[8] به خداوندی ده‌های ایران فراز روند.»

(۲۷) «و بهدینان که کستی[9] به میان دارند، پس از آن پادیاوی[10] داشتن نتوانند. (۲۸) چه، به آن پست‌ترین هنگام، مردار و پلیدی[1] چنان بسیار باشد

---

[1] در دین زرتشت دفن اموات از گناهان پوزش‌ناپذیر است. ویدیوداد ۱-۱۳ (٤۵) همچنین ۳-۱۲ (۳۸) ۶-۵۱ (۱۰۵) ۷-۵۱ (۱۰۵) و غیره. صددر فصل ۳۳ می‌نویسد: «۲- چه در دین به پیداست که نسا در زیر زمین نهان کنند، اسفندارمذ امشاسفند همی لرزد، چنان سخت است که کسی را مار، یا گزدم در جامه‌ی خواب بود و زمین را نیز همچنان است. ۳- که نسا در زیر زمین کنی چنین چون آشکارا کنی از آن رنج برهاند».

[2] غسل میت.

[3] خوردن گوشت مانده و حرام شده.

[4] در مقدمه‌ی بندهش ص٤۲ دکتر وست از در ۳۹ بندهش بزرگ که اشاره به آمدن اعراب می‌کند می‌نویسد که: ایرانشهر به دست تازیان افتاد و دین به آن‌ها رایج شد. بسیاری از عادات پیشینیان برانداخته گردید، دین مزدیسنان به نزاری رسید. شستن مرده و دفن مرده و خوردن مرده را به داد گرفتند. از بدو خلقت مصیبتی به این بزرگی رخ نداده بود. زیرا از کردار بد، از خواهش و عادات بیگانه، کردار دشمن‌منشانه، قوانین بد و دین بد ایشان، ویرانی و حرص و ناسزایی‌های دیگر استوار گردید.

[5] دروغ‌پرستی و این عنوان به مردمان غیرزرتشتی نیز اطلاق می‌شود، دیومنشی Damnation کفر و الحاد.

[6] ذریلت ضد فراوونی = فضیلت.

[7] لقب اوستایی دیو خشم می‌باشد.

[8] شاید اشاره به سبکتکین باشد که از نژاد بردگان بوده است.

[9] کمربند زرتشتیان (گجسته ابالیش چاپ تهران ص۱۱ دیده شود.)

[10] وضو - پاکی داشتن - شستن دست وپای خود به آب روان پیش‌از کستی بستن: (صددر به در پنجاه‌ام و هفتادوچهارم رجوع شود). «۱- این که چون بامداد که از خواب برخیزند نخست چیزی بر دست باید افکندن یعنی دستشو. ۲- پس به آب پاک دست شستن چنان که دست از ساعد تا سر دست سه بار شستن و روی از پس

که هر کس گام بنهد، به مردار رود. (۲۹) یا چون خویشتن را به برشنوم[۲] شوید چون پای از مغاک[۳] بیرون نهد به مردار رود.* (۳۰) یا چون به نساکده[٤] آیین «درون»[5] بجا آورد، بی‌آن که برسم[۶] فراز بگستراند سزاوار باشد[۷]. (۳۱) یا به آن پست‌ترین هنگام، شایسته باشد که دو مرد[۸] یزش[۹] بکنند، تا این دین به نیستی و نزاری نرسد؛ چون از صد، از هزار و از ده‌هزار، یکی باشد که به این دین گرود، و نیز آن که بگرود کار دین را انجام ندهد*. (چون) آتش بهرام[۱۰] به نیستی و نزاری رسد، از هزار یکی را نگه‌داری کنند و بدان نیز چنان که باید هیزم و بوی خوش ندهند[۱۱]. (۳۲) یا چون مردی برای

گوش تا زیر زنخ تا میان سر شسته باشد و پای تا ساق سه بار شوید...» - پادیاب.

[۱] در متن هیخر آمده که به معنی فاضلات بدن مانند: ناخن، موی و دندان باشد، آخال - پیخال - آشغال.

[۲] تطهیر - مراسم وضوی بزرگ ته شبه برای کسی که به مرده آلوده شده است. (ویدیوداد نهم ۳۶-۱۳ دیده شود.)

[۳] در لغت اوستایی مغ به فتح اول به معنی چاله‌ای بوده که دور از شهر برای مراسم تطهیر می‌کنده‌اند. بعد اطلاق به سنگی شده که بر برشنومگاه می‌گذارند و جای نشیمن است. مغاک از همین لغت آمده. فردوسی می‌گوید:

مغی ژرف پهناش کوتاه بود　　بر او برگذشتن دژآگاه بود

[٤] یازاد مرگ، جایگاه مخصوصی است که مرده را قبل از بردن به دخمه در آن‌جا می‌گذارند.

[٥] نان مقدس - مراسم درون تقریباً همان مراسم مذهبی عیسوی Office eucharistique می‌باشد که به افتخار امشاسپندان انجام می‌گیرد و در جشن‌های گاهانبار اجباری است. درون فطیر کوچک گردی است به اندازه‌ی کف دست، عدد آن‌ها مطابق مراسم چهار و یا شش می‌باشد.

[٦] «شاخه‌های باریک پی کرده بود به درازی یک وجب که از درخت گز و هوم... و یا درخت انار ببرند... هر گاه خواهند نسکی از نسک‌های زند بخوانند یا عبادت کنند یا بدن بشویند یا خوردنی بخورند چند عدد برسم به دست بگیرند...» فرهنگ جهانگیری.

[۷] در متن به معنی جایز و احوط می‌باشد.

[۸] برای انجام مراسم یزش معمولاً هشت نفر لازم است.

[۹] آیین پرستش و خواندن دعا.

[۱۰] در چهارم بند ۷.

[۱۱] یعنی مقدار هیزم و بوی خوش که به موجب قانون شرع مقرر گردیده است.

انجام آیین دین آماده شد[1]. هر چند نیرنگستان[2] نداند، چون با منش نیک آتش افروزد سزاوار است[3].»

(۳۳) «خواسته و آزرم[4]، همه به جداکیشان و جداراهان رسد. (۳٤) و کربه‌گران[5]، نیک از دودمان آزادمردان[6] و مغ‌مردان[7] بی‌پوشش (گشاده) و و سر و پا برهنه بروند[8]. (۳۵) خردان دختر آزادگان و بزرگان و مغ‌مردان به به زنی گیرند. (۳۶) آزادگان و بزرگان و مغ‌مردان به شکستگی و بندگی رسند، و «زویش»[9] و خردان به بزرگی و فرمانروایی رسند.* و آوارگان و خردان به پیشگاهی[10] و فرمانروایی رسند.* (۳۷) گفتار دین‌داران و مهره[11](؟) و گزارش دادوران[12] راست، گفتار راستان و نیز آن پاکان را انگیزش پندارند؛ گفتار خردان و ناروزنندگان و بدکاران و فسوسگران[13] و

---

[1] مقدمات وضوع و غیره را بجا آورد.

[2] نام کتابی که حاوی مراسم مختلف مذهبی بوده است.

[3] احوط است.

[4] حرمت - عزت.

[5] ثواب‌کاران.

[6] آزادگان.

[7] دانشمندان دین - روحانیون.

[8] ایرانیان قدیم سر و پا برهنه رفتن را نکوهیده می‌دانسته‌اند. در کتاب صددربندهش می‌نویسد: «۱۵- چون به یک پای کفش روند به هر یک گام فرمانی گناه باشد.» در شایست نشایست چاپ وست در چهارم: «۱۰- هر گاه سه گام بی‌پوشش بردارند فرمانی گناه و چون چهار گام بردارند تناپوهری گناه باشد.»

[9] درِ چهارم بند-٤.

[10] پیشگاه «پادشاه و صاحب تخت و مسند را هم گفته‌اند.» برهان قاطع.

[11] مهر؟

[12] قانونگزاران - اهل شرع.

[13] به معنی دلقک. فسوس به معنی بازیچه و ریشخند و استهزاء نیز آمده است فردوسی:

رخش بر مه و خور فسوسد همی — پری خاک راهش ببوسد همی

دادستان دروغ[1] را راست و باور دارند. (۳۸) و بدان سوگند دروغ خورند[2]، و و به زور گواهی بدان دهند و زور و ناسزا بر من اورمزد گویند.

(۳۹) «آنان که به هیربدان[3] و هاوشتان[4] نامبردارند بدخواه یکدیگر باشند و و خرده‌گیری کنند[5] و بد یکدیگر را نگرند؛ برایشان اهریمن و دیوان دشمنی بیشتر برده باشند. (۴۰) و از گناهانی که مردمان کنند، از پنج گناه هیربدان و هاوشتان کنند و نیکان را دشمن باشند» ([که بدگویی کنند و بد یکدیگر گویند؛]) «و یزشی[6] که بپذیرند انجام ندهند و بیم از دوزخ ندارند.

(۴۱) «و اندر آن دهمین صد سال که هزاره تو، به سر خواهد رسید، ای سپیتامان زرتشت! همه مردم آزپرست و ناسزا دین باشند. (۴۲) و ابرکامکار و باد تندرو، به هنگام و زمان خویش باران نشایند کرد[7]. (۴۳) ابر سهمگین همه آسمان را چون شب تار کند. (۴۴) باد گرم و باد سرد بیاید و بر و تخمه دانه‌ها را ببرد. (۴۵) باران نیز به هنگام خویش نبارد و بیشتر خرفستر[8] ببارد تا آب. (۴۶) و آب رودخانه‌ها و جویباران بکاهد و آن را افزایش نباشد.* (۴۷) و ستور و گاو و گوسپند کوچکتر زایند، و بی‌هنرتر زایند و بار کم ستانند و موی کمتر و پوست تنگ‌تر (باشد) و شیر (ایشان)

---

[1] کسانی که فتوای ناحق دهند.

[2] گویا اصطلاح «سوگند خوردن» از این جا آمده که در قدیم ظرف آبی را با مراسم مخصوصی تهیه می‌کردند و پس از خواندن ادعیه و ذکر نام همه‌ی قوای آسمانی و شهادت راستی، آن آب را می‌نوشیده‌اند.

[3] پیشوایان دین.

[4] پیروان دین - اصحاب - طلبه.

[5] عیب‌جوئی کنند.

[6] مراسم عبادت.

[7] از جمله دستوری که در باره‌ی چیدن ناخن و موی سر داده شده (ویدیوداد ۱۷ دیده شود.) یکی از نتایج بی‌مبالاتی در آن عقب افتادن باران است.

[8] جانوران زیان‌کار اهریمنی.

نیفزاید و چربی کم دارند. (۴۸) و گاو ورزا را نیرو کم و اسپ تندرو را هنر کم و تکاوری کمتر باشد.

(۴۹) «و به آن هنگام سخت، ای سپیتامان زرتشت! مردمی که کستی به میان دارند[1]، از بدخواهی فرمانروایی بیدادانه و بسیاری دادستان دروغ، به تنگ آمده زندگی ایشان بایسته نبوده و مرگ را آرزو کنند.* (۵۰) و جوانان و خردسالان بیمناک باشند و ایشان را هوای بازی و رامش از دل برنیاید.

(۵۱) «و جشن و نهاده[2] پیشینیان و اوسفرید[3] یزدان و یشت[4] و یزش[5] و گاهنبار[6] و فروردیکان[7] جای جای کنند و آن نیز که کنند بدان بی‌گمان باور ندارند. (۵۲) و پاداش از روی داد ندهند و بخشش نکنند و اشوداد[8] ندهند و آن نیز که دهند باز بخشند[9]!»

(۵۳) «و آن مردم بهدین[10] نیز که این دین بهی مزدیسنان بستایند، به راه و روش و به جامه ایشان (دشمنان) فراز روند؛ و ایشان به آن دین خویش نگروند. (۵۴) و آزادگان و بزرگان و دهگانان[11] نیک، از ده و جای خویش، از بن جای و دودمان خویش به در به دری شوند، و از خردان و ناچیزان، چیز به

---

[1] مقصود بهدینان یعنی زرتشتیان می‌باشد.

[2] وضع - رسم.

[3] گیتی خرید - دعایی که به دل شخص برات بشود و بخواند.

[4] «یشت نام نسکی است از جمله‌ی بیست‌ویک نسک زند و این نسک را به جهت ارواح مردگان خوانند و در گاهنبارها قرائت کنند.» فرهنگ جهانگیری.

[5] عبادت و پرستش.

[6] جشن‌های ششگانه‌ی سال. برهان قاطع: به لغت گاهبارها مراجعه شود.

[7] نام جشنی که فارسیان در پنج روز آخر سال گیرند و آن را خمسه‌ی مسترقه گویند (برهان قاطع و نیز کتاب التفهیم چاپ تهران ص ۲۵۶ لغت پروردگان دیده شود.)

[8] صدقه.

[9] به طعنه می‌گوید که آنچه را می‌دهند باز می‌بخشند.

[10] زرتشتی.

[11] دهقان به معنی بزرگزاده.

نیاز خواهند، و به درویشی[1] و آوارگی رسند. (۵۵) از ده نفر، نه نفر این مردم مردم به سوی باختر[2] تباه شوند.»

(۵۶) «در خداوندی به ایشان، همه چیز به نیستی و آوارگی و سبکی و آلودگی رسد. (۵۷) سپندارمذ[3] زمین دهان بازگشاید و هر گوهر و ایوکششست[4] پدیدار شود چون: زر و سیم و روی و ارزیز[5] و سرب*. (۵۸) و خداوندی و پادشاهی به بندگان انیران[6] رسد، چون خیونان[7]، ترک، اتور[8] و توپیذ[9]، چون اودرک[10]، و کوهیاران و چینیان و کابلیان و سغدیان و ارومیان[11] و خیونان سپید سرخپوش به ده‌های ایران من فرمانروا باشند. فرمان و کامه[12] ایشان به جهان روا باشد.»

---

[1] دریوزگی - فقر.

[2] شمال (ویدیوداد ۱۹-۱): «از نواحی شمال انگره مینوی پرمرگ دیو دیوان بیرون دوید»... در فارسی جدید باختر عموماً مغرب و گاهی نیز به معنی مشرق آمده است
Bartholomae, ZDMG, Xlii, 154, Justi, Beiträge I, 13; Harn, Grundrissd.n. p.35,. no149.
دیده شود.

[3] درِ سوم بند ۱۰.

[4] ایوخشست = گوهرکان - فلزات.

[5] قلع.

[6] غیرایرانی.

[7] این لغت به معنی لشکر نیز خوانده می‌شود اما در این جا باید خیون به معنی هون‌ها باشد. (یادگار زرریران دیده شود.)

[8] غیرتورانی؟ دکتر بیلی Dr. Bailey در BSOS.I.C. هیاطله حدس زده است.

[9] دکتر بیلی تبتی گمان کرده است.

[10] اودره؟ دکتر بیلی این لغت را «اندر» خوانده در صورتی که سیاق کلمه پهلوی با لغت اند فرق دارد و جمله را از این به بعد این طور ترجمه می‌کند: «که بین اهالی کوه‌نشین و چینی و کابلی و سغدی و... می‌باشد» (یادگار جاماسپ چاپ رم ۱۹۳۹ ص ۱۱۵ دیده شود.) ممکن است این لغت خودرک خوانده شود. در این صورت دارمستتر حدس می‌زند نام یکی از قبایل خزر باشد. بهرام پژدو (شعر ۱۴۰۱) می‌گوید:

ز ترکان و پیگند و ختلان و چین   برآید سپاهی به ایران‌زمین

[11] مقصود بیزانس است که شامل یونان نیز می‌شود.

[12] خواهش و آرزو.

(۵۹) «پادشاهی از ایشان چرمین کمران[1] و تازیان[2] و ارومیان به ایشان رسد. (۶۰) آنان چنان فرمانروایی بد کنند که مرد اشوی[3] نیک و مگسی را کشتن به چشم ایشان هر دو یکی باشد. (۶۱) و پاسداری[4](؟) و تازگی و آبادی و ده و و دودمان و خواسته و دستکرد[5] و کاریز[6] و رود و جویبار بهدینان ایران، به این بیگانگان رسد؛ و سپاه و مرز و درفش به ایشان رسد؛ و به کام خشم به فرمانروایی جهان روند. (۶۲) و چشم (آزمند)شان از خواسته پر نشود، و خواسته جهان گرد کنند، و زیر زمین نهان کنند. (۶۳) و بسا نابکاری‌ها چون غلام‌بارگی و نزدیکی با زنان بی‌نماز کنند، و هواپرستی و کارهای نکوهیده بسیار ورزند.*»

(۶٤) «و در آن هنگام سخت، شب روشن‌تر و سال و ماه و روز سه یک بکاهد، و سپندارمذ زمین برآید[7] و آفت و مرگ و نیازمندی به جهان سخت‌تر باشد.»

(۶۵) اورمزد به سپیتامان زرتشت گفت: «این را از پیش گویم[8] (۶۶) این گنامینوی دروند[9] آنگاه که باید تباه شود، ستمکارتر و بدفرمانرواتر باشد.»

---

[1] دوال گستیان. فردوسی:

«به کشتی گرفتن نهادند سر — گرفتند هر دو دوال کمر»

در فارسی جدید دوالپا مانده است.

[2] در این جا برای اولین بار اسم اعراب ذکر می‌شود (در ششم-۱۰) لغت تازی را مارکوارت (شهرستان‌های ایرانشهر، ص۵۸) از لغت تاختن به معنی تاخت و تاز و غارتگری مشتق می‌داند و معتقد است که هیچ ربطی نه با قبیله طی و نه با لغت تاجیک دارد که از تات می‌آید و ترکان ایرانیان را به این لفظ می‌خوانند.

[3] پرهیزکار - مقدس.

[4] درست معنی آن معلوم نیست، دکتر وست امنیت ترجمه کرده است.

[5] دسترنج.

[6] قنات.

[7] باد کند؟ برخیزد؟

[8] درِ سوم-۲۰ دیده شود.

[9] ضد اشو، عموماً در مورد دیوان و مرتدان استعمال می‌شود. زرتشت بهرام گفته:

(۶۷) پس اورمزد به سپیتامان زرتشت گفت که: «به هیربـدان و هاوشـتان[1] این بخوان و از بر کن، به زند و پازند بیاموز که به جهان فراز گویند:» ([تا به کسانی که از صدمین سال آگاه نیستند بگویند؛])* «که ایشان باید به امید تن‌پسین[2] و رستگاری روان خویش، رنج و زیان و دشمنی این جدادینان دیوپرستان را بر خود هموار کرده بردباری کنند.»

(۶۸) «ای سپیتامان زرتشت! به تو نیز گویم: کسی که به آن هنگام تن خواهد، رستگاری روان نتواند؛ چه، تن فربه و روان گرسنه و نزار به دوزخ خواهد بود؛ کسی که روان خواهد، تنش گرسنه و نزار، به گیتی شکسته و درویش است و روانش فربه به بهشت[3].»*

درِ پنجم

(۱) زرتشت از اورمزد پرسید که: «ای اورمزد مینویی افزونی! دادار اشوی جهان استومندان!» ([اورمزد اشو در خواندن و دیگری برای ستایش اوست، باشد که دادار اشو گویند[4].]) «دادارا! آیا در آن هنگام سخت، پرهیزکاران و دین‌دارانی هستند که کستی به میان داشته باشند و آیین دین را با شاخه برسم[5] بجای آورند و دین «خویتودس»[6] به دودمان ایشان روا باشد؟»

درود از ما به بهدین خردمند — که دورست از ره و آیین دروند

[1] هاوشت = طلبه - صحابه - شاگرد دینی.

[2] تن اخروی - معاد جسمانی (در سوم بند-۳).

[3] درِ سوم بند-۱۵-۱۶-۱۷-۱۸ دیده شود.

[4] از تفسیر چنین برمی‌آید که نویسنده از متن اوستایی ترجمه کرده است.

[5] شاخه‌های گز که به دست گیرند (برسم برای زدن و شکستن اهریمن و دیوان است). در چهارم بند-۳۰ دیده شود.

[6] خویشی دادن -پیوند خویشی- Communion اغلب اروپائیان این لغت را از دراج بین خویشان نزدیک ترجمه کرده‌اند.

(۲) اورمزد به سپیتامان زرتشت گفت که: «بهترین مردان آن باشد که در آن هنگام سخت، کستی به میان دارد و آیین دین به برسم بجا آورد، گرچه مانند خداوندی گشتاسپ شاه نباشد. (۳) کسی که در آن هنگام سخت «ایتها آذیزمیده»[۱] و «اشم وهو»[۲] بگوید و یاد کند، مانند کسی است که در خداوندی گشتاسپ‌شاه «دوازده هومیست»[۳] را به زوهر[٤] انجام می‌داده است. (٤) و کسی که آیین پرستش را بجا بیاورد و سرود گاتها[5] را بخواند، مانند این است که او در خداوند گشتاسپ شاه آیین واج[۶] و سرود گاتها را برگزارده باشد.

(۵) «اشوترین (مرد) آن باشد که به دین بهی مزدیسنان باشد، دین «خویتودس»[۷] به دودمان او رود.»

(۶) اورمزد گفت: ای سپیتامان زرتشت! درین نه‌هزار سالی که من اورمزد دادم، مردم اندر آن هنگام سخت سهمگین‌تر باشند. (۷) چه، در خداوندی

---

[۱] دعای زرتشتیان که پیش‌از خوراک می‌خوانند و اهورامزدا را به عنوان آفریدگار آفرینش نیکو پرستش می‌کنند. (یسنا، ویدیوداد ۳۷).

[۲] اشاره به دعای کوتاهی که زرتشتیان مکرر می‌خوانند و مرکب از این دوازده کلمه‌ی اوستایی می‌باشد: اشم وهو وهیشتم استی، اوشتا استی، اوشتا اهمایی، هیت اشایی وهشیتایی اشم. «راستی بهترین نیکی است و (هم مایهٔ) سعادت است. سعادت از برای کسی است که راست و خواستار بهترین راستی است.» (اشا وهشیتا نام امشاسپند است.)

[۳] دوازده هوماست دعایی است که در ۲۶٤ روز به افتخار ۲۲ فرشته می‌خوانند و هر فرشته به نوبت خود ۱۲ روز پی‌درپی پرستش می‌شود. (ترجمه‌ی بهمن‌یشت وست ص۲۱۳ یادداشت ٤ دیده شود.)

[٤] زائوترای اوستایی (آب زور) دکتر وست ترجمه‌ی صحیح آب مقدس می‌کند ولی در زمان قدیم زوهر به معنی پیه و چربی حیوانی بوده که چهار روز پس از مرگ یک نفر زرتشتی به آتش بهرام تقدیم می‌شده است. (گجسته ابالیش چاپ چاپا بمبئی ۱۹۳۶ ص۸۶).

[5] در پنج روز آخر ماه پنج گات را بخوانند.

[۶] واژ واز - باز - باج «خاموشی بود که مغان در وقت بدن شستن و خوردنی خوردن بعد از زمزمه اختیار کنند.» واج گرفتن: دعایی که زرتشتیان قبل و بعد از خوراک زمزمه می‌کنند. این لغت از ریشه‌ی وچ - واچ اوستایی به معنی سخن گفتن است.

[۷] درِ پنجم-۱.

بد آزدی‌دهاک[1] و افراسیاب تورانی، مردم در آن هنگام سخت بهتر می‌زیستند و بیشتر می‌زیستند، و ایشان را رنج دشمنی از اهریمن و دیوان کمتر بود. (۸) چه در آن خداوندی بدایشان، در ایران‌شهر پنج ده ویران نبود، چونان که هزاره تو سر برود، ای سپیتامان زرتشت! (۹) چه همه ده‌های ایران به سم اسب ایشان کنده شود؛ درفش ایشان تا به پذشخوارگر[۲] برسد؛ با فرمانروایی ستمگرانه جایگاه دین را از آن جا ببرند، و تاخت و تاز ایشان از آن جا خواهد رسید.*»

(۱۰) «ای سپیتامان زرتشت! این را از پیش گویم.»

(۱۱) از هستان[۳] در پرستش آن کس ایدون برتر باشد، ([که یزش[٤] اورمزد بیشتر کند.]) اورمزد از اشویی به همه چیز آگاه است ([اورمزد که از اشویی آگاه است، مزد و پاداش کار نیک و کربه را هر آنچه هست بدهد!]) و من ([انجمنان]) نر و ماده را می‌پرستم، ([امشاسپندان که نیز نر و یا نیز ماده باشند بهتر هستند.])[5]

---

[1] ضحاک.

[۲] پتش-خوره-گر = کوهی که بدان فره است. نام نواحی کوهستانی جنوب بحر خزر که شامل گیلان و تبرستان می‌شود. (بندهش درِ دوازدهم ۲-۱۷).

[۳] موجودات.

[٤] پرستش.

[5] این قسمت از دعای ینگهه هاتام اوستا ترجمه شده که از این قرار می‌باشد:

ینگهه هاتام ائت، یسنه یئیتی ونگهو،
مزداوا هوررووئتا، اشات هچا،
یاونگهمچا تسچاتا و سچایز مئیده.

«اهورامزدا آگاه است از آن کسی که (چه مرد و چه زن) در میان موجودات ستایشش بهتر است، به حسب راستی، این چنین مردان و این چنین زنان را ما می‌ستاییم.»

درِ ششم

(۱) پرسید زرتشت از اورمزد که: ای اورمزد مینـویی افزونـی! دادار اشـوی جهان استومندان! این دین بهی مزدیسنان را از چه رو باز بپیرایند؟ و بـا چـه افزار[۱] این دیو ژولیده‌موی از نژاد خشم[۲] را بکشند؟ (۲) دادارا! به من مـرگ بده، و نوادگان مرا مرگ بده،» ([که در آن هنگام سـخت زیسـت نکننـد؛]) «به ایشان زندگی اشویی بده،» ([که دروندی[۳] و راه دوزخ را نپویند.])

(۳) اورمزد گفت که: «ای سپیتامان زرتشت! پس‌از نشانه سیاه[٤]، فرمانروایی از این خشم تخمگان[5] به شیذاسپان کرسیاک[٦] دروج[۷] درده[۸] سلمان[۹] رسد.» رسـد.» ([ماهونـداد[۱۰] گفـت کـه: ارومیـان باشـند؛ و روشـن[11] گفـت کـه: سرخ‌کلاه[12] و سرخ‌زین و سرخ‌درفش باشند؛ و این‌ها نشانه ایشان باشـند.-])

[۱] وسیله - آلت.

[۲] درِ نخستین بند-۱۱.

[۳] دیومنشی.

[٤] شاید مقصود درفش سیاه است که علامت عباسیان می‌باشد. در افسانه‌های اساطیر به موجب فردوسی علامت تورانیان می‌باشد و درفش افراسیاب سیاه است درفش کیخسرو بنفش است. درفش پشوتن نیز سیاه می‌باشد.

[5] در نسخه‌ی پازند «ترکان چرمین‌کمر» افزوده می‌شود، یعنی اهالی ترکستان.

[٦] وست گمان می‌کند در این جا نیز اشاره به عیسویان شده است. (در سوم بند ۲۶ یادداشت دیده شود).

[۷] ضد اشویی، دیو ماده است که فریبنده و دروغگو می‌باشد.

[۸] ایالت.

[۹] Sairima اوستایی (بندهش درِ بیستم-۱۲). سرزمین سلم پسر فریدون، این لغت دیلمان نیز خوانده می‌شود که نام محیطی در همان حوالی است.

[۱۰] نام یکی از شارحین است (درِ دوم بند-۲ دیده شود.)

[۱۱] روشن پسر آذرفرنبغ فرخزاد است که در زمان مأمون می‌زیسته (گزارش گمان‌شکن چاپ تهران ص٤).

[۱۸۳] - قزلباش که ترکان سرخ‌کلاه می‌باشند و در زمان صوفیه اسم آن‌ها مشهور شده ولی تاریخ تحریر این کتاب خیلی پیشتر از این زمان است.

(٤) «ای سپیتامان زرتشت! چون بیایند، خورشید نشان سهمناکی بنمایاند و ماه از رنگ بگردد، و در جهان سهمناکی و تیرگی و تاریکی باشد به سه آسمان نشان‌های گوناگون پیدا آید*، و زمین‌لرزه بسیار باشد؛ و باد سخت‌تر آید و به جهان نیاز و تنگی و دشواری بیشتر پدیدار آید؛ و ستاره تیر[۱] و اورمزد[۲] بدترین پادشاهی را نشان دهند.

(۵) «دروغ شیذاسپان کرسیاک[۳]، یک‌صد گونه و یک‌هزار گونه و ده‌هزار گونه باشند. درفش سرخ دارند و پیشرفت ایشان بسیار، به این ده‌های ایران که من اورمزد آفریدم بتازند، تا کنار اروند[٤]» ([کسانی باشند که رود فرات گویند]) «تا دوان پایتخت آشورستان» ([این دوان با داوری سخت[5] پایتخت آشورستان است که مردم آشور بدانجا باشند و در آنجا نشیمن گزیده‌اند، کسانی آن را پناه‌گاه دیوان گویند.])*

(۶) ایدون ایشان از خشم تخمگان صدگونه و هزار گونه و ده‌هزار گونه بکشند، و درفش، نشان و سپاه بی‌شمار ایشان دیوان ژولیده‌موی بازگردند[۶]؛ و سپاه پیشانی‌فراخ[۷] ترک و کلیمر[۸] دشمن به این ده‌های ایران ایران که من اورمزد آفریدم برسند؛» ([بدانید که افراشته درفش باشند، چه درفش را افراشته گیرند، بدانید که گروه بی‌شماری چون موی بر یال

---

[۱] عطارد که ستاره‌ی نحس است.

[۲] مشتری.

[۳] درِ سوم بند-۲۶.

[٤] رود دجله است و ارنگ محتمل است که رود ارس باشد. فردوسی گوید:

اگر پهلوانی ندانی زبان   به تازی تو اروند را دجله خوان

[5] سخت امار یا سخت همار لقب پایتخت آشور است.

[۶] معلوم نیست به کجا برمی‌گردند و کدام دسته هستند.

[۷] از مشخصات قیافه‌ی مغول (درِ هفتم-۱۱).

[۸] در جنوب افغانستان بین دو دریاچه شهری بنام کله‌میر وجود دارد.

اسپ[۱] به ده‌های ایران که من اورمزد آفریدم. بمانند؛]) «ترکان چرمین‌کمر و شیداسپ کرسیاک اورمایی[۲] با هم فرارسند.

(۷) «ای سپیتامان زرتشت! جنگ بزرگ و کارزار ایشان با یکدیگر سه بار و به سه جای باشد.»

(۸) یکی در خداوندی کیکاوس، آنگاه که او به یاری دیوان با امشاسپندان بود[۳].

(۹) «دودیگر چون تو، ای سپیتامان زرتشت، دین پذیری و با من گفتگو کنی، هنگامی که گشتاسپ‌شاه و ارجاسپ[٤] خشم‌زاده، به کارزار دین، در سپیذرزور[۵] با هم ستیزه کنند؛*» ([کسانی گویند در پارس باشد.])

(۱۰) «و سه دیگر، چون هزاره تو به سر آید، ای سپیتامان زرتشت! چون آن ترکان و تازیان و اورمیان هر سه به یک جا رسند؛* ([گویند که در دشت نهاوند[۶] باشد؛]) همه مردمان ده‌های ایران که من اورمزد آفریدم، از جایگاه

---

[۱] در ارده وراژنامه (٥٤) این اصطلاح را برای روح اشخاص شرور آورده که در دوزخ مانند یال اسپ بغل هم واقع شده‌اند اما یکدیگر را نمی‌بینند و احساس تنهایی می‌کنند.

[۲] در این جا نسبت شیداسپ ذکر می‌شود (درِ سوم-۲۶) اروم یا بیزانتن که شامل یونان نیز می‌شده است.

[۳] اشاره به افسانه‌ی پرواز کاووس به تحریک اهریمن برای این که خدایی را از اورمزد بستاند به موجب افسانه کاووس پادشاه کیان پسرکی ابیوه است که دیوان به فرمان او بودند و به دستورش هواپیمایی ساختند تا به آسمان صعود بکند. ولی همین که از ابرها گذشتند اورمزد توانایی ایشان را بگرفت و به زمین افتادند. اما خودش زنده ماند چون مقدر بود که سیاوش از نسل او به وجود بیاید.

[٤] در کتاب یادگار زریران جنگ زریر برادر گشتاسپ پادشاهی کیانی با ارجاسپ پادشاه خیون شرح داده شده است. این جنگ به فتح گشتاسپ و رونق دین زرتشت پایان می‌پذیرد.

[۵] یوستی Justi اور و ساره را دشت بیاض در کوهستان قائن و بیرجند حدس می‌زند. جاکن جنگل سپید را بین نیشاپور و مشهد قرار می‌دهد. به موجب بندهش، جنگ قطعی در کوهستان کومش (گرگان) روی می‌دهد. در هنگامی که سپاهان ایران نزدیک بوده متواری بشوند، کوه میان دشت شکافته و کوه جدیدی احداث می‌گردد که به (مدن فریاد) یعنی فریادرس ملقب گردید. (نیرنگستان، چاپ تهران ۱۳۱۲، ص ۱۱۹-۱۲۲، داستان شهربانو) در یشت پانزدهم ۳۱-۳۳ راجع به کیخسرو و سپیدرزور اشاره شده است و در جاماسپ‌نامه‌ی پهلوی از جنگ گشتاسپ با اکوان سپید در سپیدرزور گفتگو می‌شود که در ناحیه پذشخوارگر اتفاق می‌افتد.

[۶] آیا اشاره به جنگ معروف فتح‌الفتوح بین ایرانیان و اعراب شده و یک نفر مفسر بعد از اسلام اضافه کرده

جایگاه خویش به پذشخوارگر برسند.» ([گویند آذرگشنسپ در دریاچه ژرف چیچست گرم آب که از دیوان دور باشد[۱]، بدانید که دین بدانجا آشکار شود؛ کسانی گویند که در ماهی[۲] خواهد بود، آتروک[۳] گفت که در خرچنگ[٤] باشد؛]) «ای سپیتامان زرتشت! چنان تاخت و تازی از خشم تخمگان به این ده‌های ایران که من اورمزد آفریدم بشود، که این مردم پذشخوارگر و پارس وسوراخ‌نشین[٥] و کوه‌نشین و دریانشین پس از آن نهفته بمانند.*»

(۱۱) «چه، چون شوهر خویشتن را بتواند رهایی دهد، دیگرش زن و فرزند و خواسته به یاد نباشد.»

(۱۲) پس زرتشت گفت که: «دادارا! مرا مرگ بده، نوادگان مرا مرگ بده،» ([تا در آن هنگام سخت زیست نکنند.])

(۱۳) اورمزد گفت: که «ای سپیتامان زرتشت! بیم مدار، چه، آن روز که دهمین سده هزاره تو زرتشتان سر برود[۶]، هیچ دروند از این هزاره در آن هزاره نرود[۷].»

است؟

[۱] دریاچه‌ی ارومیه به اوستایی Caécasta در بندهش درِ بیست‌ودوم-۲ «دریاچه‌ی چیچست در آذرپادگان است، آب آن گرم و راننده‌ی دردها می‌باشد.» در کتاب‌های پهلوی صفات گرم آب، درمان آب، دور از دیوان و راننده‌ی دردها (جویدبیش) برای این دریاچه آمده است. به قول نویسنده‌ی زاد اسپرم (درِ ششم-۲۲) آذرگشنسپ در کنار این دریاچه بوده است. دریاچه‌ی ارومیه که نزدیک محل تولد زرتشت می‌باشد مقدس به شمار می‌آید.

[۲] برج حوت.

[۳] آدذرو نام دستوری است.

[٤] برج سرطان.

[٥] شاید مقصود مردمان غارنشین است.

[۶] هزاره‌ای که زرتشتان نامیده می‌شود.

[۷] وست در ترجمه‌ی بهمن‌یشت (ص۲۱۹ یادداشت۱) متذکر می‌شود که این مطلب با ازمنه‌ی تاریخی وفق نمی‌دهد. ولی به نظر می‌آید که هزاره‌ی زرتشت پیش‌از آشفتگی در مذهب و قبل از هجوم دیوان به پایان

درِ هفتم

(۱) زرتشت از اورمزد پرسید که: «ای اورمزد مینویی افزونی! دادار اشوی جهان استومندان! دادار! چون آنان بی‌شمار باشند، به چه افراز ایشان را تباه توان کردن[۱]؟»

(۲) اورمزد گفت که: «ای سپیتامان زرتشت! چون دیو ژولیده‌موی از تخمه خشم پدید آید، نخست به سوی خوراسان[۲] نشان سیاهی[۳] پیدا بشود*؛

رسیده باشد. جزئیات این وقایع از فصل چهارم تا فصل هفتم شرح داده شده است. به موجب بندهش درِ سی‌وچهارم ۷-۹ فاصله بین «ظهور دین» در سلطنت کی‌گشتاسپ تا آخر دوره‌ی ساسانیان ۱۰۱۶ سال می‌شود. اگر مقصود از ظهور دین زمانی است که زرتشت دین پذیرفت، آن وقت سی ساله بود. از این قرار باید در تاریخ ۱۰۴۶ سال قبل از پایان دوره‌ی ساسانیان تولد شده باشد، یعنی در شانزدهمین سال سلطنت خسرو پرویز که قدرت ساسانی به اوج ترقی رسیده بود، و در حدود ۲۰ سال بعد رو به زوال گذاشت، هزاره‌ی او باید انجام گرفته باشد. چنین به دست می‌آید که نویسنده‌ی بهمن‌یشت همان تاریخ بندهش را اقتباس کرده است. هرگاه مقصود از ظهور دین هنگام پذیرفتن آن توسط گشتاسپ باشد از این رو زرتشت ۴۰ یا ۴۲ ساله بوده و با در نظر گرفتن این تاریخ، آخر هزاره تقریباً در حدود ۵۹۳-۵۹۵ میلادی بوده است. به موجب تعیین زمان ناقصی که در بندهش دیده می‌شود دهمین هزاره‌ی عالم در برج جدی با ظهور دین آغاز می‌شود، و در ۶۳۵ میلادی چهارمین سال سلطنت یزدگرد موقع هجوم مسلمانان به پایان می‌رسد. و هزاره‌ی برج دلو با هزاره‌ی هوشیدر تطبیق می‌نماید. به نظر می‌رسد که از هزاره‌ی هوشیدر نیز گذشته است که از ۵۹۳-۶۳۵ تا ۱۵۹۳-۱۶۳۵ بوده است.

[۱] نویسنده پس از شرح شرارت دیوان در دوره‌ی آهن‌آلوده دوباره از سر شروع می‌کند، تا وسیله‌ی دفع آن‌ها را نشان بدهد.

[۲] خراسان یا مشرق.

[۳] درِ ششم-۳.

هوشیدر پسر زرتشت به دریاچه فرزدان[1] زائیده شود؛» ([کسانی گویند که به به دریای کیانسیه[2] باشد و کسانی گویند که کابلستان[3] باشد.])

(۳) «در سی سالگی به گفتگوی با من اورمزد رسد، ای سپیتامان زرتشت!» ([کسانی به سوی چین و کسانی در هندوستان گویند.])

(٤) «کی زائیده شود؛»* ([گویند که پدرکی از نژاد کیان باشد و به یاری هوشیدر[4] به هندوستان شود. (۵) در صد سالگی کام از زنان گیرد، سپس کی چنان که از نوشته‌های دینی برمی‌آید، او را بهرام ورجاوند[5] خوانند از او بزاید؛ کسانی او را شاپور گویند.])

(۶) «در آن شبی که کی زائیده شود، نشانی به جهان رسد، ستاره از آسمان ببارد؛» ([چون کی زائیده شود ستاره نشان نماید،* داذ اورمزد[6] گفت که در ماه آبان و به روز باذ[7] باشد؛]) «زندگی پدر آن کی به فرجام رسد، او را بانوان شاه بپرورند؛ پادشاه زن باشد.

---

[1] به موجب بندهش در سیستان واقع شده است. (آبان‌یشت ۱۰۸) به اوستایی «فرزدانو آب». یوستی این دریاچه را دریاچه‌ی آب ساکن جنوب غزنین حدس می‌زند. دریاچه‌ی فرزدان جزو عجایب سیستان به شمار می‌رفته، در زندآگاهی (بندهش بزرگ) می‌نویسد: «دریاچه‌ی فرزدان به سگستان است. گویند که چون آزادمرد درست‌کاری چیزی اندر آن افکند بپذیرد، چون درستکار نباشد، آن را باز بیرون افکند. بن چشمه‌ی آن نیز با آب دریای فراخ (فراخوکرت-وروکرته) پیوسته است». درِ دوازدهم-۶.

[2] کزیستن‌سن، گمان می‌کند دریاچه‌ی هامون در سیستان باشد که از زمان قدیم نزد ایرانیان مقدس شمرده می‌شده است (Les Kayanides p 5, et 22-23) در اودیه و سهکه سگستان می‌نویسد که: «رود هیتمند و دریاچه‌ی فرزدان و (زره) دریای کیانسیه و کوه اوشداشتر (اوشیدرنه) اندر زمین سگستان هستند.»

[3] سرزمین کابل.

[4] نام مسیح و پیغمبر آخر زمان زرتشتیان است که باید قدرت مهاجمین را درهم شکسته و دین بهی را دوباره برقرار بسازد.

[5] ورجاوند از لغت اوستایی «ورچنغند» (ورج-ارج-آبرو-افتخار) می‌آید، در اوستا این لقب به فره‌ی کیان، ماه و ستاره‌ی تشتر Sirius داده می‌شود. این شخص باید حلول فرشته‌ی بهرام باشد. بهرام پادشاه زمان هوشیدر است چنان که گشتاسپ پادشاه زمان زرتشت بود.

[6] نام مفسری است (درِ دوم بند-۲ دیده شود).

[7] باد روز بیست‌ودوم از ماه هشتم سال پارسی مطابق با هفتم اکتبر می‌باشد.

(۷) «چون آن کی به سی سالگی برسد،» ([کسانی هنگام را گویند]) «سپاهی با درفش بی‌شمار، سپاهی از هندو و چینی که درفش افراشته دارند؛» ([چه درفش را افراشته گیرند.]) «با درفش افراخته و با زین افراخته، به تاخت و تاز تا بهرود[۱] روند؛» ([برخی ده بومه گویند؛]) «ای سپیتامان زرتشت! تا در میان دریای بهران[۲] روند.

(۸) «چون ستاره اورمزد[۳] به اوج بلندی[٤] برسد و ناهید[٥] را فرود افکند، گوند[٦] بی‌شمار زیناوند[۷]، با درفش افراشته بیایند و پادشاهی به کی رسد.» ([(۹) کسانی از سیستان و پارس و خراسان گویند، دسته‌ای از جانب پذشخوارگر گویند، برخی از کوهستان هرات گویند؛ و کسانی از تبرستان[۸] گویند.])

(۱۰) «و از آن سوی کسانی که در جستجوی بچه خردسالی باشند پدیدار شود؛»* ([بدانید سپاه بی‌شمار با درفش افراشته از پذشخوارگر، سپاه گوند آراسته ایران‌شهر باشد؛ کسانی گویند پیداست که ایشان را کردان و کرمانیان خوانند.])

---

[۱] یوستی حدس می‌زند ارنگ‌رود باشد اما به موجب یکی از مورخین ارمنی قرن هفتم میلادی ایرانیان جیحون را بهرود می‌نامیده‌اند.

[۲] احتمال می‌رود خلیج فارس دریای بهران نیز نامیده می‌شده به مناسب جزیره‌ی بهران که بعد معرب و بحرین نامیده شده است.

[۳] مشتری.

[٤] بالست در اصطلاح نجوم خانه‌ی شرف است.

[٥] زهره ستاره‌ی نحس.

[٦] لشکر-جرار معرب آن جند می‌باشد.

[۷] سلاحدار در فارسنامه‌ی ابن‌بلخی می‌نویسد: «او را طهمورث زیناوند گفتندی و زیناوند لقب او بود یعنی تمام سلاح.» زینبد نیز به این معنی آمده است و فرخان زینبدی نام یکی از آخرین سرداران ایرانی است که با اعراب جنگید. (مارکوارت - ایرانشهر).

[۸] کوهستان‌های ساحل جنوبی بحر خزر که امروزه البرز خوانده می‌شود، اما به نظر نمی‌آید همان البرز افسانه باشد که بعد به کوه قاف مشهور شده است.

(۱۱) «سپس به یاری یکدیگر و زیر یک درفش، به ده‌های ایران آیند و گروه بی‌شماری از شیداسپ[1] تخمه خشم، لشکر سهمناک پیشانی‌فراخ[2]، گرگ دوپا[3]، دیوان چرمین‌کمر[4] بکشند.»

(۱۲) «در کنار اروند سه کارزار کنند: یکی به... یکی به سپیذرزور[5] و یکی به دشت نهاوند.[6]»

([(۱۳) کسی گوید که به دریاچه سه تخم[7] باشد، کسی گوید به مرو[8] تابان باشد و دیگری گوید در پارس باشد.])

(۱٤) «سپاه بی‌شمار خراسانی با درفش افراشته[9] به پشتی ده‌های ایران باشند؛» ([که درفش از پوست به بَر دارند، درفش بادی و بندوک[10] ایشان سپید باشد.]) (۱۵) «و سپاه بی‌شماری تا به جایگاه دیوان بتازند[11]، چنان کشتاری نمایند که هزار زن از پس مردی ببینند و بگیرند.»*

---

[1] در گرشاسپ‌نامه‌ی اسدی جزو اولاد جمشید به ترتیب ذیل: جمشید، تور، شیداسپ (سپندیست) شرح می‌دهد تا به گشتاسپ می‌رسد. اما گمان می‌رود که این شیداسپ کس دیگری باشد. دارمستتر حدس می‌زند شیداسپ همان بیوراسپ منفور ایرانیان است.

[2] درِ ششم-۶.

[3] به نظر می‌آید اصطلاح «گرگ دوپا» از یسن ۶۲-۶۳ (چاپ اشپیگل) گرفته شده است.

[4] دو بال کوستی = چرمین کمر مقصود ترکان هستند زیرا کستی زرتشتیان از پشم است.

[5] درِ ششم-۹ یعنی صحرای سفید.

[6] آیا اشاره به جنگ اعراب شده است؟ نام محل جنگ اول افتاده در این جا مطلبی که در فصل ششم -۱۰ گفته است دوباره توضیح می‌دهد. جنگ نهاوند در سنه‌ی ۶۵۱ میلادی اتفاق افتاده است.

[7] دریاچه‌ی سه تخمه ظاهراً همان دریاچه‌ی مقدس فرزدان است که حافظ سه نطفه از زرتشت می‌باشد.

[8] مرو که در ترکستان است.

[9] درِ هفتم بند ۷.

[10] بیرق - علامت، که معرب آن بندوق است.

[11] گویا نویسنده از شرحی که مکرر گوشزد کرده بود در این جا می‌خواهد نتیجه بگیرد.

**(۱۶) «ای سپیتامان زرتشت! چون زمان سر برود، این دشمنان مانند بن درختی که به یک شب سرد زمستانی برسد[1] و به یک شب برگ بیفکند تباه تباه شوند.»*
(۱۷) «این ده‌های ایران را که من اورمزد آفریدم باز بپیرایند[2] (۱۸) «به دوبارگی گنامینو[3] با دیوان و بدنژادان و خشم سخت‌نیزه[4]، به پشت و یاری ایشان، دیوپرستان و خشم‌تخمان ریزند، ای سپیتامان زرتشت!»
(۱۹) «و من اورمزد دادار، نیروسنگ ایزد و سروش اشو[5] را به کنگ‌دز[6] که سیاوش درخشان برپا کرد بفرستم* تا به چهر و میان پسر گشتاسپ[7] پیراستار راست فره دین کیان بگوید که: «ای پشوتن درخشان! به این**

---

[1] شاید در این جا اشاره به زمستان ملکوس شده است، که قبل از آخر دنیا خواهد آمد و آفریدگان را تباه می‌کند.

[2] وسیله‌ی ماوراءطبیعی که برای دفع شرارت دیوان به کار می‌رود در بندهای آینده شرح می‌دهد.

[3] روح خبیث = اهریمن.

[4] درِ چهارم-۲۶.

[5] دو فرشته‌ای که فرستاده‌ی مخصوص اورمزد به مردمان می‌باشند. نیروسنگ در اوستا به شکل نیرییوسنغا آمده است (یسن‌های هودهم ۶۸-۹۲ ویدیوداد نوزدهم ۱۱۱-۱۱۲ بیست‌ودوم-۲۲ و غیره دیده شود.) سروش در اوستا به شکل: سراوشا آمده که نماینده‌ی شنوایی و اطاعت می‌باشد. وظیفه‌ی او این است که مخصوصاً در شب جهان را پاسبانی نموده از شرارت دیوان جلوگیری بکند. (ویدوداد هژدهم ۷۰-۵۱-۴۸ و غیره یسنا سروش یشت هادوخت نیز دیده شود.) انتظار می‌رفت این پیام در آخر هزاره‌ی هوشیدر به پشوتن فرستاده شود. (درِ نهم ۹-۱۰ دیده شود.)

[6] در اصل همان کنگهه اوستایی (باغ بهشت) یا مسکن آریاها (ایرئنم ویجو) می‌باشد. Pays de Cocagne که به موجب کتاب‌های پهلوی سیاوش آن را بنا نهاد، و در شمال ترکستان در میان کوه‌ها واقع شده است. در بندهش بزرگ شرح میدهد که کنگ‌دز. متحرک و روی کمر دیوان ساخته شده بود، ولی کیخسرو آن را به زمین استوار کرد. در آن هفت دیوار: زرین، سیمین، پولادین، برنجین، آهنین، بلورین و یکی دیگر از سنگ‌های گرانبها وجود دارد. در میانش جاده‌هایی تعبیه شده که از میان قلعه هر کدام ۷۰۰ فرسنگ طول دارد و دارای پانزده دروازه است که از این دروازه به دروازه‌ی دیگر با اسپ ۲۲ روز راه می‌باشد. پادشاه این قلعه پشوتن بی‌مرگ است، بندهش و مینوخرد وصددر دیده شود. فردوسی می‌گوید:

همی گفت: هر کو ندیدست کنگ   نباید که خواهد به گیتی درنگ

[7] لقب پشوتن است، در یشت‌ها-٤ نوشته که درد و مرگ به او کارگر نمی‌باشد.

ده‌های ایران که من اورمزد آفریدم فراز رو، و با آتش و آب آیین هادخت[۱] و دوازده هومیست[۲] را بجا بیاور؛» ([انجام دادن با آب و آتش، آنچه که به آب و آتش آشکار است.])

(۲۰) «و نیروسنگ ایزد و سروش اشو از چکاد دائیتیک[۳] نیکو به کنگ‌دز که سیاوش درخشان برپا کرد روند، بدو بانگ کنند که: «فراز رو، ای پشوتن درخشان چهرومیان، پسر گشتاسپ و پیراستار راست فره دین کیان! فراز رو، به این ده‌های ایران که من اورمزد آفریدم[۴]، و پایگاه دین و خداوندی را باز بپیرای.»

(۲۱) «ایشان مانند مینوییان[۵] بررروند، دوازده هومیست[۶] را به زوهر[۷] انجام دهند. (۲۲) و فراز رود پشوتن درخشان با یک صدوپنجاه مرد اشو* که هاوشت[۸] پشوتن هستند و جامه نیک مینویی[۹] از سمور سیاه به بردارند، با منش نیک و گفتار نیک و کردار نیک[۱۰] جلو روند و هادخت[۱۱] و بغان‌یسن[۱۲] را

---

[۱] به موجب دینکرد این کتاب بیستمین نسک ادبیات مزدیسنان بوده است.

[۲] درِ پنجم بند ۳ دیده شود.

[۳] به موجب بندهش چکاد دائیتیک (قله‌ی داوری) در میان جهان واقع شده و به بلندی صد مرد می‌باشد و یک سر پل چینوَد (صراط) روی آن قرار گرفته است. (بندهش درِ دوازدهم-۷) چکاد سر کوه (کله = قله؟) می‌باشد. فردوسی می‌گوید:

بیامد دوان دیده‌بان از چکاد — که آمد سپاهی ز ایران چو باد

[۴] باید از زبان اورمزد باشد یعنی پیغام او را می‌رساند.

[۵] به صورت روحانیان و غیرمربی.

[۶] درِ پنجم بند۳.

[۷] درِ پنجم بند۳.

[۸] اصحاب - امت - پیرو.

[۹] روحانی - معنوی.

[۱۰] «هومت و هوخت و هوورشت» این کلمات در موقع شروع به کار مهمی گفته می‌شود.

[۱۱] درِ هفتم-۱۹.

[۱۲] نام نسکی بوده که از میان رفته است و فقط سه نَسک از آن باقی است.

به آتش و آب به آیین انجام دهند، و من اورمـزد بـا امشاسـپندان را فـراز ستایند. (۲۳) پس از آن سه یک دشمنی بشکنند.»

(۲٤) «فراز رود پشوتن درخشان با صدوپنجاه مرد، که جامـه سـمور سـیاه دارند، به آذر فرهمند که روشن کرپ[1] خوانند، که به دادگاه نشسته و جان جان آذرفرنبغ پیروزگر[2] باشد، همه این گروه با هم آیین پرسـتش را بجـای آورند، (شاخه‌های) برسم فراز گسترند، و آیین خرداد و امردادیسـن را بـه نیرنگ[3] و نیرنگستان[4] دینی انجام دهند. (۲۵) و سه یک دشمنی بشکنند.»

(۲۶) «فـراز رود، پشـوتن پسـر گشتاسـپ، بـه دسـتیاری آذرفرنبـغ و آذرگشنسپ و آذربرزین‌مهر[5]، به بتکده بزرگ نشیمنگاه گنامینوی دروند[6] دروند[6] خشم سخت نیزه[7] و همه دیوان و دروجان[8] و بدتخمگان و جادوگران

---

[1] جسم نورانی. به موجب بندهش آذرفرنبغ ابتدا توسط جمشید به کوه خوره‌اومند خوارزم برقرار شد ودر زمان گشتاسپ در خارج از خوارزم به کوه روشن در کابلستان برده شد. شاید در این جا به تغییر مکان آتش می‌شود.

[2] در بندهش بزرگ توضیح مفصلی راجع به جسم و روح آتش بهرام داده، می‌نویسد که اورمزد سه آذر بیافرید: آذرفرنبغ، گشنسپ و برزین‌مهر، که مانند سه فره برای نگاهبانی جهان به شمار می‌روند. جم، آذرفرنبغ را به دادگاه به کوه خوره‌اومند در خوارزم نشانید؛ کی‌گشتاسپ آن را به کوه روشن در کابلستان نقل مکان داد. آذرگشنسپ تا پادشاهی کیخسرو از جهان نگهبانی نمود و آذربرزین‌مهر تا زمان پادشاهی کی‌گشتاسپ به نگاهبانی جهان گماشته شده بود. از این سه آذر، آتش بهرام تن جسمانی و سه آذر خوره‌ی آن می‌باشند که در میانش قرار گرفته‌اند. مانند تن آدمی که در شکم مادرش پرورش می‌بیند و چون به دنیا می‌آید روحی از عالم بالا به آن تعلق می‌گیرد که تا زنده است تن او را اداره می‌کند و چون از هم پاشید و به زمین پیوست، روح به دنیای علوی صعود می‌نماید. از این جهت آتش بهرام نامیده شده که حامی همه‌ی آذرهای زمینی بهرام است و سروش به نگهبان این‌ها گماشته شده است. آذرفرنبغ تا زمان نویسنده‌ی بندهش هنوز به جای خود باقی بوده است.

[3] عزایم.

[4] درِ چهارم بند ۳۲.

[5] همین در بند ۲٤ به یادداشت ۱۰ رجوع شود.

[6] اهریمن نابکار.

[7] درِ چهارم-۲۶.

[8] شریرها.

جادوگران به ژرف‌ترین تاریکی دوزخ رسند؛* به هم‌کوششی پشوتن درخشان آن بتکده را برکنند.»

(۲۷) «و من دادار اورمزد با امشاسپندان به کوه هوکیریاذ[1] بیاییم و به امشاسپندان فرماییم که به همه ایزدان مینویی گویند که: بروید و به یاری پشوتن درخشان رسید.

(۲۸) «و مهر فراخ چراگاه[2]* و سروش تکاور و رشن راست و بهرام[3] تهمتن و اشتاذ پیروزگر وفره دین مزدیسنان[4] که آراستار نیرنگ فرمان‌روایی جهان باشد به فرمان من دادار رسند.

(۲۹) «من دادار، به پشتی و یاری پشوتن درخشان رسم.»

(۳۰) دیوان تاریک تخم را بزنند.

(۳۱) گنامینوی دروند به مهر فراخ چراگاه بانگ کند که: «ای مهر فراخ چراگاه! ترا به راستی سوگند بایست».

(۳۲) پس مهر فراخ چراگاه بانگ کند که: «درین نه هزار سال، که (گنامینو) پیمان کرد[5]*، تاکنون دهاک[6] بددین و افراسیاب تورانی و اسکندر ارومی و

---

[1] در بندهش صفت مرتفع به این کوه داده می‌شود. گویا یکی از قلل غربی البرز افسانه‌ای می‌باشد. لغت اوستایی آن: هوکیر یا بریزو است که در یسناوابان یشت و غیره نیز ذکر شده است.

[2] فراخو-گوییوت = چراگاه فراخ گاو (لقب مهر است.)

[3] این که فرشته‌ی بهرام به صورت روحانی به کمک پشوتن می‌رود با این قضیه که او نیز به شکل بهرام ورجاوند می‌رود متناقض می‌باشد.

[4] صورت قوای روحانی و فرشتگانی است که نگاهبان دین زرتشت هستند.

[5] اشاره به پیمانی که بین اورمزد و اهریمن بسته شده بود که اهریمن فقط تا نه‌هزار سال حق دارد به آفریدگان اورمزد زیان برساند. (ص ۲و۳ مقدمه دیده شود.)

[6] ضحاک معرب آن است و او را بیوراسپ نیز می‌نامند. دهاک و اسکندر وافراسیاب را اهریمن بیمرگ گرداند ولی اورمزد از این قضیه جلوگیری نمود. در مینوخرد پرسش هفتم (چاپ ارود تهمورس انکلسریا) می‌نویسد: «۲۷- چه پیداست که اورمزد جم و فریدون و کیوس را انوشگی داد، ۲۸- و اهریمن ایدون گرداند چونان که آشناست، ۲۹- به اهریمن، بیوراسپ و افراسیاب واسکندر چنین نمود که انوشه باشند، ۳۰- و اورمزد برای سود بزرگ چنان گرداند همچنان که آشکار است.»

این چرمین کمران[1]، دیوان ژولیده‌موی، هنگام هزار سال بیش از پیمان خداوندی کردند.[2]»

(۳۳) «آن گنامینوی[3] دروند که چنین بشنود سترده بماند.»

(۳٤) «مهر فراخ چراگاه، خشم سخت نیزه را بزند که به ستوهی بدود.»

(۳۵) آن گنامینوی دروند با زاد و رود بدتخمگان باز در تیرگی و تاریکی دوزخ رانده شوند.

(۳۶) مهر فراخ چراگاه به پشوتن درخشان بانگ کند که: «آن بتکده نشیمن دیوان را بکن و ویران کن، برو به این ده‌های ایران که من اورمزد آفریدم[4]. و و پایگاه دین و خداوندی را باز بپیرای، چه دروندان که ترا بینند شکست خورند.»

(۳۷) و پشوتن درخشان و آذرفرنبغ و آذرگشنسپ و آذربرزین‌مهر پیروزگر[5] فرارسند و آن دروج[6] بسیار توانا را بزنند و آن بتکده که نشیمن دیوان است بکنند، و آیین پرستش را فراز سازند و (شاخه) برسم[7] فراگسترند و آیین دوازده هومیست[8] بجای آورند، و من اورمزد و امشاسپندان را ستایند. (۳۸) این را از پیش گویم[9].

---

[1] ترکان.

[2] از این مطلب چنین برمی‌آید که نویسنده پایان فرمانروایی ملحدین را در خاتمه‌ی هزار سال منتظر بوده است و پایان هزاره‌ی هوشیدر با تاریخ ۱۶۳۵-۱۵۹۳ میلادی تطبیق می‌کند که مقارن سلطنت شاه عباس بزرگ می‌باشد.

[3] روح خبیث اهریمن.

[4] آیا از قول اورمزد می‌گوید؟

[5] درِ هفتم-۲٤ نام سه آذر مقدس که به کمک پشوتن قیام می‌کنند.

[6] دیو-شرور-دروغگو-فریبنده.

[7] درِ چهارم بند۳۰.

[8] درِ پنجم-۳.

[9] قبلاً در بند ۲٤ همین در شرح داده شده است.

(۳۹) فرارسد پشوتن درخشان به این ده‌های ایران که من اورمزد آفریدم به: «اروند و بهرود[۱]، چون دروندان او را بینند این تاریک تخمگان و ناارزانیان شکست خورند.»

درِ هشتم

(۱) از بهرام ورجاوند پیداست که با فرهمندی بسیاری فرارسد و ندیذهیم[۲] را به پایگاه موبدان موبد برگمارد، و پایگاه دین را به داد و راستی استوار سازد، و ده‌های ایران را که من اورمزد آفریدم باز بپیراید. (۲) آز و نیاز و کین و خشم و هواپرستی ورشگ و دروندی از جهان کاسته شود.* (۳) هنگام گرگان به سر رسد و هنگام میشان اندر آید.* (٤) و آذرفرنبغ و آذرگشنسپ و آذربرزین‌مهر[۳] را باز به پایگاه خود نشانند و هیزم و بوی خوش از روی داد بدهند[٤]. (۵) و گنامینو[۵] با دیوان و تاریک‌تخمگان سترده و بیهوش بباشند[۶].

(۶) پشوتن درخشان چنین گوید که: «کشته باد دیو، و کشته پری! کشته باد دیو دروج و بدی! کشته باشند دیوان تاریک تخمه! اورمزد بزرگترین خدای دانا، با امشاسپندان که خداوندان نیک‌دانش باشند و فره دین مزدیسنان بیفزاید! و دودمان رادان و راستان و نیک‌اندیشان بیفزاید! نیک پیراستار باد پایگاه دین و خداوندی!»[۷]

---

[۱] دجله و جیحون (درِ ششم-۵ و درِ هفتم-۷).

[۲] شاید لقب پشوتن باشد و یا نام موبدی است.

[۳] درِ هفتم-۲٤.

[٤] درِ چهارم ص۳۱ یادداشت۲.

[۵] روح خبیث - اهریمن.

[۶] در اثر آتش و بوی خوش دیوان همه سست و ناتوان بشوند.

[۷] این جمله ترجمه‌ی قسمتی از دعای: «هرمزدخدای» در «نیرنگ کستی بستن» می‌باشد که زرتشتیان در موقع

(۷) فرارسد پشوتن درخشان، فرارسند به او یک‌صدوپنجاه مـرد هاوشـت[1] که سمور سیاه در بردارند و تختگاه دین و خداوندی خویش را برگیرند.
(۸) اورمزد به سپیتامان زرتشت گفت: «این آن است که از پیش گویم: چون هزاره زرتشتان سر برود آغاز هوشیداران باشد.»[2]

درِ نهم

(۱) پیداست که هوشیدر به هزاروهشتصد سال[3] زائیده شود؛ به سی سالگی به همپرسه من اورمزد رسد و دین بپذیرد (۲) چون از همپرسه بیاید، بانگ کند به خورشید تیزاسپ[1] که: «بایست!»*

باز کردن و بستن کستی می‌خوانند: «ای هرمزدخدای! (سه بار) ورج و فره‌ی اورمزد خدای با امشاسپندان و ایزدان دیگر بیفزاید! و زده و شکسته و نفرین‌زده باد گنامینوی دروند نادان، بددانش، فریفتار، با دیوان و دروجان و جادوان و پریان و ستمگران و گناهکاران!...»

[1] صحابه - امت. یعنی یک‌صدوپنجاه تن پیرو به او ملحق شوند.

[2] نویسنده پس از شرح وسایلی که هوشیدر برای اصلاح دین به کار می‌برد، اکنون به موضوع تولد او اشاره می‌کند. (درِ هفتم-۲ دیده شود.) گویا مقصودش این است که برخی از اعمالش را شرح داده، موقع هزاره‌ی او را روشن‌تر بکند. راجع به تولد معجزآسای هوشیدر چنان که در کتاب دینکرد و روایات فارسی آمده در این جا اشاره نمی‌شود. سی سال پیش‌از پایان هزاره‌ی زرتشت، دختر جوانی در آبی شنا کرده از آن می‌نوشد و از نطفه‌ی زرتشت که در آن آب است آبستن می‌شود و هوشیدر به دنیا می‌آید. به موجب بندهش ۳۲-۸-۹ هوشیدر و هوشیدرماه و سوشیانس سه پسر زرتشت می‌باشند. چون زرتشت سه بار با زنش هوو نزدیکی کرد و هر بار نطفه‌ی او را به زمین فروریخت. نیروسنگ ایزد نیرو و فره‌ی این نطفه‌ها را گرفته به ایزد ناهید سپرد، تا به موقع آن را به مادری تفویض بکند. ۹۹،۹۹۹ فروهر اشو به پاسبانی این نطفه گماشته شده تا دیوان نتوانند به آن زیان برسانند.

[3] در متن وست ۱۶۰۰ سال است. توضیح بالا نیز رفع اشکال را نمی‌کند. هرگاه هزاره‌ی زرتشت را در نظر بگیریم به موجب این نظریه هوشیدر در هشتصدمین سال هزاره‌ی خود به دنیا می‌آید و نه در آغاز آن، چنان که از (درِ هفتم-۲) استنباط می‌شود و نه سی سال قبل، چنان که در دینکرد آمده است. (درِ ششم-۱۳ دیده شود) وست آغاز هزاره را ۵۹۳-۶۳۵ قرار می‌دهد. از این رو نویسنده انتظار هوشیدر را در ۱۳۹۳-۱۴۳۵ میلادی داشته است. زمانی که این کتاب نوشته شده هنوز به این تاریخ خیلی مانده بوده است. چون هوشیدر سی ساله شود باید بهرام ورجاوند به دنیا بیاید (درِ هفتم ۲، نهم-۱) و انتظار می‌رفته که در سی سالگی به سوی ایران بیاید (درِ هفتم۲، نهم-۱) و انتظار می‌رفته که در سی سالگی به سوی ایران بیاید (درِ هفتم-۷) و کارزار بزرگ بین مللِ اتفاق بیفتد (در ششم-۱۰، هفتم۸-۹، هشتم-۷) ولی برحسب این سنوات اتفاقات پیش‌بینی شده رخ نداده و از موعد آن‌ها گذشته است.

(۳) خورشید تیزاسپ ده شبانه‌روز بایستد. (٤) چون چنین شود، همه مردم جهان بر دین بهی مزدیسنان استوار شوند.

(۵) مهر فراخ چراگاه[۲] به هوشیدر پسر زرتشت بانگ کند که: «ای هوشیدر، پیراستار دین راست! به خورشید تیزاسپ بانگ کن که: «برو!» چه به کشور ارزه و وروبرشن، و وروجرشن و نیمی از خونیرس[۳] درخشان[٤] تاریک است.»

(۶) و هوشیدر پسر زرتشت به خورشید تیزاسپ بانگ کند که: «برو!»

(۷) خورشید تیزاسپ ورجاوند[۵] برود و همه مردم بـدین بهـی مزدیسـنان بگروند.

(۸) اورمزد گفت: «ای سپیتامان زرتشت! این آن است که از پیش گویم[۶] که این (پیش‌آمد) آفریدگان را باز به هستی خویش آورد. (۹) و چـون نزدیـک سر رفتن هزاره باشد، پشوتن پسر گشتاسپ[۷] به پیدایی آیـد؛ فـره پیـروز گرکیان[۸] به او برسد. (۱۰) آن دشمنان که به دروغزنی به فرمانروایی نشسته باشند چون: ترک و تازی و ارومی و ایرانیان بدتر از ایشان کـه راه چیرگـی و ستمگری و دشمنی خداوندی را پویند، و آتش را بکشند و دین را نزار کنند و توانایی و پیروزگری از آن ببرند، و همه آن‌ها که بـه دلخـواه داد و دیـن را

---

[۱] لقب عادی اسپ در اوستا.

[۲] درِ هفتم-۲۸ مهر ایزد یا میترای اوستایی یکی از فرشتگان است.

[۳] نام چهار کشور از هفت کشور زمین می‌باشد. خونیرس در میان دنیا واقع شده و ایران در آنجاست. (بندهش ۱۱-۲-۳.)

[٤] بامی لقب خونیرس می‌باشد.

[۵] ارجمند، در فارسنامه‌ی ابلن‌بلخی ورجمند آمده: «او (کیکاووس) سخت خرم گشت از آنچ پرهنر بود ورجمند».

[۶] درِ سوم-۲۰.

[۷] درِ هفتم ۱۹-۲٤ دیده شود.

[۸] نور الوهیت و تقدس که با پادشاهان ایران بوده است.

بپذیرند، یا بی‌دلخواه بپذیرند[۱]، آن‌ها داد و دین را همی زنند[۲]، تا آن که هزاره سر برود.»

(۱۱) و سپس چون هزاره هوشیدرماه[۳] آید، آفریدگان به هورشیدرماه پیشرونده‌تر و نیرومندتر باشند، و او گوهر دروج آز[٤] را بکشد، و پشوتن پسر گشتاسپ همانگونه دستور و رادور[۵] جهان باشد[۶]*.

(۱۲) و اندر آن هزاره هوشیدر ماهان، مردم در بزشکی[۷] چنان زبردست باشند، چنان دارو و درمان را به کار آورند و برند که هر چند کسی را مردن شاید[۸]، پس او نمیرد، اگرچه به شمشیر و کارد زنند و کشند[۹].*

(۱۳) پس آشموغی[۱۰] چون بهره و پاداشی خواهد، و برای بدی و آشموغی او را ندهند. (١٤) و آشموغ از راه کین، دسترس به آن کوه دماوند* یابد[۱۱]، که

---

[۱] از روی تقیه بگروند.

[۲] نابود کنند.

[۳] اوخشیادئرتاو و اوخشیاد نمانگ فروردین‌یشت ۱۲۸ نام یکی از پسران زرتشت است. دینکرد نیز همان تولد معجزآسای هوشیدر را به هوشیدرماه نسبت می‌دهد. (درِ هشتم-۸) در آنجا نیز موضوع ایستادن خورشید تکرار می‌شود، ولی این دفعه برای مدت ۲۰ روز می‌باشد. همه‌ی این جزئیات در روایات پارسی نیز آمده است.

[٤] آزی چیترا لغت اوستایی به معنی دیو سیرت است. احتمال می‌رود که در این جا اشاره به آزی‌دهاک (ضحاک) شده باشد.

[۵] پیشوای دینی Primat

[۶] مانند هزاره‌های سابق به موجب دلایلی که در بند-۱ همین فصل ذکر شده است، هزاره‌ی هوشیدرماه که با دوازدهمین و آخرین هزاره بندهش (در ٣٤) تطبیق می‌کند از روی محاسبه‌ی وست عجالتاً در حدود ٤٠٠ سال از آن گذشته است.

[۷] طبابت.

[۸] رو به مرگ - درخور مردن.

[۹] شبیه عقیده‌ی نویسندگانی است که ترقیات علمی بشر را در زمان‌های آینده توصیف می‌کنند.

[۱۰] آشمغ و آشموی نیز آمده به معنی ملحد و مرتد و زندیق می‌باشد. در لغت دهخدا آسموغ «نام دیوی از تابعان آهرمن که سخن‌چینی و دروغ گفتن میان دو کس و جنگ انداختن دو تن بدو متعلق است. طیان:

گفته‌اش جملگی دروغ بود　　　او سخن‌چینی چو آسموغ بود.»

[۱۱] کوهی که بیوراسپ در آنجا در بند است. در بندهش (درِ ۱۲-۱۳) آمده زمانی که فریدون ضحاک را

به جانب بیوراسپ[1] باشد و هرزه‌یی‌دار کند: «کنون نه‌هزار سال هست[2] که فریدون زنده نباشد؛ چرا تو این بند را نگسلی و برنخیزی، چون این جهان پر از مردم است، که آنان ار از چینه‌ای که جم ساخت[3] برآورده‌اند*؟» (۱۵) پس آن آشموغ چنین هرزه‌یی‌دار کند؛ از آنجا که آزیدهاک[4] از بیم آن که مبادا فریدون به کالبد مینویی[5] فریدون پیش او بایستد، نخست بند را نگسلد، تا آن که آشموغ آن بند چوبین را از بن بگسلد.* (۱۶) پس زور دهاک بیفزاید و بند را از بن بگسلد، تنوره بکشد و آن آشموغ را در دم

دستگیر کرد، قادر به کشتن او نگردید و او را در کوه دماوند در بند نهاد و زمانی که بند خود را بگسلد سام قیام نموده او را خواهد کشت. - اخبارالبلدان ابن‌فقیه همدانی دیده شود.

[1] ده‌هزار اسپ، لقب ضحاک است. در شاهنامه اسم او مترادف با تباهی و ستمگری است. در روایات راجع به رستاخیز آمده که او مجدداً قیام نموده مدت کوتاهی فرمانروائی کند و سپس به دست گرشاسپ کشته می‌شود.

[2] راجع به پیمان نه‌هزار سال که میان اورمزد و اهریمن بسته شده، رجوع شود به صفحه ۲-۳ مقدمه.

[3] ور جمکرد، حصاری که جم برپا نمود. در این حصار مردمان و موجوداتی محفوظ می‌باشند تا هر وقت مردمان دنیا تباه شوند از آن ذخیره جانشین ایشان گردند .در مینوخرد (چاپ اروانکلسریا پرسش ۶۲ ص ۱۶۴) می‌نویسد: «۱۵- و ور جمکرد به ایران-وج در زیر زمین است، ۱۶- و هر گونه تخمه‌ی دامان و آفریدگان اورمزد خدا از مردم و ستور و گوسپند از آنچه که بهتر و وزین‌تر است بدانجا برده شده، ۱۷- و هر چهل سال از زن و مردی که آنجا هستند فرزندی زاید، ۱۸- زندگی ایشان سیصد سال باشد، ۱۹- و درد و پتیاره ایشان کم باشد.» در متن فارسی می‌نویسد سیصد سال که از دوره‌ی هوشیدر گذشت، زمستان سختی می‌شود به طوری که از ده‌هزار نفر یک نفر زنده می‌ماند. (زمستان ملکوس) و همه‌ی جانوران و نباتات تباه می‌شوند. سپس به فرمان یزدان، چارپایان و آدمیان از ور جمکرد بیرون می‌آیند. مینوخرد (در ۲۶ ص۸۸) «۲۷- دوم این سود که او (جمشید) ور جمکرد ساخت؛ ۲۸- تا زمانی که باران ملکوس می‌آید چنان که به دین گفته شده که مردم و دیگر آفریدگان و آفرینش اورمزد خدای همگی تباه شوند، ۲۹- پس از آن در ور جمکرد را بگشایند، ۳۰ و مردمان و گوسپندان و دیگر آفریدگان و آفرینش دادار اورمزد از آن در بیرون آیند، ۳۱- و گیهان را دوباره بیارایند.»

[4] آژی‌دهاک (اوستایی) به معنی اژدهایی است که سه سر و سه دهن و شش چشم و هزار حواس دارد و یکی از قوی‌ترین دروجان است که انگره‌مینو برای تباه کردن عالم اشه آفریده است. (یشت‌های نهم-۸ پنجم-۳۴ چهاردهم-۴۰ پانزدهم-۲۴ دیده شود.) در متن‌های پهلوی بنام ازی‌دهاک (ضحاک) یا بیوراسپ خوانده می‌شود. فریدون او را در کوه دماوند در بند نهاد و به دست سام کشته خواهد شد. بی‌شک ملل سامی همین مار فریبنده را از افسانه‌های ایرانی گرفته‌اند. (در پنجم-۷ در هفتم-۳۲).

[5] جسم مثالی - شبیه کالبد فریدون؟ سایه و یا همزاد او.

فرودهد[1] اندر جهان گریز زند و گناه کند و گناهان بزرگ بی‌شماری از او سر بزند؛* از مردم و گاو و گوسپند و دیگر آفریدگان اورمزد سه یک را دوباره هپرو کند؛ آب و آتش و رستنی‌ها را زبان رساند و گناه کران کند.
(۱۷) پس آب و آتش و رستنی‌ها به دادخواهی پیش اورمزد خدای روند.
(۱۸) دادخواهی کنند که: «فریدون را باز زنده کن، تا آزی‌دهاک را بکشد؛ چه اگر تو ای اورمزد! تو این نکنی، ما به گیتی نشاییم بود. (۱۹) آتش گوید که: «نیفزایم» و آب گوی که: «روان نشوم.»
(۲۰) پس من اورمزد دادار به سروش و نیروسنگ یزد[2] گویم که: «تن کرساسپ پسر سام[3] را بجنبان تا برخیزد.»
(۲۱) و پس سروش و نیروسنگ یزد به کرساسپ شوند، و سه بار بانگ کنند. (۲۲) و چهارم بار، سام پیروزمندانه برخیزد و با آزی‌دهاک روبرو شود، او سخن ازش نشنود، او گرز پیروزگر را به سرش کوبد و زند و کشد.*
(۲۳) پس تا من هزاره را به انجام برسانم دروغگویی و دشمنی از این جهان بشود[4]*. (۲٤) و سپس سوشیانس[1] باز آفریدگان را ویژه کند و رستاخیز وتن‌پسین[2] بباشد.

---

[1] اوپاردن - هوپاردن = بلعیدن - نوالیدن - ناجویده فرودادن - هپرو کردن.

[2] سروش موظف است درست‌کاران را از روی پل چینود (صراط ینابیع‌الاسلام ص ۲۱۵-۲۱۷) بگذراند و در آخر دنیا به کمک پشوتن با دیوان و جادوگران بجنگد. درِ هفتم-۱۹ دیده شود.

[3] کرساسپ در اثر زخمی که از نوهین ترک برداشت، در حالت موت کاذب (بوشاسپ) در دشت پیشیانسئی تا روز رستاخیز به خواب می‌باشد. در مینوخرد (پرسش ٦۱) می‌نویسد: «۲۰- و تن سام به دشت پشت گشتاسپان نزدیک به کوه دماوند است... (۲۳) و یزدان و امشاسپندان به نگه‌داری تن سام نه‌ونودونه‌صدونه‌هزارونه بیور (۹۹،۹۹۹) فروشی اشو گمارده‌اند، ۲٤- تا دیوان و دروجان آن را نیالایند.» در بندهش (درِ ۲۹-۷-۹) م.ینویسد که به سام (پدربزرگ رستم نیست بلکه سامه‌ی اوستایی است که به نظر می‌آید یکی از نیاکان کرساسپ باشد) زندگی جاودان بخشیده شد. امار در اثر بی‌مبالاتی نسبت به دین زرتشت. نرکی با تیر او را زخمی کرد و او به خواب (بوشسپ) رفت. ولی مورد توجه خاص فرشتگان است که از او نگاهبانی می‌کنند. برای این که چون ضحاک بند خود را بگسلد او برخاسته و ضحاک را می‌کشد.

[4] هزاره‌ی سیزدهم یا ابتدای معاد زمانی که سوشیانس ظهور می‌کند. راجع به تولد معجزآسای سوشیانس و

انجام

فرجام یافت به خوشنودی و شادی و رامش، به کام یزدان باد! چنین باد! نیز چنین‌تر باد!

درایش[3] اهریمن با دیوان

(۱) پیداست که هر شب اهریمن به دیوان درآید که: «اندر جهان روید، و نخست به دریا شوید و دریا را بخشکانید، و به هوم سپید[4]* شوید، و همه را بخشکانید، چه چون مردمان در گذرند بدان زنده کنند، و به کوه شوید و همه کوه را بجنبانید چه کوه آرایش جهان هست، و به رستنی‌ها شوید، و همه رستن‌ها را بخشکانید، و به کلبه و خانه مردمان روید، و مردم و گاو و

ایستادن خورشد در مدت سی روز در دینکرد و روایات فارسی آمده است. (یادداشت ۲ درِ هشتم-۸ دیده شود.)

[1] پسر سوم زرتشت. سئوشیانس اوستایی (ویدیوداد ۱۹-۱۸ فروردین یشت-۱۲۹ و غیره.)

[2] معاد جسمانی (درِ سوم-۳)

[3] هرزه‌درایی-یاوه‌سرایی.

[4] درخت گوگرد (گائو کرنای اوستایی) که مرگ را می‌راند. در بندهش چنین وصف شده که در دره‌ی کوهی در میان دریای فراخ روئیده است. هوم سپید ضد پیری، زنده‌کننده‌ی مردگان و دهنده زندگی جاودان به مردم می‌باشد. اهریمن ضدی به صورت وزغ مخالف آن درخت در آب ژرف آفرید، برای این که به هوم زیان برساند و برای نگاهبانی آن اورمزد ده خرماهی (کروماسیو اوستایی) آفریده است که همواره دور هوم حلقه زده‌اند و سر یکی از آن‌ها به جانب وزغ می‌باشد و تا فرجام دنیا در کشمکش خواهند بود. (بندهش درِ ۱۳-۱-۵). در مینوخرد (پرسش ۶۱) می‌نویسد: «۲۸- وهوم ریست ویراستار (مرمت‌کننده‌ی استخوان‌ها) به دریای ورکش اندر آن ژرف‌ترین جا رسته است، ۲۹- و ۹۹،۹۹۹ فروشی اشو به نگاهبانی آن گمارده شده‌اند. ۳۰- خرماهی در پیرامون آن همی گردد و بدی و دیگر خرفستر از آن باز همی دارد.» در روایت شاپور بروجی می‌نویسد: «و دیگر آن که درخت هوم اورمزد هروسپ‌آگاه از بهر آن آفریده است که به وقت رستخیز آب حیات و برگ هوم را به همه‌ی مردمان بدهند که از خوردن آن همه‌ی مردمان امرگ شوند - برای آن آب حیات و درخت هوم آفریده است.» جزئیات افسانه‌ی این درخت تطبیق می‌کند با درخت Yggdrasil افسانه‌های اسکاندیناو. همچنین درخت حیات تورات و درخت طوبی در اسلام (کتاب ینابیع‌الاسلام ص ۱۹۷ و سفر پیدایش باب دوم ۸-۱۰ دیده شود.) توصیف درخت طوبی در رساله‌ی عقل سرخ تألیف سهروردی (چاپ اصفهان ص۶) با درخت هوم سپید کاملاً تطبیق می‌کند.

گوسپند[1] همه را بکشید، کمی را به کمی برید و بیشی را بیشی برید، به بدآگاهان نیکی برید تا دانیان گمان برند؛ به هپتورنگ[2] منگرید، به ونند[3] منگرید تا در کار کردن توانا باشید.»

(۲) آن دیوان و دروجان به دریا شوند؛ سین مرغ[4] بانگ کند و سست بباشند، به هوم سپید شوند، و آن جا کرماهی[5] سر از آب برآرد و سست بباشند، به کوه روند، آن جا. کرکس[6] مرغ بانگ کند و سست بباشند، و به دشت روند و آن جا بهمن[7] مرغ بانگ کند و سست بباشند، به کلبه‌ها و خانه خانه مردمان شوند، از گرودمان[8] بانگ آید، از البرز امشاسپندان آیند، که به کنگ‌دز[9] رهسپارند، بانگ پشوتن آید و سست بباشند، بر آسمان نگرند، نگرند، و ننَد و هپتورنگ را ببینند و نیروی ایشان برود.

---

[1] گوسپند به معنی چهارپایان اهلی نیز آمده است.

[2] دب اکبر - خرس مهتر (ویس و رامین) یا بنات‌النعش که ستاره‌ی سعد می‌باشد.

[3] نسر واقع؟ وست گمان می‌کند ستاره‌ی Fomalhaust و یا Véga باشد. این ستاره در برج گزدم واقع شده و خوش‌یمن است و علامت پیروزی در جنگ می‌باشد. به روایت دیگر موکل کوه البرز است و راه‌ها و جاده‌های آن را از حمله‌ی دیوان و پریان و دروجان محافظت می‌کند. (بندهش در ۲-۷ پنجم-۱).

[4] مرغوسائنو اوستایی (بهرام‌یشت-٤١) مرغ افسانه‌ای که بر درخت هوم سپید نشیند. در مینوخرد (پرسش ۶۱) می‌نویسد: «۳۷- آشیان سین‌مرو به درخت جوید بیش هرویسپ‌تخمه است، ۳۸- و هر زمان که برخیزد هزار تاک از آن درخت بروید. ۳۹- و چون نشیند، هزار تاک بشکند و تخمه‌ی آن‌ها را روان سازد.» در رساله‌ی عقل سرخ سهروردی ص۶ می‌نویسد: «گفت سیمرغ آشیانه بر سر طوبی دارد، بامداد سیمرغ از آشیان خود به درآید و پر بر زمین بازگستراند از اثر پر او میوه بر درخت پیدا شود و نبات بر زمین.»

[5] خرماهی (بزرگ ماهی) نام ماهی مقدسی است که نگهبان آفریدگان دریایی می‌باشد و مخصوصاً برای حفظ درخت هوم سپید از گزند دیوان گماشته شده است.

[6] کهر کاسای اوستایی ملقب به زرمان مانشن می‌باشد که خوراک او مردار است.

[7] پرنده‌ی مقدسی که موکل آفریدگان دشتی است.

[8] گروتمان از لغت اوستایی: گر = خواندن و دم = مکان مشتق می‌شود. یعنی خانه‌ی سرود، به سانسکریت نیز همین معنی را دارد یعنی عرش اعلی که جایگاه اورمزد می‌باشد. H. Reichelt در Avesta Reader ص۲۹٤ خانه‌ی عشق ترجمه کرده است. در لغت فرس به غلط گرزمان آمده است و شعری از دقیقی می‌آورد.

[9] زند وهومن‌یسن در هفتم-۱۹ دیده شود. در بندهش بزرگ می‌نویسد: «کنگ-دز را گویند که دستمند و پایمند و بینا و روا و همیشه بهار به کمر دیوان بود ولی کیخسرو آن را بر زمین استوار کرد؛ آن را هفت پرسپ

(۳) پس (یزد) سروش[1] دست به هم زند و خروس[2] شـنود، چـون خـروس بانگ کند، بهره‌ای از ایشان آتش بهرام[3]، و بهره‌ای آتشی که نیمه شـب بـه خانه برافروزند بزند، بهره‌ای مینوی درون[4] بزند، و دیگران را سروش همـا بزند.[5]

دنباله

«من بنده دین، مرزپان فریدون بهرام[6] نوشـتم، از نوشـته هیربـد اردشـیر بهرامشاه رستم بهرام شاد که در بوم شهر کرمان نوشته، من هـم در شـهر کرمان نوشتم.»

(دار ستبر) زرین و سیمین و پولادین و برنجین و آهنین و آبگینگین کاسگینین (لاجور) است، در میانش هفتصد فرسنگ راسته (جاده) و بدان پانزده در (دروازه) باشد که از این در تا به در دیگر با اسپ به ۲۲ روز و در بهار پانزده روز می‌شود رفتن.» ص ۲۱۰-۱۲ در روایات پهلوی و در یشت‌ها نیز آمده که این قلعه در شمال و میان کوه‌ها واقع شده و رودخانه «چهرومیان» از آنجا می‌گذرد و آرامگاه خورشیدچهر، یکی از پسران زرتشت می‌باشد. مردمان کنگ شاد و خرم و دین‌دار، هستند و به ایرانشهر راهنمایی بکند و دست به کار اصلاح بزند.
A. Christensen, Les Kayanides, p 82, 85.

[1] سر ائوشای اوستایی. فرشته‌ای که به شب دنیا را از گزند دیوان و دروجان حفظ می‌کند. خروس و سگ با او همکاری می‌نمایند. صددربندهش ۸۳-۲ ص۱۵۲ دیده شود، زند وهومن‌یسن درِ هفتم-۱۹.

[2] جانور مقدسی است که ضد دیوان و جادوان می‌باشد و در دفع آن‌ها با سگ همکاری می‌کند. (بندهش ۱۹-۳۳) مینوخرد می‌نویسد در خانه‌ای که خروس باشد دیو داخل نمی‌شود و از بانگ او می‌گریزد. صد در و بندهش در ۳۲ می‌نویسد: «۱- این که چون خروس بی‌هنگام بانگ کند باید که نکشندش و بدفال ندارند، ۲- زیرا که از سبب آن بانگ می‌کند که در آن خانه دروجی راه یافته است و مرغ یا خروس طاقت آن نمی‌دارند که آن دروج از آن خانه بازدارد و مرغ به یاری دادن خروس می‌شود و بانگ می‌کند، ۶- باید که مرغ و خروس نگاه می‌دارند تا آن دروج را بزند و در آن خانه او را راه ندهد.» در احادیث اسلامی خروس و هدهد همدم سلیمان بوده‌اند. در تحفه‌ی اخوان‌الصفا خروس مؤذن عالم است می‌گویند که در زیر عرش‌الله خروسی است که ساعات را می‌شمارد و هنگام نماز تسبیح‌خوانی می‌کند و خروس‌های زمینی از او تقلید می‌کنند. روز نبرغ ترجمه‌ی زراتشت‌نامه ص۱۸ کریستنسن خواص‌الایات ص۲۳.

[3] زند وهومن‌یسن درِ چهارم-۷.

[4] روح مراسم درون (ز.و.ی. در چهارم-۳۰.)

[5] فرشته‌ی گیاه هوم (یشت‌های ۹-۱۱) شیره‌ی این گیاه در مراسم مذهبی پارسیان استعمال می‌شود Haoma همان سومای سانسکریت است.

[6] همین شخص داستان دینیک را به تاریخ ۹۴۱ یزدگردی (۱۵۷۲ میلادی) در کرمان رونویس کرده است

«خوب فرجام باد! چنین باد! چنین‌تر باد! پیروز باد فره ویژه دین بهی مزدیسنان! به کام یزدان و امشاسپندان باد!»

«اشم وهو وهشتم استی» (اوستا).»

«بهترین آبادی اشویی است.»

بخش ۲

زندئی وهومن یسن

(۰) شنائشن[۱] ئی داذار[۲] اوهرمزد ئی وه ئی اوزونیک، اوزاینیذارئی ریه‌اومند[۳] خوره‌اومند، و[۴] امهوسپندان؛ آفرینشنیه ئی اویزک وه‌دین ئی مازدیسنان؛ تن دورستیه و دیرزیوشنیه و آواذهیریه[۵] اوی‌رائه که نویسیهذ!

درِ نخستین

(۱) چون از ستوذگر پیذاک، کو زرتوهشت از اوهرمزد ائوشیه[۶] خواست (۲) پس اوهرمزد خرد ئی هرویسپ آکاسیه[۷] به ئو زرتوهشت نموذ. (۳) وش

(مقدمه‌ی وست به متنهای شماره‌ی ۱ پهلوی ص۳۳ دیده شود.) این کتاب هم کمابیش در حدود همین تاریخ رونویس شده است.

[۱] شنائیدن = خوشنود کردن.

[۲] این لغت در «اصل داتار» نوشته شده ولیکن در این متن هر کجا «ت» شدید است و در فارسی جدید به شکل «د» یا «ذ» به جا مانده است چون علامت مخصوصی نبود ناچار به جای آن «ذ» گذاشته می‌شود که در فارسی سابقه دارد مانند: پذیرفتن، پذشخوارگر و غیره.

[۳] درخشنده ?Rayonnant

[۴] هرجا در متن «و» تنها آمده در پهلوی صدای û و یا ô می‌کند.

[۵] آباد خیری.

[۶] ئوش در پهلوی به معنی مرگ است و در فارسی به شکل هوش نیز آمده است. فردوسی:

ورا هوش در زاولستان بود — به دست تهم پور دستان بود

(لغت فرس) ائوشیه = بی‌مرگی - انوشگی.

[۷] خرد آگاه و محیط به همه چیز.

ون[1] ئه بون[2] پذش بدیذ، که چهار ازگ[3] پذش بوذ: یک زرین، یک آسیمین، یک پولاوذین، یک آسین‌اور-گومیخت[4] استاذ. (٤) ادینش په‌ئه‌داشت کوپه خواب دیذ.

(۵) که از خواب ببوذ، وش گوپت زرتوهشت: کو خوذائه ئی مینویان[5] گیتیان[6]! نمائیئذ کوام درخت ئه‌بون‌دیذ که چهار ازگ پذش بوذ.

(۶) گوپتش اوهرمزد ئو سپیتامان زرتوهشت: کو آن درخت ئه‌بون که تو دیذ (آن گیتاه هست ئی من اوهرمزد داذ.) (۷) آن چهار ازگ آن چهار انبام هست ئی رسذ. (۸) آن ئی زرین ان که من تو (دین) همپورسیم،[7] و ویشتاسپ شادین بپذیرذ، و دیوان کالپوذ[8] بشکنذ، (و دیوان از آشکاریه) ئودور ونیهان روبشنیه استند. (۹) آن ئی آسیمین خوذابییه ئی ارذخشیرئی کی‌شائه. (۱۰) و آن ئی پولاوذین خوذابییه ئی انوشک روبان خوسروی کواذان. (۱۱) و آن ئی آسین[9] اورگومیخت استاذ دوش پاذخشائیه ئی دیوان ئی و چارذک ورس[10] ئو ائشم توخمک، که دهوم ئی ستوزم[11] ئی تو سربهوذ، سپیتامان زرتوهشت!

---

[1] درخت. در سانسکریت نیز به همین معنی است به اوستایی: vana بازمانده‌ی این لغت در فارسی جدید ونک و در لغت مرکب نارون مانده است. البته در این جا نار به معنی انار نمی‌باشد مانند: نارگیل، کنار، انگنار، کوکنار، نارنج، نارنگی و غیره... در پهلوی انار به شکل: انارگون آمده است. (خسرو کوآتان و یدک، ص۶۶).

[2] شاخه، در لغت فرس به غلط، آژغ و کژک چاپ شده است.

[3] شاخه، در لغت فرس به غلط، آژغ و کژک چاپ شده است.

[4] ریم‌آهن - آهن ناپالوده.

[5] عالم لاهوت (مرکب از امشاسپندان - مهر - سروش - فروردین - بهرام و غیره...)

[6] عالم ناسوت (مرکب از ماه و خورشید و تشتر و غیره...)

[7] مشورت - مباحثه - پرسش و پاسخ - کنفرانس.

[8] قالب.

[9] آهن، به زبان کردی نیز هاسین می‌باشد.

[10] گشاده‌موی.

[11] صد زمستان (زم = زمستان).

درِ دوم

(۱) به زند ئی وهومن‌یسن، خورداذ یسن، آشناذ یسن پیذاک، کو ئه بار گجستک[۱] مزدک ئی بامداذان دین‌پتیارک[۲] ئو پذاکیه مذ، و شان‌پتیارک په دین ئی یزدان کرذن. (۲) آن انوشک روبان خوسروی (کواذان، خوسروی) مائویندااذان، نوشاپوهرئی داذ او هرمزد ئی آذرپاذکان دستوبر، و آذرفرنبغ ئی ادروک[۳]، و آذرپاذ آذرمتر، و بخت‌آفریذ ئو پیش خواست. (۳) وش پذمان ازش[۴] خواست، کو این یسنیها په نیهان مداریذ، به په پذوند[۵] ئی شما شما زند مچاشیذ[۶] (٤) اویشان اندر خوسروب پذمان کرذ.

درِ سوم

(۱) په زند ئی وهومن یسن پیذاک، کوزرتوهشت از اوهرمزد دذیگر بار ائوشیه خواست. (۲) وش گوپت: هت کو زرتوهشت وم اندر ئه ئی دامان ئی تواشوک‌ترو کرذارتد؛ داذار! که من ائوش بکنئه، چون ون ئی جویذ بیش[۷]، گوکپت‌شا، ویوشت فریبان، چیتروک میان ئی ویشتاسپان، هت پیشوتن ئی

---

[۱] ملعون.

[۲] وبال - دشمن - ضد. (لغت فرس) بلا باشد و چیزی که دشمن دارند. کسایی گوید:

برگشت چرخ بر من بیچاره   و آهنگ جنگ دارد پتیاره

در فرهنگ جهانگیری هفت معنی برای این لغت آمده است.

[۳] بی‌دروغ، راستگو، لقب آذرفرنبغ بوده است.

[٤] از ایشان.

[۵] پیوند - پشت در پشت.

[۶] ۲٤- چاشیدن = آموختن - درس دادن. چشیدن - درس گرفتن. چاشتن نیز به معنی نشان دادن، راهنمایی کردن و آموختن می‌باشد. (لغات وندیداد، ص۶۵).

[۷] جدا از درد. یعنی راننده و التیام‌دهنده‌ی دردها (درخت انوشدارو.)

بامیک[1] هست؛ ئی که[2] من ائوش بکنئه چون اویشان، (اویشان) په دین ئی تووه و روند[3]، کواوی دین - بورذار[4] کش اویزک وه دین ئی مازدیسنان از اوهرمزد بپذیر پت ائوش ببوذ، وهان[5] اویشان مرذومان په دین ئی تووه و روند.

(۳) گوپتش اوهرمزد: کو که تورائه ائوش بکنم، سپیتامان زرتوهشت! دین[6] تورئی بر اتروش ئی کرپ ائوش ببهوذ؛ و که[7] تور براتروش ئی کرپ ائوش ببهوذ، ریستآخیز[8] تنئیپسین[9] کرذن نشائد.

(٤) زرتوهشت په مینشن دوشخوار[10] سهست[11]. (۵) اوهرمزذ په خردئی هرویسپ آکاسیه دانست، کوش جه مینیذ سپیتامان زرتوهشت ئی اشوک فروهر[12] (۶) وش آن ئی زرتوهشت دست فراز گرپت؛ وش اوهرمزد مینوئه اوزونیک داذارئی گیهان ئی استومندان[13] اشوک؛ وش خرذئی

---

[1] بامی و بامیان = درخشان.

[2] حذف شود بهتر است (مرا مانند ایشان بی‌مرگ بکنی.)

[3] گروند. Virravistan = گرویدن (نیبرگ) در یادگار جاماسپ ور روشن (ص ۷۰) به معنی بر روشن آمده است (لغت فرس، ص۳۵۸).

[4] پیشوای دین.

[5] نیز - همچنین.

[6] پس.

[7] چون.

[8] ریست = مرده. آخیزیدن = برخاستن (قیامت).

[9] معاد جسمانی.

[10] دوش+خوار = ناراحت (دشوار.)

[11] سهستن = نمودن.

[12] ذات روحانی که قبل از تولد انسان وجود دارد و در زندگی او را حفاظت می‌کند و پس از مرگ باقی می‌ماند.

[13] به ترجمه یادداشت ۷ رجوع شود.

هروسپ-آکاسیه په‌آوکرپ[۱] اور[۲] دست ئی زرتوهشت کذ؛ وش گوپت، وش اوهرمزد، کوفراز خور.

(۷) و زرتوهشت وش فراز خورت؛ ازش خرذئی هروسپ آکاسیه په‌زرتوهشت اندرگومیخت[۳]. (۸) هپت روزشپان زرتوهشت اندراوهرمزد خرذیه بوذ. (۹) وش بدیذ، زرتوهشت، په‌هپت کیشوردمیک، مرذومان گوسپندان، - کوهریک موی چند په پوشت، تاک تاک[٤] سرئوکودارذ - (۱۰) وش بدیذ، و دارو درخت، -که چی- چند ریشک ئی اوروران[۵] په سپندار مذدمیک، کو چون روست استذ کو گومیخت استذ-

(۱۱) وش هپتوم روزشپان خرذئی هروسپ آکاس (ایه) از زرتوهشت او از ستاذ. (۱۲) زرتوهشت پئه داشت کوپه خواب ئی خوش ئی اوهرمزد داذ دیذ از خواب نه وینارذم[۶]. (۱۳) وش هر دو دست بورذ، آن ئی خویش کرپ[۷] او از مالیذ: کودیر زمان خوپت استم، و نه وینارذم از این خواب ئی خوشی اوهرمزد داذ.

(۱٤) گوپتش اوهرمزد ئو سپیتامان زرتوهشت: کوت چی دیذپه خواب ئی خوشی اوهرمزد داذ؟

---

[۱] قالب مثالی.

[۲] بر over و über

[۳] گمیختن ضد آمیختن که ترکیب دو ناجنس می‌باشد.

[٤] تک‌تک - دانه‌دانه - تا تا.

[۵] âurvarân در فرهنگ جهانگیری می‌نویسد: «ارور با اول مضموم به ثانی زده و واو و مفتوح و رای‌زده نباتات را گویند. زراتشت بهرام: همان مینوی و ارورتیر و آتش - باستاده به پیش قوم سرخوش. به کردی aâr.

[۶] وینارستن = مرمت کردن (کارنامه‌ی اردشیر درِ ۱۲-۱.)

[۷] در این جا به معنی تن Corps است.

(۱۵) گوپتش زرتوهشت: کو اوهرمزد مینوئه ئی اوزونیک! داذارئی گیهان ئی استومندان! دیذم خویذ[1] ئیوس خواستک، که په تن دو سروب[2] و روبان کرس[3] نزار، و په دوش اخو[4] بوذ، وم نه بورزشنیک[5] سهست. (۱۶) وم دیذ دریوش[6] ئی نیست هیر[7] ئی اچارک، وش روبان فرپیه په وهشت[8]، وم بورشنیک سهست. (۱۷) وم دیذ توبانیک[9]. (۱۸) وم دیذ شکندگ ئیوس فرزند، وم بورزشنیک سهست. (۱۹) وم دیذ درخت ئه که هپت ازگ پذش بوذ: یک زرین، یک آسیمین، یک رویین، و یک برنجین، یک ارزیزین[10]، یک پولادوذین یک آسین اورگومیخت استاذ.

(۲۰) گوپتش اوهرمزد: کوسپیتامان زرتوهشت! این آن ئیئوپیش گویم. (۲۱) درخت ئهبون ئیتودیذ آن گیتاه هست ئی من اوهرمزدداذ. (۲۲) آن هپت ازگ ئی تودیذ آن هپت انبام هست ئی رسذ.

(۲۳) و آن ئی زرین خوذاییه ئی ویشتاسپشا که من و تو دین همپورسیم، ویشتاسپشاه دین بپذیرذ، و دیوان کالپوذ بشکنذ، و دیوان از آشکاریه ئو (دورو) نیهان روبشنیه استند، و اهرمن دیوان و شوذکان[11] اوازئوتارتم[1]

---

[1] خوید = نم - شاداب - تر و تازه - آباد.

[2] بدنام - رسوا، ضد لغت خسرو و هوسروانی که نیکنامی است. اسم خسرو از این لغت آمده.

[3] گرسنه.

[4] دوش یا دژاخو = زندگی بد - دوزخ به زبان کردی Duzha.

[5] برازیدن - خوب و زیبا نمودن - برازنده - خوشنما.

[6] درویش - دریوزگی از همین لغت آمده است = فقیر.

[7] مال و منال (بیچیز).

[8] از کلمهی اوستایی: وهشیتم آهوم = بهترین زندگی آمده است. (یسنا ۱۶-۹ ویدوداد ۳۶-۱۹) در پهلوی وهشت به صورت مبالغه بهترین به معنی: بهترین زندگی مانده است (که دش اهو = دوژخ اهو ضد آن است) و در فارسی نیز به شکل بهشت باقی میباشد.

[9] توانگر.

[10] قلعی..

[11] گشودگان - تخم و ترکه - ترکمون زدگان.

دوش‌اخودوبارند[۲]، و پهریز[۳] ئی آو و آتش و اورور و سپندارمذ دمیک پیذاک بهوذ.

(۲٤) آن ئی آسیمین خوذاییه ئی ارذخشترئی کئه، که وهومن ئی سپندداذان خوانیهذ، که دیو از مرذومان جویذاک کونذ، بپیرائذ هماک گیهان، دین روباک کونذ.

(۲۵) آن ئی رویین خوذاییه ئی ارذخشترئی گیهان آراستار و ویراستار، و آن ئی شاهپوهرشا، که گیهان ئی من اوهرمزد داذ آرائذ، بوخنکیه[٤] په سامان[۵] ئی گیهان روباک کونذ، و وهیه پیذاک ببهوذ، و آذر پاذئی پیروزبخت ئی دین راست ویراستار په روی ئی پساختک[٦] این دین اواجویذ ریستکان[۷] (پذکارذ و اوازئو راستیه آورذ.

(۲٦) آن ئی برنجین خوذابیه ئی و (لخش ئی) اشکانان‌شا، که جویذ ریستکیها (ئی) بوذاز گیهان ببرذ؛ و آن ئی دروند[۸] اکو (ان) ئی گرئی کرسیاکیه از جویذ دین به اوسیهذ، از گیهان انبین[۹] و اپیذاک شهوذ.

---

[۱] تم = تاریکی و دمه، به کردی نیز همین معنی را دارد.

[۲] دواریدن = پرتاب شدن - ریختن - حمله کردن - تنوره کشیدن - هردود کردن. (لغت اهریمنی در مقابل رفتن).

[۳] پرهیز. این گونه (قلب) پس و پیش شدن حروف در فارسی زیاد است مانند: کران - ژفر - مزگ - هگرز - تخل - بخل - بفر - چخر - سخر - که در فارسی جدید: کنار - ژرف - مغز - هرگز - تلخ - بلخ - برف - چرخ - و سرخ شده است.

[٤] بوختن = رستگار کردن - نجات یافتن (کارنامه‌ی اردشیر در سوم-۱۱).

[۵] پایان - حد.

[٦] پسیج کرده - مهیا شده.

[۷] جداراهان.

[۸] در فرهنگ جهانگیری به معنی بذ مذهب و فاسق آمده. زراتشت بهرام می‌گوید:

درود از ما به بهدین خردمند — که دور است از ره و آیین دروند

[۹] نابین - نامرئی.

(۲۷) و آن ئی ارزیـزین خوذاییـه ئـی وهـرام ئـی گورشـا، کـه مینوئـه ئـی رامشن‌وینا و[1] - پیذاک کونذ، و اهرمن اوا[2] یاذوکان او از ئو تا روتوم ئی دوش دوش اخو دوبارند.

(۲۸) آن ئی پولاوذین خوذاییه ئی خوسروب ئی کـواذان‌شـا، کـه گجسـتک مزدک ئی بامداذان ئی دین پتیارک اوا جویذ - ریستکان استذ، از ایـن دیـن اواز دارذ.

(۲۹) آن ئی آسین اورگومیخت اسـتاذ (دوش پاذخشـاییه ئـی دیـوان ئـی و چارتک ورس[3] ئی‌ائشم[4] توخمک)، سپیتامان زرتوهشت! هزارک سـرئی تـو، که ستوزم ئی دهوم ئی تو سر ببهوذ، سپیتامان زرتوهشت!

درِ چهارم

(۱) گوپتش زرتوهشت کو! داذارئی گیهان ئی اسـتومندان مینوئـه اوزنیـک! دخشک[5] ئی ستوزم ئی دهوم چی یهوذ؟

(۲) گوپتش اوهرمزد: کو سپیتامان زرتوهشت! روشـن کـونم دخشـک ئـی هزارک سرئی تو بهوذ.

(۳) آن ئی نیتوم[6] انبام، رسذ ئه صـذ آئینینـک، ئـه هـزار آئینینـک، و بیـور آئینینک دیوان ئـی و چـارذک و رس آئشـم توخمـک. (٤) از کوسـتک[7] ئـی

---

[1] طرب معنوی.

[2] اواک - اوا = با Avec

[3] درِ نخستین-۱۱ و نیز گزارش گمان‌شکن در ۱۶ بند-۱۳.

[4] لغت اوستایی به معنی دیو خشم می‌باشد، گویا در تورات این کلمه تحریف و به شکل Ashmadai آمده که مترادف بَعل زَبوب (نماینده‌ی دیوان) است.

[5] دخشه = علامت (گزارش گمان‌شکن درِ ۱۳-۸۹).

[6] پست‌ترین.

[7] کسته = جانب - طرف - خطه.

خوراسان[۱]، آن نیتوم توخمک ئو ایرانشتر دوبارند؛ هول[۲] گرپت درفش هند، سها[۳] زین‌برند، و ورس و چارذئو پوشت دارند؛ و خورذک نیتوم بندک و دروک کرذار[٤] زویش و پیشکارویش هند.

(۵) سپیتامان زرتوهشت! آن ئی ائشم توخمک وشوذ[۵]، وش بون نه پیذاک. (۶) په یاذوکیه هول - دوبارندئو این ایران دهان ئی من اوهرمزد داذ. (۷) چون وس چیش سوزند و ناسند[۶] و مان[۷] از مانیکان، ده از دهیکانان، آواذیه و وزورگیه و دهیو کانیه و دین راستیه و پذمان و زینهار و رامشن و هرویسپ دهشن ئی من اوهرمزد داذ، این دین اویزک ئی مازدیسنان، و آتش ئی ورهرام په داذیها نشاست[۸] استذئو نیستیه رسذ، و زنگان و اوارکان به ئو پیذاکیه رسند. (۸) و آن ئی وزورگ روذستاک شترئه، و آن ئی وزورگ شترده‌ئه، و آن ئی وزورگ ده دوذک ئه، و آن ئی (وزورگ) دوذک است‌ئه[۹] ببهوذ.

---

[۱] مشرق

[۲] افراشته - بالاگرفته.

[۳] سیاه.

[٤] دروکردار-دروکننده-درونده.

[۵] گشودن = زایش اهریمنی، ترکمون. اغلب لغات پهلوی به دو دسته می‌شود: اورمزدی و اهریمن. مانند: درگذشتن-مردن. خانه-گریسته. گفتار-درایش. خجسته-گجسته. دهان-زپر. پا-زنگ و غیره در فارسی جدید نیز این گونه اضداد وجود دارد مانند: بنشین. بتمرگ. میل کردن-ماشرا کردن. بخواب. بکپ و غیره...

[۶] وناس = گناه (خراب کردن).

[۷] خانه، اسدی:

چو آمد بر میهن و مان خویش　　　ببردش به صد لابه مهمان خویش

[۸] نشاستن = نشانیدن، بر پا کردن. فردوسی:

به فرکیانی یکی تخت ساخت　　　چه ماه درو گوهری بر نشاخت

(کارنامه‌ی اردشیر درِ ۵-۱۳).

[۹] استخوان (گزارش در ۱۶-۱۲).

(۹) سپیتامان زرتوهشت! په‌اناکیه[1] -کامکیه و ساستاریه[2]- دوش پاذخشاییه[3] پاذخشاییه[3] - بکنند این ایران دهان ئی من اوهرمزد داذ. (۱۰) اویشان دیوان و چارذ ورس فریفتار هند - کو آن ئی گویند نکونند - و وتردین هند - کو آن ئی نگویند کونند- (۱۱) و شان پشت[4]، پذمان و راستیه و آیینین نیست، و زینهار ندارند؛ و په پشت ئی کیرنداور نه ایستند.[5] (۱۲) په فریفتاریه و آزودوش پاذخشاییه بکنند این ایران دهان ئی من اوهرمزد داذ.

(۱۳) اندر آن انبام، سپیتامان زرتوهشت! هماک مذوم فریفتار ببهوند - کویک ئو دوذ رائه وذ خواهند-؛ و مترئی و زورگ جویذ - گونک بهبوذ. (۱٤) و آزرم و دوشارم[6] و روبان دوستیه[7] از گیهان بشهوذ. (۱۵) مترئی پیذ (از) پوس، و براذ از براذ بشهوذ؛ داماذ از خوسرو[8] جویذ - کیس[9](؟) ببهوذ؛ و ماذر از دوخت جویذک جویذ-کامک ببهوذ.

(۱۶) که ستو-زم ئی دهوم ئی تو سربهوذ، سپیتامان زرتوهشت! خورشیذ راست‌تر و نیهنگ[10]تر؛ و سال و ماه و روز کمتر. (۱۷) و سپندارمذ دمیک تنگ‌تر و راس نیهنگ‌تر. (۱۸) و بر تو خم به ندهذ؛ و برئی جورذاکان[11] په

---

[1] زیان.

[2] جور - ظلم.

[3] پادشاهی بد - حکومت جابرانه.

[4] به فتح اول، قول شرف - اطمینان (کارنامه درِ نخستین-۱۵).

[5] به قول خود وفا نکنند.

[6] مهر و علاقه (کارنامه درِ ۳-۳ گزارش گ. ش، درِ ١٤-٤٢).

[7] مودت، دلبستگی - علاقه‌ی روحانی.

[8] پدر زن، در زبان‌های بومی (مثلاً خراسان) معمول می‌باشد. لغت فرس خسر نوشته است. به زبان کردی xwasura, xazura.

[9] دیس - چهره به معنی شبیه و مانند نیز آمده است.

[10] نهفته - پنهانی به معنی اندک و خلاصه نیز آمده است. (گزارش گمان‌شکن در ۱۳ متن).

[11] جوردایان = حبوبات = بنشن‌ها.

ده‌هشت بکاهذ، دو به اوزایذ، آن ئی به اوزایذ سـپیذ[1] نبهـوذ. (۱۹) و اورور و دار و درخت بکاهذ؛ که ئه صذ بستانذ نوذ بکاهذ، ده به اوزایذ، آن ئـی بـه اوزایذ خوروم[2] و چاشنیک[3] نبهوذ.

(۲۰) و مرذوم کوذکتر زایذ؛ و شان هونرو نیروک کم؛ و فریفتاراتر و ترداذتر بهوند؛ و سپاس و آزرم ئی نان و نمک ندارند؛ و شان دوشارم پورسـکیه[4](؟) ندارند.

(۲۱) اندر آن ئی و ذتوم انبام، موروئه آزرم[5] ویـش دارذ کـو اوی ائیـر[6] ئـی دین‌بورذار[7] مرذوم. (۲۲) و شان دهش په کار کم؛ و وشان کـار و کرپـک از دست کم روذ[8]؛ هماک سرذکان[9] جویذ - کیشان ئو اوشان اناکیه[10] خواسـتار بهوند.

(۲۳) و هماک گیهان نسائه[11] نکانیه و نسائه - وسترشـن (ایـه ببهـوذ. (۲٤) و نسائه نکائیذن، و نسـائه شوسـتن، و نسـائه سـوختن، ئـو آو دادن و آتـش بورذن، و نسائه خورذن[12] په داذ گیرند[13] و نپهریزند.

---

[1] رسیده.

[2] خوش خوراک - گوارا.

[3] چاشنی - مزه.

[4] احوالپرسی و مهر و محبت.

[5] احترام.

[6] آریائی‌نژاد. از نژاد ایرج = ایران - نیک. رونده به راه راست بر ضد کج می‌باشد.

[7] پیشوای دین.

[8] فریضه خود را انجام ندهند.

[9] انواع.

[10] انائیه = زیان - آزار.

[11] مرده.

[12] خوردن گوشت حرام.

[13] مطابق قانون انگارند.

(۲۵) اندر آن شکیفت[۱] ئی وزورگ هنگارند و دروندیه راس ئی دوش-اخو و برایند[۲]؛ و او ارونیه[۳] پنیه[٤] و وییاوانیکیه[٥] ئی ائشم و آزرائـه ئـو دوش-اخـو دوبارند.

(۲۶) اندر آن شکیفت[۶] انبامف سپیتامان زرتوهشت! پاذخشاییه ئی ئشم ئـی خرو-دروش[۷] و دیوئی و چارذورس ئی ائشم توخمک، آن ئی نیتوم بندک په ایران دهان خوذاییه فراز روند.

(۲۷) ودینیکان که ایبی یانگان[۸] په کوست دارند، ادینشان پاذیاویه[۹] داشـتن نتوبان. (۲۸) چی، په آن ئی نیتوم انبام و نسائه و وهخیر[۱۰] اوین وس بهوذ کـو مرذئی گام ئو گام بنهنذ، په نسائه روذ. (۲۹) ایوپ، که په برشـنوم[۱۱] پائـه از مغ[۱۲] بنهذ، په نسائه روذ. (۳۰) ایـوپ، کـه پـه نسـائه کـذک[۱۳] ئـیاوشـانف برسوم[۱٤] به په فراز-وستریذ، درون[۱٥] فرازیزیذ، پاذخشائه‌بهوذ[۱۶] (۳۱) ایوپ،

---

[۱] ثواب.

[۲] آماده کنند.

[۳] رذیلت (ضد فرارونی = فضیلت).

[٤] پینی - بخل و خست.

[٥] گمراهی.

[٦] شکیپت = سخت، مشکل. شگفت = تعجب (گزارش گ.ش، درِ ۱۳ بند ۸۹).

[۷] به اوستایی: xrûta سخت: خونخوار Cruel از همین لغت می‌باشد. سخت درفش، صفت خشم است.

[۸] ائیویانگهنه اوستایی در متن âibyângân به معنی کستی (کمربند زرتشتیان) باشد = همیان.

[۹] به یادداشت ترجمه رجوع شود.

[۱۰] هیهیر = آخال - پلیدی.

[۱۱] تطهیر.

[۱۲] چاله - مغاک.

[۱۳] جایگاه موقتی میت - زادمرگ.

[۱٤] برسم.

[۱٥] یادداشت ترجمه رجوع شود.

[۱٦] احوط باشد.

ایوپ، (که) پهآن ئی نیتوم انبام، یزشن[1] په دو مرذ پاذخشائه بهوذ کرذن، اندا این دین په نیستیه و نزاریه نرسذ، په ئه صذ، ئه پهئه هزار، په بیور، یک په بهوذ که په این دین و رویذ[2]، آنیچه و رویذکار ازش نکونذف آتش ئی ورهرام به ئونیستیه و نزاریه رسذ، از هزار او از ئو (ئی) یک پهریزند، آنیچه ائسم[3] و بوذداذیها[4] پذش ندهند. (۳۲) ایوپ، /ه مرذئه ئیشت[5] کرذ استذ استذ و نیرنگستان نداند، په وه مینشنیکیه به اوروزذ، پاذخشائه بهوذ.
(۳۳) خواستک و آزرمیکیه هماک به ئو جویذکیشان جویذریستکان رسذ. (۳٤) و کرپکگرئی نیوک از دوذک ئی آزاذ-مرذان، موغ-مرذان به ئو و شاذ دوبارشنیه[6] استند. (۳۵) خورذکان دوخت ئی آزاذکان، و زورگان؛ موغ-مرذان په زنیه گیرند. (۳۶) آزاذکان و وزورگان و موغ-مرذان به ئو شکندگیه بندکیه رسند؛ و زویش و خورذک به ئو و زورگیه و پاذخشاییه رسند؛ و اوارکان خورذکان به ئو پیشگاسیه[7] و راینیذاریه رسند. (۳۷) و گویشن ئی دین بورذاران، موهرک(؟) و ویچرذ[8] ئیداذ وبر[9] ئیراست، گویشن ئی راستان و آنیچه اشوکان انگیزینشن[10] ببهوذ؛ گویشن ئی خورذکان،

---

[1] ۱۲۲ - پرستش.

[2] ۱۲۳ - هیزم.

[3] به موجب قانون مقرر شده است.

[4] به موجب قانون مقرر شده است.

[5] دعا خواندن.

[6] دواریدن = رفتن اهریمنی، حمله کردن، دویدن.

[7] پیشگاه = صاحب تخت و مسند.

[8] ویچوردن = گزاردن، رأی و فتوی دادن، بیان کردن، داوری کردن. کلمه‌ی وزیر تحریفی از: ویچیر و به معنی فتوی و حکم‌دهنده است.

[9] داور.

[10] انگیزانیدن = باعث شدن - تحریک کردن.

خورذکان، اسپزگان[1] اوارونان[2] و اوسوسـگران[3] و آن ئـی دروگ داذسـتانان[4] راست و وار دارند. (۳۸) و سوگند په دروگ پذش خورند، و زور[5] گوکاسیه پذش دهند، و زور و اناست[6] اورمن اوهرمزد گویند.

(۳۹) اوشان که په اثر پذیه و هاوشتیه[7] نام برند، یک ئو دوذرائه وذ خواهند و آهوک[8] گویند و آهـوک اور نکیرنـد؛ و شـان اهـرمن و دیـوان پتیـارک[9] اورویش بورذاستذ. (۴۰) و ازوناس[10] ئی مرذومان کونند، از پـنج ونـاس سـه وناس اثر پذان هاوشتان کونند، و وهان دشمن بهوند -کو یک ئو دو ذرائه و ذآهوک پذش گویند- و یزشن ئی پذیرند نکونند، بیم از دوش اخو ندارند.

(۴۱) و اندر آن دهوم ستوک-زم ئه ئی هزارک تی تـو سـربهوذ، سـپیتامان زرتوهشت! هماک مرذوم آزپریست[11] اناستک دین ببهوند. (۴۲) و ابرئه ئی کامکار و واذئی ارذائه[12] په هنگام و زمان ئی خویش واران کرذن نشائد. (۴۳) هماک آسمان ابرویزم[13] سپینیذ. (۴۴) آن ئی گرم‌واذ[1] و آن ئی سذواذرسـذ،

---

[1] تاروزنندگان - بدگویان.

[2] بدکاران (ضد فرارونان که نیکوکاران باشد).

[3] افسونسگر = دلقک - مسخره.

[4] فتوی‌دهندگان به ناحق.

[5] به جبر.

[6] ناسزا، ناحق.

[7] هاوشت = اهل شرع - صحابه - طلبه - پیروان دین.

[8] هو = عیب، نقص، خیط. ابوشکور:

یک آهوست خان را چو نازیش پیش　　　چو پیش آوریدی صد آهوش بیش

[9] دشمنی - ضدیت - وبال.

[10] گناه.

[11] حریص - طماع.

[12] ارده = تندرو (کارنامه ا.پ. در ٤-١٠).

[13] گژم = وحشتناک (گزارش گ. ش. در ١٤-١٤ متن).

برو تو خم ئی جورذاآن[۲] ببرذ. (٤۵) و ارانیچه په هنگام ئی خویش نوراذ، خرفستر[۳] ویش وارذکوآو. (٤۶) و آوئی روذان و خانیکان[٤] بکاهذ و اوزایش به نیهوذ. (٤٧) و ستور و گاو و گوسپند کو ذکتر زائند، و وذهونر ترزائند، و بار کم ستانند، و موی کمتر، و پوست تنوکتر[۵] و شیر نه اوزایذ؛ و چربشت کم دارذ. (٤٨) و گاو ورزاک[۶] نیروک کم، و اسپ ئی‌اروند[۷] هونرکم، په‌تاک[۸] کم برذذ.

(٤٩) و مرذوم، په آن شکیفت انبام، سپیتامان زرتوهشت! که کوستیک په میان دارند، اناکیه خواستاریه ئی دوش پاذخشائیه و وس آن ئی دروگ داذستان یش اورمذاستذ، یش آن زیند کیه اندر نه آوایذ، مرگیه په ایاپت[۹] خواهند. (۵٠) وگوشنان[١٠] و اپورنایان[١١] پیم(؟) مینشن ببهوند؛ و شان چوپسشنیک[١٢] و ازیک و رامشن[١٣] ازدیان اورنآیذ.

---

[۱] باد vent.

[۲] جوردایان = حبوبات (گزارش درِ ۱۶-۳۵ متن).

[۳] جانوران زیانکار - حشرات موذی (ص۲۱ ترجمه‌ی یادداشت ٤ دیده شود) مینوخرد پرسش ۶۱-۳۶.

[٤] جویبار.

[۵] تنک‌تر - نازکتر.

[۶] ورزا - گاو کشاورزی (به زبان مازندرانی نیز به همین معنی است).

[۷] تیزرو.

[۸] تکاوری.

[۹] ایافتن = مراد طلبیدن - حاجت خواستن در لغت آقای دهخدا آیفت ضبط شده. دقیقی:

ناسزا را مکن آیفت که آبت بشود   به سزاوار کن آیفت که ارجت دارد

[١٠] جوانان.

[١١] ابرنایان = خردسالان (کارنامه درِ ١٤-۳).

[١٢] دل و دماغ.

[١٣] طرب - نشاط.

(۵۱) و جشن و نهاذک[۱] ئی پیشینیکان، و اوسو فریذئی یزدان، و یشت و یزشن یزشن و گاسانبار و فروذیگان جـاک جـاک کوننـد؛ و آنیچـه کوننـد پـذش اوه گومانیها[۲] نه و رویند. (۵۲) و پاذدهش داذیها ندهند؛ و دهـش و اشـوک داذ[۳] ندهند، آنیچ دهند او از او خشائند.

(۵۳) و آنیچ و هدین مرذوم، که این دین ئی وه ئی مازدیسنان ستائذاسـتذ، په آن ئی اوشان راس و ریستک برهمک[٤] رویشن فراز روند؛ و شان په‌آن ئی ئی خویش دین نه و رویند. (٥٤) و آزاذ و زورگ و دهگان ئـی نیـوک، ازده و جاک ئی خویش، په اوزدهیکیه[۵]، از بون جاک[۶] و دوذک ئی خویش، بشـهوند، و از خورذکان و وتران چیش په نیاز خواهند، ئو در یوشـی[۷] اوارکیـه رسـند. (۵۵) این مرذوم، په ده نه، په کوست ئی اواختر[۸]، به او سهند.

(۵۶) په اوشان دوش خوذاییـه، هـرچیش ئونیسـتیه و اوارکیـه و سـپوکیه و هنستکیه[۹] رسذ. (۵۷) سـپندارمذ زمیـک دهـان او از و شـایذ، هـر گـوهر ایوکشوست[۱۰] تو پیذاکیه رسذ، چون زر و آسیم و روی و ارزیز و سـرپ (۵۸) و خوذاییه و پاذخشاهیه ئو انیران[۱۱] بندکان رسذ، چـون هـین[۱۲] ئـی تـورک و

---

[۱] رسم - وضع.

[۲] با بی‌گمان - با اطمینان - از روی یقین.

[۳] بخشش به مرد پرهیزکار = صدقه.

[٤] ورهمه - برهمه = جامه، لباس مبدل.

[۵] جلای وطن - دربه‌دری.

[۶] جای اصلی.

[۷] درویشی = فقر.

[۸] باختر = شمال.

[۹] آلودگی.

[۱۰] ایوخشست = گوهرکان - فلزات.

[۱۱] غیرایرانی.

[۱۲] لشکر. این لغت خیون نام قبیله‌ی هون‌ها نیز خوانده می‌شود. در لغت فرس ضمن لغت یون از عنصری شاهد می‌آورد:

اتوروتوپیذ، چون اودرک و کوپیار[۱] و چینیک و کاوولیک و سوپتیک و اروماثیک و کرمیک رخت[۲] سپیذهین پهئو ایران دهان ئی من پاذخشاهیه بهوند؛ فرمان و کامک ئی اوشان په گیهان روباک ببهوذ.

(۵۹) پاذخشاهیه از اوشان دوبال[۳] کوستیکان و تازیکان و اروماییکان پهئو اوشان رسذ. (۶۰) اوشان ایذون دوش پاذخشاهیها ببهوند، کو که مذئه اشوک ئی نیوک زنند مکس‌ئه، په‌چشم ئی اوشان هر دو یک بهوذ. (۶۱) و در پاس[٤](؟) و خویذیه[٥] و آواذیه و ده و دوذک و خواستک و دستکرذ[۶] و کتس[۷] و روذو خانیک[۸] ئی ایران و هدینان ئو اوشان انیران رسذ، و سپاه و مرزو درفش ئو اوشان رسذ؛ و (په) ائم-کامیکه خوذاییه په‌گیهان روند. (۶۲) و آز-چشم ئی اوشان از خواستک پور نبهوذ؛ و خواستک گیهان گرذ کونند؛ و ازیرئی زمیک نیهان کونند. (۶۳) و دروندیه رائه‌کون-مرز[۹] و دشتان-مرز[۱۰] ئی‌وش کونند، و ورون[۱۱] ئی‌اوارون[۱۲] وس ورزند.

هیون چو جنگ بر آورد و یون فکند بر او
به گوش جنگ نماید همی خیال دوال

[۱] کوه‌نشینان.

[۲] قرمز - Carmin

[۳] چرمین، یادداشت ۱۲ ترجمه دیده شود.

[٤] نگهبانی؟

[٥] خوید = تازگی - طراوت (درِ سوم - ۱۵).

[۶] دسترنج - اثر.

[۷] کاریز.

[۸] قنات Xânik Aw Vkan = Canal کندن.

[۹] بچه‌بازی.

[۱۰] مرزیدن = نزدیکی - مقاربت دشتان = زن حایض.

[۱۱] شهوت.

[۱۲] رذیلت در فارسی جدید با لغات: وارون - وارن - واذگونه - واژون - آواره - آوارین - و رنج مقایسه شود.

(۶۴) و اندر آن ئی شکپت انبام، شپ روشنتر؛ و سال و ماه و روز سه یک ئـه بکاهذ؛ و سپندارمذ دمیک‌اور آیذ؛ و سیج[۱] و مرگیه و نیازاومندیه بـه گیهـان سخت‌تر بهوذ.

(۶۵) گوپنش اوهرمزد ئو سپیتامان زرتوهشت: این آن ئی‌پیش گویم.

(۶۶) اوی دروند گناک-مینوئه؛ که به آوائذ اوسـهینیذن سـتهمبکتر دوش-پاذخشائه‌تر بهوذ.

(۶۷) ایـذونش گوپـت اوهرمزدئـو سـپیتامان زرتوهشـت: کـو بخـوان، و نرم‌بکون،[۲] په‌زند و پازند، و وزارشن بچاش[۳] ئوائر پذان و هاوشـتان گوئـه و په‌گیهان فراز گویند اوشان کـه از سـتوزم نـه آکاسـهند ادینشـان گوینـد. همیمذ[٤] ئی تن‌ئی‌پسین[۵] را ئه، بوختاریه[۶] ئی روبان ئی خـویش رائـه، ارگ[۷] و اناکیه و پیتارکیه[۸] ئی‌اوشان جوید-دینان دیویسنان اورگیرند[۹] ببرند.

(۶۸) وت اینیچ گویم، سپیتامان زرتوهشت! کوکه، په آن انبـام، تـن خواهـذ، روبان بوختن نتوبان؛ چی، تن فرپیه، روبان کرس نزار په دوش اخو که روبان خواهذ، تن کرس نزار، پـه‌گیتـاه شـکندگ و دریـوش، وش روبـان فرپیـه په‌وهشت.

---

[۱] «رنج و محنت و مشقت باشد» برهان قاطع.

[۲] از بر کردن.

[۳] معنی بیاموز. چاشیدن = درس دادن. چشیدن = درس گرفتن.

[٤] امید.

[۵] معاد.

[۶] رستگاری.

[۷] رنج.

[۸] دشمنی.

[۹] برگرفتن = تحمل کردن.

درِ پنجم

(۱) پورسیذ زرتوهشت از اوهرمزد! کو اوهرمزد! مینوئه ئی اوزونیک! داذار گیهان ئی استومندان اشوک! - هت اوهرمزد، اشوک، په‌خوانشن، واوره. په ستایشن؛ هست که داذار اشوک گویذ؛ داذار! په‌آن ئی شکپت انبام، اشوک بهوند و دینیک[1] بهوند، که کوستیک په‌میان دارند، و دین په برسوم یزند؟ و شان دین ئی خویتوکدس[2] په دوذک روذ؟

(۲) گوپتش اوهرمزد ئو سپیتامان زرتوهشت: کو مردان (ئی) پاشوم[3] آن بهوذ که، اندر آن ئی شکپت[4] انبام، کوستیک په میان دارذ، و دین په برسوم یزذ، نه (ایذون چون) په خوذاییه ئی ویشتاسپ‌شاه (۳) که، اندر آن ئی شکپت انبام، «ایثها آذیزمیده»، «اشم‌وهو[5]» بگویذ، و نرم‌کرذ[6] استذ، ایذون چون، اندر خوذاییه ئی ویشتاسپ‌شاه دوازده هومیسست ئی‌په زوهر (یشت استذ). (٤) و کش‌یشت کرذ استذ، و گاسان سروذ استذ، اوین چون کشف په، خوذاییه ئی ویشتاسپ‌شاه، یشت‌واج[7] سروذ کاسان بوذهئه.

(۵) اشوکان پاشوم آن بهوذ، که په‌وه دین ئی مازدیسنان استذ؛ ارش دین ئی خویتوکدس په دوذک روذ.

---

[1] دین‌دار.

[2] خویشی دادن به یادداشت ترجمه رجوع شود.

[3] بهترین.

[4] سخت (درِ چهارم - ۲۶).

[5] یادداشت ترجمه دیده شود.

[6] از بر کند - یاد کند.

[7] باز - باژ - واز - باج، زمزمه و دعای زرتشتیان. این لغت از ریشه‌ی وچ - واچ اوستایی به معنی سخن گفتن آمده و با واژه از یک ریشه است. پدواز (پتواچک - پدواژه = سؤال و جواب Pahvacik (کتاب خسرو و ریدک چاپ اونوالا ص۹۲ دیده شود) اپدواج = بی‌جواب (لغت فرس ص۱۸۵ پدرواز را به غلط معنی کرده است).

(۶) گوپتش اوهرمزد: کو سپیتامان زرتوهشت! اندر این نه‌هزار سال ئی من اوهرمزد داذ، مرذوم، اندر آن ئی‌شکپت انبام شکفتر بهوند. (۷) چی، اندر دوشخوذاییه[1] ئی ازی‌دهاک و فراسیاوئی تور، مرذوم، ئی‌اندر آن ئی شکفت انبام، ویه زیوشنتر و ویش زیوشنتر بوذهند، و شان پتیارک از اهرمن و دیوان کمتر بوذ. (۸) چی اندر آن ئی اوشان دوشخوذاییه، اندر ایرانشتر[2]، پنج ده ئی اویران نبوذ، آن ئی که هزارک ئی تو سربهوذ؛ سپیتامان زرتوهشت! (۹) چی، هماک ایران دهان، په‌اسپ سومب ئی اوشان، بکنیهذ؛ اوشان درفش اندر ئوپذشخوارگر رسذ، گاس و دین[3] ستهم پاذخشائیه از آنوک ببرند؛ و شان زنشن[4] از آنجاک رسذ.

(۱۰) سپیتامان زرتوهشت! این آن ئی پیش گویم.

(۱۱) که از هستان[5] ایذون په‌یزشن‌اور[6] (وه؛ -کویزشن ئی) اوی وه که اوهرمزد رائه یزشن ویش کونذ- اوهرمزد آکاس از اشهیه (آواکیه)؛ چیکامچائه[7] -کو (چیکامیچه) کار و کرپک مزد و پاذدهش، اوهرمزد آکاس از از اشهیه دهذ؛ و- هنجمنیکان[8] نران و ناریکان بزم، امهوسپندان، که نریچ ناریکیچ، اوشان وه‌هند.

---

[1] دژخدائی - حکومت جابرانه.

[2] مملکت ایران.

[3] جایگاه دین.

[4] حمله - ضربت.

[5] هستی‌ها - موجودات.

[6] برتر.

[7] هر کسی نیز.

[8] انجمنان به زبان کردی، هنجمن.

درِ ششم

(۱) پورسیذ زرتوهشت از اوهرمزد: کو اوهرمزد مینوئه ئی اوزونیک داذارئی گیهان استومندان اشوک! از کواواز ویرایند[1] این دین ئی وه ئی مزدیسنان؟ و په چی اوزار بزنند این دیوئی و چارذورس ئی‌ائشم توخمک؟ (۲) داذار! من ئوش‌ده[2]، انباذکان ئی‌من ئوش ده، -کومه ئه زیوند اندر آن ئی شکفت انبام- اشوک زیوشنیه ده، -کودرو- ندیه و راس ئی‌دوش اخونه ویرایند.

(۳) گوپتش اوهرمزد: کو سپیتامان زرتوهشت! پس از نیشانک ئی‌سها، پاذخشاییه، از اوشان ائشم توخمکان، (ئو) سلمان دهان دروج ئی‌شیذاسپ ئی‌کرسیاکیک (رسذ) - هت ماهویندذ گوپت کواروماییک بهوند؛ و روشن گوپت کوسوخر[3] کلاه و سوخرزین و سوخر درفش بهوند؛ هت که دخشک ئی‌اوشان بهوذ.

(٤) که بآیند، سپیتامان زرتوهشت! خورشیذ و یزم[4] نیشان نمائذ، و ماه از گونک ورذذ؛ په‌گیهان و یزم و توم تاریکیه بهوذ؛ به آسمان نیشانک ئی‌گونگ‌گونگ پیذاک بهوذ؛ و بوم‌گزندگ[5] ئی‌وس، بهوذ و اذستهمکتر آیذ؛

---

[1] مرمت کنند.

[2] بمیران - مرگ بده. لغت فرس ص۲۱۱.

[3] به زبان کردی: Sûr, Sûhra در فارسنامه‌ی ابن‌البلخی ضمن طبقه‌ی اول از ملوک فرس. افریدون می‌نویسد: «سپید گاو و سیاه گاو و مهر گاو، یعنی سرخ گاو...»

[4] درِ چهارم - ٤۳.

[5] زمین‌لرزه.

و په گیهان نیاز و ننگیه و دوشخواریه[1] ویش‌ئو دیذار آیذ؛ و تیر[2] و اوهرمـزد[3] و تران‌رائه پاذخشاهید رایند.

(۵) ئه صد کانک و ئه هزار کانک و بیور کانک بهوند دروج ئی‌شیذاسپ ئـی کلسیا کیک درفش ئی سوخر دارند؛ وشان روبشن وس، تازندئو ایـن ایـران دهان ئی من اوهرمزد داذ، اندا اروند[4] بار[5]؛ هت بوذ که فرات روذ گوپـت، انـدائو دو وان ئـی آسورسـتان مانشـنیه؛ هـت دو وان سـخت همـار، وش اسوریک مانشنیه ئه کو مرذوم ئی اسوریک پذشماننـد، و آن ئـی اوشـان نشیمک، هت بوذ که گریستک[6] ئی دیوان گوپت.

(۶) ایذون به او زنند[7] آن ئی اوشان ائشم توخمکان صذکانک و هزار کانک و بیورکانک، و او از ورذند درفش نیشان امر سپاه ئی اوشان دیوان ئـی و چـار ذورسان؛ برسند ئو اینایران دهان ئی مـن اوهرمـزد داذ (و) هـین ئـی فـرا خوانیک[8] دوشمن تورک و کلنیر، -هت‌هول درفش هند، چی درفـش هـول گیرند، هت په‌وس مرکیه ئو ایران دهان (ئی من اوهرمزد داذ) چون بوش[9]

---

[1] دشواری.

[2] عطارد.

[3] مشتری.

[4] دجله. در پهلوی لغت دجله نیز آمده است.

[5] ساحل. لغت فرس، در لغت استرنگ این شعر از عسجدی نقل شده:

هند چون دریای خون شد   چین چو دریا باراوی

زین قبل روید به چین بر شبه مردم استرنگ. کتاب التفهیم ص۱۹۸ «...و آنچه به دریابار است.» زنگبار شاید مقصود از ساحل سرزمین زنگ است. در حدود العالم بارگاه و بارکده در وصف بنادر آمده است.

[6] گریسته = آرامگاه اهریمن و دیوان (گزارش گمان‌شکن درِ ١٤-٨٥).

[7] اوزدن = کشتن.

[8] پیشانی فراخ.

[9] bûsh یال اسپ. در لغت فرس بشن به فتح اول به معنی موی گردن اسپ آمده. (ص۲۱۸) در تاریخ سیستان (ص۳۶): «...آذرگشسپ پیدا گشت و روشنایی بر گوش اسپ او بود...» مطابق روایات پارسیان فره به بوش یعنی یال اسپ بوده است و به طور مسلم گوش اشتباه مستنسخ می‌باشد.

ئی اسپ بایستند،- تورک ئی‌دوبال- کوستیک اروماِئیک شیذاسپ ئی کلسیاکیک په همرسشنیه فراز رسند.

(۷) و په همکو خششنیه، په سه جاک، ارذیک[1] ئی وزورگ، سه بار بوذ بهوذ، سپیتامان زرتوهشت!

(۸) یک، په خوذاییه ئی کئه‌اوس[2] که په‌آن ئی دیوان‌آواکیه[3]، اوا امهوسپندان. امهوسپندان.

(۹) و دذیگر، که تو، سپیتامان زرتوهشت! دین پذیرییف همپورسکیه ئی تو، ویشتاسپ شاه و ارجاسپ ئی‌ائشم و شوذ په کاریزارئی دین په همکو خششنیه په سپیذر زور؛[4] هت بوذ که اندر پارس گوپت.

(۱۰) و سذیگر، که هزارک ئی تو سر بهوذ، سپیتامان زرتوهشت! که آن هر سه تو ئه جاک رسذ: و تورک و تازیک و ارومیک؛ هت، بوذ که دشت ئی نیهاوندک گوپت؛ هماک ایران دهان ئی من اوهرمزد داذ، از گاس ئی خویش، به ئو پذشخوارگر رسذ؛ -هت بوذ که آذرگوشنسپ‌په‌ور[5] ئی‌چیچست[6] ئی‌زپر[7] ئی‌گرموآوئی جویذدیو (گوپت)؛ هت آنو کیچ دین پیذاک؛ هت بوذ که ماهیک گوپت، آتروک گوپت کوکرچنگ،- ایذون په تازشن بهوذپه این ایران دهان ئی من اوهرمزد داذ، از ائشم توخمکان،

---

[1] اردی = جنگ - پیکار (گزارش متن در ۱۶-۱۷).

[2] کی‌کاوس شکل غلطی است که مورخین بعد از اسلام کی را دوباره تکرار کرده‌اند و اصل لغت چنان که در دینکرد و دادستان دینیک و مینوخرد و غیره آمده کی اوس می‌باشد.
A. Christensen, Les Kayanides, p.51.

[3] کمک - یاری.

[4] یادداشت ترجمه دیده شود.

[5] دریاچه.

[6] اسم دریاچه‌ی ارومیه.

[7] ژرف (یادداشت ۱).

سپیتامان زرتوهشت! کو این مرذوم تـو پذشـخوارگر و پـارس، و سـوراک[1] مانشنیک و کوپ مانشنیک و دریا مانشنیک، ادینش نیهنگ[2] بمانذ.

(۱۱) چی، که شوی خویش بتوبان بوختن،[3] ادینش زن و فرزند و خواستک ایاذ نبهوذ.

(۱۲) پس زرتوهشت گوپت: کوداداز! من ئوش ده[4] انباذکان[5] ئی من ئـوش ده، کومه (ئه) زیوند اندر آن ئی شکفت انبام.

(۱۳) (گوپتش اوهرمزد: کو بیم مدار سپیتامان) زرتوهشت! چی، آن روز کـه ستوزم (ئی دهوم ئی) هزارک ئی تو سر بهوذ ئی زرتوهشتان، کـه هـیچش دروند از این هزارک اندر آن هزارک نشهوذ.

درِ هفتم

(۱) پورسیذ زرتوهشت از اوهرمزد: کو اوهرمزد مینو -ئه اوزونیک! داذارئی گیهان استومندان اشوک! داذار! که اوشان ایذون وس‌مرک[6] هنـد، یـه چـی اوزاد بشائند او سهینیذن؟

(۲) گوپتش اوهرمزد: کو سپیتاما نزرتوهشت! که دیوئی و چـار ذورس ئـی ائشم توخمک ئوپیذاکیه آیذ، یه کوست ئی خوراسان، نزدیست،[7] نیشان ئـی

---

[1] درِ سوم متن ۲۳ پهریز.

[2] سوراخ.

[3] مخفی (درِ چهارم متن بند ۱۶ دیده شود.)

[4] نجات دادن.

[5] همین در بند-۲.

[6] مره = شماره.

[7] نخست.

سها پیذاک بهوذ؛ زاید اوشیذرئی زرتوهشتان په ورئی فرزدان؛- هت (بوذ) که په زرائه[1] ئی‌کیانسیه گوپت؛ هت بوذ که په کاولستان گوپت.
(۳) (په) سی سالکیه ئـو همپورسـکیه ئـی مـن اوهرمـزد رسـذ: سـپیتامان زرتوهشت! (هت بوذ که) په کوست ئی چینستان گوپت؛ هت بوذ که انـدر هندوکان گوپت.
(٤) زایذ گیئه، -هت پیذئی اوی کی از کیان توخمک،- په ایاریه‌ئو اوشیذر (ئو) هندوکان شهوذ. (۵) پئه صذ سالکیه؛ کامک ئو زنـان بهـوذ؛ وش ازش زایـذ کیئه ئی دینیک[2] وهرام ئی ورزاوند[3] نام خوانذ، -هت بوذ که شاپور گوپت.-
(۶) کو آن شپ که آن کی زایذ، نیشان ئو گیهان رسـذ، سـتارک از آسـمان وارذ؛ -که اوی کی زایذ، ستارک نیشان نمائذ، هت داذ اوهرمزد گوپت: کـو آوان‌ماه و واذروز؛- پیذئی اوی کی فرجام بهوذ؛ په‌کینکـان[4] ئـی‌شـا پرورنـد؛ خوذائه زن‌ئه یهوذ.
(۷) اوی کی، که سی سالک بهوذ، هت بوذ که انبام گوپت، -په امـر درفـش سپاه سپاه ئی هندوک و چینیک هول گرپت درفـش اومنـد،- چـی درفـش هول گیرند -اوراستک درفش اومند، اوراست زینومنـد؛[5] پـه‌تازشـن هـول تازندا نداوه روذ، بوذ کـه بومـه ده گوپـت،- انـدا انـدرگ[6] بـارئی بهـار[7] ئی‌بهران، سپیتامان زرتوهشت!

---

[1] زره - زرایه = دریا. در لغت فرس به غلط ژو آمده است.

[2] کتاب دینی.

[3] باسطوت - باقوت.

[4] کنیزان = دوشیزگان. کویکان = به زبان کردی Kani به معنی کنیزک است.

[5] به معنی سلاح نیز آمده است.

[6] درون.

[7] دریا به زبان سانسکریت نیز به همین معنی است. بحر عربی همین لغت می‌باشد.

(۸) که ستارک ئی اوهرمزد[۱] هول[۲] ئوبالست[۳] رسذ، اناهیذ[٤] رائه فروذاوکنذ، فروذاوکنذ، خوذاییه ئوکی رسذ، وس‌امر[۵] گوندزیناوند[۶] آراستک درفش اومند.

(۹) هت بوذ که از سگستان و پارس و خوراسان (گوپت)؛ هت بوذ که از ور[۷] ئی پذشخوارگر گوپت، هت بوذ که از هریان کوپستان گوپت؛ هت بوذ که از تورستان گوپت.-

(۱۰) و از آن کوستک، اپرناییک[۸] ئه خواستار، به ئو پیذاکیه آیذ؛ هت درفش ئی آراستک ووس مرک سیاه ئی پذشخوارگر از ایرانشتر زینیکان[۹] و گوند و سپاه؛ بوذ که گوپت، کو کورذیچ و کرمانیکیچ خوانند رائه پیذاک.-

(۱۱) کوپه هم ایاریه هم درفش، ئو این ایران دهان، وس مرک به او زنند اوشان ائشم توخمکان ئی‌شیذاسپیک، هین[۱۰] ئی‌فرا خوانیک[۱۱] و سهم ئی گورک گورک ئی دو زنگ[۱۲] و دیوئی دوبال کوستیک.

---

[۱] مشتری.

[۲] اوج.

[۳] تفیع - به اصطلاح نجومی: خانه‌ی شرف (کارنامه درِ سوم - ۵).

[٤] زهره.

[۵] بی‌شمار.

[۶] یادداشت ترجمه دیده شود.

[۷] در این جا به معنی جانب و سوی می‌باشد.

[۸] بچه‌ی نوزاد (درِ چهارم متن ۵۰).

[۹] سلاح‌داران.

[۱۰] سپاه.

[۱۱] درِ ششم بند ۶.

[۱۲] زنگ لغت اهریمنی لنگ و پاچه می‌باشد. بهرام پژدو می‌گوید:

ز کستی دوال و ز روم و فرنگ   ز دیو سپه‌پوش و گرگ دو زنگ

(۱۲) په اروندبار، سه کاریزار کونند: (یک په...)، یک په سپیدرزور،[1] و یک په دشت ئی نیهاوندک.-

(۱۳) هت بوذ که گوپت کوپه ورئی سه تخمک؛ بوذ که گوپت کواندر مروئی شیذان،[2] هت بوذ که اندر پارس گوپت.-

(۱٤) ئو پوشت ئی ایران دهان امر سپاه ئی خوراسانیک اوراستک درفش هندغ کو درفش ئی بور پوست دارند؛ و شان واذ درفش و بندوک[3] سپیذ.

(۱۵) و امرهول سپاه ویسوبارند[4] اندائو گریستک[5] ئی دیوان؛ ایذون به او زنند کو هزار زن پس مرذئه وینند و بگریند.

(۱۶) که زمان سربهوذ، سپیتامان زرتوهشت! اوشان دوشمنان ایذون به اوسهند چون درخت ئهبن، که پهئهشپ، ئی زمستان ئی‌سرذ اور رسذ، پهئهشپ ولگ به او کنذ.

(۱۷) او از ویرایند این ایران دهان ئی من اوهرمزد داذ. (۱۸) په دوبارشن[6] دوبارذ[7] گناک-مینوئه اوا دیوان و وتر توخمکان و ائشم ئی خرو-دروش، به ئو پوشت و ایاریه ئی اوشان دیویسنان[8] ائشم توخمکان رسذ، سپیتامان زرتوهشت!

---

[1] درِ ششم-۹.

[2] درخشان شید = نور - تابش.

[3] بیرق. معرب آن، بندوق.

[4] نظر به چیزی داشتن. بشتابند - بتازند (کارنامه در چهارم-۱۷).

[5] درِ ششم-۵.

[6] دوبارگی.

[7] درِ سوم - متن - ۲۳.

[8] دیوپرستان مقابل مزدیسنان.

(۱۹) و من داذار اوهرمـزد فریسـتم نیرییوسـنگ یـزذ و سـروش اشـوک، به‌کنگ-دزئی سیاوخش ئی بامیک[1] کرذ، به چیترومیان ئی وشتاسپان، کیـان خوره ئی دین راست ویراستار: کو ای پیشیوتن ئی‌بامیک! فراز روئو این ایران دهان ئی من اوهرمزد داذ، و (په) آتش و آوان فرازیزهـا ذوخـت و دوازده هومیست؛ هت په آتش و آوان فرازیز آن ئی په آتش و آوان پیذاک.-
(۲۰) وروذ نیروک سنگ یزذ و سروش اشوک، ازوه‌چکاذ[2] ئی‌دائیتیک؛ ئوکنگ دزئی سیاوخش ئی‌بامیک کرذ؛ وش‌وانگ کونند: کـوفراز رو، پیشـیوتن ئـی بامیک چیترومیان ئی‌وشتاسپان، کیان‌خوره[3] ئی دین راست ویراستار! فراز رو ئو این ایران دهان ئی من اوهرمزد داذ، او از ویرائه گاس ئی دین و خوذاییه.
(۲۱) اوشان مینوئئیها[4] اور روند، وشان یزند دوازده هومیست ئی په زوهـر[5].
(۲۲) و فراز روذ پیشیوتن ئی‌بامیک اوائه صذ پنجـاه مـرذ ئـی اشـوک، کـه هاوشت ئی پیشیوتن هند، که سها سمور جامک په مینوئـه وه دارنـد؛ هـول روند په هومت، هوخت، هوورشت؛ و (په) آتش و آوان فرازیزند هاذوخت و بغان یسن؛ فراز ستایند من اوهرمزد اوا امهوسپندان. (۲۳) پس از آن بشکنذ پتیارک سه یک ئه.
(۲٤) فراز روذ پیشیوتن ئی بامیک، اوائه صذ پنجاه مرذ، که سها سمور دارند، ئو آذرئی خوره‌اومند[6]، ئی روشن کـرپ خوانـنـد، پـه داذ-گـاس نشاسـت، ئی‌گان ئی‌آذر فرنبغ ئی پیروزگر، وش په همزوتیـه[7] یزشـن فـراز سـازند،

---

[1] بامی = درخشان (درِ سوم متن-۲).
[2] قله‌ی کوه. یادداشت ترجمه دیده شود.
[3] فره - روح‌القدس. نورالوهیت و تقدس که از زمان کیومرث با پادشاهان کیان بوده است.
[4] به صورت ورحانیان - غیرمرئی.
[5] به یادداشت ترجمه رجوع شود.
[6] باشکوه و جلال.
[7] نماز جماعت.

برسوم فراز-وسترند، ویزند خورداذ، امور داذ یسن په نیرنگ و نیرنگستان ئی دینیک. (۲۵) وشکنذ پتیارک سه یک ئه.

(۲۶) فراز روذ پیشیوتن ئی وشتاسپان، په هم ایاریه ئی آذرفرنبغ و آذر گوشوسپ و آذر بورزین‌متر، ئو اوزدیستزار[1] ئی وزورگ نشیمک ئی دروند گناک مینوئه و ائشم ئی‌خرو-دروش و هماک دیوان و دروجان و ذتوخمکان و یاذوکان، ئو آن ئی زوپائه توم[2] دوش اخو رسند؛ بکنند آن اوزدیستزار په‌همکو خششنیه[3] ئی پیشیوتن ئی بامیک.

(۲۷) و من داذار اوهرمزد اوا امهوسپندان ئی گرئی هوکیریاذآییم، و فرمائیم ئو امهوسپندان، کو گویند ئوهماک یزدان ئدی مینویان: کورویذ و رسیذئو ایاریه ئی پیشیوتن ئی‌بامیک.

(۲۸) و مترئی فراخو گویائوت[4] و سروش تکیک[5] و رشن ئی‌راست و ورهرام ئی اماوند[6] و آشتاذئی پیروزگر و خوره ئی دین ئی مزدیسنان نیرنگ[7] ئی راینیذاریه ئی گیهان آراستار، په‌فرمان ئی، (من داذار رسند.)

(۲۹) من داذارئو پوشت رسم، ئو ایاریه ئی پیشیوتن ئی‌بامیک.

(۳۰) بزنند دیوان ئی توم توخمکان.

---

[1] اوزده = بتکده معبد بت‌پرستان.

[2] ژرف‌ترین.

[3] با کوشش و کارزار توأم.

[4] یادداشت ترجمه دیده شود.

[5] تکاور - دلیر - تاخت‌آور.

[6] هماوند نیز آمده است به معنی دلاور - سخت زور - بی‌باک - قوی - زورمند می‌باشد. به سانسکریت و فرس قدیم نیز به همین معنی است و همت عربی از این لغت گرفته شد. لقب بهرام است به کتاب علمای اسلام و Horn و Justi مراجعه شود.

[7] عزایم Incantation

(۳۱) وانگ کونذ گناک مینوئه ئی دروند ئو مترئی فراخو گویائوت: کوپه راستیه هول ایست، تو مترئی فراخو گویائوت!

(۳۲) پس مترئی فراخو گویائوت وانگ کونذ: کو این نوه هزار سال پشت[۱] ئی‌یش کرذانداکنو دهاک ئی دوش[۲] دیو و فراسیاوئی تور و الکسندر[۳] ارومائیک و اوشان دو بال کستیکان دیوان ئی و چارذورس، هزار سالان انبام، ویش از پذمان خوذاییه کرذ.

(۳۳) سترذ[٤] بهوذ آن دروند گناک مینوئه که ایذون اشنوذ.

(۳٤) میترئی فراخو گویائوت بزنذ ائشم ئی خرو-دروش ئی په ستوبیه دوباذر. (۳۵) آن دروند گناک مینوئه او اوشوذکان ووذ توخمکان، اوازئو تاروتوم ئی دوش-اخو دوبارذ.

(۳۶) و وانگ کونذ میترئی فراخو گویائوت ئو پیشیوتن ئی‌بامیک: کو بکن و بزن آن اودیستزارئی دیوان نشیمک؛ روئو این ایران دهان ئی من اوهرمزد داذ، او از ویرائه گاس ئی دین و خوذاییه، چی دروندان که تو ویند بشکنند[۵].

(۳۷) و اور رسذ پیشوتن ئی‌بامیک و آذرئی فرنبغ و آذرئی گوشوسپ و آذرئی بورزین میترئی پیروزگر؛ بزند آن دروج ئی وس‌اوج[۶] بکنذ آن اوزدیستزار کونشیمک ئی‌دیوان؛ و یزشن فراز سازند، برسوم فراز وسترند ویزند دوازده هومیست، ستایند من اوهرمزد اوا امهوسپندان (۳۸) این آن ئی پیش گویم.

---

[۱] درِ چهارم متن-۱۱.

[۲] یادژ = بدمانند، دشنام، دشمن، دشوار دژخیم.

[۳] در اغلب متن‌های پهلوی الاسکندر مانند زبان‌های اروپائی Alexandre نوشته می‌شود گویا بعدها به صورت سکندر درآمده است.

[٤] سترده - متحیر.

[۵] شکست بخورند.

[٦] زورمند - بسیار توانا.

(۳۹) فراز رسذ پیشیوتن ئی‌بامیک، ئو این ایران دهان ئی من اوهرمزد داذ، ئو اروند و وه‌روذ؛ که دروندان اوی وینند بشکنند اوشان توم تخمکان نه ارزانیکان[۱].

درِ هشتم

(۱) آن ئی وهرام ئی ورزاوند[۲] رائه پیذاک، کوپه پور خورهیه[۳] فراز رسذ و ویذ ذهیم فراز بندذ[٤] په‌گاس ئی مغوپذان مغو پذیه، و گاس ئی و چرذ[5] ئی راست ئی دین گومارذه، او از ویرایذ این ایران دهان ئی من اوهرمزد داذ. (۲) آزونیاز و کین و ائشم و ورون و ارشک و دروندیه از گیهان به نرپسذ[۶]. (۳) گورگ انبام بشهوذ و میش انبام اندر آیذ. (٤) و آذرئی فرنبغ و آذرئی گوشوسپ و آذرئی بورزین میتراو از ئوگاس ئی خویش نشانند، و ائسم و بود داذیها[۷] بدهد. (۵) وسترذاوه‌هوش[۸] بهذوگناک مینوئه اوا دیوان و توم توخمکان.

(۶) ایذون گویذ پیشیوتن ئی‌بامیک: کوزذ باذ دیو، و زذ پریک! زذ باذ دیو دروجیه و وتریه! زذبوند توم توخمکان دیوان! و اوزایاذ اوهرمزدئی خوذائه ئی مهست[۹] داناک، اوا امهوسپندان هوخوذا آن ئی هوداکان[۱] و خوره‌ای دین

---

[۱] ناارزانیان.

[۲] فرهمند - ارجمند - «او (کیکاوس) سخت خرم گشت از آنچ پرهنر بود و ورجمند» فارسنامه‌ی ابن‌البلخی کارنامه‌ی اردشیر درِ دهم-۷ در این جا لقب بهرام است.

[۳] با فره‌ی بسیار.

[٤] دستگیر کند - اسیر کند - بگمارد.

[٥] درِ چهارم بند ۳۷.

[٦] کاستن. اصطلاح نجومی برای کوچکتر شدن ماه.

[۷] درِ چهارم بند ۳۱.

[۸] بی‌هوش.

[۹] مهمترین - مهین.

ئی مزدیسنان! و اوزایاذ دوذک ئی راذان و راستان ئی هوورشت ورزیذاران[2]! خوپ ویراستار باذگاس ئی دین و خوذاییه!
(۷) فراز رسذ[3] پیشیوتن ئی بامیک، فراز رسذ اوائه صذ پنجاه مذئی هاوشت[4] که سها سمور دارند؛ و گیرند تخت‌گاس ئی‌دین و خوذاییه ئی خویش.
(۸) گوپتش اوهرمزدئو سپیتامان زرتوهشت: این آن ئی پیش گویم! که هزارک ئی زرتوهشتان سر بهوذ، اوشیذران بون بهوذ.

درِ نهم

(۱) اوشیذر رائه پیذاک، کوپه ئه هزار و هشتصذ سال بزایذ؛ په سی سالکیه ئو همپورسکیه ئی من اوهرمزد رسذ و دین پذیرذ. (۲) که از همپورسکیه بآیذوانگ کونذئو خورشیذ ئی اروانداسپ[5] کوبایست.
(۳) باستذ خورشیدئی اروانداسپ، ده روز سپان. (٤) که این بهوذ هماک مرذوم ئی گیهان په وه دین ئی مازذیسنان بایستند.
(۵) مسترئی فراخو گویائوت وانگ کونذ ئو او شیذرئی زرتوهشتان: کو اوشیذرئی دین راست ویراستار! وانگ کون‌ئو خورشیذئی اروانداسپ: کو برو، چی تاریک هست په کیشورئی ارزه و وروبرشن و وروجرشن و نیم ئه خونیرس[6] ئی‌بامیک.

---

[1] با دانش نیک.

[2] نیکوکاران.

[3] قیام کند - ظهور کند.

[4] درِ چهارم-۳۹.

[5] ارود-اسپ = دارنده‌ی اسب تندرو. لقب خورشید است.
Vendidad, D. H. Jamasp. Vol II, Bombay, p.30.

[6] نام چهار کشور از هفت کشور زمین. خونیرش در مرکز هفت کشور واقع شده است. (بندهش درِ پنجم-۹).

(۶) و وانگ کونذ اوشیذرئی زرتوهشتان تو خورشیذئی اروندسپ: کوبرو.

(۷) بروذ خورشیذئی اروندااسپ ئی ورزاوند[1]؛ و هماک مرذوم په وه دین ئی ئی مازذیسنان به ورویند.

(۸) گوپتش اوهرمزد: کوسپیتامان زرتوهشت! این آن ئی پیش گویم، کو این دام[2] او از ئو هستیه ئی خویش آورذ. (۹) و که نزدیک ئی هزارک سر بهوذ، پیشیوتن وشتاسپان ئو پیذاکیه آید؛ خوره ئی کیان[3] ئی پیروزگر به اوی رسذ. (۱۰) آن دوشمن که در وجیه[4] اورنشست، چون تورک و تازیک و اروماِئیک، و وتران ئی خوذائی ایرانک په چیریه و ستمبکیه و خوذائه دوشمنیه روند، و آتش زنند؛ و دین نزار کونند، و اماوندیه[5] و پیروزگریه ازش برند؛ و آن (ئی) (ئی) داذ و دین هر که کامکیها پذیرذاینیا[6] اکامکیها اور پذیرذ، آن داذ[7] وذین وذین هماک زنند، انداکه هزارک سر بهوذ.

(۱۱) و پس که هزارک ئی اوشیذر ماه آیذ، په اوشیذرماه دام روباکتر په نیروکتر بهوذ، و دروج ئی آز چیهرک[8] بزنذ، و پیشیوتن ئی وشتاسپان همگونک دستوبر وراذ[9] ئی گیهان بهوذ.

(۱۳) و اندر آن هزارک ئی اوشیذر ماهان، مرذوم په بزشکیه ایذون کیروک[10](؟) بهوند، داروک و درمان ایذون په کار آورند و برند، که به ئو

---

[1] ورجاوند (درِ هشتم متن-۱).

[2] آفریدگان جهان.

[3] درِ هفتم-۲۰.

[4] فریب - دروغ.

[5] درِ هفتم متن-۲۸.

[6] به طریق دیگر (گزارش گ. ش. درِ سیزدهم متن ۵۹).

[7] آیین - قانون.

[8] دیو سیرت.

[9] پیشوای دینی.

[10] زبردست - ماهر - کارگر؟ (گزارش درِ شانزدهم متن-۳۱ با لغت کیرو مقایسه شود.)

مرگیه داذستانیه[1]، ادینش نمیرند، که په شمشیر و کارذ زنند و اوزنند. (۱۳) پس آشموک[2] ئه از بهر داسر[3] ئی آئینینکیه خواهذ، وتریه و آشموکیه رائـه ندهند. (١٤) و آشموک، از آن کین، و یاوذ[4] اور ئو آن کوپ ئی دمباوند[5]، کـو بیورسپ[6] رون[7]، درایذ[8]: کوکنو نوه هزار سال هست فریذون نـه زینـدک (زیونی)، چم[9] رائه که تو این بند به نه ویسنجیذ[10] و اور نه آخیزید؟ کـه ایـن گیهان پور از مرذوم هست، و شان از ور[11] ئی جمکرذ اور آورذهند.

(۱۵) پس آن آشموک ایذون همچون این درایذ؛ از آن چون ازی‌دهاک از بیم ئی آن فریذون ویسیک[12](؟)؛ئی په کرپ[13] ئی فریذون پیش هـول‌اسـتذ، آن فرذوم[14] نه ویسنجذ، انداکه آشموک آن بند چوپ از بـون بویسـنجذ. (۱۶) پس دهاک زوهر اوزایذ، بند از بن بویسنجذ، (په) دوبارشـن[15] اسـتذ، و پـه جاک[16] آن آشموک او از اوپارذ؛[17] اندر گیهان دوبارشن و ناس کـرذن و امـر

---

[1] مقدر است که بمیرد.

[2] مرتد. یادداشت ترجمه دیده شود.

[3] سهم - انعام.

[4] دست یابد - برسد. (گزارش درِ سیزدهم متن-۷.)

[5] دنب‌آوند - دنباله‌دار - ذنب معرب دنب است و ذوذنب = دو دنب.

[6] ده‌هزار اسپ. لقب ضحاک است.

[7] جهت - جانب - تمایل (گزارش ص۹۳ بند۲۵۲).

[8] هرزه‌درایی.

[9] سبب - علت.

[10] ویسنجیدن = شکستن - گسستن.

[11] در این جا ور به معنی حصار می‌باشد.

[12] ویس = خیابان. ویسپوهرگان = اعیان‌زادگان. شاید به معنی دیس باشد.

[13] قالب مثالی - جسم مینوی (درِ سوم متن-۶).

[14] ابتدا - اولین. فرد عربی از این لغت گرفته شده.

[15] دواریدن - حمله کردن - دویدن اهریمنی (درِ سوم متن-۲۳).

[16] در جای = فوراً.

[17] اوپاردن - هوپاردن = هپرو کردن - بامیدن. خوردن اهریمنی باشد مقابل گواریدن. در لغت فرس: اوبار به

وناس ئی گران کونذ؛ از مرذوم و گاو و گوسپند و اوره‌دام ئی اوهرمزد په سه یک ئه او از اوپارذ؛ و آو و آتش و اورور[1] زند، و وناس ئی‌گران کونذ.

(۱۷) پس آو و آتش و اورور پیش ئی اوهرمزدئی خوذائه په گرزشن[2] استذ،

(۱۸) گرزشن این کونذ: کو فریذون زیندک او از کون، اندا ازی‌دهاک بزنذ؛ چی، اگر تو اوهرمزد! تو این نکونائه، ایماپه گیتاه نشائیم بوذن. (۱۹) آتش گویذ کونه و خشم[3]، و آو گویذ، کونه تچوم[4].

(۲۰) و پس من اوهرمزدئی داذارئو سروش و نیرییوکسنگ یزدگویم: کو تنئی سامان کرساسپ بجمبانینیذ، اندا اور آخیزذ.

(۲۱) و پس سروش و نیرییوکسنگ یزد گویم: کوتن ئی سامان کرساسپ بجمبانینیذ، اندا اور آخیزذ.

(۲۱) و پس سروش و نیریوکسنگ یزدئو کرساسپ شهوند، و سه بار وانگ کوننذ. (۲۲) و چیهاروم بار، اوا پیروزگریه، سام اور آخیزذ، و پذیرک[5]

معنی فروبردن به گلو آمده. رودکی:

به دست ار به شمشیر بگذاردم از آن به که ماهی بیوباردم

نوالیدن یعنی نجویده فرو بردن به همین معنی است. (گزارش درِ شانزدهم متن ۱۷).

[1] درِ سوم-۱۰.

[2] تظلم - شکایت. در لغت فرس گرزش آمده. خسروانی:

بده داد من زان لبانت وگرنه سوی‌خولجه‌خواهم‌شد‌از‌تو‌به‌گرزش

[3] وخش = افزایش - برکت. به زبان سانسکریت نیز به همین معنی است.

[4] روان نشوم.

[5] پذیره = برخوردن - روبرو شدن، مصاف دادن - دچار شدن. بهرام پژدو می‌گوید:

به خواب اندرون دید کز باختر یکی لشکر گشن بسیار مر

مراو را پذیره به راه آمدند به نزدیک او کینه‌خواه آمدند

در لغت فرس به معنی استقبال کردن ضبط شده است. فردوسی:

پذیره شدند و چیره شدند سپاه و سپهبد پذیره شدند

(کارنامه درِ چهارم ۱۹).

ئی آزی‌دهاک شهوذ؛ وش سخون ازش نه اشنوذ، وش گذ[1] ئی پیروزگـر ئـو سرپذکوپذ وزند و اوزند.

(۲۳) پس و دروشک[2] و پتیارک از این گیهان بشهوذ، اندا هزارک بون کـونم.

(۲٤) و پس سوکشیوس دام اویزک او از کونذ، وریست آخیزوتن. ئی پسـین ببهوذ.

انجام

فرجپت په‌شـنوم[3] و شـاذیه و رامشـن. پـه یـزدان کـام بـاذ! ایـذون بـاذ! ایذونتریچه باذ! ایذون باذ! ایذونتریچه باذ!

دریش[4] ئی اهرمن ئو دیوان

(۱) پیذاک کو اهرمن هرشپ ئو دیـوان درایـذ: کـو انـدر گیهـان شـویذ؛ و فرذوم[5] ئو زرایه[6] شویذ، و زرایه بخوشـینیذ[7]؛ و ئوهـوم ئـی سـپیذ شـویذ، هماک بخوشینیذ، چیش، ریست[8]ئی مرزومان پذش ویراند؛ وئو کوپ شویذ، شویذ، کوپ هماک بجنبینیذ، چی‌کوپ وینارشنیه[9] ئی‌گیهان هسـت؛ و ئـو او رور شویذ، و اورورهماک بخوشینیذ؛ و ئوکذ کیهامان ئی مرذومـان شـویذ، و مرذوم و گاو و گوسپند هماک بزنیذ، کمیئوکیه بریذ، ویشیه‌ئو ویشیه بریـذ،

---

[1] گد = گرز.

[2] دروغ.

[3] خشنودی.

[4] درائیدن لغت اهریمنی مقابل گفتگو کردن = هرزه‌درائی - یاوه‌گوئی.

[5] فردم مقابل افدم به معنی: ابتدا، نخست (گزارش درِ سیزدهم متن-۶).

[6] دریا (زند وهومن متن درِ هفتم-۲).

[7] خشک کنید (با گزارش درِ چهاردهم متن-۱۵ مقایسه شود).

[8] مرده - لاشه.

[9] آرایش.

دوش آکاسان[1] نیوکیه اور بریذ، اندا داناکـان گومـان[2] بهونـد؛ ئوهپتورنـگ منکیریذ ئو وننَد منکیریذ، کوتان کار کرذن توبان باذ.

(۲) اوشان دیوان و دروجان ئـو زرایـه شـهوندغ سـین مـرو[3] وانـگ کونـذ، وسوست ببهوند؛ ئوهوم ئی سپیذ شهوند، و آنوک کرماهیک[4] سـر از آو اور دارذ، وسوست ببهوند؛ و ئوکوپ شهوند، آنوک کرکاس مرو وانـگ کونـذ، وسوست ببهوند؛ ئوکذ کیهامان ئی مرذومان شهوند، از گروذمـان وانـگ، از هربورز[5] امهوسپندان، آیذ، از کنگ دیزرپتار[6] پیشیوتن وانگ آیذ؛ و سوست ببهوند؛ اور آسمان نکیرند، وننَد و هپتورنگ وینند، وشان نیروک بشهوذ.

(۳) پس سروش دست ئو خروس[7] موروزنذ؛ که خروس مورو وانگ کونـذ، بهرئه آتش ئی ورهرام؛ و بهرئه آتش ئی خانک، که په نیمشپ به اوروزنـد، بزنذ[8]، بهرئه مینوئه درون رنذ، اوره سروش هماک بزنذ.

---

[1] دش + آکاسان = بدآگاهان - بی‌خبران (گجسته ابالیش پرسش ۷-۲.

[2] گمان = شک.

[3] مرغ.

[4] کرماسی = خرماهی، ماهی بزرگ.

[5] کوه افسانه‌ای البرز که بعد از اسلام معروف به کوه قاف شده است.

[6] رهسپار - مسافر.

[7] به شکل خروه نیز آمده است (به کارنامه اردشیر درِ دهم متن-۷ مراجعه شود). در لغت فرس نیز خروه ضبط شده است. عنصری:

شب از حمله‌ی روز گردد ستوه　　　شود پر زاغش چو پر خروه

[8] زدن = کتک زدن، ضرب وارد آوردن. اوزدن = کشتن.

دنباله

من دین بندک، مرزپان فریذون و هارام نپشتم، از پچین[1] ئی‌ایرپت اردشیر و هارامشا روستهم و هارامشاذ نپشته، اندر بوم شتر کرمان؛ من هم اندر شتر کرمان نپشتم.

خوب فرجام[2] باذ! ایذون باذ! ایذونتریچه باذ! پیروز باذ! خوره ئی اویـزک وه دین ئی مزدیسنان! په یزدان و امهوسپندان کامک باذ!

«اشم وهو وهشتم استی»

اشهه آواذیه پاشوم۳ هست

---

[1] رونویس کرده - کپی.

[2] عاقب به خیر.

[3] بهترین.

بخش ۳

یادگار جاماسپ

«یادگار جاماسپ» یا جاماسپ‌نامه که نسخ متعددی از آن به فارسی و پازند و پهلوی وجود دارد، کتابی است که در آن گشتاسپ‌شاه پرسش‌هایی راجع به مسائل گوناگون دینی و تاریخی وجغرافیائی و غیره از جاماسپ می‌کند و او پاسخ می‌دهد. قسمت آخر آن مربوط به موعود زرتشتی است و نویسنده در آن پیش‌آمدهایی را که هنگام ظهور هوشیدر و هوشیدرماه و سوشیانس رخ خواهد داد شرح می‌دهد و پیشگویی‌هایی‌های زرتشت را از زبان جاماسپ نقل می‌کند. در این جا دو باب آخر کتاب که شباهت تامی با پیشگویی‌های «زند وهومن‌یسن» دارد و تقریباً یکدیگر را تکمیل می‌کنند از روی نسخه چاپ مسینا[1] نقل می‌شود. از آنجا که قطعه نامبرده تحت لفظ به فارسی جدید گردانیده شده از نقل متن پهلوی صرف‌نظر شد و برای اطلاعات بیشتر خواننده را به مراجعه اصل کتاب توصیه می‌نماییم.

درِ شانزدهم

(۱) گشتاسپ‌شاه پرسید که: این دین اویژه چند سال روا (رایج - برقرار) باشد، و پس از آن چه هنگام و زمانه رسد.

(۲) جاماسپ بیتخش[2] گفتش که: این دین هزار سال روا باشد. پس آن مردمانی که اندر آن هنگام باشند همه به مهر دروجی (پیمان‌شکنی) ایستند؛ با یکدیگر کین و رشک و دروغ کنند، و به آن چم (سبب) ایران‌شهر (مملکت

[1] G. Messinas. I, Ayâtkâri Zâmâspik, Roma, 1639. pp. 66-80.

[2] در جاماسپ‌نامه‌ی فارسی به معنی حکیم و دانشمند آمده، در اصل پتی‌اخشاه می‌باشد و هیسنا به معنی پرتو آسمان و چشم خدا آورده و به لغت Majordome ترجمه می‌کند.

ایران) را به تازیان بسپارند و تازیان هر روز نیرومندتر شوند و شهر، شهر را فراگیرند. (۳) مردم به اوارونی (رذیلت) و دروغ گردند و هر آنچه گویند و کنند به سود خودشان باشد؛ از ایشان روش فرارون (کردار نیکو) آزرده شود. (٤) به بیدادی به این ایران‌شهر و دهبدان (فرمانروایان) بار گران رسد؛ و آمار (مقادیر) زرین و سیمین و نیز بسی گنج و خواسته انبار کنند. (۵) و همه نابین (نامریی) و ناپیدا شود، و بس گنج و خواسته شایگان نیز به دست و پادشاهی (در اختیار) دشمنان رسد. و مرگ بی‌زمانه (ناگهانی - نابهنگام) بسیار باشد. (۶) و همه ایران‌شهر به دست آن دشمنان رسد و انیران (بیگانگان) اندر ایرانیان گمیزند (اختلاط کنند) چنان که ایرانی از ناایرانی پیدا نباشد: آن ایرانی باز ناایرانی باشد.

(۷) و به آن هنگام بد، توانگران را از درویشان فرخنده‌تر دارند، و درویشان خود فرخنده نباشند. و آزادگان و بزرگان به زندگی بی‌مزه رسند، ایشان را مرگ چنان خوش نماید که پدر و مادر را از دیدار فرزند و مادر را به کابین دختر باشد. (۸) و دختری که زایند به بها بفروشند؛ و پسر پدر و مادر را زند و اندر زندگی کدخدایی را از ایشان جدا کند (بگیرد)، و برادر کهتر برادر مهتر را زند و خواسته ازش بستاند، و برای به دست آوردن خواسته زور و دروغ گوید، و زن شوی خویش را به مرگ‌ارزان بدهد (محکوم به مرگ کند.) (۹) و مردمان نامرد (زن صفت) ناپیدا (گمنام) به پیدایی رسند و زور و گواهی ناراست و دروغ فراخ شود. (۱۰) شب با یکدیگر نان و می‌خورند و به دوستی روند و روز دیگر به جان یکدیگر چاره سازند و بد انیشند.

(۱۱) و اندر آن هنگام بد آن را که فرزند نیست فرخ دارند، و آن را که فرزند است به چشم خوار دارند. و بسیاری مردم به اوزدهکی (دربه‌دری) و بیگانگی و سختی رسند. (۱۲) و اندرواى (اتمسفر - در هوای) آشفتگی و باد

سرد و باد گرم وزد و بر اورواران (نباتات) کم بباشد و زمین از بر بشود. (۱۳) و بوم‌گزندک (زمین‌لرزه) بسیار بباشد و بسی ویرانی بکند و باران بی‌هنگام (بی‌موقع) بارد و آن که بارد بی‌سود باریده باشد، و ابر بر آسمان گردد.

(۱٤) و دبیر را از نوشتن بد آید و هر کس از گفت و گفتار نوشته و پیمان بازایستد (خودداری کند.) (۱۵) و هر کس که او را اندک بهی (رفاه) است، زندگیش بی‌مزه‌تر و بتر باشد؛ و کلبه ناکرده (ناتمام - خراب) خانه باشد. (۱۶) سوار پیاده و پیاده سوار باشد. بندگان به راه آزادگان روند هر چند آزادگی به تنشان مهمان نباشد. (ولیکن آزادگی در وجودشان یافت نشود.) (۱۷) و مردمان بیشتر به فسوسگری (دلقکی) و اوارون کنشی (نابکاری) گردند و مزه راست را ندانند. مهر و دوشارم (دلبستگی) ایشان به دهی (درشتی - پستی) باشد. (۱۸) مردم برنا زود پیر شوند، و هر کس از کردار بد خود شاد باشد وبرمندش (مقابل فرومند یعنی ارجمند) دارند. (۱۹) و شهر شهر و ده ده و روستا روستا با یکدیگر کوخشش (ستیزه) و کارزار کنند و از یکدیگر چیز بستانند. (۲۰) و سترگ ورزد (حریص - طماع) و مرد ستمگر را به نیکی دارند و فرزانه و مردم بهدین را دیو دارند. و کسی نیز چنان که باید به کام خویش نرسد.

(۲۱) و مردمی که بدان هنگام بد زایند از آهن و روین سخت‌تر باشند. گرچه از خون و گوشت باشند همان‌گونه از سنگ سخت‌تر باشند. (۲۲) و فسوس (دلقکی) و ریاری (تمسخر) پیرایه باشد؛ و هر کس با اهریمن بیگانه است به خویشی او رسد. و مهر-دروجی (پیمان‌شکنی) و گناه که اندر آن هنگام کنند؛ (۲۳) تیز و زوددست به پاسخ برسند چون آبی که به دریا بتازد.

(۲٤) و آتشان ایران‌شهر به انجام و افسردگی رسند؛ و دهیر و خواسته (مال و منال) به دست انیران (ناایرانیان) و دروندان (کفار) رسد، و همه بی‌دین بباشند. (۲۵) و خواسته بسیار گرد کنند و بر آن را نخورند، و همه به دست سرداران بی‌سود (فرومایه) رسد. (۲۶) و هر کس کاری کند کردار او را دیگری نپسندد. سختی و انائیه (کاهش - زیان) ایشان از آن برسد، که زندگی بی‌مزه شود و به مرگ پناه برند.

(۲۷) پس اندر زمین خراسان مرد خورد (خرد) و ناپیدایی (گمنامی) با بسیار مردم، اسپ و سرنیزه تیز برخیزد و شهر به چیرگی به پادشاهی (فرمانروایی) خویش درآورد. (۲۸) خود میان پادشاهی نابین (نامریی) و ناپیدا باشد. (۲۹) پادشاهی همه از ایرانیان بشود و به ناایرانیان رسد؛ و بسیاری کیش و داد و گروش باشد، و اوزدن (کشتن) یکدیگر را کرپه (ثواب) دارند و مردم‌کشی خوار باشد.

(۳۰) ترا این نیز گویم که: اندر آن گاه باشد که خداوند پیروزمندی اندر زمین اروم بسیار شهر و بسی شهرستان گیرد، و بس خواسته به آوار (غنیمت-چپو) از زمین اروم بیاورد. (۳۱) پس آن خداوند پیروزمند بمیرد، و از آن فراز فرزندان او به خداوندی نشینند. (۳۲) و شهر به چیرگی پایند و بسا ستمگری و بیدادی به مردم ایران‌شهر کنند، و بسا هیر (مال) همگان به دست ایشان رسد. و پس نیز به افسردگی و نابودی رسند.

(۳۳) و اندر آن هنگام بد، مهر و آزرم (حرمت) نباشد، ایشان را مهتر از کهتر و کهتر از مهتر پیدا نباشد، و آنان را همپشتگی (دستیاری) نباشد.

(۳٤) ترا نیز این گویم که: اوی بهتر که از مادر نزاید، یا چون زاید بمیرد و این اند (چند-چنین) بدو دروشک (دغلی) را به سر رفتن هزاره زرتشتان نبیند.

(۳۵) و نبیند آن کارزار بزرگی که باید بشود، آن اند خونریزی کـه انـدر آن هنگام باید بودن و مردمی در برابر نمی‌مانند.
(۳۶) ایشان تازیان با اورمیان و ترکان اندر گمیزند (مخلوط شوند) و کشـور را به وشفند (شلوغ کنند - تاراج کننـد.) (۳۷) و پـس سـپندارمذ (فرشـته موکل زمین به اورمزد بانگ کند که: «من این بد و انائیه (زیان) را نتابم، من زیر و زبر شوم و این مردم را زیر و زبر کنم - آب و آتش را مردم بیازارنـد از بس موست (آزار و شکنجه) و بیدادی ایشان بدان کنند.»
(۳۸) و پس مهر (سروش مهر) و خشم با هم به پدکفند (برخورد کنند) اندر آن پدکفتن (تصادم) دروجی که وتینگان خوانند و به خداوندی جم بسته شد و به خداوندی بیوراسپ از بند برست. (۳۹) بیوراسپ با آن دروج هم پرسه (مشورت) داشت، و آن دروج را کار این بود کـه بـر جوردایـان (حبوبـات) می‌کاهید، و اگر آن دروج نبودی هر کس جریبی بکشتی ٤۰۰ جریب بگرفتـی، (٤۰) در سال ۳۹۶ مهر (سروش‌مهر) آن دروج بزنند، و پس، هر کـه جریبـی بکارد ٤۰۰ اندر انبار کند و اندر آن هنگام سپندارمذ دهان باز کند بسا گوهر و ایوشوست (ایوکشست - فلزات) به پیدایی آورد.
(٤۱) پس از کوست (جانب) نیمروز، مردی برخیزد که خداوندی (پادشاهی) خواهد و سپاه گوند (جند - دلیر) آراسته دارد و شهرها به چیرگی گیـرد، و بسا خونریزی کند، تا کار به کام خویش بباشد. (٤۲) و پـس افـدم (آخـر) از دست دشمنان به زابلستان گریزد، و به آن کوست (خطه-سوی) شـود و از آن جا سپاه راسته بازگردد و از آن فراز مردم ایران‌شهر به ناامیـدی گـران رسند و مهتر و کهتر به چاره‌خواهی رسند، و پناه جان خویش نگرند.
(٤۳) و پس از آن از نزدیکی بار (ساحل) دریای پذشخوارگر مردی مهر ایـزد را ببیند و مهر ایزد بسی راز نهان بآن مرد گوید. (٤٤) پیغام بـه پذشـخوارگر

شاه فرستد که: «این خداوندی کر و کور چرا داری؟ و تو نیز خداوندی چنان کن چونان که پدران و نیاکان تو و شما کردند.»

(۴۵) به آن مرد گوید که: «من این خداوندی را چگونه شایم کردن که مرا آن سپاه گوند (جند - جرار) و گنج و سپه سردار نیست، چنان که پدرا نو نیاکان مرا بود؟»

(۴۶) آن پیغامبر (فرستاده) گوید که: «بیاور (یقین کن) تا ترا گنج و خواسته از پدران و نیاکان تو بیش سپارم.» او را از گنج بزرگ افراسیاب بیشتر نماید.
(۴۷) چون گنج به دست آورد، سپاه گوند زابل آراید و به دشمنان شود.
(۴۸) و چون دشمنان را آگاهی رسد، ترک و تازی و ارومی به هم آیند که: «پذشخوارگر شاه را گیریم و آن گنج و خواسته از آن مرد بستانیم!»

(۴۹) و پس آن مرد چون آگاهی شنود، با بس سپاه گوند زابل، به میان ایران‌شهر آید و با آن مردمان به آن دشت چنان که تو گشتاسپ با خیونان سپید (هونهای سفید) به سپیدرزور (صحرای سفید) کردی، با پذشخوارگر شاه کوشش (ستیزه) و کارزار فراز کند. (۵۰) و به نیروی یزدان ایران‌شهر، فره کیان و فره دین مزدیسنان و فره پذشخوارگر و مهر و سروش و رشن و آبان و آذران و آتشان کارزار اویر (بسیار) شگفتی کنند و از ایشان بهتر آیند، از دشمنان چندان بکشند که مره (شمار) نتوان گرفت.

(۵۱) و پس سروش و نیروسنگ پشوتن، پسر شما را به فرمان دادار اورمزد از کنگ‌دز کیان بینگیزند. (۵۲) و برود پسر شما پشوتن، با ۱۵۰ هاوشت (امت)، که ایشان پدموزان (جامه‌های) سپید و سیاه، و دست (فره؟...) من به درفش، تا به پارس آن جایی که آتش و آبان نشسته‌اند، (برقرارند.) آن جا یشت کنند. (۵۳) چون یشت سر برود، زوهر (آب یا چربی مقدس) به

آب ریزند و آن آتش را زوهر دهند و دروندان و دیویسنان را چنان به او سپهند (تباه کنند) چنان که به زمستان سرد برگ درختان بخشکد.

(٥٤) و هنگام گرگ بشود (سرآید و هنگام میش اندر آید. و هوشیدر زرتشیان به نموداری دین پدید آید، و انائیه (زیان) و دروشک (دروغزنی) سرآید، و رامش و شادی و خرمی بباشد.

درِ هودهم

(۱) گشتاسپ شاه پرسید که: «پس از آن که دستوران مینویی (روحانی) به ایران‌شهر آیند، و آن چند اوزده (بتکده) را زنند، (ویران کنند) و جهان را از اپادیاوی (آلودگی) به پاکی و بی‌آلایشی گردانیده باشند، چه هنگام و زمانه رسد؟ اندر هزاره یک یا چند خداوند و دهبد (پادشاه - فرمانروا) باشند؟ جهان را چگونه رائینند (اداره کنند)؟ دادستان اندر جهان چگونه؟ به هزاره هوشیدر و هوشیدرماه و سوشیانس چه آیین باشد؟

(۲) جاماسپ بیتخش گفتش که: «اندر هنگام هوشیدر ۱۸ خداوند باشند، اندر آن هنگام سیاره (آفت - وبال) کم باشد، دروج و گرگ سرده (نوع) به اوسپهد، (تباه شود)، کار دادستان نه از داد، بلکه از هات مر (زبردستی) کنند، سال و ماه و روز کمتر باشد.

(۳) چون هزاره هوشیدر به این گونه پانصد سال سر برود، خورشید دامان (آفریدگان) را بزند. هوشیدرماه زرتشتان پدید آید و دین را روا (رایج) کند، و آز و نیاز سرده (نوع) همه را تباه کند.

(٤) پس دیو ملکوس آید، و آن زمستان ملکوسان کند و همه دام و جانور اندر آن زمستان تباه شوند. پس ورجمکرد (حصار جم) را به او سپهند (ویران

کنند - بگشایند) و مردم، ستور و جانور از آن ور (چینه) بیرون آیند جهـان را باز بیارایند.

(۵) پس (دیو) خشم برود و بیوراسپ را از بند برهاند و جهان را فراز گیـرد، پس مردم بخورد و پس جانور بخورد.

(۶) پس اورمـزد، سـروش و نیروسـنگ را بفرسـتد کـه: «سـام نریمـان را بینگیزید!» ایشان روند و سام را بینگیزند، نیرویشـان را چنـان کـه بـود بـاز دهند. سام برخیزد و به سوی ازی‌دهاک شود.

(۷) ازی‌دهاک که سام نریمان را ببیند، به سـام نریمـان گویـد کـه: «سـام نریمان! هر یک دوستیم، بیاور (یقین کن) تا من خداوند و تو سپه-سردار من باشی و این جهان را با هم بداریم!» (۸) سخن ننیوشد (نشنود) و او گرزی بـر سر آن دروند زند. آن دروند به سام گوید که: «مرا مزن! تو خداوند و مـن سپه سردار باشیم و این جهان را با هم بداریم؟» و سام سـخن آن درونـد را نشنود و گرزی دیگر بر سـر آن درونـد زنـد و او بمیـرد. (۹) پـس هـزاره سوشیانس اندر آید. سوشیانس به همپرسه (مشورت) اورمـزد رود، دیـن بپذیرد و به جهان روا کند. (۱۰) پس نیروسنگ و سروش برونـد کیخسـرو و سیاوشان، توس نوذران و گیو گودرزان و دیگران را با هـزار گـنج و سـردار انگیزند، اهریمن را از دامان (آفریدگان) باز دارند، مردمان گیتی هم‌مـنش (هم‌فکر) و هم‌گفتار و هم‌کردار باشند.

(۱۱) اهریمن و گشادگان (زاد و رود) او را بردارم اورمزد هیچش کار نباشـد. پس دیو آز به اهـریمن درآیـد (هـرزه‌درایـی کنـد) کـه: «تـو بـه دامـان (آفریدگان) اورمزد هیچ کاری نتوانی کرد!» (۱۲) پس اهریمن پیش تهمورث آید: «مرا خورش باید و خورش من و تو مهان (گران - زیاد) بایـد داشـت!» نشنود. (۱۳) از این رو اهریمن به آز (دیو آز) درآید که: «برو، تو همه دیـو و

دروج و خرفستر (جانوران زیان‌کار) و دام من بخور!» دیو آز برود و همه دام و دهش اهریمن را بخورد (تم = تیرگی؟...) سپس گوید که: «سیر نشدم!» پس دیو آز و اهریمن نزار و ناتوان باشند.

(۱٤) پس سوشیانس سه یزش (عبادت) فراز کند: نزدیست (ابتدا) زندگان انوشه، پس مردگان آورد. چون یزش به هاون گاه کند همه مردمان برخیزند؛ چون یزش به رپیتون‌گاه کند مردمان زنده شوند، چون یزش به اوزرن گاه کند مردمان همه درست و بی‌دروش (رنج) باشند. (۱۵) چون یزش به اویسروترم‌گاه کند مردم همه دوگانه (نرینه و مادینه) پانزده ساله باشند؛ چون یزش به اوشهن‌گاه کند[1] شهریور همه کوه‌ها به جهان بتاود، ایوشوست (فلزات) به همه جهان باز ایستد و همه مردم به روی گداخته بگذرند و چنان اویژه و روشن و پاک شوند، چونان که خورشید به روشنی.

(۱۶) اهریمن را بیرون از آسمان بکشند و سرش را ببرند؛ پس دام اویژه (خالص) باشد، مردمان جاودانه، انوشه و بیمرگ و بی‌زرمان (بی‌علت - بی‌غم) به داد (سن) پانزده ساله باشند. آنان را چنان باشد که به کام خواهند.

فرجفت (انجام گرفت) به درود و شادی و رامش.

دنباله نخستین

(۱) گشتاسپ شاه پرسید که: «سیج (بلا) گران چند بار، نیاز چند بار و برف سیاه چند بار، تگرگ سرخ چند بار و کارزار بزرگ چند بار باشد؟»

---

[1] «بدان که شبانه‌روز پنجاه گاه است چنان که از ششدانگ روز سه دانگ گاه هاون باشد و یک دانگ و نیم گاه رپیتون و یک دانگ و نیم گاه ازیرین باشد. و از شب سه دانگ اویسروتم باشد و سه دانگ دیگر گاه اشهن باشد.» روایات فارسی هرمزدیار فرامز بمبئی ۱۹۳۲ ص۳۰۰ و نیز بندهش در ۲۵ بند ۱۰-۹ متون پهلوی ترجمه‌ی وست. E.W. West دیده شود.

(۲) جاماسپ بیتخش گفتش که: سیج گران سه بار باشد: یکی به فرمانروایی بیدادانه دهاک و یکی به آن افراسیاب تورانی و یکی به هزاره زرتشتان باشد.

(۳) نیاز چهار بار باشد: یکی به فرمانروایی بد افراسیاب تورانی، یکی به خداوندی اشکانیان و یکی به خداوندی پیروز یزدگردان و یکی به سر رفتن هزاره زرتشتان باشد.

(٤) گزند گران سه بار باشد: یکی به خداوندی منوچهر و یکی به خداوندی پیروز یزدگردان و یکی به سر (انجام) هزاره زرتشتان.

(۵) برف سیاه و تگرگ سرخ سه بار باشد: یکی به خداوندی منوچهر و یکی به خداوندی کی کاوس و یکی اندر هزاره هوشیدران باشد.

(۶) کارزار بزرگ سه بار باشد: یکی به آن کاووس شاه که با دیوان به برز (بالا - آسمان) ستیزه کرد، و یکی به آن شما با خیون سپید که دین را جادوگر کرد، که او را ارجاسپ خوانند و یکی در سر هزاره زرتشتان باشد که به هم آیند ترک و تازی و ارومی چون با آن دهید ستیزند.

دنباله دوم

(۱) گشتاسپ شاه از جاماسپ پرسید که: به آمدن آن هنگام پسر من دخشه (علامت) و نشان چه نمیاد؟

(۲) جاماسپ بیتخش گفتش که: گاه هوشیدر که پدید آید، این چند نشان به جهان پدیدا گردد:

(۳) یکی این که شب روشن‌تر باشد.

(٤) دوم این که هفتورنگ (بنات‌النعش) گاه بهلد (مقر خود را تغییر دهد.) و به سوی خراسان گردد.

(۵) سوم این که درآمد مردمان یکی از دیگری بیشتر باشد.
(۶) چهار این که مهران دروجی (پیمان‌شکنی) که اندر آن زمان کنند، زودتر و پیشتر (به مقصود) رسند.
(۷) پنجم این که مردمان خوار فرمانرواتر و چابکتر باشند.
(۸) ششم این که بتران را نیکی بیش باشد.
(۹) هفتم این که دروج آز سهمناک‌تر باشد.
(۱۰) هشتم این که بند افسون که اندر آن زمانه کنند دوست‌تر (؟) دارند.
(۱۱) نهم این که خرفستران مانند: پلنگ و گرگ چهار زنگ (چارپا) را زیان بیش باشد.
(۱۲) دهم این که بدآگاهان بر دین دستوران فسوس (مسخره) بیش کنند.
(۱۳) یازدهم این که آزار دین‌دستوران روا باشد، به ایشان زور و ناراستی گران گویند.
(۱٤) دوازدهم این که هامین (تابستان) و زمستان گزیدن (تشخیص دادن) نشاید.
(۱۵) سیزدهم این که دوشارم (دلبستگی) بسیار به کهتر، دهی (درشتی) باشد.
(۱۶) چهاردهم این که کسانی که اندر آن هنگام و زمان زایند بتر و نیرومانتر (زیرک‌تر - زرنگ‌تر) باشند و نیز به زودی به مرگ رسند.
(۱۷) پانزدهم این که آزرمیان (محترمین) به بی‌آزرمی و دروجی و داوری دروغ (فتوای دروغ) و زور گواهی بیش کنند. مرگ و زمان بزرگ شتاب هفتان (سیارگان) به همه کشور رسد.
(۱۸) پس دستور جهان بیابد و پیغامبر زند فراز مرزد (دوباره تصفیه کند.)

(۱۹) شانزدهم این که دو ور (دریاچه) هست به سگستان (سیستان بگشاید و زره (دروازه) شهرستان را آب ببرد و همه سگستان پرآب بباشد.

زراتشت‌نامه

«زراتشت‌نامه» تألیف زرتشت بهرام بن پژدو، در سنه ۶٤۷ یزدگردی مطابق با ۱۲۷۸ میلادی نوشته شده است. نویسنده پس از شرح احوال زرتشت، در آخر کتاب ناگهان پیشگویی‌های زرتشت را چنان که در «بهمن‌یشت» آمده است ضمیمه می‌کند. این منظومه در (چهاردهمین نظر) کتاب «دبستان المذاهب» به نثر گردانیده شده و ضمناً مؤلف ابیاتی از بهرام پژدو نقل می‌کند. در سنه ۱۹۰٤ فردریک روزنبرگ دانشمند روسی، زراتشت‌نامه را به همراهی قطعه دبستان المذاهب با چندین نسخه خطی مقابله و با ترجمه فرانسه و یادداشت‌های گرانبهایی در شهر پطرزبورگ به چاپ رسانیده است.[1] در اینجا قسمت پیشگویی‌های زرتشت که گویا همان متن بهمن‌یشت می‌باشد نقل می‌گردد.

۷۵ بی‌مرگی خواستن زراتشت

(۱۲۷۶)	نکو بشنو این قصه ارجمند	ز گفتار آن مؤبد هوشمند
	بیاورده از زند و وستا به در	ز گفتار دادار پیروزگر
	نبشتم من این را به لفظ دری	که تا باشد آسان چو تو بنگری
	چنین گفت زرتشت پاکیزه‌رای	به هنگام پرسش به پیش خدای
(۱۲۸۰)	بدانگه که با بهمن امشاسفند	روان شد سوی آسمان بلند
	که بر من در مرگ را بسته کن	دل بدسگالان من خسته کن
	که تا مردم دین بمانند شاد	ز راه کژی هیچ نارند یاد
	بدو گفت دادار پیروزگر	که‌ای دین‌پذیرفته و پرهنر
	در مرگ بر تو ببندم اگر	بخواهی ز من مرگ بار دگر
(۱۲۸۵)	فروماند زرتشت در کار خویش	بنالید در پیش دادار خویش

[1] F. Rosenberg, Le Livre de Zoroastre, St. Petersbourg 1904. pp. 66-67.

بدادش خدای جهان‌آفرین ‌ ‌ ‌ یکی چیز ماننده انگبین
به زرتشت گفتا که: یک قطره خور ‌ ‌ ‌ بگو آنچه بینی به ما در به در
چو شد خورده آن، مرد دینی ازو ‌ ‌ ‌ بدیدش جهان را و هر چه درو
چنان چون کسی خفته بیند به خواب ‌ ‌ ‌ بدید او همه بودنی بی‌حجاب
بدید از تن مردمان خون و مغز ‌ ‌ ‌ ز اندیشه هر کسی زشت و نغز
ز گفتار و کردار هر یک تمام ‌ ‌ ‌ بدید آن نکو سیرت نیکنام
بدانست چند است بر گوسفند ‌ ‌ ‌ ز موی و ز رنگ و ز چون و ز چند
همان برگ و بیخ و گیاه و درخت ‌ ‌ ‌ بدید آن جوانمرد فرخنده‌بخت
که چندست و چونست و هر یک کجاست ‌ ‌ ‌ به فرمان یزدان نه افزون نه کاست
بدیدش دگر باره روی بهشت ‌ ‌ ‌ همان دوزخ تنگ و تاریک و زشت
گمانی چنان آمد از مرد دین ‌ ‌ ‌ که در خواب بیند دو گیتی چنین
چو باز آمدش هوش در تن به جای ‌ ‌ ‌ به فرمان دادار هر دو سرای
بدو گفت یزدان که: ای خوب کار ‌ ‌ ‌ نگر تا چه دیدی به من بر شمار
چنین گفت پس مرد پاکیزه دین ‌ ‌ ‌ به دارنده آسمان و زمین
که دیدم بسی را خداوند مال ‌ ‌ ‌ روان‌ها به دوزخ میان و بال
چو از نعمت او نکردند شکر ‌ ‌ ‌ بر اهرمن گفت بایست عذر
بدیدم بسی خلق بی‌سیم و زر ‌ ‌ ‌ شب و روز در خدمت دادگر
به خشنودی آنچه دیدش ز رب ‌ ‌ ‌ نیاسود از شکر او روز و شب
روان ورا در بهشت برین ‌ ‌ ‌ بدیدم به جایی که بد مهترین
بسی را بدیدم توانگر به مال ‌ ‌ ‌ ولیکن ز فرزند درویش حال
چو دیدم که منزلگهش دوزخست ‌ ‌ ‌ دلم از غم او پر از آفتست
بسی مرد درویش دیدم ز عام ‌ ‌ ‌ ز فرزند همواره دل شادکام
چو دیدم روانش میان بهشت ‌ ‌ ‌ دل و جانم از مهر او شاد گشت
که هر جایگاهی ازو سایه رفت

بدیدم درختی برو شاخ هفت سه‌دیگر برنج و ز در یتیم
یکی شاخ زرین و دیگر ز سیم و پنجم ز ارزیز بودش به روی
چهارم ز رویین همه شاخ اوی چو هفتم از او بود آهن گمخت
ششم شاخ بودش ز پولاد سخت که: ای مرد باهوش و عقل و هنر
چنین گفت زرتشت را دادگر نهاده جهانست پیشت فراخ
درختی که دیدی تو با هفت شاخ ز نیک و بد گردش آسمان
بود هفت ره شورش اندر جهان بود آن که زی ما رسیدی همی
پس آن شاخ زرین که دیدی همی رسانی یکایک بدان انجمن
ز من دین‌پذیری و پیغام من پذیرد ز تو پاک و پاکیزه دین
بود شاخ سیم آن که شاه زمین کنندش به زیر زمین ناپدید
شکسته شود جرم دیو پلید نهانی کنندش همه کار بد
تن خود چو بینند بی‌کالبد چو بیند غریوان شود اهرمن
ابی کالبد لشگر خویشتن هم از آب و هم آتش و باد و خاک
به پرهیز دارند در دین پاک بود پادشاهی اشکانیان
ز شاخ برنجین که دیدی عیان از این پاک دینانش نفرین بود
کسی کو بدانگه نه بهدین بود به گیتی پراکنده و تارومار
شوند آن گوان تا نه بس روزگار بود وقت آن شاه با رنگ و بوی
ز شاخی که رویین بخوانند اوی بود پور ساسان ز من یادگیر
کجا نام آن شاه هست اردشیر رهاند بهان را هم از دردسر
جهان را بیاراید او سر به سر کند تازه این رسم و آیین به
دگر باره آراید این دین به ازیرا که برهانش بر دین گواست
پذیرد همه کس از او دین راست گدازند بر سینه‌اش مس و روی
ببینند همه خلق آن راز اوی از آن پس که قوت بیابد ز من
ابی آن که آیدش رنجی به تن بود پادشاهی که بهرام نام
به پنجم که دیدی تو از زیر فام وزو خلق عالم به رامش بود

که معروف بهرام نامش بود — ز گیتی بود کار او با نظام
ز مینو بود رامش و شادکام — بود اهرمن زین قبل سوگوار
چو مردم به گیتی بود شادخوار — بنالد به هر وقت چون زیر و بم
به دوزخ بماند از آن درد و غم — که دیدی برو بر پسندیده دار
ششم شاخ پولاد ای هوشیار — که گردد جهانی ز عدلش جوان
که آن هست هنگام نوشیروان — بباید ولیکن نیابد ظفر
به هنگام او مزدک بدگهر — ز نیرنگ دانسته هر چاره‌ای
بود دین به را چو پتیاره‌ای — گریزانش گیرد زمانه به چنگ
چو بر مردم دین کند کار تنگ — که بد کن بپیچد خود از کار
بدان را رها کن به کردار خویش — خویش
poet — poet

۵۸ دور آهن گمخت

به هفتم از آن شاخ آهن گمیخت — ز گیتی بدانگه بباید گریخت
هزاره سرآید ز ایران‌زمین — دگرگون بود کار و شکل همین
بود پادشاهی آن دیو کین — که دین بهی را زند بر زمین
سیه جامه دارند درویش و تنگ — جهان کرده از خویش بی‌نام و ننگ
هر آن کس که زاید به هنگام او — بود بتری در سرانجام او
نیابی در آن مردمان یک هنر — مگر کینه و فتنه و شور و شر
نه نان و نمک را بود حرمتی — نه پیران‌شان را بود حشمتی
مرآن را که باشد دلش دین‌پژوه — ز دین دشمنان جانش آید ستوه
نبینی در آن قوم رای و مراد — نباشد به گفتارشان اعتماد
نه با دین‌پرستان بود زور و تاب — نه با نیک‌مردان بود قدر و آب
که با اصل پاکست با دین پاک — همه نام او بفکنندش به خاک
کسی کو بدآیین بود بدگمان — دروغ و محالش بود بر زبان

همه کار او نیک و بازار تیز	جهانی درافکنده در رستخیز
گرفته همه روی گیتی نسا	ندارندش از خوردنی‌ها جدا
درآمیخته جمله با یکدگر	وزین کار کس را نباشد خبر
به ناکام هر جا که پی برنهند	چو باشد نسا زو چگونه جهند
جز آز و نیاز و به جز خشم و کین	نبینی تو با خلق روی زمین
به جز راه دوزخ نورزند هیچ	نبینی کسی که بود دین پسیچ
کسی را که باشد به دین در هوا	بود سال و مه کار او بی‌نوا
ندارند آزرم و مقدار او	بود پر خلل روز و شب کار او
پس آن دین پاکیزه لاغر شود	همان مرد دین‌دار کهتر شود
یزش‌های بد مرد باشد روا	چو شد کار و کردارشان بی‌نوا
بود پر خلل کار آتشکده	صد آتش به یک جای باز آمده
نیابند هیزم نیابند بوی	ز دین دشمنانه رسد گفتگوی
نه تیمار داری نه انده خوری	نه پیدا مر آن بی‌سران را سری
بسی گنج و نعمت ز زیر زمین	برآرند آن قوم ناپاک دین
ردانی که در بوم ایران بوند	به فرمان ایشان گروگان بوند
بود جفت آن قوم بی‌اصل و بن	بسی دخت آزاده و پاک تن
همان پور آزادگان و ردان	بمانده غریوان به دست بدان
به خدمت شب و روز بسته کمر	به پیش چنان قوم بیدادگر
چو باشند بی‌دین و بی‌زینهار	ز پیمان شکستن ندارند عار
ز ایران زمین و زنام‌آوران	فتد پادشاهی به بد گوهران
به بیداد کوشند یک بارگی	نرانند جز بر جفابارگی
چو باشد کسی بی‌بد و راستگوی	همه زرق دارند گفتار اوی
کسی را بود نزدشان قدر و جاه	که جز سوی کژی نباشدش راه
بدان گه هر آن کس که باشد بتر	بود هر زمان کار او خوبتر
گواهی دهندش همه بر دروغ	که تازان دروغش فزاید فروغ

ندارند شرم از گناه چنین
نه راه دیانت نه آیین دین
بدان گه که آید هزاره به سر
شود کار عالم به شکل دگر
برآید بسی ابر بر آسمان
که باران نبارد به هنگام آن
ز گرمای گرم و ز سرمای سخت
بریزد بسی برگ و بار درخت
ز چشمه بکاهد همه آب‌ها
درآید به هر کار در تاب‌ها
چو باران کم آید همی بر زمی
پدید آیدش رودها را کمی
بسی کم شود گاو با گوسفند
بود جملگی کارها را گزند
شود خردتر مرد را کالبد
بود قوت مردمان سست و بد
بکاهد تک اسپ و زور سوار
نماند هنر در تن گاو کار
کسی را که کستی بود بر میان
بود با نهیب و گریزد نهان
ز بس رنج و سختی که آید به روی
تن او کند مرگ را آرزوی
یزش‌های یزدان ندارند یاد
دگرگونه گردد همه رسم و داد
نه نوروز دانند و نه مهرگان
نه جشن و نه رامش نه فروردگان
کسی کو کند خود یزشتی پسیچ
نیابد ازو یشتنی مرد هیچ
ز بهر روان هر که فرمود یشت
پشیمان شد از گفت خود بازگشت
بسی مرد بهدین پاکیزه جان
که بر رسم جددین روند آن زمان
بسی نامداران و آزادگان
که آواره گردند از خان و مان
ز درویشی و رنج و از نام و ننگ
بود تنگ‌دل مردم و دست تنگ
سفندارمذ برگشاید دهان
برون افکند گنج‌های نهان
نه مردم در آن روزگاران بد
ز صد یک نبینی که دارد خرد
ز ترکان و پیکند و ختلان و چین
برآید سپاهی به ایران‌زمین
چو برگردد از مهتران تخت و بخت
ابا بندگان اوفتد تاج و تخت
بسی نعمت و مال گرد آورند
مر آن را به زیر زمین گسترند
گنه‌کار باشند از کار خویش
همی نایدش شرم کردار خویش
ز سختی و تنگی و رنج و نیاز
شود چیره بر مردمان مرگ و آز

پس آنگه چنین گفت پروردگار   به زرتشت پیغمبر روزگار
که این حال با موبدان و ردان   بگو تا بگویند با بخردان
بدانند هر کس سرانجام خویش   بورزند کرفه در ایام خویش
به گیتی چو بینند رنج گران   به مینو بود رامش بی‌کران
چو فرسوده داری تنت را به رنج   روانت بیابد از آن رنج گنج
چو آسوده داری تنت را به ناز   ز ناز تن آید روان در گداز
حقیقت چنان دان ترا آن سری   همان پیشت آید کز ایدر بری
ز نیکی بیابی سرانجام نیک   ز بد کار کی گفت کس نام نیک
دگر باره زرتشت پرسید باز   ز یزدان دارنده بی‌نیاز
کزان روزگار بد پر خطر   چه آید ز بد مرد دین را به سر
کسی را که وستا بود بر زبان   و یا بند کستی بود بر میان
چگونه گذارند با آن گروه   روان در عذاب و تن اندر ستوه
درون را به برسم چگونه یزند   چگونه بخوانند وستا و زند
poet   poet

۵۹ آگاه کردن زراتشت را در آخر هزاره

چنین داد پاسخ جهان‌آفرین   به زرتشت پاکیزه و پاک دین
چو رنجش بود مرد دین را تمام   در آن روزگار بد و بی‌نظام
نیایش که آن را بخوانند راست   بایستد به جای دوازده هماست
بود یشت آن روزگار خطر   چنان‌چون همادین به وقت دگر
که یک واج وستا و زند آن زمان   همی جای وندید و هادخت‌دان
دگر باره چون سر هزاره بود   غم و رنجشان بی‌کناره بود
ز سختی کشیدن تن مرد دین   همانا بدان گه بود آهنین
نیامد کسی را چنان رنج و تاب   به هنگام ضحاک و افراسیاب
اگر زندگی‌شان بود بیشتر   هم از نعمت و مال درویش‌تر

پس آنگه چو آید هزاره به سر — ز بهدین نماید کسی با هنر
ز هر جانب آهنگ ایران کنند — به سم ستورانش ویران کنند
چو رخ زی پذشخوارگر آورند — وزآن جایگه دین و شاهی برند
رسد کار آن بدسگالان به جان — هم آواره گردند از خان و مان
چنین بود خواهد که گفتم ز راز — ز نیک و بد و از نشیب و فراز
نماند به یک گونه کار جهان — چو بادیست نیک و بد آن جهان

poet — poet

۶۰ پرسیدن زراتشت دگربار از یزدان

بپرسید زرتشت بار دگر — ز هرمزد دادار پیروزگر
که از بعد این محنت روزگار — بود دین به را کسی خواستار
شود تازه این رسم آیین به — کند هیچ کس یاری دین به
سیه جامه را کی نماید شکست — چگونه شود دین ناپاک پست
در آن عمر کوتاه و رنج دراز — چگونه شود کار ایشان بساز
سرانجام ایشان چگونه بود — که بی‌کار کرفه ز دنیا شود
ایا آفریننده دادگر — از این حال کن بندگان را خبر
که جانم ز تیمار گریان شدست — دل از اندوه و رنج بریان شدست
بدو گفت دادار پروردگار — که‌ای مرد دین‌دار انده مدار
که کس جودانه نماند به غم — نماند به کس بر دو گونه ستم
به گیتی هرآن‌کس که محروم گشت — به مینو چنان دان که مفهوم گشت
دگر آنچه پرسیدی از روزگار — که کس دین به را بود خواستار
چو آید به گیتی نشان سیاه — دگرگون شود ساز و آیین و راه
برآید همه کامه دیو خشم — از آن ترک بی‌رحمت تنگ چشم
بدانگه بیاید سپاهی ز روم — بداندیش و بد فعل و ناپاک و شوم
ابا جامه سرخ و با سرخ زین — یکایک به کردار دیو لعین

چو هنگام ایشان بود در جهان   پدید آید از چند گونه نشان
زمین خراسان ز نم و بخار   شود چون شب داج تاریک و تار
شود عالم از باد تاریک فام   همان آب روشن شود تیره فام
بسی اوفتد در زمین بوم و برز   که ویرانی آرد به هر شهر و مرز
شود چیره بر خلق آز و نیاز   فزونی بود رنج و درد و گداز
بدان وقت هرمزد نیرو کند   و ناهید را باز زیر افکند
برآیند با یکدگر ترک و روم   در افتد درهم چو باد سموم
همیدون بیایند قوم عرب   برانگیخته شر و شور و شعب
تلی کشته گردد ز هر دو گروه   ز کشته به هر مرز بر کوه کوه
ز بس گونه‌گونه درفشان درفش   جهانی شده سرخ و زرد و بنفش
شود مرز ایران سراسر تباه   ز ترک و ز تازی و رومی سپاه
همه آذران زی پذشخوارگر   برند اندر آن روزگار بتر
به دشواری از جایگه برگرند   مر آن را به دشوارگر آورند
بیارند آذرگشسپ گزین   به چیچست گرماب مردان دین
نشینند در غار و کوه و کمر   نماند کسی در پذشخوارگر
نیارد پدر یاد فرزند خویش   از آن رنج و سختی که آید به پیش
چنین گفت زرتشت پاکیزه‌رای   از آن پس که نالید پیش خدای
که گر عمر این قوم نبود دراز   بیفتند باری به گرم و گداز
نورزند بیهوده باری گناه   ندارند دیوان خود را سیاه
ز کوتاهی عمرشان باک نیست   کجا مرگ با زندگانی یکیست
دگر باره گفت ای خداوند پاک   چگونه برآید بدان را هلاک
چو آید بر ایشان ز ماه به سر   ببینند از اول نشان ضرر
چگونه بود آخر کارشان   کجا بشکند تیز بازارشان
چنین پاسخ آورد پروردگار   به زرتشت پیغمبر روزگار
برآید نشان از خراسان سیاه   چو آید به وقت و به هنگام گاه

(۱۴۷۵)	کـه گـردد هشـیدر ز مـادر جـدا	بدین وقت انـدر کـه گفتم تـرا
	چو سی ساله باشد مـر آن کـاردان	پـذیردش دیـن و ره راسـتان
	یکی شاه باشد به هند و به چین	ز تخم کیان انـدر آن وقت کـین
	مـر او را یکـی پـور شایسته کـام	نهاده بـر آن پـور بهـرام نـام
	هماونـد باشـد مـر او را لقـب	ز شاهان گیتی بـه اصـل و نسب
(۱۴۸۰)	گـروهیش شـاپور خوانند نـام	بباید ز گیتی بسی نام و کـام
	نشان آن که چون آید انـدر جهان	سـتاره فـرو بـارد از آسـمان
	زمانـه دهـد بـاب او را بـه بـاد	بـه هنگـام آبـان مـه و روز بـاد
	چو بیست و یکی ساله گـردد پسر	ابـا لشـکر گشـتن بسـیار مـر
	به هر سو به عالم شـود تازیـان	بیابـد مـراد دل از دشـمنان
(۱۴۸۵)	کشـد سـوی بلـخ و بخـارا سپاه	کند روی کشور ز هـر سـو نگـاه
	بسی لشکر آرد ز هنـد و ز چین	شه نـامور سـوی ایـران‌زمـین
	درفشان بسیار چینی پرنـد	شود شاد از دیدنش مستمند
	وزان پس چـون هرمـزد بـالا کند	و ناهیـد را زیـر خـویش آورد
	بـدان‌گـاه بینـی کـه بنـدد کمـر	یکی مـرد دیـن در پذشخوارگر
(۱۴۹۰)	ز پـارس و خراسـان و از سیستان	یکی لشکر آرد عجب بـی کـران
	سه گونـه درفـش درفشـان بـود	وز آن‌جا به یاری ایران شود
	شـود لشـکر دیـو ناپایـدار	بسی خسته و کشته در کـارزار
	ز کسـتی دوال و ز روم و فرنـگ	ز دیو سیه‌پوش و گـرگ دوزنگ
	به ایران بباشد سـه جنـگ تمـام	بسی کشته گردنـد مـردان نـام
(۱۴۹۵)	همه پارس و شیراز پـر غم شـود	به جای طرب رنج و مـاتم شود
	بباید پـس آنگـه شـه سـرفراز	ابا خصم ایران شود کینه‌ساز
	چو دانسته باشـد ز کـار فلـک	برآردش دشمن ز قعـر سمـک
	بـه نیـروی دادار پیروزگـار	بـرآرد از آن بـد فعـالان دمـار
	چنـان گـردد احـوال آن روزگـار	کجـا زن بیایـد ز خانـه هـزار

بگردند هر سو به بازار و کوی — ز بی‌مردی ایشان شده مردجوی
هر آنگه که بینند مردی به راه — تعجب بمانند در وی نگاه
ز بی‌مردی آیند نزدیک مرد — بدان تا بجویند درمان درد
زمانشان چو آید حقیقت به سر — بود چون درختی پر از برگ و بر
که آید به یک شب بدو باد سرد — شود برگ و بارش چو از باد گرد
فرستم سوی کنگ‌دز آگهی — به نزد پشوتن سروش بهی
کمر بندد از بهر شاهی و دین — پس آنگه بیاید به ایران‌زمین
پشوتن بیاید به نیروی من — جهان را بشوید ز بدگوی من
ابا وی سه پنجاه مرد همام — پس آنگه کند یشت یزدان تمام
شود اهرمن جنگ را چاره‌گر — ابا نره دیوان پرخاشگر
از اهریمنان لشکر بی‌کران — بیایند نزد پشوتن دمان
چو آواز هادوخت و وستا و زند — از آن موبدان و ردان بشنوند
دوارند دیوان ز ایران‌زمین — سراسیمه گردند مانده حزین
بیاید پس آن شاه فرخنده نام — که بهرام خوانند ورا خاص و عام
بگیرد سر تخت و تاج شهان — جهان را رهاند از آن گمرهان
نشیند ابا موبد موبدان — به پیش اندرش بخردان و ردان
همه آذران زود باز آورند — برو بر بسی وقف ساز آورند
نشانند چون شاه بر گاه خویش — شود گرگ درنده مانند میش
ز عالم ببرند تخم بدان — نشینند با کام دل بخردان
پشوتن کند آفرین بی‌شمار — بر آن ملک و هم رعیت شهریار
شود سوی شاهی و ایوان خویش — چو یابد همه کام و فرمان خویش

بخش ٤

حواشی و ملحقات

۱- در نخستین صفحه ۱۹ بند ۱۱ - مجلسی از کتاب جامع‌الاخبار از قول عبدالله انصاری می‌آورد: «... آن حضرت فرمود که: بشنوید به درستی که من الان خبر می‌دهم به شما چیزهایی را که بعد از آن شدنی است، پس برسانید این‌ها را کسانی از شماها که در این جا حاضرند به کسانی که از این جا غایبند. بعد از آن، آن حضرت گریست به طوری که به سبب گریه او همه حضار گریستند، وقتی که از گریه فارغ گردید و ساکت شد فرمود که: بدانید خدا به شما رحمت کند که مثل شما در این روز تا بصد و چهل سال بعد از این برگی است که در آن خار نباشد بعد از آن تا دویست سال خار و برگ هر دو می‌باشد، یعنی مشقت محض می‌باشد بدون استراحت.»

ترجمه فارسی جلد سیزدهم بحارالانوار مجلسی

چاپ تهران ۱۳۵۶ ص ۲۳۷

۲- درِ دوم ص۲۱ بند ۳ «امیرالمؤمنین(ع) خبر دارد که حبیبش رسول خدا(ص) با وی عهد و پیمان نمود که خبر ندهد چیزهایی را که بعد از آن روز واقع شدنی است، مگر به ائمه که از عترت اویند.»

ترجمه فارسی جلد ۱۳ بحارالانوار ص۲۱۳

۳- درِ سوم ص۲۳ بند ۷ «۹- آنگاه خداوند دست خود را دراز کرده دهان مرا لمس کرد و خداوند به من گفت اینک کلام خود را در دهان تو نهادم.»

کتاب ارمیاءِ نبی، باب اول

۴- درِ سوم ص۲۳ بند۱۴ «۱۱- پس کلام خداوند بر من نازل شده گفت: ای ارمیاء چه می‌بینی؟ گفتم: شاخه‌ای از درخت بادام می‌بینم.»

کتاب ارمیاءِ نبی، باب اول

۵- درِ سوم ص۲۴ بند۱۸ (۱) این نیز در دین پیداست که زراتشت اسفنتمان یک باره نزدیک اورمزد گفت ای دادار وه افزونی مرا چنان کن که نمیرم تا این دین پیوسته در عالم روا بود و مردمان که بر دین قوی دل باشند و معجزاتی سخت عظیم و بزرگ باشد. (۲) ایزد تعالی گفت بدان ای زراتشت که دیوی هست که آن را توربراتروش خوانند و او را هوش به دست تو است و ترا به دست اوی، و اگر تو تا رستاخیز زنده باشی او نیز زنده باشد، پس قیامت رستاخیز نشاید کردن و اگر رستاخیز نکنم مردم بی‌اومید باشند و به کار و کرفه تخشش نکنند و دین ضعیف شود. (۳) پس خرد هروسپ‌آگاه یک ساعت به زراتشت داد. (۴) زراتشت به بهشت و دوزخ بگردید و هر چه خواست تا رستاخیز همه بدید. (۵) کسانی را دید در بهشت که ایشان در این جهان فرزند داشتند و روان ایشان در بهشت خرم و شاد دیده. (۶) روان کسانی دید در دوزخ که ایشان را در این جهان فرزند نبود و روان ایشان در دوزخ سوگوار و درمانده و دژم دید. (۷) پس ایزد تعالی را گفت که ای اورمزد مرا فرزند بهتر می‌باید که اهوشی که به همه من تا رستاخیز پیوند بماند. (۸) مرا این چنین بهتر می‌باید و اهوشی نمی‌باید و نمی‌خواهم.»

صددربندهش-۳۶، صفحه ۱۰۷-۱۰۶

۶- درِ سوم ص۲۴ بند۲۰ «۲۵- اینک شما را پیش خبر دادم.»

انجیل متی، باب بیست‌وچهارم

۷- درِ سوم ص۲٤ بند۲۳ «۷- و در آسمان جنگ شد. میکائیل و فرشتگانش با اژدها جنگ کردند و اژدها و فرشتگانش جنگ کردند...

«و اژدهای بزرگ انداخته شد، یعنی آن مار قدیمی که به ابلیس و شیطان مسمی است که تمام ربع مسکون را می‌فریبد. او بر زمین انداخته شد و فرشتگانش با وی انداخته شدند.»

مکاشفه یوحنای رسول، باب دوازدهم

«٤١- پس اصحاب طرف چپ را گوید: ای ملعونان از من دور شوید در آتش جاودانی که برای ابلیس و فرشتگان او مهیا شده است... (٤۶ و ایشان در عذاب جاودانی خواهند رفت اما عادلان در حیات جاودانی.»

انجیل متی، باب بیست‌وپنجم

۸- درِ چهارم ص۲۷ بند٤* ۱: «... و بیدق‌های سیاه از سمت خراسان رو می‌آورد و یمانی خروج می‌نماید و مغربی از مصر ظاهر می‌شود و شهرهای شام را تصرف می‌کند و لشکر ترکان در جزیره و لشکر اهل روم در رمله فرود می‌آیند و ستاره دم‌دار از مشرق طلوع می‌کند و مانند قمر می‌درخشد بعد از آن کمان خم می‌شود حتی نزدیک می‌باشد که دو طرف آن به همدیگر برسند، و سرخی در آسمان ظاهر گردد بعد از آن به همه طرف منتشر می‌شود و آتشی در سمت مشرق نمایان می‌شود و تا سه روز یا هفت روز در هوا باقی می‌باشد... و شام خراب گردد و سه نفر در آن جا بیدق سلطنت برافراشته به هم می‌افتند و بیدق‌های قیس وعرب به مصر و

بیدق‌های کنده به خراسان داخل می‌شوند... و در بغداد مرگِ ناگهان و تلف اموال و میوه‌ها و زراعت‌ها واقع می‌شود و ملخ ظاهر می‌گردد...»

جلد سیزدهم بحارالانوار، ص۲۲۲

۹- درِ چهارم ص۲۷ بند٤* ۲: «۲۲- خداوند چنین می‌گوید: اینک قومی از زمین شمال می‌آورم و امتی عظیم از اقصای زمین خواهند برخاست. ۲۳- و کمان و نیزه خواهند گرفت، ایشان مردان ستم‌کیش می‌باشند که ترحم ندارند. به آواز خود مثل دریا شورش خواهند نمود و بر اسبان سوار شده مثل مردان جنگی به ضد تو ای دختر صهیون صف‌آرائی خواهند کرد... (۲۸) همه ایشان سخت متمرد شده‌اند و برای نمّامی کردن گردش می‌کنند. برنج و آهن می‌باشند... (۳۰) نقره ترک شده نامیده می‌شوند زیرا خداوند ایشان را ترک کرده است.»

کتاب ارمیاءِ نبی، باب ششم

۱۰- در چهارم ص۲۸ بند ١٤ «... در وقتی که دنیا هرج و مرج گردید و فتنه‌ها پشت به همدیگر کردند، راه‌های هدایت قطع شد و بعضی اموال بعضی دیگر را غارت می‌نمایند. بزرگ و کوچک رحم نمی‌کنند و کوچکان تعظیم بزرگان را به جا نمی‌آورند پس در آن حال برمی‌انگیزاند خدا کسی را که قلعه‌های ضلالت و دل‌های قفل شده را می‌گشاید...»

ترجمه جلد۱۳ بحارالانوار مجلسی، ص۲۹

بررسی در کتاب مشارق‌الانوار از کعب بن حرث نقل نموده: «... در وقتی که احبار نایاب شدند و اشرار وسعت به هم رسانیدند و تقدیرات الهی را تکذیب نمودند و اموال را با بارها حمل و نقل کردند... و سخنان خلایق

اختلاف به هم رسانید و عهد و پیمان شکسته شد و احترام کم گردید، این‌ها در وقتی می‌شود که ستاره دم‌دار که عرب را مضطرب گرداند طلوع نماید، پس در آن حال باران منقطع می‌شود و انهار را می‌خشکاند و روزگارها مختلف گردند و نرخ‌ها در جمیع اطراف عالم گران می‌باشد...»

۱۱- درِ چهارم ص۲۸ بند-۱۵» ۱۰- و در آن زمان بسیاری لغزش خورده یکدیگر را تسلیم کنند و از یکدیگر نفرت گیرند. ۱۱- و بسا انبیاء کذبه ظاهر شده بسیاری را گمراه کنند. ۱۲- و به جهت افزونی گناه محبت بسیاری سرد خواهد شد.»

انجیل متی، باب ۲۴

روایت از طالقانی: «... وقتی که خلایق نماز را می‌میرانند یعنی آن را به توجه دل و خضوع و خشوع که به منزله روحست برای عبادت بجا نیاوردند و امانت را ضایع کردند و دروغ را حلال دانستند و ربا خوردند و رشوه گرفتند و بنای عمارت‌ها را محکم کردند و دین را به دنیا فروختند و دیوانگان را داخل امر نمودند و به زنان شور کردند و قطع ارحام نمودند و تابع خواهش‌های نفس شدند و خونریزی را سهل انگاشتند و حلم در میانشان ضعیف شد... و جور و ستم را فخر دانستند و امرا فاجر و وزراء ستمکار گردیدند و کسانی که کفیل امورات قبایل و عشایرند نسبت به ایشان خیانت نمودند... و شهادت دروغ ظاهر و فجور و بهتان و گناه و طغیان آشکار گردید... و خواهش‌های خلایق با همدیگر مختلف شدند و عهدها و میثاق‌ها شکسته گردیدند و بلایی که وعده شده بود نزدیک گردید و زنان از راه حرص و طمع دنیا با شوهرهای خودشان در تجارت شریک گردیدند و

صداهای فاسقان بلند شد، یعنی در میان خلایق مشهور و معروف و مقبول‌القول گردیدند و سخنان ایشان را شنیدند و اطاعت نمودند و اراذل قوم برایشان رئیس شدند... و دروغگو را تصدیق نمودند و خائن، امین شمرده گردید... و شاهد بی‌آن که از او شهادت طلبیده شود شهادت کند و شاهد دیگر به ملاحظه مراعات حرمت دوست خود شهادت باطل دهد و دروغ و مسائل دینیه برای غرض فاسد یاد گرفته شد... و پوست گوسفند را بر دل‌های گرگان پوشیدند یعنی ظاهرشان مانند گوسفند و باطنشان مانند گرگ گردید وحال آن که دل‌هایشان گندیده‌تر است از مردارها و تلخ‌تر است از صبر...»

جلد۱۳ بحارالانوار، ص ۲۱۲-۲۱۳

۱۲- درِ چهارم ۱۸ ص ۲۸ روایت ابن عقده: «صادق(ع) فرمود که پیش از قیام قائم(ع) ناچار است از قطحی که خلایق در آن قحطی گرسنه می‌شوند و می‌رسد ایشان را بیم شدید از کشته شدن و نقصان اموال و اولاد و میوه‌ها...»

جلد سیزدهم بحارالانوار، ص۲۲۶

۱۳- درِ چهارم بند ۲۱ ص ۲۸ وصایای رستم به برادر خود (شاهنامه)

به ایران چو گردد عرب چیره‌دست — شود بی‌بها مرد یزدان‌پرست
برنجد کسی دیگری برخورد — به داد و به بخشش کسی ننگرد
ز پیمان بگردند و از راستی — گرامی شود کژی و کاستی
کشاورز جنگی شود بی‌هنر — نژاد و هنر کمتر آید به بر
بداندیش گردد پدر بر پسر — پسر بر پدر همچنین چاره‌گر
شود بنده بی‌هنر شهریار — نژاد و بزرگی نیاید به کار
به گیتی نماند کسی را وفا — روان و زبان‌ها شود پرجفا

از ایـــران و از تـــرک و از تازیـــان
نـژادی پدیـد آیـد انـدر میـان

نه دهقان نه تـرک و نـه تـازی بـود
سـخن‌هـا بـه کـردار بـازی بـود

همـه گـنج‌هـا زیـر دامـن نهنـد
بمیرند و کوشش بـه دشـمن دهنـد

۱٤- درِ چهارم بند ۲۰ روایـت از محمـدبن یحیـی: «... و مـرد را دیـدی کـه می‌گوید چیزی را که نمی‌کند - و خلایق را دیـدی کـه بـه شـهادت شـاهد دروغگو را باور و اعتماد می‌کنند و حـرام را دیـدی کـه حـلال کـرده شـده می‌شود و حلال حرام کرده شده می‌باشد و احکام دین را دیدی که با رأی و خواهش نفس استنباط می‌شود و قرآن و احکامش معطل گردید... و دیـدی که حکام اهل کفر را مقرب می‌کنند و اهل خیر را دور و حکام را دیدی که در حکم رشوه می‌گیرند... و مردم را دیدی که محارم خود را وطی می‌کننـد... و دیدی که سوگند خوردن به خدا از راه دروغ بسیار گردید... و مرد شریف و محترمی را دیدی که او را ذلیل می‌کند کسی که آن مرد شریف از تسلط او می‌ترسد. و دیدی که به سخن تزویر و دروغ رغبت می‌شـود و دیـدی کـه شنیدن قرائت قرآن بر خلایق گران گردید و شنیدن سـخنان لغـو و باطـل برایشان سهل و آسان... و دیـدی کـه راسـتگوترین خلایـق در نـزد ایشـان دروغگو و افتراکننده است و دیدی که سخن‌چینی آشکار گردیده و ظلـم را دیدی که آشکار شده و غیبت را دیدی که ملیح شمرده می‌شود... و نماز را دیدی که حقیر و خفیف انگاشته شده و مرد را دیدی که مال بسیار دارد به نوعی که از وقتی که به آن مالک شده هیچ زکات آن را نداده و دیـدی کـه مرده از قبـرش بیـرون آورده مـی‌شـود و اذیـت بـه او داده مـی‌شـود و کفن‌هایش فروخته می‌شود... و مرد را دیدی که به نمازگـاه خـود مـی‌رود، برمی‌گردد و حال آن که از لباس‌های نماز بر آن چیزی نیست یعنـی لباسـی که لایق نماز باشد در بر آن نیست زیرا که یا نجس است و یا غصبی است و

دیدی که دل‌های خلایق را قساوت گرفته و چشم‌هایشان خشکیده... و مردار را دیدی که آشکار شد و خلایق به آن رغبت به هم رسانیده.»

جلد ۱۳، بحارالانوار، ص ۲۳۵-۲۳۶

۱۵- درِ چهارم بند ۳۱ ص ۳۱، روایت محمد بن یحیی: «... و فقیه را دیدی که احکام شریعت را برای غیردین مانند طلب دنیا و جاه یاد می‌گیرد... و دیدی که عقوق پدر ومادر آشکار گردیده و دیدی که به ایشان اهانت و استخفاف کردند و در نزد اولادشان از بدترین خلایق شده‌اند... و دیدی که خفلایق درترک نمودن امر به معروف و نهی از منکر و ترک کردن دین‌داری که با این‌هاست همه برابر شده‌اند و دیدی که همه منافقان صاحب قهر و غلبه شده‌اند، یا این که صاحب نصرت و دولت گردیند، یا این که بسیار سخن گویند و سخنانشان مقبول می‌شود و اهل حق مغلوب و خاموش گردیدند واگر سخن بگویند سخنانشان غیرمسموع می‌گردد...»

بحارالانوار، ص۲۳۶

۱۶- درِ چهارم بند ۳۶-۳۷ ص ۳۱ «... در در وقتی که علم برداشته شود و جهل ظاهر گردد... فقهای هدایت‌کننده کم شدند و فقهای گمراه‌کننده و خائنان و شعراء بسیار شدند... و جور و فساد بسیار شد و منکر ظاهر گردید و امت تو امر به منکر و نهی از معروف نمودند و مردان به مردان و زنان به زنان اکتفا کردند و امرا کافر و دوستان ایشان فاجر و یاران و ناصران ایشان ظلم گردیدند و اصحاب رای ایشان فاسق شدند و در این وقت سه خسف یعنی به زمین فرو رفتن واقع می‌شود.»

بحارالانوار، ص۲۵

روایت از شیخ صدوق: «فقهای ایشان بدترین فقهای زیر آسمانند فتنه از ایشان سر می‌زند و به سوی ایشان برمی‌گردد.»

بحارالانوار، ص ۲۱۱

روایت مؤلف: «عرض کردم یابن رسول‌الله قائم شما کی خروج خواهد کرد؟ فرمود: در وقتی که مردان به زنان و زنان به مردان شباهت رسانند و مردان به مردان و زنان به زنان اکتفا نمایند و زنان به روی زین سوار شوند و شهادت به تزویر و دروغ مقبول شود و شهادت عدول مردود گردد و خلایق خون ریختن یکدیگر را و ارتکاب زنا و خوردن ربا را سهل انگارند و از بدان به سبب ترسیدن از سخنان زشت ایشان تقیه کرده شود...»

بحارالانوار، ص۲۱۲

۱۷- درِ چهارم بند ٤٦ ص ۳۲ «حضرت امام جعفر صادق به محمد بن مسلم فرمود که ظهور قائم آل محمد علاماتی چند دارد، عرض کرد: چیست آن علامات؟ فرمود که: پیش از ظهور قائم آل محمد شما را امتحان می‌کنم بترس از پادشاهان آل فلان در آخر سلطنت ایشان و جوع بغلاء اسعار و نقص اموال یعنی کساد تجارت‌ها و کمی منافع و نقص جان‌ها یعنی مردن به وبا و طاعون و امثال آن و نقص از ثمرات یعنی کمی ریع و زراعت‌ها، بی‌برکتی میوه‌ها و بشارت ده صابران را به تعجیل و خروج قائم.»

مظاهرالانوار، چاپ تبریز ۱۲۸۰، ص۴۲۵

۱۸- در بند ٤٩ صفحه ۳۳ «... و با علی سیف قاطعی است که خداوند برای اوروم و چین و ترک و دیلم و سند و هند و کابل و خزر را فتح می‌فرماید... قیام نمی‌فرماید قائم مگر با خوف شدید و تزلزل و فتنه و بلایی که به مردم

می‌رسد... و تشتت و تفرقه در دین ایشان و تغییر در حالشان تا بـه آن حـد که تمناکننده در هر صبح و شام تمنای مرگ کند از بس مراسم درنـدگی و شرارت خلق بزرگ بیند.»

(از حدیثی که مجلسی در بحار در باب سیر و اخلاق قائم از بی حمزه ثمالی روایت کرده.) کتاب الفرائد، ص۲۹۰

۱۹- درِ چهارم بند ۵۷ ص ۳٤ «حیر بن نوح روایت کرده که گفتم به ابی سید حذری که هر سالی که بر ما می‌گذرد بدتر از سال سابق است و هر که بـر ما امیر می‌شود از امیر سابق بدتر است. ابوسعید گفت: همـین را از جنـاب پیغمبر صلی‌الله‌علیه‌وآله شنیدم که می‌فرمود و به علاوه آن می‌گفت که بـه همین خرابی خواهد بود و تزاید خواهد یافت تا زمین مملو شود از ظلم بـه نحوی که نتواند مسلمان نام خدا را یاد کند. بعد از آن خدای تعالی کسـی را خواهد برانگیخت که از اهل بیت و عترت من بوده باشـد و زمـین مملـو از عدالت کند و زمین پاره‌های جگر خود را بیرون بیندازد یعنـی زر و گـوهر و مال بسیار شود و گنج‌های مخفی آشکار گردد.»

مظاهرالانوار، ص۳۹۷

«... در عقدالدرر مروی است از عبدالله بن عبـاس: و امـا مهـدی آن کسـی است که پر می‌کند زمین را از عدل، چنانچه پر شده از جور... و مـی‌انـدازد زمین، پاره‌های جگر خود را. راوی پرسید که پاره‌های جگر او چیست؟ گفتند مانند ستون از طلا و نقره.»

نجم ثاقب، چاپ شیراز ۱۲٤۶، ص۵۷

(نیز رجوع شود به ترجمه بحارالانوار، ص۲۵.)

۲۰- درِ چهارم بند ۶۳ ص ۳۵ رسول خدا (ص) فرمود که: «حال شما چگونـه می‌باشد در وقتی که زنان شما ضایع و فاسد یعنی زناکار و جوانان شما فاسق یعنی لواط‌کننده شوند و به معروف امر نکنید و از منکر نهی ننمایید.»

بحارالانوار، مجلسی، ص ۲۰۷-۲۰۸

۲۱- در چهارم بند ٦٤ ص ۳۵ «۷- زیرا قومی با قومی و مملکتـی بـا مملکتـی مقاومت خواهند نمود و قحطی‌ها و وباها و زلزله‌ها در جای‌ها پدید آید. ۸- اما همه این‌ها آغاز دردهای زه است.»

انجیل متی، باب ٢٤

۲۲- در چهارم بند ۶۷ ص ۳۵ «جابر بن عبـدالله انصـاری روایـت نمـوده... حضرت فرمود: بشنوید آنچه را من می‌گویم که بعد از مـن وقـوع خواهـد یافت، پس باید هر نفسی که از شما حاضر و شاهد است بـه آن کسـی کـه غایب است تبلیغ نماید.»

کتاب الفرائد، ص ۲۶۵

(حواشی در نخستین یادداشت ۱ بند ۱۱ ص ۱۱۰ نیز دیده شود.)

«... من نزدیک‌ترین خلقم به سنت رسول خـدا(ص) و سـوگند مـی‌دهـم از شماها به کسانی که کلام مرا شنیدند برای این که حاضران شما در ایـن جـا سخنان مرا شنیدید برای این که حاضران شما در ایـن جـا سـخنان مـرا بـه غایبان برسانند...»

جلد ۱۳ بحارالانوار، ص ۲۲۹

۲۳- درِ چهارم بند ۶۸ ص ۳۶ «۱۹- شخصی دولتمند بود که ارغوان و کتان می‌پوشید و هر روزه در عیاشی با جلال به سر می‌برد. ۲۰- و فقیری مقروح بود ایلعازر نام که او را بر درگاه او می‌گذاشتند. ۲۱- و آرزو می‌داشت که از پاره‌هایی که از خوان آن دولتمند می‌ریخت خود را سیر کند بلکه سگان نیز آمده زبان بر زخم‌های او می‌مالیدند. ۲۲- باری آن فقیر بمرد و فرشتگان او را به آغوش ابراهیم بردند و آن دولتمند نیز مرد و او را دفن کردند. ۲۳- پس چشمان خود را در عالم اموات گشود، خود را در عذاب یافت و ابراهیم را از دور و ایلعازر را در آغوشش دید. ۲٤- آنگاه به آواز بلند گفت: ای پدر من ابراهیم، بر من ترحم فرما و ایلعازر را بفرست تا سرانگشت خود را به آب تر ساخته زبان مرا خنک سازد زیرا در این نار معذبم. ۲۵- ابراهیم گفت: ای فرزند به خاطر آور که تو در ایام زندگانی چیزهای نیکوی خود را یافتی و همچنین ایلعازر چیزهای بد را. لیکن او الحال در تسلی است و تو در عذاب.»

انحیل لوقا، باب شانزدهم

۲٤- درِ پنجم بند ۹ ص ۳۸ «۲۸- که تیرهای ایشان تیز و تمامی کمان‌ها ایشان زه شده است؛ سم‌های اسبان ایشان مثل سنگ خارا و چرخ‌های ایشان مثل گردباد شمرده خواهد شد... ۳۰- و در آن روز بر ایشان مثل شورش دریا شورش خواهند کرد و اگر کسی به زمین بنگرد اینک تاریکی و تنگی است و نور در افلاک آن به ظلمت مبدل شده است.»

کتاب اشعیاءِ نبی، باب پنجم

۲۵- درِ ششم بند ٤ ص ۳۹ «۲۹- وفور بعد از مصیبت آن ایام آفتاب، تاریک گردد و ماه نور خود را ندهد و ستارگان از آسمان فرو ریزند و قوت‌های افلاک متزلزل گردد.»

انجیل متی، باب ۲٤

«۱۰- زیرا که ستارگان آسمان و برج‌هایش روشنایی خود را نخواهند داد. و آفتاب در وقت طلوع خود تاریک خواهد شد و ماه روشنایی خود نخواهد تابانید.»

کتاب اشعیاءِ نبی، باب ۱۳

۱۰- ... آفتاب و ماه سیاه می‌شوند و ستارگان نور خویش را باز می‌دارند.»

کتاب یوئیل نبی، باب ۲

«۲۰- خورشید به ظلمت و ماه به خون مبدل گردد، قبل از وقوع روز عظیم مشهور خداوند.»

کتاب اعمال رسولان، باب

۲

۲۰- باقر(ع) روایت کرده که آن حضرت فرمود که: «در پیشاپیش ظهور این امر دو علامت خواهد آمد، یکی گرفتن ماه در پنجم ماه و دیگری گرفتن آفتاب در پانزدهم آن، و این گونه خسوف و کسوف از وقت فرود آمدن آدم(ع) به زمین تا این وقت واقع نشده، پس در این وقت حساب منجمان باطل می‌شود.»

بحارالانوار مجلسی، ص ۲۱۷

«امیرالمؤمنین(ع) فرمود که قائم(ع) ظهور نمی‌کند تا وقتی کـه چشـم دنیـا کور گردد، یعنی اوضاعش منقلب و پریشان شود و سرخی در آسمان ظـاهر و هویدا گردد، و این سرخی از اشک چشم‌های حاملان عرش اسـت کـه بـر احوال زمین گریه کرده‌اند.»

بحارالانوار، ص ۲۲۵

«... و از جمله ظهور بادی سیاه در بغداد، پس زلزله شود که اگر شـهر فـرو رود و از جمله آیات آفاتی، ظهور ستاره دنباله‌دار است از مشرق کـه چـون ماه روشن شود... و از آن جمله گرفتن آفتاب است در نصف ماه رمضـان و در آخر آن به عکس قاعده نجوم و طلوع آفتاب از مغرب، بعـدِ حـبس سـه شبانه‌روز زیر کره زمین و اجتماع آن با ماه و این اعجب علامات قریب قیام قائم اسـت...»

حواشی حلیه‌المتقین مجلسی، چاپ خراسان، ۱۳۱۶، صفحه ٤٥-٤٦

۲۶- درِ ششم بند ٥ ص ٤٠ «... ناگاه سفیانی از سمت وادی یا بس در اثنـای اشتغال نائره این فتنه بر ایشان خروج می‌کند تا ایـن کـه در دمشـق فـرود می‌آید، از آن جا لشـکری بـه سـمت مشـرق و لشـکری بـه سـوی مدینـه می‌فرستد تا این که لشکر اول در ارض بابل که از جمله نواحی بلده ملعونـه یعنی بغداد است فرود می‌آیند...»

بحارالانوار، ص ۲۱۰

۲۷- در ششم بند ۹ ص ٤١ «... و لشکری بفرستند به مکه در طلب شخصـی از آل محمد که جمعی از شیعیان با آن‌ها باشند و امیـر آن لشـکر مـردی از عرب عطفان باشد چون لقاع ابیض رسیدند یعنی زمـین سـفید کـه همـان

بیداد باشد که در احادیث سابق مکرر ذکر شده و نام برده شده آن زمین ایشان را فرو برد...»

مظاهرالانوار، ص ۴۲۸

۲۸- درِ ششم بند ۱۰* ص ۴۱ « در تفسیر عیاشی از جابر بن عمر جعفی از حضرت امام محمد باقر روایت کرده که به جابر فرمود: بر جای خود قرار گیرد و دست و پای خود را حرکت مده تا علامت‌هایی که به جهت تو ذکر کنم ببینی در دمشق شام ندا کنند و خسف اتفاق افتد، یعنی فرو رفتن زمین چون دیدی که ترکان گرفتند شام را و آمدند تا به جزیره منزل کردند و رومیان آمدند در رمله منزل کردند، در زمین‌های عرب اختلاف و نزاع شود و در شام سه علم بر پا شود: اصهب و ابقع و سفیانی غالب شود بر خر سوار یعنی دجال و حاضر شود مردی در دمشق و بکشد او را... و علمی از خراسان بیاید در کنار دجله بغداد فرود آید و در مقابل او، و کشته شود و لشکری بفرستد به مدینه و کشته شود.»

مظاهرالانوار، ص ۴۲۶-۴۲۷

روایت از شیخ طوسی: «... و خودتان را نگه دارید از این که در روی زمین لشکرکشی بکنید وقتی که طائفه ترک و اهم روم با هم در افتادند و در روی زمین جنگ بسیار گردديد...»

بحارالانوار، ص۲۱۹

۲۹- در ششم بند ۱۰* ۲ ص ۴۲ «۱۶- آن گاه هر که در یهودیه باشد به کوهستان بگریزد. ۱۷- و هر که بر بام باشد به جهت برداشتن چیزی از خانه به زیر نیاید. ۱۸- و هر که در مزرعه است به جهت برداشتن رخت خود

برنگردد... ۲۱- زیرا که در آن زمان چنان مصیبت عظیمی ظاهر می‌شود که از ابتداء عالم تاکنون نشده و نخواهد شد.»
«۲۱- تا به مغازه‌های صخره‌ها و شکاف‌های سنگ خارا داخل شوند. به سبب ترس خداوند و کبریای جلال وی هنگامی که او برنخیزد تا زمین را متزلزل سازد.»

کتاب اشعیاءِ نبی، باب دوم

«... در حالی که به فتنه و آشوب دچار شده‌اند در شهر خودشان که در کنار آب‌هاست خواه دریایی باشد و خواه بیابانی به قتل می‌رسانند.»

بحارالانوار، ص ۲۲۷

۳۰- درِ هفتم بند ۲ ص ۴۳ «- کیست که کسی را از مشرق برانگیخت که عدالت او را نزد پای‌های وی می‌خواند. امت‌ها را به وی تسلیم می‌کند و او را بر پادشاهان مسلط می‌گرداند، و ایشان را مثل غبار به شمشیر وی و مثل کاه که پراکنده می‌گردد به کمان وی تسلیم خواهد نمود، ۳- ایشان را تعاقب نموده به راهی که با پای‌های خود نرفته بود به سلامتی خواهد گذشت.»

کتاب اشعیاءِ نبی، باب ۴۱

برآشوبد ایران و توران به هم ... ز کینه شود زندگانی دژم
پر از جنگ گردد سراسر زمین ... زمانه شود پر ز شمشیر کین
بسی سرخ و زرد و سیاه و بنفش ... کز ایران به توران ببینی درفش

شاهنامه

«۲۵- کسی را از شمال برانگیختم و او خواهد آمد و کسی را از مشر ق آفتاب که اسم مرا خواهد خواند و او بر سروران مثل بر گل خواهد آمد و مانند کوزه‌گری که گل را پایمال می‌کند.»

کتاب اشعیاءِ نبی، باب ٤١

«ثوبان روایت کرده که رسول(ص) گفت: سه نفر از خلفاء کشته شوند و بعد از آن علم‌های سیاه پیدا شود که همه ایشان را بکشند بعد مهدی خروج کند که از اهل بیت من است...»

مظاهرالانوار، ص ٤٠١

«و مقدمات خروج مهدی(ع) به احادیث متفرقه بی‌ترتیب بسیار است. و از آن جمله خروج خوارج از بحر فارس و بنی‌خالد از مشرق و قتل بسیار در میان دو طایفه عجم و عبور عللم سیاه خراسانی از فرات به کوفه...»

حاشیه حلیه‌المتقین مجلسی، ص ٤٩

راجع به علم‌های سیاه ابن‌خلدون جلد ۲ صفحه ۱۵۸ دیده شود. او از حدیثی از قول محمد نقل می‌کند که روزی گفت: «پس از من، اهل بیت من، تحمل رنج‌های بسیاری خواهند کرد؛ ایشان را پراکنده خواهند ساخت و تعقیب خواهند نمود تا هنگامی که مردمانی از جانب مشرق با علم‌های سیاه بیایند و فرمانروایی را به مردی از خاندان من بسپارند.»
دارمستتر حدس می‌زند مردمان طرف مشرق (خراسان) لشکر ابومسلم بوده که از خراسان آمده است و علم سیاه علم خلفای مأمون عباسی می‌باشد. خلیفه مأمون حکم کرد لباس سیاه که علامت بنی عباس بوده مبدل به لباس سبز بشود.

«... در زمانی که علم‌های سیاه را دیدید که از خراسان می‌آید نزد آن‌ها بیایید... تا وقتی که از سمت مشرق جماعتی بیایند با علم‌های سیاه پس حق را یعنی خلافت را مطالبه می‌کنند، به ایشان داده نمی‌شود یا ایشان قتال می‌کنند و نصرت می‌یابند.»

بحارالانوار، ص ۳۰

۳۱- درِ هفتم بند ٤ ص ٤۳ روایت از ابن‌عقده. «... از ابی‌جعفر(ع) شنیدم می‌فرمود: وقتی که ظاهر شد بیعت نمودن خلایق به طفلی هر آینه در آن وقت هر صاحب قوت و استعداد با جمعیت خود برمی‌خیزد و لوای داعیه برافرازد.»

بحارالانوار، ص ۲۳۱

۳۲- درِ هفتم بند ۶ ص ٤٤ «۱۰- و چون فرشته سیم نواخت ناگاه ستاره عظیم چون چراغی افروخته شده از آسمان فرود آمد و بر ثلث نهرها و چشمه‌های آب افتاد.»

مکاشفه یوحنای رسول، باب ۸

«۱- و علامتی عظیم در آسمان ظاهر شد. زنی که آفتاب را در بر دارد و ماه زیر پای‌هایش و بر سرش تاجی از دوازده ستاره است. ۲- و آبستن بوده از درد زه و عذاب زاییدن فریاد برمی‌آورد.»

مکاشفه یوحنای رسول، باب ۱۲

در متن‌های پهلوی ص ۱۶۰ قطعه‌ای وجود دارد که این طور شروع می‌شود: «کی خواهد بود زمانی که پیکی از هندوستان برسد؟ آن گاه شاه بهرام از

تخمه کیان پدیدار شود...» اما از آن‌جا که در این متن لغت عربی بصیر و جزیه و مزگت = مسجد آمده است نشان می‌دهد که بعد از اسلام نوشته شده است. در کتابی که متعلق به آنکتیل دوپرون بوده[1] می‌نویسد: «در کجا بهرام کی پدیدار خواهد شد؟ از جانبی که خورشید برمی‌خیزد و در کشوری که میان هند و چین است؛ می‌گویند از آنجا خواهد آمد. نشان تولد او در این کشور پدیدار خواهد شد، ستارگان از آسمان فرو خواهند ریخت... می‌گویند به سی سالگی در این کشور پدید خواهد آمد... در سال ۹۰۳ پارسی پس از مرگ شاه یزدگرد خواهد بود... یزدان به آنچه که نهان است آگاه می‌باشد.» در متون پازند گردآورده اروادالجی کرساسپجی انیتا بمبئی ۱۹۰۹ صفحه ۱۶۱-۱۶۳ دعایی به عنوان بهرام ورجاوند وجود دارد: «دعای بهرام ورزاوند پادشاه دین مازدیسنان.»

۳۲- درِ هفتم بند ۱۰ ص ٤٥ «۱- و چون عیسی در ایام هیرودیس پادشاه، در بیت لحم یهودیه تولد یافت ناگاه مجوسی چند از مشرق به اورشلیم آمده گفتند. ۲- کجاست آن مولود که پادشاه یهود است زیرا که ستاره او را در مشرق دیده‌ایم و برای پرستش او آمده‌ایم.»

انجیل متی، باب ۲

۳٤- درِ هفتم بند ۱۵ ص ٤٦ «۱- و در آن روز هفت زن به یک مرد متمسک شده خواهند گفت نان خود را خواهیم خورد و رخت خود را خواهیم پوشید فقط نام تو بر ما خوانده شود و عار ما را بردارد.»

کتاب اشعیاءِ نبی، باب ٤

---

[1] Mss suppl Persan. 51 Fol 147.

۳۵- درِ هفتم بند ۱۶ ص ۴۶ «۱۴- در وقت شام اینک خوف است و قبل از صبح نابود می‌شوند. نصیب تاراج کنندگان ما و حصه غارت نمایندگان ما همین است.»

کتاب اشعیاءِ نبی، باب ۱۷

۳۶- درِ هفتم بند ۱۹ ص ۴۷ «۲- و در ایام آخر واقع خواهد شد که کوه خانه خداوند بر قله کوه‌ها ثابت خواهد شد و فوق تل‌ها برافراشته خواهد گردید و جمیع امت‌ها به سوی آن روان خواهند شد. ۳- و قوم‌های بسیار عزیمت کرده خواهند گفت: بیایید تا به کوه خداوند و به خانه خدای یعقوب برآییم تا طریق‌های خویش را به ما تعلیم دهد و به راه‌های وی سلوک نماییم زیرا که شریعت از صهیون و کلام خداوند از اورشلیم صادر خواهد شد. ۴- و او امت‌ها را داوری خواهد نمود و قوم‌های بسیاری را تنبیه خواهد کرد...»

کتاب اشعیاءِ نبی، باب ۲

۳۷- درِ هفتم بند ۲۲ ص ۴۸ «۱- و دیدم که اینک بره[۱] بر کوه صهیون ایستاده است و با وی صد و چهل و چهار هزار نفر که اسم او و اسم پدر او را بر پیشانی خود مرقوم می‌دارند.»

مکاشفه یوحنای رسول، باب ۱۴

«شیخ کشی از حضرت امام محمد باقر(ع) روایت کرده است که گویا می‌بینم عبدالله بن شریک را که عمامه سیاهی بر سر دارد و دو علاقه در میان دو

---

[۱] بره علامت خوره‌ی ایزدی است. در کارنامه‌ی اردشیر پاپکان مانند روح‌القدس به اردشیر می‌رسد. (درِ چهارم بندهای ۱۵-۱۷)

کفتش آویخته و از دامن کوه بالا می‌رود، در پیش روی قایم ما با چهار هـزار کس که در رجعت زنده شده‌اند و صدا به تکبیر بلند کرده‌اند.»

حق‌الیقین، چاپ تهران، ۱۲۵۹، جلد دوم، ص ۲۸۷.

«باقر(ع) می‌فرماید که به خدا سوگند یاد می‌کنم هرآینه در آن حال سیصد و سیزده نفر مرد و پنجاه نفر زن مانند پاره‌های ابر وقت پائیز پی همـدیگر می‌آیند در مکه معظمه در غیر موسم حج جمع می‌شوند... آن وقت مردی از آل محمد گوید که: این مکه معظمه قریـه‌ای اسـت کـه اهـل آن بـدکار و ستمکارند بعد از آن سیصد و سیزده نفر، بعد از آن که عهدنامـه و بیـدق و اسلحه رسول خدا را در نزد آن حضرت می‌بینند آن وقت در میـان رکـن و مقام به او بیعت می‌کنند.»

بحارالانوار، ص ۲۲٤-۲۲۳

«... تا این که او با سیصد و سیزده نفر مرد که به قدر اصحاب بدرند از بالای کوه ذی طوی به پایین می‌آیند تا این که به مسجدالحرام داخل می‌شوند...»

بحارالانوار، ص ۲۵۳

«... اول کسی که از مخلوقات بـه آن حضـرت بیعـت مـی‌کنـد جبرئیـل(ع) می‌باشد، بعد از آن سیصد و سیزده نفر مرد بیعت می‌کنند.»

بحارالانوار، ص ۲۶۶

«حضرت باقر(ع) فرماید: گویا نظر می‌کنم به آن حضرت که به نجف و کوفه بالا میرود با سیصد و ده نفر که دل‌های ایشان مانند پاره آهن است.»

حاشیه حلیه‌المتقین مجلسی، ص ٥٤

۳۸- درِ هفتم بند ۲۶ ص ٤۹ «۷- و در آسمان جنگ شد. میکائیل و فرشتگانش با اژدها جنگ کردند. ۹- و اژدهای بزرگ انداخته شد یعنی آن مار قدیمی که به ابلیس و شیطان مسمی است که تمام ربع مسکون را می‌فریبد او بر زمین انداخته شد و فرشتگانش با وی انداخته شدند.»

مکاشفه یوحنای رسول، باب ۱۲

۳۹- درِ هفتم بند ۲۸ ص ٤۹ «بیست و هفتم باسط در هدایه و مناقب قدیمه از القاب آن جناب شمرده و آن به معنی فراخ‌کننده و گسترنده است و فیض آن حضرت چنانچه خود فرمودند مانند آفتاب به همه جا رسیده و هر موجودی از آن بهره دیده و از ایام حضور و ظهور عدلش چنان منبسط و عام شود که گرگ و گوسفند با هم چرا کنند.»

کتاب نجم ثاقب، ص ۲۲

٤۰- درِ هفتم بند ۳۲ ص ۵۰ «سیدعلی بن طاوس از صحیفه ادریس نبی نقل کرده در کتاب سعدالسعود در ضمن سؤال ابلیس که پروردگارا مرا مهلت ده تا روزی که خلق مبعوث می‌شوند و جواب خداوند که نه ولکن تو از مهلت داده‌شدگانی تا روز وقت معلوم پس به درستی که آن روزی است که من حکم نمودم و حتم کردم که پاک نمایم زمین را آن روز از کفر و شرکت و معاصی و انتخاب کنم از برای آن وقت بندگانی را برای خود که آزمودم دل‌هایشان را برای ایمان...»

کتاب نجم ثاقب، ص ۵۹

(و نیز رجوع شود به یادداشت ۱ صفحه ۸۸ گزارش گمان‌شکن، چاپ تهران)

۴۱- درِ هفتم بند ۲ ص ۵۱ «۶- و گرگ با بره سکونت خواهد داشت و پلنگ با بزغاله خواهد خوابید و گوساله و شیر و پرواری با هم. و طفل کوچک آن‌ها را خواهد راند. ۷- و گاو با خرس خواهد چرید و بچه‌های آن‌ها با هم خواهند خوابید و شیر مثل گاو کاه خواهد خورد. ۸- و طفل شیرخواره بر سوراخ ماربازی خواهد کرد وطفل از شیر باز داشته شده دست خود را بر خانه افعی خواهد گذاشت. ۹- و در تمامی کوه مقدس من ضرر و فسادی نخواهند کرد زیرا که جهان از معرفت خداوند پر خواهد بود مثل آن‌هایی که دریا را می‌پوشانند. ۱۰- و در آن روز واقع خواهد شد که ریشه‌ای به جهت علم قوم‌ها برپا خواهد شد و امت‌ها آن را خواهند طلبید و سلامتی او با جلال خواهد بود.»

کتاب اشعیاءِ نبی، باب ۱۱

۴۲- درِ هشتم بند ۳ ص ۵۱ «۲۵- گرگ و بره با هم خواهند چرید و شیر مثل گاو کاه خواهد خورد و خوراک مار خاک خواهد بود. خداوند می‌گوید که در تمام کوه مقدس من ضرر نخواهند رسانید و فساد نخواهد بود.»

کتاب اشعیاءِ نبی، باب ۶۵

«... بعد از آن گزندگان زمین و چهارپایان در میان خلایق می‌باشند و هیچ یک از آن‌ها به دیگری آزار نمی‌رساند و زهر هر صاحب زهری را از گزندگان زمین و غیر آن برمی‌دارم و ستم هر گزنده‌ای را زایل می‌گردانم و برکت‌های زمین و آسمان را بیرون می‌آورم و زمین به سبب حسن نباتاتش زیبا و خرم می‌شود و همه میوه‌های زمین و انواع چیزهای خوب و پاکیزه آن بیرون می‌آیند و رأفت و مهربانی را به میان اهل زمین می‌اندازم پس با

یکدیگر مواسات و مدارا می‌کنند و مال دنیا را با یکدیگر بالسویه قسمت می‌نمایند پس فقیر بی‌احتیاج و غنی می‌شود و بعضی به بعضی دیگر تفوق نمی‌کنند.»

بحارالانوار، ص ۲۸۲

۴۳- درِ نهم بند ۲ ص ۵۳ «۱۲- آنگاه یوشع در روزی که خداوند اموریان را پیش بنی‌اسرائیل تسلیم کرد به خداوند در حضور بنی‌اسرائیل تکلم کرده گفت: ای آفتاب بر جبعون بایست و تو ای ماه بر وادی ایلون. ۱۳- پس آفتاب ایستاد و ماه توقف نمود تا قوم از دشمنان خود انتقام گرفتند مگر این در کتاب یاشر مکتوب نیست که آفتاب در میان آسمان ایستاد و قریب به تمامی روز به فرو رفتن تعجیل نکرد؟»

صحیفه یوشع، باب ۱۰

«پس مفتوح می‌فرماید خداوند برای او شرق زمین وغرب آن را می‌کشد مردم را تا آن که نماند مگر دین محمد صلی‌الله علیه و آله... و می‌خواند آفتاب و ماه را پس اجابت می‌کنند او را و پیچیده می‌شود برای او زمین و وحی می‌شود به او پس عمل می‌کند به وحی به امر خدای تعالی.»

کتاب نجم ثاقب، ص ۶۶

«... عرض کردم که آن آیه و علامت چیست؟ فرمودند که: ایستادن آفتاب است از وقت ظر تا عصر و نمایان شدن روی و سینه مردی است در روی جرم آفتاب در حالی که خلایق او را با حسب و نسب می‌شناسند...»

بحارالانوار، ص ۲۲۳

٤٤- درِ نهم بند ۱۱ ص ٥٤- در متن فارسی بهمن یشت می‌نویسد که وقتی هوشیدرماه ظهور می‌کند و هزاره‌اش آغاز می‌گردد، چگونه بدی وپتیاره از جهان ناپدید می‌شود به طوری که ده نفر از شیر یک گاو سیر می‌شوند: «و هزاره اوشیدر چون به سر شود زمانه اوشیدرماه بامی درآید و اوشیدرماه به همپرسه اورمزد شود و دین همه پذیرد و در جهان روان بکند. بیست شبانروز آفتاب در میان آسمان باز ایستد و مردم جهان چون آن معجزه ببینند دو سه یک بدین استوان شوند و منش بر داد یزدان دارند و در زمان اوشیدر ماه بامی دروج پتیاره آشموغ با ماری اژدهاء سهمگین در جهان رسد و چنان ستبر باشد که بسیاری مردم و چهارپای و پرنده تباه کند و اوشیدرماه بخره ورج ایزدی و نیرنگ اوستا بزند و از جهان مردم بازدارد و جهان پاک کند و بعد از آن هیچ خرفستر و گزنده مار و کژدم و مگش و پشه و هیچ جهنده و گزنده در جهان نباشد و بنماند و دروج آشموغ فریفتاری از جهان بشود و چون زمانه اوشیدرماه به سر شود، پس زمانه ساسانش پرخره باشد. ورجاوند به سی سالگی به هم‌پرسه اورمزد شود و دین زرتشت در جهان آورد و آفتاب سی روز در میان آسمان بایستد و مردم هفت‌کشور زمین به تمام از این معجزه بر دین بهی استوان شوند و دین بپذیرند و ساسان دین اوشیدرماه در جهان چنان کند که هیچ پتیاره و دهشن آهرمن در جهان نباشد و جهان همچو بهشت پاک و پاکیزه‌تر کند، پس دادار اورمزد رستاخیز تن‌پسین کند و مردمان را برانگیزاند و اهرمن دروند را بادام او نیست کند فیروز باد خره گوه اویژه دین مازدیسنان.»

در دنباله ظهور هوشیدرماه در متن فارسی شرح می‌دهد که به محض شروع هزاره او ده نفر از شیر گاوی سیر می‌شوند و چون از همپرسه خود با اورمزد برمی‌گردد خورشید ۲۰ شبانه‌روز می‌ایستد، در نتیجه دو ثلث مردم

دنیا به دین زرتشت می‌گروند. از این به بعد، خوردن گوشت متروک می‌شود، فقط شیر و کره می‌خورند و هزار نفر از شیر گاوی سیر می‌شوند. هوشیدرماه مار سهمگین را که دنبال آشموغ است به وسیله خوره خود و کلمات اوستایی می‌کشد و هر گونه خرفستر را از جهان نابود می‌سازد و جانوران درنده بی‌آن که زیان برسانند میان مردم زندگی می‌کنند. بدی و آشموغی و فریفتاری ناپدید می‌شود و جهان پر از جمعیت و خوش‌نما شده، مردم از دروغ می‌پرهیزند. پانصد سال که از زمان هوشیدر گذشت سوشیانس پدید می‌آید و همه دروج‌هایی که آتش را می‌زدند تباه می‌کند. خورشید سی شبانه‌روز می‌ایستد و همه مردمان به دین زرتشت می‌گروند و سال ۳۶۰ روز تمام می‌شود. دهاک از بند آزاد گردد و یک روز و نیم فرمانروایی جابرانه نماید. سوشیانس سام نریمان را بیدار کند که دین را بپذیرد و بی‌مرگ بشود. سام به دهاک پیشنهاد کند که دین بپذیرد اما او می‌گوید که هر دو ما باید که با آسمان برابری بکنیم. سام او را می‌کشد و همه بدی‌ها از جهان ناپدید شود. مردم مانند فرشتگان بشوند و آغاز رستاخیز باشد چنان که در بندهش شرح آن آمده است.

در متن فارسی، قسمت دیگری راجع به همین موضوع وجود دارد که با متن بهمن‌یشت اختلافاتی نشان می‌دهد. از جمله این که هوشیدر نژاد گرگان، دزدان، راهزنان و جنایتکاران را برمی‌اندازد. چون سیصد سال از زمان هوشیدر بگذرد زمستان ملکوس[1] فرامی‌رسد و همه جانوران و نباتات را تباه می‌کند، از ده هزار نفر یک نفر می‌ماند، پس از آن، دنیا را از حصار جم (ورجمکرد) دوباره می‌آرایند. بعد از آن هنگام اجتماع ملل بزرگ فرات

---

[1] ملل ژرمن در افسانه‌های خود اشاره به چنین زمستانی کرده‌اند که در آخر دنیا اتفاق خاهد افتاد. زمستان فیمبول Fimbul راجع به زمستان ملکوس دارمستتر. Etudes Ir جلد دوم، صفحه ۲۰۵-۲۰۳ و جلد دوم، لغات وندیداد، تألیف دستور هوشنگ جاماسپ، ص ۱۵٤، دیده شود.

می‌رسد، در آنجا کشتار به قدری زیاد است که آب رودخانه سرخ می‌شود.[1] بازماندگان با تن خونالود به زین اسب خودشان می‌نشینند، سپس ورجاوند که از سرحد هندوستان آمده پس از جنگ بزرگی ایران را تسخیر می‌کند و بعد پشوتن را از کنگ‌دز می‌خوانند تا آداب و رسوم دینی را برقرار نماید.

٤٥- درِ نهم بند ۱۲ ص ٥٤ «... و دست مبارک خود را بر سر مؤمنان خواهد کشید که عقلشان کامل شود و هر شیعه را قوت چهل مرد خواهد بود با دل محکم‌تر از قطعه آهن... و جمیع امراض و کینه‌ها و سستی‌ها به برکت آن حضرت از ایشان برطرف شود.»

حواشی حلیه‌المتقین مجلسی، ص۵۶

«در خرایج راوندی مروی است از حضرت باقر علیه‌السلام که فرمود: هر کس درک کند قائم اهل بیت مرا، از صاحب عاهتی و آفتی شفا خواهد یافت یا صاحب ضعفی قوی خواهد شد و در غیبت نعمانی مروی است از سید سجاد که فرمود: هرگاه برخیزد قائم علیه‌السلام، ببرد خدای عزوجل از هر مؤمنی افترا و برگرداند به او قوت او را و این تکریم عظیم نه مانند شفا دادن جناب عیسی علیه‌السلام و سایر انبیاء علیهم‌السلام است، گاهی به جهت اعجاز و اتمام حجت کور یا لال یا پیس یا مرضی را برای جاهدی یا منافقی در موارد معدوده بلکه بردن این آفتاب و رفتن این بلیات از تمام

---

[1] «۲۰- و چرخشت را بیرون شهر به پا بیفشردند و خون از چرخشت تا به دهن اسبان به مسافت هزار و ششصد تیر پرتاب جاری شد.»

مکاشفه‌ی یوحنای رسول، باب ١٤

«٤- و سیمین پیاله‌ی خود را در نهرها و چشمه‌های آب ریخت و خون شد.»

همان کتاب، باب ۱۶

مؤمنین و مؤمنات از آثار ظهور موفورالسرور و طلوع طلعت غرا و تشریف و تقدیم و مراسم قدوم و تهیه آداب لقا و درک فیض شرف حضور حضرت مهدی صلوات‌الله علیه است.»

کتاب نجم ثاقب، ص ۶۱

۴۶- درِ نهم بند ۱۴* ۱ ص ۵۵، گویا مقصود از کوه دود، کوه دماوند است و یا کوه دخان، به این مناسبت ذکر شده که کوه آتشفشان می‌باشد. «چنان که گفته‌اند دجال را عیسی خواهد کشت به کوه دود.»

مظاهرالانوار، ص ۴۲۴

«... بعضی گفته‌اند که عیسی بن مریم دجال را در کوه دخان به قتل خواهد رسانید.»

بحارالانوار، ص ۲۱۴

«... پیش از ظهور قائم(ع) چند سالی فریب‌دهنده‌ای می‌آید که راستگو را تکذیب می‌کند و دروغگو را تصدیق...»

بحارالانوار، ص ۲۳۱

۴۷- درِ نهم بند ۱۴ * ۲ ص ۵۵ «... علمای یهود برای اسکات امت و رد دلیل نصاری گفتند که در اقصای عالم که احدی آن را نداند شهری بزرگ موجود است و امت کثیری از یهود در آن ساکنند و ملک ایشان یکی از اولاد حضرت موسی است و نام آن شهر بن موسی است و در گرد این مدینه نهری از ریگ روان است که به این سبب کسی دخول و خروج از آن نتواند... تا روزی که مسیح موعود ظاهر شود آن وقت این نهر بایستد و امت یهود آن روز بیرون آیند و مسیح را نصرت نمایند.»

با جابلقا و جابلسا مقایسه شود.

الفرائد، ص ۱۴۷

۴۸- درِ نهم بند ۱۵ ص ۵۶ «جواب دویم، بقای دجال است در دیر به طرزی که دست‌های او در گردنش بسته شده و مابین زانوهای وی تا کعبین به آهن مقید کرده‌اند و در روایت دیگر مذکور شده که در چاهی مقید است.»

بحارالانوار، ص۳۷

۴۹- درِ نهم بند ۱۶ ص ۵۶ «۲- و اژدها یعنی مار قدیمی را که ابلیس و شیطان می‌باشد گرفتار کرده او را تا مدت هزار سال در بند نهاد. ۳- و او را به هاویه انداخت و در را بر او بسته مهر کرد تا امت‌ها را گمراه نکند تا مدت هزار سال به انجام رسد و بعد از آن می‌باید اندکی خلاصی یابد... ۷- و چون هزار سال به انجام رسد شیطان از زندان خود خلاصی خواهد یافت. ۸- تا بیرون رود و امت‌هایی را که در چهار زاویه جهانند یعنی یأجوج و مأجوج را گمراه کند...»

مکاشفه یوحنای رسول، باب ۲۰

۵۰- درِ نهم بند ۲۲ ص ۵۷ «سعد بن عبدالله در بصائر از حضرت امام جعفر صادق(ع) روایت کرده است که: شیطان لعنه‌الله از خدا سؤال کرد که او را مهلت دهد تا روز قیامت که مردم زنده می‌شوند، حق تعالی اباکرد و فرمود ترا مهلت دادم تا یوم وقت معلوم. چون آن روز شود ظاهر شیطان با جمیع اتباعش، از روزی که خدا آدم را خلق کرده است تا آن روز و حضرت امیرالمؤمنین برگردد و این آخر برگشت‌های آن حضرت است... چون آن

روز شود حضرت امیرالمؤمنین برگـردد بـا اصـحابش و شـیطان بیایـد بـا اصحابش و ملاقات ایشان در کنار فرات واقع شود، نزدیک به کوفـه، پـس قتالی واقع شود که هرگز مثل آن واقع نشده باشد. گویا مـی‌بیـنم اصـحاب حضرت امیرالمؤمنین را که صد قدم از پس پشت برگردند و پای بعضی در میان آب فرات داخل شود، پس ابری به زیر آید از آسمان که پر شده باشد از ملائکه و رسول خدا(ص)، حربه از نور در دست داشته باشـد و در پـیش آن ابر آید. چون نظـر شـیطان بـر آن حضـرت افتـد از عقـب برگـردد و اصحابش به او گویند که اکنون که ظفر یافتی به کجا می‌روی؟ او گوید: مـن می‌بینم! آنچه شما نمی‌بینید من می‌ترسم از پروردگار عالمیان پس حضـرت رسول به انور برسد و حربه را در میان دو کتفش بزنـد کـه او و اصـحابش همه هلاک شوند.»

حق‌الیقین، چاپ طهران ۱۲۵۹، جلد دوم، ص۲۸۲

(نیز مراجعه شود به بحارالانوار ص۳۰۳ و مظاهرالانوار ص ۴۳۷-۴۳۶)

۵۱- درِ نهم بند ۳۳ ص ۵۷ «۵- و سایر مردگان زنده نشدند تا هزار سـال به اتمام رسید، این است قیامت اول... ۶- خوشحال و مقدس است کسی که از قیامت اول قسمتی دارد. بر این‌ها موت ثانی تسلط نـدارد بلکـه کاهنـان خدا و مسیح خواهند بود و هزار سال با او سلطنت خواهند کرد.»

مکاشفه یوحنای رسول، باب ۲۰

«... رسول خدا فرمود هرگاه از دنیا نماند مگر یک شـب هرآینـه خـدا او را طولانی می‌گرداند تا این که مالک گردد به دنیا مردی از اهل بیت مـن کـه نامش نام من و نام پدرش پدر من است. زمین را از عدل پر گرداند چنـان

که پر از ظلم و جور گردیده و اموال را بالسویه قسمت می‌کند. -پس هفت سال یا نه سال خلافت می‌کند و بعد از آن نفعی در زندگانی نمی‌باشد.»

جلد ۱۳ بحارالانوار ص ۳۱

«... و قومی می‌گویند پیش ملائکه بنهادند به شرط آن که اهـرمن در عـالم باشد آن مدت که معین کرده بودند، و هر کدام که عهد بشکستند پیش از آن که مدت به آخر رسد او را به شمشیر خود بکشند و چون مدت به آخـر رسد اهرمن از عالم بیرون شود و چون بیرون بود عالم خیر محـض باشـد و شر و فساد باقی نماند.»

تبصره‌العوام، چاپ تهران، ص۱۳

۵۲- درایش اهریمن بند-۱ ص ۵۸ «۲- و در وسط شارع عام آن و بر هر دو کناره نهر، درخت حیات را که دروازه میوه می‌آورد یعنی هر ماه میوه خود را می‌دهد و برگ‌های آن درخت برای شفای امت‌ها می‌باشد.»

مکاشفه یوحنای رسول، باب ۲۲

کارنامه اردشیر پاپکان

سرآغاز

کارنامه اردشیر پاپکان بازمانده یکی از کهنه‌ترین متن‌های پهلوی است، که پس از تاراج کتاب‌های پیش از اسلام ایران هنوز در دست مانده است. البته هر کس با شاهنامه فردوسی سر و کار داشته، کم و بیش از موضوع این کتاب آگاه است. داستان مزبور یک تکه ادبی شیرین و دلچسبی است که حکایت از گزارش دوره پادشاهی پر گیر و دار اردشیر می‌نماید؛ و با زبان ادبی ساده و گیرنده‌ای به رشته نگارش درآمده که تاکنون نظیر آن در ادبیات فارسی دیده نشده است. برخلاف کلیه افسانه‌ها و حکایاتی که راجع به اشخاص سرشناس تاریخی نوشته شده، که دور سر آن‌ها هاله تقدس گذاشته و جامه زهد و تقوی به آن‌ها پوشانیده‌اند؛ به طوری که از جزئیات زندگی آن‌ها پند و اندرز و سرمشق زندگی برای مردمان معمولی استخراج کرده‌اند (مانند اسکندرنامه و غیره) - نویسنده این داستان با نظر حقیقت‌بین و موشکافی استادانه پهلوانان خود را با احساسات و سستی‌های انسانی بدون شاخ و برگ برای ما شرح می‌دهد، و پیش‌آمدها به قدری طبیعی است که خواننده به دشواری می‌تواند شک و تردید به خود راه بدهد. همان طوری که امروزه نیز نویسندگان زبردست اروپا همین رویه را در شرح زندگی اشخاص معروف دنبال می‌کنند (مثل: شکست‌ها و سرگردانی‌های اردشیر -عاشقی‌های صاعقه‌آسا- مخاطب ساختن بانوان با الفاظ خشن. بی‌اعتنائی اردشیر به پند و نصایح پاپک و غیره که به هیچ‌وجه در کتب قدما سابقه ندارد.)

موضوع خارق‌العاده برای مردمان امروزه یکی «فره ایزدی» است که مانند روح‌القدس به شکل بره به اردشیر می‌رسد و در مواقع باریک از او پشتیبانی

می‌کند. دیگر درآمدن آذرفرنبغ به صورت خروس، (درِ دهم-۷) برای این که مانع از مسموم شدن اردشیر بشود. و نیز «کرم هفتواد» که ظاهراً صفات اژدها را دارد، تا اندازه‌ای اغراق‌آمیز به نظر می‌آید. البته همه این‌ها مربوط به اعتقادات عامیانه آن زمان و دین زرتشتی می‌باشد.

باری، در این که وقایع تاریخی است مثل همه وقایع تاریخی (با در نظر گرفتن اختلاف زمان) شکی در بین نمی‌باشد. ولی از طرف دیگر در این که نگارنده در به هم انداختن وقایع دخل و تصرف کرده و به صورت رمان درآورده نیز تردیدی نیست. آیا تا چه اندازه از آن را می‌توانیم جزو سرگذشت حقیقی اردشیر بدانیم؟ این مطلب بحث مفصلی لازم دارد که عجالتاً کار ما نیست. گویا مقصود نویسنده بیشتر نوشتن شرح حال افسانه‌آمیز (Biographie romancée) یعنی همان قسمت ادبی و افسانه‌آمیز که برای آیندگان ارزش دارد بوده است. چون در آن زمان مورخ به شرح وقایع خشک تاریخی اکتفا نمی‌کرده، بلکه کوشش می‌نموده وقایع را به لباس ادبی وبه صورت رمان در بیاورد، و در عین حال مقاصد خود را در آن بگنجاند. زیرا تعمد نویسنده این کتاب در ثبوت تأثیر بخت و سرنوشت، اعتقاد به نجوم و پیشگویی، ستایش دلاوری و سواری و پهلوانی و طرفداری از دین زرتشت و مراعات کامل از احکام مذهبی (مانند: واج گرفتن و برقرار کردن مکرر آتش بهرام) و اهمیت نژاد و تخمه پادشاهان و بزرگان ایران باستان که به موقع قابلیت خود را بروز می‌داده است آشکار می‌باشد.

کارنامه فعلی شامل تمام گزارش تاریخی دوره پادشاهی اردشیر از جمله جنگ او با امپراطور روم و پادشاه ارمنستان نیست. فقط اشاره مبهمی راجع‌به قصد جنگ اردشیر با ارمنستان می‌شود (در هفتم-۲) چنان که از جمله اول درِ نخستین به دست می‌آید، گویا این کتاب خلاصه‌ای از کارنامه

مفصل دیگری می‌باشد و قسمت‌های اضافی شاهنامه این حدس را تأیید می‌کند (از جمله: داستان هفتواد) لذا می‌توان حدس زد که تا زمان فردوسی قسمت عمده کارنامه یا ترجمه عربی و یا پازند آن وجود داشته است. این موضوع از مقایسه مطالب تاریخی شاهنامه با کتاب‌های پهلوی از قبیل: دینکرد، یادگار زریران، کارنامه اردشیر پاپکان، مادیگان چترنک، بندهش و زند وهومن‌یسن به خوبی روشن می‌گردد.

از آند جایی که در متن کارنامه‌ها اشاره به بازی شطرنج و نرد و خاقان ترک شده است، می‌توان حدس زد که گردآوری کارنامه یا خلاصه آن در قرن ششم میلادی در زمان خسرو اول (انوشیروان) انجام گرفته است. ولی از طرف دیگر ستایش پهلوانی، اسواری (Chevlerie)، هنرنمایی و زیبایی جسمانی که مکرر در آن آمده است مأخوذ از منابع خیلی قدیمی و از عادات زمان اشکانی و یا اوائل ساسانی می‌باشد. ولی پند و اندرزی که به اردشیر منسوب است (قسمت الحاقی) باید از اختراعات دروه اخیر ساسانی باشد که عادت داشته‌اند احتیاجات خود را به صورت جملات اخلاقی به اشخاص معروف نسبت بدهند تا به این وسیله سرمشقی به معاصرین خود داده باشند.

از طرف دیگر، سبک و انشای محکم، ساده و استادانه کارنامه خیلی قدیمی است؛ و با سبک کتب پهلوی که بعد از اسلام تألیف شده فرق دارد. از این قرار می‌توان نتیجه گرفت که: کارنامه فعلی بی‌شک از ادبیات اصیل دوره ساسانیان به شمار می‌رود و قطعاً بعد از سقوط یزدگرد و یا در دوره اسلامی تنظیم نشده است.

گرچه فردوسی همین داستان را به زبان بی‌مانند و فراموش نشدنی در شاهنامه نقل می‌کند، ولی از ارزش نثر ادبی این حکایت و سادگی آن چیزی

نمی‌کاهد. به علاوه تأیید می‌شود که فردوسی منابع خود را مستقیماً از متن‌های پهلوی و یا ترجمه عربی و یا اطلاعات شفاهی که از دهقانان کسب می‌کرده قرار گرفته است. ولی ضمناً به این نکته برمی‌خوریم که تا چه اندازه فردوسی در اصالت ترجمه منابع خودش کوشش و دقت به کار برده است، (مانند: ترجمه‌های تحت‌اللفظی و استعمال لغات پهلوی) و نیز پس از مقایسه خواهیم دید که متن کنونی اصیل‌تر از نسخه‌ای می‌باشد که فردوسی از آن استفاده کرده است. فردوسی تنها مترجم و شاعر نبوده، بلکه اسناد گوناگون خود را با ترتیب و ذوق مخصوصی به هم مرتبط کرده، و نیز طبق شیوه و روش مورخین و نویسندگان زمان ساسانی بی‌آن که به وقایع تاریخی لطمه وارد بیاورد ایجاد افسانه می‌نماید:

که رستم یلی بود در سیستان　　　منش کردمی رستم داستان

رستم نیمه حقیقی و نیمه اساطیری او از قهرمانان تاریخی زنده‌تر و حقیقی‌تر مانده است. کاری که شکسپیر از پرورانیدن افسانه دکتر فوست نموده.

اینک متن پازند کارنامه را باز جزئی تغییر در دسترس خوانندگان می‌گذاریم. نیز ناگفته نماند که در سنه ۱۸۹۹ میلادی خدایار دستور شهریار ایرانی ترجمه‌ای از کارنامه به فارسی نموده است. ولی از طرفی به واسطه نایاب بودن نسخه مزبور و از طرف دیگر به جهت نواقصی که در آن دیده می‌شود، این بود که لازم شمردیم مجدد اقدام به ترجمه کارنامه بنماییم. این کتاب از روی صحیح‌ترین متنی است که داشنمند بزرگوار آقای بهرام گور انکلسریا سالیان دراز در تصحیح و مقابله آن کوشیده و فراهم کرده است. صرف‌نظر از پاره‌ای لغات غیرمصطلح که معنی آن‌ها در پاورقی داده می‌شود، متن مزبور برای عموم فارسی‌زبانان قابل فهم می‌باشد.

در خاتمه سپاسگزاری از آقای بهرام گور تهمورس انکلسریا را واجب می‌شماریم که علاوه بر اجازه اقتباس از متن ایشان، از هیچ گونه کمک و راهنمایی در ترجمه متن‌های پهلوی نسبت به این جانب فروگذار نکرده و منت بزرگی به گردنم گذاشته‌اند.

بمبئی ۱۳۱۷/۲/٤

صادق هدایت

به نام یزدان

(کارنامه اردشیر پاپکان)

«(*) به نام و نیرو و یاری دادار[1] اورمزد ریومند[2] فرهمند[3]. تندرستی و دیرزیوشنی[4] همگی نیکان و فرارون‌نشان[5] و نام‌چشتی[6] او که برایش این نوشته می‌شود.»[7]*

درِ نخستین

[در دیدن پاپک، ساسان را در خواب و دادن دخت خود بدو.][8]*

(۱) به کارنامه اردشیر پاپکان ایدون[9] نوشته بود که: پس از مرگ الاسکندر[10] ارومی[11] ایران‌شهر را دو صد و چهل کدخدای[12] بود. (۲) سپاهان و پارس و کسته‌های[13] به‌اش نزدیک‌تر به دست اردوان سردار بود. (۳) پاپک مرزپان[14] و شهردار[1] پارس بود، و از گمارده[2] اردوان بود. (٤) اردوان به

---

[1] آفریننده.

[2] درخشان Rayonnant

[3] خوره‌اومند = با عظمت.

[4] درازی عمر.

[5] نیک‌کرداران.

[6] به خصوص یادآوری نام.

[7] سرآغاز این کتاب الحاقی است و استنساخ‌کننده افزوده است.

[8] نسخه‌ی اصلی کارنامه بدون فصل و عنوان می‌باشد، عناوین این کتاب از شاهنامه‌ی فردوسی گرفته شده است.

[9] چنین، همین‌گونه.

[10] اسکندر Alexander

[11] امپراطوری روم شرقی (بیزانس) که نیز شامل یونان می‌شده است.

[12] ملوک‌الطوایف.

[13] نواحی، اطراف Côtés

[14] Margrave

استخر می‌نشست[۳]؛ (۵) و پاپک را هیچ فرزندی نامبردار نبود. (۶) و ساسان شپان پاپک بود، و همواره با گوسپندان بود، و از تخمه دارای دارایان[٤] بود، و اندر دش-خدایی[5] الاسکندر بگریز و نهان-روشی[۶] بود و با کردشپانان به سر می‌برد. (۷) پاپک نمی‌دانست که ساسان از تخمه دارای دارایان زاده است.

(۸) پاپک شبی به خواب دید: پاپک شبی به خواب دید: «چونان که خورشید از سر ساسان بتابد و همه گیهان[۷] روشنی گیرد.» (۹) دیگر شب، ایدون[۸] دید: چونان که ساسان به پیلی آراسته سپید نشسته بود، و هر که اندر کشورند پیرامون ساسان ایستاده و نماز[9] به‌اش می‌برند و ستایش و آفرین همی کنند.» (۱۰) سه‌دیگر شب همگونه ایدون دید: «چونان که آذرفرنبغ و گشنسپ و برزین‌مهر[۱۰] به خانه ساسان همی وخشند[۱۱] و روشنی به همه گیهان همی دهند.» (۱۱) پاپک چونش بدان آئینه[۱۲] دیداند[۱۳] نمود؛ (۱۲) وش[۱٤]

---

[۱] حکمران Satrape

[۲] گماشته.

[۳] مقر و پایتخت داشت.

[٤] دارا پسر دارا.

[٥] فرمانروایی بیدادانه.

[٦] روش پنهانی.

[۷] جهان.

[۸] چنین.

[۹] تعظیم و تکریم.

[۱۰] نام سه آتش مقدس روحانی که برای حفاظت جهان آفریده شده و همه‌ی آتش‌های دیگر از آن‌ها مشتق می‌شوند.

[۱۱] فروزانند - تابانند.

[۱۲] طریق - منوال.

[۱۳] شگفت، تعجب.

[۱٤] او - واو.

دانایان و خواب‌گزاران به پیش خواسته، آن هر سه شب خواب چون دیده بود پیش ایشان گفت.

(۱۳) خواب‌گزاران[۱] گفتند که: «آن که این خواب پدش[۲] دیده‌ای، او یا از فرزندان آن مرد کسی به پادشاهی گیهان رسد؛ چه، خورشید و پیل سپید آراسته چیری و توانایی و پیروزی، و آذرفرنبغ دین‌دانایی[۳] مه‌-مردان[۴] و مغ-مغ-مردان[۵]، و آذرگشنسپ ارتشتار[۶] و سپهبدان، آذربرزین‌مهر واستریوشان[۷] و برزگرداران گیهان؛ و همگی این پادشاهی به آن مرد یا فرزندان آن مرد رسد.»

(۱۴) پاپک چونش آن سخن شنفت، کس فرستاد، و ساسان را به پیش خواست، و پرسید که: «تو از کدام تخمه و دوده‌ای؟ از پدران و نیاکان تو کس بود که پادشاهی و سرداری کرد؟»

(۱۵) ساسان از پاپکان پشت و زنهار خواست، که: «گزند و زیانم مکن.»

(۱۶) پاپک پذیرفت. و ساسان راز خویش چون بود پیش پاپک گفت.

(۱۷) پاپک شاد شد و فرمود که: «تن بشوی[۸].» (۱۸) و پاپک فرمود که تا دستی جامه و پوشاکی خدای‌وار[۹] به‌اش آوردند و به ساسان دادند که:

---

[۱] معبرین.

[۲] برایش.

[۳] دانش دینی.

[۴] مردان بزرگ.

[۵] روحانیون.

[۶] سپاهی - جنگجویان.

[۷] روستایان.

[۸] در متن: «تن به - آور = زن - کن» فردوسی می‌گوید:

بدو گفت بابک: «به گرمابه شو!» همی باش تا خلعت آرند نو

[۹] تن‌پوشی شاهوار.

«بپوش!» و ساسان همگونه کرد[۱]. (۱۹) و پاپک ساسان را فرمود که تا چند روز به خورش و دارش[۲] نیک و سزاوار پرورد؛ (۲۰) وش پس دخت خویش به به زنی داد[۳].

درِ دوم

[در زادن اردشیر پاپکان و چگونگی او با اردوان در نخچیرگاه]

(۱) دهش[٤] باید بودن را، اندرزمان[۵] آن کنیزک[۶] آبستن شد و اردشیر ازش ازش زاد.

(۲) پاپک چونش برازندگی تن و چابکی اردشیر بدید، دانست که: «آن خواب که دیدم راست شد.» (۳) وش اردشیر به فرزندی پذیرفت و گرامی داشت و پرورد؛ (٤) و چون به داد[۷] و هنگام فرهنگ[۸] رسید، به دبیری و اسوباری[۹] و دیگر فرهنگ ایدون فرهاخت[۱۰] که اندر پارس نامی شد.

---

۱ بیاورد پس جامه‌ی پهلوی یکی اسب با آلت خسروی

۲ دارایی.

۳ طبق خدای‌نامه، کتیبه‌ی اردشیر وپسرش و هم‌چنین همه‌ی اسناد معتبر تاریخی اردشیر پسر پاپک بوده است. در این جا پسرخوانده‌ی پاپک معرفی می‌شود.

٤ سرنوشت - قضا.

۵ درحال - بیدرنگ.

۶ بانو - خانم بزرگ‌زاده.

۷ سن Date

۸ فنون.

۹ سواری Chevalerie

۱۰ افراشت - آموخت - تربیت کرد.

(۵) چون اردشیر به داد پانزده ساله رسید، آگاهی به اردوان آمد که: «پاپک را پسری هست به فرهنگ و اسوباری فرهاخته و بایشنی[۱] است.» (۶) وش نامه به پاپک کرد که: «ما ایدون شنفتیم که: شما را پسری هست بایشنی و به فرهنگ و اسوباری اویر[۲] فرهاخته؛ (۷) کامه[۳] ما است که او را به درگاه ما فرستی، و نزد ما آید تا با فرزندان و سپوهرگان[۴] باشد، وش به فرهنگ کش هست بر[۵] و پاداش فرماییم.»

(۸) پاپک، از آن که اردوان مه-کامکار-تر[۶] بود، دیگرگونه کردن و آن فرمان بسپوختن[۷] نشایست؛ (۹) وش، اندرزمان، اردشیر را آراسته، باده‌بنده[۸] و بس چیز افد[۹] بسیار سزاوار به پیش اردوان فرستاد.

(۱۰) اردوان، چونش اردشیر بدید، شاد شد، و گرامی کرد، (۱۱) و فرمود که: هر روز با فرزندان و سپوهرگان خویش به نخچیر و چوگان شوید؛ و اردشیر همانگونه کرد. (۱۲) به یاری یزدان، به چوگان و اسوباری و چترنگ[۱۰] و نو-اردشیر[۱۱] و دیگر فرهنگ از ایشان همگی چیر و ورد[۱۲] بود.

---

[۱] بایسته - برازنده.

[۲] بسیار - نیکو.

[۳] آرزو - خواهش - مراد.

[۴] شاهزادگان - امیرتخمگان - بزرگ‌زادگان.

[۵] میوه - اجر.

[۶] کامرواتر - زورمندتر.

[۷] سرپیچی - پشت گوش انداختن - تأخیر.

[۸] پرستار.

[۹] شگفت‌آور.

[۱۰] شطرنج.

[۱۱] نرد.

[۱۲] نبرد - آزموده.

(۱۳) روزی، اردوان با اسوباران و اردشیر به نخچیر رفته بود. (۱٤) گوری[1] اندر اندر دشت بگذشت؛ اردشیر و پسر مه[2] اردوان از پس آن گور تاختند؛ و اردشیر اندر رسیده، تیری ایدون به گور زد که تیر تا پر به شکم اندر شد، و از دیگری سوی بگذشت، و گور بر جای بمرد.

(۱۵) اردوان و اسوباران فراز رسیدند، و از چنان زنش[3] به آن آئینه[4] افد نمود[5]، پرسید که: «این زنش که کرد؟» (۱۶) اردشیر گفت: «من کردم.» (۱۷) پسر اردوان گفت که: «نه، چه من کردم.» (۱۸) اردشیر را خشم گرفت؛ وش به پسر اردوان گفت که: «هنر و مردانگی، به ستمگری و دش شرمی[6] و و دروغ و بیدادی، به خویشتن بستن نتوان؛ این دشت نیک، و ایدر[7] گور بسیار؛ من و تو ایدرف دیگر آزمایش کنیم، و نیکی و دلیری و چابکی پدید آوریم.»

(۱۹) اردوان را از آن دشوار آمد؛ و پس از آن اردشیر را نگذاشت که بر اسب بنشیند؛ (۲۰) وش اردشیر را به آخور ستوران[8] فرستاد، (۲۱) و فرمود که: «بنگر که: روز و شب از نزدیک ستوران به نخچیر و چوگان و فرهنگستان[9] نشوی.»

---

[1] گورخر – خردشتی.

[2] پسر بزرگ.

[3] ضربت.

[4] طریق – گونه.

[5] افدیدن – تعجب کردن.

[6] بی‌شرمی (دش = بد.) مانند: دشنام، دشمن، دشوار.

[7] این جا.

[8] در قدیم معمول بوده مجرم را به استبل می‌فرستاده‌اند.

[9] پرورشگاه.

(۲۲) اردشیر دانست که: اردوان از دش چشمی[۱] و بدکامی[۲] (ایـن سـخن) را می‌گوید؛ (۲۳) وش، اندرزمان، داستان[۳] چون بود، نامه به پاپک نوشت. (۲٤) چونش نامه بدید، اندوهگین شد؛ (۲۵) وش به پاسخ (که) بـه اردشـیر کرد، نوشت که: «تو از نادانی کردی، که به چیزی که زبـان ازش نشایسـت بودن با بزرگان ستیزه بردی، و سخن به درشت‌آوازی بـه‌اش گفتـی؛ (۲۶) کنون هم به پدرانه انگار، پوزش بگوی؛ (۲۷) چه، دانایان گفته‌اند که: «دشمن به دشمن آن نتوان کردن، که مرد نادان، از کنش[٤] خویش بـه‌اش رسـد[۵].» (۲۸) این نیز گفته‌اند که: «از آن کس مست[۶] درمانده مبـاش کـه جـز از او نگزارد[۷].» (۲۹) و تو خود دانی که: اردوان، بر من و تـو و بسـی مـردم انـدر گیهان، به تن و جان و هیر[۸] و خواسته، کامکارتر پادشاه هست؛ (۳۰) کنون نیز اندرز من به تو این سـخت‌تـر[۹] کـه: یگـانگی و فرمـانبرداری کـن، و ورج[۱۰] خویشتن به نایین بودی[۱۱] مسپار.»

---

[۱] بدچشمی - خیرگی - رشک.

[۲] بدخواهی.

[۳] سرگذشت.

[٤] کردار.

[۵] سعدی می‌گوید:

دشمن به دشمن آن نپسندد که بی‌خرد — با نفس خود کند به هوای مراد خویش

[۶] تنگی، گله‌مندی (در فارسی جدید به شکل مستمند باقی است.)

[۷] از دست او گره باز نشود.

[۸] مال و منال.

[۹] زیاده‌تر.

[۱۰] ارج - آبرو - روشنایی.

[۱۱] نامرئی.

دَرِ سوم

[در ویاوان[1] شدن کنیزک اردوان بر اردشیر،
و گریختن اردشیر با کنیزک[2] به سوی پارس]

(۱) اردوان را کنیزگی بایشنی[3] بود، که از دیگر کنیزکان آزرمی‌تر[4] و گرامی‌تر
گرامی‌تر داشت، و به هر آئینه[5] پرستاری اردوان که بود آن کنیزک می‌کرد.
می‌کرد. (۲) روزی، چون اردشیر به ستورگاه[6] نشسته تنبور می‌زد و سرود
بازی[7] و خرمی می‌کرد. او اردشیر را بدید و به‌اش و یاوان[8] شد؛ (۳) و پس از
از آن، نیز با اردشیر مهر و دوستی و دوشارم[9] گرفته، پیوسته به همه شب،
که اردوان بشده بخت[10] بخفتی، آن کنیزک به نهان به نزدیکی اردشیر شده،
شده، تا نزدیک بامداد با اردشیر بودی، و پس باز به پیش اردوان شدی.
(٤) روزی، اردوان دانایا نو اخترشماران[11]، که به دربار بودند، به پیش خواست
خواست و پرسید که: «چه همی بینید به چیش[12] هپتان[13] و دوازدهان[14]، و

---

[1] فریفته - شیفته - گمراه.

[2] خانم درباری - بانو.

[3] بایسته - خوش‌نما. فردوسی نام او را گلنار ذکر می‌کند. یونانیان او را «ارته‌دخت» می‌نویسند.

[4] ارجمندتر.

[5] طریقه - نوع.

[6] استبل.

[7] آوازخوانی به همراهی ساز.

[8] دلباخت.

[9] بستگی، مهر و علاقه.

[10] بخت برگشته.

[11] منجمین.

[12] در باب - در خصوص.

[13] هفت سیاره.

[14] دوازده برج. فردوسی می‌گوید:

بسپرس از شمار ده و دو و هفت — که چون خواهد این کار بیداد رفت

ایستش و روش[1] ستارگان، و چیش هنگام[2] خدایان شهرشهر[3]، و چیش مردمان گیهان، و چیش (برای) من و فرزندان، و مردمان ما؟»

(۵) اخترشماران سردار[4] به پاسخ گفت که: «دوازدهان افتاده، و ستاره هرمزد[5] باز به بالست[6] شده، وش از بهرام[7] و ناهید[8]، به کسته[9] هپتورنگ[10] و شیر اختر[11] مرزند[12]، و به هرمزد یاری دهند؛ (۶) و همچم[13] را، ایدون نماید، که: خدایی و پادشاهی نو به پیدایی آید، و بسی سرخدا[14] را بکشد[15] و گیهان باز به یک خدایی[16] آورد.»

(۷) دیگر سرداری نیز از ایشان پیش آمد، و به او گفت که: «ایدون پیدا است، که، هر بنده مرد، که از امروز تا سه روز از خداوند خویش بگریزد، به

---

[1] سکون و حرکت.

[2] معاصر - هم‌زمان.

[3] سلاطین حول و حوش.

[4] لقب رئیس منجمان (منجم‌باشی).

[5] مشتری.

[6] بالاترین - ترفیع - اوج.

[7] مریخ.

[8] زهره.

[9] سوی - جانب (به فرانسه قدیم Costé)

[10] بنات‌النعش - خرس مهتر.

[11] برج اسد.

[12] مرزیدن = مالیدن - نزدیکی کردن (مقارن)

[13] به این سبب - ازین رو.

[14] فرمانفرما.

[15] اوزدن = کشتن.

[16] یک پادشاهی.

بزرگی و پادشاهی رسد، و بر آن خداوند خویش کام انجام[1] و پیروزگر شود.»
شود.»

(۸) کنیزک، آن سخن چونش به اردوان گفتند، اندر شب که به نزدیک اردشیر آمد، پیش اردشیر بازگفت.

(۹) اردشیر، چون آن سخن شنفت، منش[2] به گریختن از آنجا نهاد، (۱۰) وش به کنیزک گفت، که: «اگرت منش با من راست و یگانه هست، پس نیز اندرین سه روز برگزیده، که دانایان اخترشماران گفته‌اند: «هر که از خداوند خویش بگریخت، به بزرگی و پادشاهی رسد، آور[3]، تا گیهان گیریم، بشویم؛ (۱۱) اگر یزدان اگر یزدان -فره[4]- ایران‌شهر[5] به یاری ما رسد، ببوختیم،[6] و به نیکی و خوبی رسیم، ایدون[7] کنم که: از تو فرخ‌تر اندر گیهان کس نباشد.»

(۱۲) کنیزک همداستان[8] شد و گفت که: «به آوادی[9] دارم، و هر چه تو فرمایی کنم.»

(۱۳) کنیزک چون نزدیک بامداد شد، باز به گاه خویش نزد اردوان شد؛ (۱٤) شب که اردوان خفته بود، از گنج اردوان شمشیری هندی، و زینی زرین و کمری میش‌سر[10]، و افسری زرین، و جامی زرین به گهر و جوزن[1] و دینار

---

[1] کامروا.

[2] اندیشه - قصد - اراده.

[3] حاضرا باش - زود باش.

[4] خوره - روح‌القدس - نورالوهیت و تقدس که با پادشاهان ایران بوده است.

[5] مملکت ایران.

[6] رها شدیم نجات یافتیم.

[7] چنان.

[8] هم‌رای - راضی.

[9] فال نیک، خوش‌شگون.

[10] سر بره (منقوش به سر بره که علامت بزرگی است).

آگنده و زره و زین‌افزاری بسیار پیراسته، و دیگر بسیار چیز برداشته، به پیش اردشیر آورد.

(۱۵) اردشیر دو اسپ از بارگان[2] اردوان، که به روزی هفتاد فرسنگ برفتندی، زین کرده، یک خود و یک کنیزک برنشستند، و راه به پارس گرفته به شتاب همی رفتند.

(۱۶) ایدون[3] گویند که: اندر شب، فراز به دهی آمدند. (۱۷) و اردشیر ترسید که: «مگرم مردم ده بینند و شناسند و گرفتار کنند.» نه اندر ده، به[4] به کسته[5] ده گذشتند؛ (۱۸) وش ده‌زنی[6] نشسته دید؛ (۱۹) و آن زن بانگ کرد که: «مترس اردشیرکی پاپکان، که از تخمه ساسان، ناف[7] دارا شاهی! چه، رسته‌ای از هر بدی، کسی ترا نتوان گرفتن. و وت[8] خدایی ایران‌شهر به سی سال باید کردن؛ بشتاب تا به دریا، و چون دریا به چشم بینی مپای؛ چه کت چشم به زرایه[9] افتد، از دشمنان بی‌بیم[10] باشی.»

(۲۰) اردشیر خرم شد، و از آن جا به شتاب برفت.

---

[1] پول نقره - درهم.
[2] توسن - کره سواری. فردوسی:
همان ماهرخ بر دگر بارگی / نشست و برفتند یکبارگی
[3] چنین.
[4] بلکه.
[5] حوالی.
[6] زن دهاتی.
[7] پیوند - بسته - زادورود.
[8] ترا.
[9] دریا (زرایند لغت اوستایی دریا است.)
[10] ایمن.

درِ چهارم

[در آگاه شدن اردوان از گریز اردشیر با کنیزک، و شتافتن او از پس ایشان]

(۱) چون روز شد، اردوان کنیزک را خواست، و کنیزک به جای نبود. (۲) ستوربان[۱] آمد، و به اردوان گفت که: «اردشیر با دوباره[۲] شما به جای نیست.» (۳) اردوان دانست که: «کنیزک من با اردشیر گریخته رفته است،» (٤) و چونش آگاهی از گنج شنفت سرکنده[۳] کرد؛ (۵) وش اخترشماران سردار را خواست و گفت که: «زود باش و بنگر تا آن گناهکار با آن جه[٤] روسپی[۵] کدام جای شد، کی شائیم گرفتن؟»

(۶) اخترشماران سردار زمان انداخت[۶]، و به پاسخ به اردوان گفت که: «ماه از کیوان[۷] و بهرام[۸] رفته، و به هرمز[۹] و تیر[۱۰] پیوسته، خدای میان آسمان[۱۱] زیر زیر بره مهر[۱۲] است؛ (۷) ایدون پیدا که اردشیر گریخته رفته؛ رویش به کسته پارس است، و اگر تا سه روز گرفتن نشاید، پس از آن گرفتن نتوان.»

---

[۱] میرآخور

[۲] کره‌سواری.

[۳] دلتنگ - سر به گریبان.

[٤] لکاته.

[۵] فاحشه.

[۶] تقویم گرفت - زائیچه گرفت.

[۷] زحل.

[۸] مریخ.

[۹] مشتری.

[۱۰] عطارد.

[۱۱] خانه‌ی دهم که برج جدی باشد (طبق نجوم این خانه، منسوب به پادشاهان و شاهزادگان و کارهای بزرگ و نیز دلیل بر پادشاهی می‌باشد.)

[۱۲] پرتو خورشید.

(۸) اردوان، اندرزمان[۱] سپاه چهارهزار (مـرد) آراسـته، راه بـه پـارس، پـی اردشیر گرفت؛ و چون نیمروز[۲] شد، به جایی رسید که راه پـارس از آن جـا می‌گذشت؛ (۹) وش پرسید که: «آن دو اسوبار کـه بـه سـوی ایـن کسـته آمدند، چه زمان بگذشتند؟»

(۱۰) مردمان گفتند که: «بامداد، چون خورشید تیغ برآورد، ایدون چـون بـاد ارده[۳] همانا بگذشتند؛ (۱۱) از پس ایشان بره[٤] ای بس ستبر[۵] همی دوید، کـه که از آن نیکوتر بودن نشایست؛ (۱۲) دانیم که، تاکنون به سی فرسنگ زمین رفته‌اند، و شما گرفتن (ایشان) نتوانید.»

(۱۳) اردوان هیچ نپایید و بشتافت.

(١٤) چون به دیگر جای آمد، از مردمان پرسید که: «آن دو اسـوبار چـه گـاه بگذشتند؟»

(۱۵) ایشان گفتند که: «نیمروز، ایدون چون باد ارده همی شـدند؛ و همـوار[۶] ایشان بره‌ای همی رفت.[۷]»

(۱۶) اردوان شگفت نمود و گفت که: «انگار که اسوبار دوگانه را دانـیم: بـه[۸] آن بره چه سزد بودن؟» وش از دستور پرسید.

---

۱ فوراً.

۲ ظهر.

۳ تندرو - تیزرو.

٤ غرم - مقصود خوره‌ی ایزدی است که از زمان کیومرث به پادشاهان ایران به شکل بره می‌رسیده است (نشان پیروزی)

۵ چاق - درشت.

۶ پا به پای.

۷

به دم سواران یکی غرم پای ... چو اسبی هم بر پراکنده خاک.

۸ اما.

(۱۷) دستور گفت که: «آن فره خدایی[1] است، که هنوز به‌اش نرسیده؛ بباید که بویسو باریم[2]: شاید که: پیش (از آن) که آن فره بـه‌اش برسـد، شـائیم گرفتن.»

(۱۸) اردوان با اسوباران سـخت شـتافت. (۱۹) روز دیگـر، هفتـاد فرسـنگ برفتند؛ وش گروه و کاروانی به پدیره آمدند[3]. (۲۰) اردوان از ایشان پرسید که: «آن دو اسوبار کدام جا پدیره (شما) شدند؟»

(۲۱) ایشان گفتند که: «میان شما و ایشان زمین سی فرسنگ (اسـت)؛ (۲۲) و ما را ایدون نمود، که: با یکی از ایشان اسوباران. بره‌ای بس بزرگ و چابک به اسپ نشسته بود.»

(۲۳) اردوان از دستور پرسید که: «آن بره که با او به اسپ (نشسـته)، چـه نماید؟»

(۲٤) دستور گفت که: « انوشه باشید![4] اردشیر به‌اش فره-کیان رسیده، بـه هیچ چاره گرفتن نتوان؛ پس خویشتن و اسـوباران رنجـه مداریـد، و اسـپان مرنجانید و تباه مکنید؛ چاره اردشیر از در دیگر بخواهید.»

درِ پنجم

[در فرستادن اردوان پسر خویش را با سپاه به پارس، به گرفتن اردشیر؛ و یاری دادن بواک[5] به اردشیر، و کارزار او با اردوان، و به زنی گرفتن دختر اردوان]

---

[1] پادشاهی.

[2] بتازیم؟ - بشتابیم؟

[3] برخوردند - روبرو شدند - دچار شدند.

[4] جاوی‍دان و بی‌مرگ باشید!

[5] در شاهنامه نوشته شده.

(۱) اردوان، چون به آن آئینه[۱] شنود، باز گشته، به جای نشست[۲] خویش رفت؛ رفت؛ (۲) و پس از آن سپاهی گند[۳] آراسته، با پسر خویش، به پارس به گرفتن اردشیر فرستاد.

(۳) اردشیر راه به بار[٤] دریا گرفت؛ (٤) ایدون چون همی رفت، چند مرد از مردمان پارس، که از اردوان مستگر[۵] بودند، ایشان هیر[۶] و خواسته و تن خویش پیش اردشیر داشته، یگانگی و فرمانبرداری پیدائینیدند[۷]. (۵) چون به به جایی که «رامش اردشیر»[۸] خوانند رسید، مردی بزرگ‌منش از سپاهان که بواک نام بود، که از دست اردوان گریخته بود، در آن جا بنه داشت، خود با شش پسر و بس سپاه گند[۹] به نزدیک اردشیر آمد. (۶) اردشیر از بواک همی ترسید، که: «مگرم گیرد و به اردوان سپارد.» (۷) پس بواک به پیش اردشیر آمد و سوگند خورد و بی‌گمانی[۱۰] داد که: «تا زنده باشم، خود با فرزندان فرمانبردار تو باشم.»

(۸) اردشیر خرم شد، و آن جا روستایی که «رامش اردشیر» خوانند، فرمود کردن؛ (۹) بواک را با اسوباران آن جا هشته[۱۱]، خود به بار[۱۲] دریا شد؛ (۱۰)

---

[۱] گونه - طریق.

[۲] نشیمنگاه - پایتخت.

[۳] گرد - دلیر - بی‌باک.

[٤] ساحل - کنار.

[۵] رنجور - آزرده‌دل.

[۶] مال و منال.

[۷] ظاهر ساختند.

[۸] رام اردشیر: در شاهنامه جهرم ذکر شده است.

[۹] دلیر.

[۱۰] اطمینان - اطاعت.

[۱۱] گذاشته.

[۱۲] ساحل.

چونش دریا به چشم بدید، اندر یزدان سپاسداری انگارد، و بدانجا روستایی را «بوخت اردشیر[۱]» نام نهاد، و ده آتش بهرام[۲] بر دریا فرمود نشایستن[۳]، و و از آن جا باز به نزدیک بواک و اسوباران آمد، و سپاه آراسته، به درگاه آذرفرنبغ کرفه‌گر[۴] شد، و ایپت[5] ازش خواسته، به کارزار با اردوان آمد، و آن سپاه اردوان را همگی کشت، و هیر و خواسته و ستور و بنه ازش بستد، و خود به استخر نشسته، از کرمان و مکران و پارس، کسته-کسته سپاه بی‌شمار مر[۶] گرد می‌کرد، و به کارزار اردوان می‌فرستاد.

(۱۱) چهار ماه، هر روز، کارزار و کشتار بسیار بود. (۱۲) اردوان، از کسته-کسته، چون از ری و دنباوند[۷] و دیلمان و پذشخوارگر[۸]. سپاه و آخور خواست. خواست. (۱۳) از آن چون فره-کیان با اردشیر بود، اردشیر پیروزی وندید[۹]؛ وش اردوان را کشت؛ و همگی هیر و خواسته به دست اردشیر آمد، و دخت اردوان را به زنی گرفت، و باز به پارس آمد و شهرستانی که «اردشیر خوره» خوانند (برپا) کرد؛ و در آن (نزدیکی) ور[۱۰] بزرگی کند، و آب چهار جوی ازش برآورد، و آتش به ور نشاست[۱۱]، و کوه ستبری را کنده، و رود

---

[۱] بوشهر؟ بوختن = نجات یافتن.

[۲] آتش مقدسی که مظهر جسمانی سه آذر بزرگ: فرنبغ و گشنسپ و برزین‌مهر باشد، وحامی همه‌ی آذرهای زمینی است.

[۳] برپا کردن.

[۴] ثواب‌کننده (لقب آذرفرنبغ)

[۵] ایافت خواستن - مراد طلبیدن.

[۶] بی‌شمار.

[۷] دماوند.

[۸] پتش - خوار - گر (آن کوهی که بدان خوره مانده است.) نواحی کوهستانی گیلان و تبرستان.

[۹] وندیدن = یافتن - به دشت آوردن.

[۱۰] دریاچه.

[۱۱] نشانید - نشاندن نگین در حلقه. فردوسی:

فردوسی، به فر کیانی یکی تخت ساخت

راوک[1] (ازش) رائینید[2]، و بسیار ده‌ورز[3] و آبادانی کرد[4]*، و بسیار آتش بهرام آن جا فرمود نشاستن.

درِ ششم

[در کارزار اردشیر با کردان و ستوه آمدن او، شبیخون کردن او بر سر کردان و ستوهینیدن[5] ایشان]

(۱) پس از آن، بسیاری سپاه گند زابل[6] بهی کرده[7]، به کارزار کردانشاماسی[8] فرنفت[9]. (۲) بسا کارزار وخونریزی شد، و سپاه اردشیر ستوهی پذیرفت. (۳) اردشیر با سپاه خویش نیازان شده؛[10] اندر شب به بیابانی آمدند، کش هیچ آب و خورش نبود، خود با اسوباران و ستوران همگی به گرسنگی و تشنگی رسیدند؛ وش از دور آتش شپانان دید. (٤) اردشیر به آن جا شد، مردی پیر آن جا دید، که با گوسپندان به گشت[11] کوه بودند. (۵) اردشیر آن شب آن جا شد، و روز دیگر، از ایشان راه خواست.

چه مایه درو گوهری برنشاخت

[1] در بُندهش کوهی به نام راوک نامیده شده.

[2] روان کرد.

[3] روستا.

[4] این جا در دو نسخه‌ی جدید چند فقره اضافه دارد که در ملحقات آخر کتاب نقل می‌شود.

[5] به ستوه آوردن.

[6] سرزمینی که بین کابل و سیستان و سند واقع شده است.

[7] فراهم ساخته.

[8] سرزمین مدی: نام کوهی در کردستان می‌باشد. در ویس و رامین «کشور ماه» آمده است.

[9] فرنفتن = خرامیدن - قصد کردن.

[10] هزیمت یافته، سرگردان شده.

[11] دور - اطراف.

(۶) ایشان گفتند که: «از این جا سه فرسنگ، روستایی هست بسیار آبادان، و بس مردم و پدیخوی[۱] بسیار هست.»

(۷) اردشیر به آن ده شده، فردی فرستاد، و اسوباران خویش همگی به درگاه خواست.

(۸) سپاه ماسیان پنداشتند که: «ما از اردشیر بی‌بیم بشدیم؛ چه، به ستوهی باز به پارس[۲] شد.»

(۹) اردشیر چهار هزار مرد آراسته، بر ایشان تازش[۳] و شبیخون کرد. و از کردان هزار مرد بکشت، دیگران را خسته[٤] دستگیر کرد، و از کردانشاه با پسران و برادران و فرزندان، بس هیر و خواسته به پارس گسیل کرد.

درِ هفتم

[در رزم اردشیر با هپتانباد[۵] و ستوهی اردشیر]

(۱) اندر (راه) سپاه هپت انباد خداوند کرم، به او پدکفته[۶]، آن همه هیر و خواسته و بند از آن اسوباران اردشیر بستانده، به کلالان، دست‌کرده[۷] کلال، کلال، آن جا که کرم بنه داشت بردند.

(۲) اردشیر به آن منش[۸] بود که: «به ارمن و آذرپادگان[۱] سوم» چه، یزدان‌کرد[۲] شهرزوری[۳] با بسیار سپاه گند از آن کسته شهرزوری مهران

---

[۱] آذوقه.

[۲] مطابق شاهنامه، سطخر.

[۳] تاخت و تاز.

[٤] زخمی – ناخوش.

[۵] هفت نواده – هفتواد.

[۶] پدگفتن – مصادم شدن – تنه زدن – دچار شدن.

[۷] تابع – دست نشانده.

[۸] اندیشه – قصد.

کرده[٤]، به فرمانبرداری به‌اش آمده بودند؛ (۳) بـه[5]، از آن چـون، اردشـیر ستمکاری و گناهکـاری هپتانبـاد و پسـرانش را بـه سـپاه (خـویش) شـنود، اندیشید: «نخست، کار پارس باید ویراستن[۶]، و از دشمنان بی‌بیم[۷] بـودن، و پس به شهر دیگر پرداختن؛ کنون، به آن اوزده[۸] که به کلالان ایـدون چیـر و ستمگین بود که‌اش پنج‌هزار سپاه هینی[۹]، نیز به کسـته‌کسـته بـوم سـند و مکران و دریا فرستاده بود (شوم).»

(٤) سپاه گند اردشیر، از کسته‌ها باز به اردشیر آمدند. (۵) هپتانبـاد سـپاه خویش را همگی باز به درگاه خواست.

(۶) اردشیر سپاه بسیاری بـا سـپهبدان بـه کـارزار کـرم گسـیل کـرد. (۷) دارندگان کرم[۱۰] همگی هیر و خواسته و بنه به درپشتی[۱۱] دز[۱۲] کـلالان نهـاده، خود در کوه‌ها و جای‌های شکسته[۱۳] نهان بودند. (۸) و اسـوباران اردشـیر را آگاهی نبود، به بن[14] دز کلال آمدند، و دز را پروندیدنـد[15]. (۹) چـون شـب

---

[۱] آذربایجان.

[۲] اسم خاص.

[۳] اسم شهری است.

[٤] معاهده بسته - پیمان کرده.

[٥] اما.

[٦] مرتب کردن - درست کردن.

[۷] ایمن.

[۸] بتکده.

[۹] مجهز - مسلح.

[۱۰] صاحبان کرم.

[۱۱] سنگر - استحکامات - جای مطمئن.

[۱۲] قلعه.

[۱۳] شکاف‌ها.

[۱٤] تا پای.

[۱۵] پروستن = حاصره کردن - فرا گرفتن.

شد، سپاه کرم بر ایشان زد و شبیخون کرد، و از اسوباران اردشیر بسیاری را کشت و اسپ و زین و زین‌افزار و خواسته و بنه از ایشان ستانده، به اوسوس[1] و ریاری[2] به آئینه تاوک[3] و برهنه، (ایشان را) باز به پیش اردشیر فرستادند.

(۱۰) اردشیر، چونش به آن آئینه دید، بسیار به بیش[4] شد، و از شهر-شهر و جای-جای، سپاه به درگاه خواست، و خود با سپاه بسیار به کارزار کرم فرنفت[5]، و چون به دز کلال آمد، سپاه کرم همگی به دز نشسته بودند؛ اردشیر پیرامون دز نشست[6].

(۱۱) خداوند کرم[7] هپتانباد را هفت پسر بود؛ هر پسری را با هزار مرد، به شهر-شهر گمارده بود. (۱۲) اندر آنگاه پسر یکه به ارنگستان[8] بود، با بسی سپاه از تاجیکان[9] و میچنیگان[10]، به گذار دریا آمد، و با اردشیر به کوخشش[11] کوخشش[11] ایستاد.

(۱۳) سپاه کرم، که به دز بود، همگی به بیرون آمدند، و با اسوباران اردشیر کوخشش وکارزار و جانسپاری‌های سخت کردند، و از هر دو کسته بسیار

---

[1] ریشخند - شوخی - دست انداختن.

[2] خنده و استهزاء؟ Vrire (ای لغت را به غلط رشخرش خوانده‌اند - برهان قاطع).

[3] تابوغ؟ «فرهنگ انجمن‌آرا» (طرز دشنام و تحقیری که مردان نامی را وارونه بر استر نشانیده در شهر می‌گردانیده‌اند.)

[4] اندوهناک.

[5] خرامید - عزم کرد.

[6] اردوزد.

[7] صاحب کرم.

[8] ارنگه نام شهری که در جنوب بوده است.

[9] تاجیک؟

[10] مصریان؟ شاید مقصود سربازان خارجی باشند که اجیر می‌شده‌اند؟ Mercenaires.

[11] زد و خورد - ستیزه.

کشته شدند. (۱٤) سپاه کرم بیرون آمدند، و راه گذرشان ایدون بگرفتند که هیچ کس از سپاه اردشیر بیرون شدن، و خوراک خویش و پدیخوی[1] ستوران آوردن نشایست؛ ازدومر[2]، همگی مردمان و ستوران به نیاز و بیچارگی رسیدند.

درِ هشتم

[در مهر-دروجی[3] مهرک نوشزادان با اردشیر، و آگاه شدن اردشیر از کار کرم و چاره نمودن کرم را]

(۱) مهرک نوشزادان[4]، هم از پارس، چون شنید که: «اردشیر به درگاه کرم بی‌پردازش[5]، و وش بر سپاه کرم نه وندید[6]» سپاهی گند آراسته، و به جایگاه اردشیر شد؛ و همگی هیر و خواسته و گنج اردشیر را ببرد؛ (اردشیر) چونش مهر-دروجی مهرک و دیگر مردمان پارس به آن آئینه[7] شنود، باری این اندیشیدن که: «از کوخشش کرم باید پرداختن؛ و پس به کوخشش و کارزار مهرک شدن.» (۲) وش سپاه را همگی باز به درگاه خواسته، با سپهبدان سگالید[8]، و چاره به بوختن[1] خویش و سپاه نگرید، و پس از آن به چاشت خوردن نشست.

---

[1] آذوقه.

[2] شمار - دوبار - دو طرف - دو مرتبه.

[3] پیمان شکنی.

[4] پشر نوشزاد . فردوسی:

به جهرم مرد بُد بدنژاد — آن‌جا نام او مهرک نوشزاد

[5] بیکار - بی‌تکلیف - گرفتار.

[6] وندیدن - دست یافتن - چیره شدن.

[7] بدینسان.

[8] کنکاش کردن - مشورت. کرد.

(۳) اندرزمان، تیری چوبی از دز فرود آمد، و تا پر به بره‌ای که بر خوان[۲] بود نشست. (٤) به تیر ایدون نوشته بود که: «این تیر اسوباران ورجاوند[۳] خداوند کرم انداخته؛ و ما نخواستیم که بزرگمردی[٤] چون شما کشته شود، پس ما برین به ره زدیم.

(۵) اردشیر، چون به آن آئینه دید، سپاه از آن جا کنده برفت. (۶) سپاه کرم از پس اردشیر شتافته، جای بر ایشان ایدون تنگ بکرد که سپاه اردشیر را گذشتن نشایست؛ و اردشیر خود تنها به بار[۵] دریا افتاد.

(۷) ایدون گویند که فره-کیان که به دور بود، اندر پیش اردشیر ایستاد، و اندک-اندک همی‌رفت، تا اردشیر (را) از آن جای دوش گذر[۶]، از دست دشمنان، و گزندها بیرون آورده، فراز به دهی که مانه خوانند رسید؛ اندر شب، به خانه دو برادر، که یک برز و یک برز-آذر نام بود بیامد؛ به ایشان گفت که: «من از اسوباران اردشیرم، که از کارزار کرم به ستوهی آمده‌ام، و امروز اسپنج[۷] فرمایید دادن، تا آگاهی سپاه اردشیر بیاید که به کدام زمین افتاده‌اند.»

(۸) ایشان، با بس کنده‌ای[۸]، به اردشیر گفتند که: «گجسته[۹] باد گنامینوی دروند،[۱۰] که این اوزده[۱] ایدون چیر و پاد یاوند[۲] کرده است، که همگی مردم

---

[۱] رستن - نجات یافتن.

[۲] سفره.

[۳] فرهمند - پیروزمند.

[٤] مرد بزرگی.

[۵] کنار - ساحل.

[۶] سخت‌گذر - صعب‌العبور.

[۷] پناهگاه.

[۸] دلپری - پراکندگی - دلخستگی.

[۹] ملعون - نامبارک (ضد خجسته.)

[۱۰] بتکده.

کسته‌ها از دین اورمزد و امشاسپندان[۳] گمراه شده‌اند، و مه-خدای[٤]-مردی نیز چون اردشیر، با سپاهش همگی از دست آن دشمنان دروندان[5] و اوزده پرستگان[۶] سر به ستوهی گردانیده‌اند.»

(۹) ایشان اسپ اردشیر را گرفته، اندر سرای بردند و به آخور بستند، و به شگ[۷] و اسپست[۸] نیک داشتند، و اردشیر را به نشستنگاه و جایی به آیین[۹] برده بنشانیدند. (۱۰) اردشیر بسیار اندوهگین بود، و همی اندیشید، و ایشان درون یشته[۱۰] به اردشیر خواهش کردند که: «واج[۱۱] فرمای گرفتن، و خورش بخور، و اندوه و تیمار مدار؛ چه، اورمزد و امشاسپندان چاره این چیز بخواهند (کرد)، و این پتیاره[۱۲] ایدون نهلند،[۱۳] چه، با ستمکاری دهاک و افراسیاب تور و الاسکندر ارومی، پس نیز یزدان از ایشان خرسند نبود، ایشان را به ورج[١٤] و فره[١٥] خویش ایدون نابین[١۶] و ناپیدا کرد، چنان که گیهان آشنا است.»

---

[۱] زشت - نابکار - خبیث.

[۲] توانا - پیروزگر.

[۳] هفت فرشته‌ی مقرب اورمزد که زندگانی جاودانی دارند.

[٤] پادشاه - بزرگی.

[٥] نابکاران.

[٦] پرستندگان بت.

[۷] جو دو سر.

[۸] یونجه.

[۹] مراسم و تشریفات.

[۱۰] دعای برکت که پیش از خوراک می‌خوانند.

[۱۱] زمزمه و دعا کردن

[۱۲] آفت - بلا.

[۱۳] نگذارند.

[١٤] آبرو - ارج.

[١٥] نور تقدس.

[١٦] نامرئی.

(۱۱) اردشیر، به آن سخن منش خوش کرد، و واج گرفته خورش خورد.

(۱۲) ایشان را مـی‌نبـود، بـه[۱] و شـکله[۲] پـیش آوردنـد، و میـزد[۳] رائینیـده[٤] آفرینگان[۵] کردند.

(۱۳) اردشیر به بهی[۶] و دین دوستی و یگانگی و فرمانبرداری ایشان بی‌گمان[۷] بی‌گمان[۷] شد؛ وش راز خویش به برز و برز-آذر-ایزد[۸] گفت، که: «من خود خود اردشیرم، اکنون این نگرید که: چاره این، بـه اوسـهینیدن[۹] ایـن کـرم و یاران او، چگون شاید خواستن؟»

(١٤) ایشان به پاسخ گفتند که: ما (را اگر) تن و جان و هیـر و خواسـته و زن و فرزند. به شت[۱۰] شما بغانیان[۱۱] ایران‌شهر بباید سـپاردن بسـپاریم؛ بـه[۱۲]، مـا ایدون دانیم که چاره این دروج[۱۳] ایدون شاید خواستن، که تو خویشتن را بـه آئینه مرد دور-شهری[١٤] آراسته کنی، بگذار خوانا[۱۵]، تن خویش بـه بنـدگی و

---

[۱] لیکن.

[۲] دانه‌ی انگور - کشمش.

[۳] شکر نعمت.

[٤] به زبان رانده.

[۵] ستایش پروردگار.

[۶] نیکی.

[۷] مطمئن.

[۸] برای نشان دادن یگانگی و صمیمت هنوز نزد زرتشتیان معمول است که لغت «ایزد» را به اسم اصلی می‌افزایند.

[۹] تباه کردن.

[۱۰] حضرت.

[۱۱] خداوندان - بزرگ‌زادگان - شه‌زادگان.

[۱۲] ولیکن.

[۱۳] خبیث - بدذات - دروغ.

[١٤] بیگانه.

[۱۵] به لباس خواننده‌ی سرودهای مقدس.

پرستش او بسپاری، و دو مرد هاوشت[1] دین‌آگاه به آن جا ببری، و به ایشان یزش[2] و از بایش[3] یزدان و امشاسپندان فراز کنی؛ و چون هنگام خورش خوردن آن کرم شود، ایدون کنی که روی گداخته (با خود) داری، و به زپر[4] آن دروج ریزی تا بمیرد؛ و آن دروج-مینویی[5] به یزش و ازبایش یزدان بشاید کشتن، و آن دروج-تن-کردی[6] به روی گداخته بشاید کشتن.»

(۱۵) اردشیر، آن سخن پسندید و خوب داشت،[7] و به برز و برز-آذر گفت که: «من این کار به یاری شما توان کردن.»

(۱۶) ایشان گفتند که «هر کاری که شما فرمایید تن و جان بسپاریم.»

درِ نهم

[در کشتن اردشیر مهرک نوشزادان را، و سگالیدن[8] با برز و برز-آذر، و کشتن او کرم هپتانباد را]

(۱) اردشیر از آن جا باز به «اردشیر خوره» آمد، و کار با مهرک نوشزادان گرفت، و مهرک را کشت، و شهر و جایگاه و هیر و خواسته همگی به (آن) خویش کرد؛ کسی را با کرم به کارزار کردن فرستاد؛ برز و برز-آذر را به پیش خواسته با (ایشان) سگالید، و بسیار جوزن[9] و دینار و پوشاک گرفت و

---

[1] شاگرد دینی - طلبه.

[2] پرستش.

[3] ستایش.

[4] زفر = پک و پوز، حلق.

[5] روح خبیث.

[6] جسم خبیث.

[7] به فال نیک پنداشت.

[8] کنکاش.

[9] پول نقره - درهم.

خویشتن را به همه[1] خراسانی آراسته داشت، و با برز و برز-آذر به بن[2] دز کلال آمد، و گفت که: «من مردی خراسانیم، و از این ورجاوند[3] خدای اپیتی[4] می‌خواهم که بدرگاه او از برای پرستش بیایم.»

(۲) ایشان اوزده-پرستگان[5]، اردشیر با آن دو مرد را مردمان (آن‌جا) بپذیرفته و به‌مان[6] کرم جای دادند.

(۳) اردشیر، سه روز به آن آئینه، پرستش و یگانگی کرم کردن پیدائینید[7]، و آن جوزن و دینار و جامه به پرستگان[8] داده، ایدون کرد (که) هر که اندر آن دز بود افد[9] نمود و آفرین‌کننده شدند. (٤) پس اردشیر گفت که: «ایدون بهتر می‌نماید که کرم را سه روز، خورش به دست خود دهم.» (۵) پرستگان و کارفرمایان هم‌داستان[10] شدند.

(۶) اردشیر کس فرستاد، و سپاه چهارصد مرد هنرمند و جانسپار، به پرگوار[11] آن‌جا، به کوه و جاهای شکسته[12] نهان فرمود کردن، و فرمود که: «آسمان روز[13] چون از دز کرم دود بینید، مردانگی و هنرمندی کنید و به بن

---

[1] لباس مبدل.

[2] پای

[3] فرهمند - پیروزمند.

[4] مراد - اجازت.

[5] پرستندگان بت.

[6] خانه، جایگاه.

[7] ظاهر ساخت.

[8] پرستندگان - پارسایان.

[9] تعجب.

[10] هم‌رای - هم‌دل.

[11] دور - اطراف.

[12] شکاف‌ها.

[13] نام روز ۲۷ ماه.

دز بیایید؛ خود آن روزف روی گداخته داشت و برز، و برز-آذر یزش و ازبایش[1] یزدان فراز کردند.

(۷) چون هنگام خورش شد، کرم به آئینه هر روز بانگ کرد. (۸) اردشیر، پیش از آن اوزده[2]-پرستگان و کارفرمایان را به چاشت مست و بی‌خورد کرده بود، و خود با ریدکان[3] خویش به پیش کرم شد، و آن خون گاوان و گوسپندان، چون هر روز می‌داد، به پیش کرم برد؛ و همچون که کرم زیر بازگافت[4] که خون خورد، اردشیر روی گداخته به زپر کرم اندر ریخت. (۹) کرم را چون روی به تن رسید، بدو شکافته، بانگ ایدون ازش بیامد که مردمان اندر دز، همه آن جا آمدند و آشوب در دز افتاد.

(۱۰) اردشیر دست به سپر و شمشیر زد، و گران زنش و کشتار به آن دز کرد، و فرمود که: «آتش کنید، تا دود به آن اسوباران پدیدار شود؛» ریدکان همگونه کردند. (۱۱) اسوبارانی که به کوه بودند، چون دود از دز دیدند، به تاخت، به بن دزف به یاری اردشیر آمدند، و به گذار دز افتاده بانگ کردند که: «پیروز، پیروز باد! شاهنشاه اردشیر پاپکان که شمشیر به کار گرفته است.» (۱۲) مردم دز، هر چه (بود) یا کشته شدند، و یا به شتاب و کوخشش[5] کارزار از دز افتادند، و آن دیگر، زنهار خواسته به بندگی و فرمانبرداری آمدند.

---

[1] پرستش و ستایش.

[2] بت.

[3] چاکران - غلام‌بچه - رهی.

[4] پوزه باز کرد.

[5] پیکار - زد و خورد - ستیزه.

(۱۳) اردشیر، آن دز را کندن و ویران کردن فرمود، و آن‌جا روستایی که کلالان خوانند کرد؛ وش آتش بهرام به آن جای نشاست؛[۱] و هیر و خواسته و زر و سیم، از آن دز به هزار اشتر بار کرده به دو بار گسیل کرد، و برز، و برز-آذر را بهره‌ای پاداش مه[۲] به آیین «جانسپار کرداران» داد، و آن‌جا روستایی را به سرداری وکدخدایی به ایشان داد.

درِ دهم

[در چگونگی اردشیر با دخت اردوان و زهر دادن او به اردشیر]

(۱) پس از آن که آن کرم کشته شد، اردشیر باز به دوبار آمد، وش سپاه و گنج به کسته کرمان (فرستاد) و به کارزار با رجان[۳] آمد، دو پسر اردوان را با خویشتن داشت، و دو به گریز، به کابلشاه رفته بودند[٤]، ایشان به خواهر خویش که زن اردشیر بود، نامه نوشته پیام فرستادند که: «راست هست آن که برای شما زنان گویند که: تو مرگ خویشان و هم‌تخمگان، که این گناهکار یزدان - دشمن ناسزایانه به مرگ کشت، فراموش کردی؛ وت‌مهر و دوشارم[۵] با آن برادران مستمند، که به آزار وسختی و بیم و سهم[٦] و

---

[۱] بر پا کرد.

[۲] گران - سترگ.

[۳] بلوچان؟

[٤] دو فرزند او شد به هندوستان   به رنج و بلا گشته همداستان.

[۵] بستگی - علاقه.

[٦] ترس - وحشت.

بی‌آزرمی، به آوارگی به شهر کسان[1] گرفتارند، و آن دو برادران بدبخت تو، که این مهر-دروج[2] به بند زندان به پادفراه[3] فرستاده، که مرگ به ایپت[4] همی خواهند؛ تو همگی را از دخشه[5] بهشتی، وت‌منش[6]، با آن مهـر-دروج راست کرد، و ترا هیچ تیمار و اندوه ایشان و مـا نیسـت! (۲) کشـته بـاد آن کس که پس از امروز به هیچ زن به گیهان، گستاخ[7] بـی‌سـامان[8] بـاشـد. (۳) کنون، این که: اگرت نیز همبون[9] مهر ما هست، چاره ما بخواه، و کین پـدر و آن خویشاوندان و هم‌تخمگان فراموش مکن: و این زهروهین[10]، که ما با مرد بی‌گمان[11] خویش به نزدیک شما فرستاده‌ایم، از این مرد بستانید. و چونتـان توان (باشد)، پیش از خورش، به آن گناهکار مهر-دروج بدهیـد، تـا انـدر-زمان[12] بمیرد، و تو آن هر دو برادر بسته بگشایی، ما نیز باز به شهر و بـوم و جای خویش بیاییم، و ترا روان بهشتی شود و نام جاویدانه بـه خـویش کـرده

---

[1] دیگران.
[2] پیمان‌شکن.
[3] پاداش.
[4] مراد - انعام.
[5] نشان - علامت (نشان آن‌ها از نظرات محو شد.)
[6] اندیشه.
[7] استوار - معتمد.
[8] بی‌اندازه بیکران.
[9] خرده‌ای - ذره‌ای.
[10] نام زهری است، فردوسی:

هلاهل چنین زهر هندی بگیر   به کار آریکپاره با اردشیر

[11] امین.
[12] بی‌درنگ.

باشی، و دیگر زنان اندر گیهان، از کنش[1] خوب تو، نامی‌تر و گرامی‌تر می‌گردند.»

(٤) دخت اردوان، چونش آن نامه به آن آئینه دید، با زهری که، ایشان به‌اش فرستاده بودند، اندیشید که: «همگونه بباید کردن، و آن چهار برادر بدبخت را از بند رسته کردن.»

(۵) روزی اردشیر از نخچیر گرسنه و تشنه اندر خانه آمد؛ او واج[۲] گرفته بود، و کنیزک آن زهر با پست[۳] و شکر گمیخته[٤] به دست اردشیر داد، به این که: «کزگ[۵] از دیگر خورش فرمای خوردن؛ چه، به گرمی و رنجکی[۶] نیک نیک (است).» (۶) اردشیر ستائیده خوردن کامست[۷].

(۷) ایدون گویند که ورجاوند[۸] آذر-فرنبغ[۹] پیروزگر، ایدون چون[۱۰] خروسی سرخ اندر پرید، و پر به پست زد، و آن جام با پست همگی از دست اردشیر به زمین افتاد.

(۸) اردشیر و زیانه[۱۱]، هر دو، چون به آن آئینه دیدند، سترده[۱۲] بماندند؛ و گربه و سگ که اندر خانه بودند، آن خورش بخوردند و بمردند.

---

[۱] کردار.

[۲] دعای قبل از خوراک.

[۳] شربتی که با مغز جو درست کنند - سپو - سوا Porridge.

[٤] اختلاط دو ناجنس (ضد آمیخته).

[۵] پیش - قبل از غذا Hors d'oeuvre

[۶] خستگی - تشنگی.

[۷] اراه کرد - میل کرد.

[۸] فرهمند - درخشان.

[۹] آتش مقدس معروف.

[۱۰] به صورت - مانند.

[۱۱] زن - خانم - تولیدکننده (به لهجه‌ی بختیاری، زیونه.)

[۱۲] شگفت‌زده - مات.

(۹) اردشیر دانست که: «آن زهر بود و به کشتن من آراسته شده بود؛» اندر-زمان، موبدان موبد را به پیش خواسته پرسید که: «هیربد! کسی که به جان خدایان[۱] کوخشد[۲]، به چی داری[۳]؟ او را چه باید کرد؟»

(۱۰) موبدان موبد گفت که: «انوشه باشید و به کام رسید؛ او که به جان خدایان کوخشد، مرگرزان[٤] است؛ باید کشتن.»

(۱۱) اردشیر فرمود که: «این جه[۵]، جادوی، دروند[۶]، زده زاده[۷] را به اسپ-آخور[۸] برو فرمای کشتن.»

(۱۲) موبدان موبد، دست زیانه را گرفته بیرون آمد.

(۱۳) زیانه گفت که: «امروز هفت ماه هست تا آبستنم؛ اردشیر را آگاه کنید؛ چه، اگر من مرگرزانم، این فرزند که اندر شکم دارم، به مرگرزان باید داشتن؟»

(١٤) موبدان موبد، چونش آن سخن شنفت، برگشت باز به پیش اردشیر شد و گفت که: «انوشه باشید! این زن آبستن هست؛ باری[۹] تا آن که بزاید، کشتن نباید؛ چه، اگر او مرگرزان (است)، آن فرزند که از تخمه شما بغان[۱۰]

---

[۱] پادشاهان.

[۲] سوء قصد کند.

[۳] چه می‌پنداری؟

[٤] گناهی که سزاوار کشتن باشد - محکوم به مرگ.

[۵] قحبه.

[۶] نابکار.

[۷] پدر کشته.

[۸] استبل.

[۹] تأمل کن؟

[۱۰] خداوندان.

اندر شکم (دارد)، به مرگرزان داشتن و کشتن نباید.» (۱۵) اردشیر، (چـون) خشم داشت، گفت که: «هیچ زمان مپای[۱]، و او را بکش.»

(۱۶) موبدان موبد دانست که: «اردشیر بسـیار بـه خشـم (اسـت)، و از آن (پس) به پشیمانی رسد؛» او آن زن را نکشت؛ وش به خانه خـود بـرده او را نهان کرد؛ و او به زن خود گفت که: «این زن گرامی دار، و به کس هیچ چیـز مگوی.»

(۱۷) چون زمان زادن فراز آمد، او پسری بسیار بایشـنی[۲] زاد؛ وش را شـاپور نام نهاد، وش همی پرورد تا به داد[۳] هفت ساله رسید.

درِ یازدهم

[در زادن شاپور از دخت اردوان؛ و آگاه شدن اردشیر پس از هفت سال و شناختن او را]

(۱) اردشیر، روزی به نخچیر شد؛ وش اسپ به گوری ماده هشت[۴]، آن گـور نر به تیغ اردشیر آمد؛ وش گور ماده را رستار کرد[۵]، و خویشتن را به مـرگ سپارد. (۲) اردشیر، آن گور را هشته اسپ به بچـه افگنـد. (۳) گـور مـاده، چونش دید که اسوبار اسپ را به بچه افگنده، وش آمد، بچه رستار کـرد، و خویشتن را به مرگ سپارد.

---

[۱] درنگ مکن.
[۲] بایسته - سزاوار.
[۳] سن.
[۴] براند.
[۵] نجات داد.

(٤) اردشیر، چونش به آن آئینه دید، (به جا) بماند، وش دلسوز شد، و اسپ را بازگردانید، و اندیشید که: «وای به مردم باد! که نیز با نادانی و ناگویایی[۱] این چهار پایان گنگ، پس مهر[۲] به یکدیگر ایدون سپوری[۳] که جان خویش را، برای زن و فرزند بسپارد؛» وش همگی آن فرزند، کش (آن زن) اندر شکم داشت، به یاد آمد، و پشت اسپ، ایدون چون ایستاد، به بانگ بلند بگریست.

(۵) سپهبدان و بزرگان و آزادگان و وسپوهرگان، چو نشان آن آئینه دیدند، شگفت بماندند، و همه به پیش موبدان موبد شدند که: «این چه سزد بودن که اردشیر، به تگ[٤]، ایدون‌زری[۵] و بیش[۶] و اندوه به‌اش رسید؛ که به آن آئینه می‌گرید؟»

(۶) موبدان موبد و ایران-اسپهبد[۷] و پشت-اسپان سردار[۸] و دبیران-مهست[۹] و یلان-یلبد[۱۰] وسپوهرگان به پیش اردشیر شدند، و بر وی افتادند، افتادند، و نماز[۱۱] بردند و گفتند که: «انوشه باشید! به این آئینه خویشتن اندوهگین کردن، و بیش‌ورزی به دل کردن مفرمایید؛ اگر کاری آن رسیده باشد، که به مردم کاری چاره کردن شاید، ما را نیز آگاه فرمای کردن، تا

---

[۱] بی‌زبانی - زبان بستگی.

[۲] دنباله‌ی عشق و علاقه.

[۳] کامل - بی‌نقص.

[٤] به زودی - ناگهان.

[۵] آزردگی - سستی.

[۶] اندوه - غم.

[۷] فرمانده کل ارتش.

[۸] سردار اسواران.

[۹] نخست‌وزیر.

[۱۰] سردار پهلوانان.

[۱۱] تواضع - کرنش.

تن و جان و هیر و خواسته و زن و فرزند خویش پیش داریم؛ و اگر گزند آن هست که چاره کردن نشاید، خویشتن و ما مردان کشور را زریمند[1] و بیشمند[2] مفرمایید کردن.»

(۷) اردشیر به پاسخ گفت که: «مرا کنون بدی نرسیده است؛ به[3] من، امروز امروز اندر دشت، نیز از چهار پای گنگ ناگویا و نادان، که خودم به این آئینه بدیدم، مرا آن زن و آن فرزند بی‌گناه، که اندر شکم مادر (بود)، باز به یاد آمد، و به کشتن ایشان اندیشیدار[4] و چیدار[5] هستم، که به روان هم گناه گران شاید بودن.»

(۸) موبدان موبد، چونش دید که اردشیر از آن کار به پشیمانی آمد بر وی افتاد؛ وش گفت که: «انوشه باشید! بفرمایید تا پادفراه گناهکاران و مرگرزانان و فرمان خدای سپوزکاران[6] به من کنند.»

(۹) اردشیر گفت که: «چه را ایدون می‌گویی؟ (از) تو چه گناه جسته است[7]؟»
است[7]؟»

(۱۰) موبدان موبد، گفت که: «آن زن و آن فرزند. که شما فرمودید که: «بکش!» ما نکشتیم، و پسری زاده، از هر نوزادگان و فرزندان خدایان نیکوتر و بایشنی[8]تر هست.»

(۱۱) اردشیر گفت که: «چه همی گویی؟»

---

[1] زار و نزار - پریشان.
[2] اندوهگین - غمناک.
[3] اما.
[4] اندیشناک.
[5] پشیمان - متأسف.
[6] سرپیچی‌کنندگان از فرمان شاهان.
[7] جهیده - سرزده.
[8] بایسته.

(۱۲) موبدان موبد، گفت که: «انوشه باشید! همگونه هست چنان که گفتم.»

(۱۳) اردشیر فرمود که: «دهان موبدان موبد را، کنون پر از یاکوت[1] و دینار و مروارید شاهوار و گوهر کنند.»

(۱٤) اندر هم زمان، کسی آمد که شاپور را به آن جا آورد.

(۱۵) اردشیر، چونش شاپور فرزند خویش دید، بروی افتاد، و اندر اورمزد، خدای امشاسپندان و فره-کیان و آذرانشاه[2] پیروزگر، بسیار سپاس انگارد[3] و و گفت که: «آن به من رسید که به هیچ خدای و دهبد[4] که پیش از هزاره[5] سوشیانس[6] و رستاخیز و تن‌پسین[7] بودند نرسیده است؛ که فرزندم ایدون ایدون نیکو از مردگان باز رسید.» (۱۶) وش همان‌جا شهرستانی[8]، که «ولاش شاپور[9]» خوانند، فرمود کردن، و ده آتش بهرام آن‌جا نشاست، و بسیار هیر و خواسته به درگاه آذرانشاه فرستاد، و بسیار کار و کرفه[10] فرمود رائینیدن[11].

---

[1] یاقوت.

[2] شاه آذران - لقب آتش بهرام است.

[3] انگاشت.

[4] فرمانفرما - شاه.

[5] آخرین دوره‌ی هزار ساله.

[6] نام احیاکننده‌ی دنیا.

[7] تن آخرین - قالب جسمانی جدیدی که در روز قیامت مردگان را به آن می‌آرایند.

[8] آبادی - شهر.

[9] ولاشگرد - در شاهنامه «جندشاهپور» آمده است.

[10] ثواب.

[11] رایج داشتن.

درِ دوازدهم

[در پیام فرستادن اردشیر به کید[1] هندی به دانستن فرجام کار پادشاهی خود و پاسخ او]

(۱) پس از آن، اردشیر، به کسته-کسته شد، و بسیار کارزار و کشتار با سر-خدایان[2] ایران‌شهر کرد، و همواره چونش کسته‌ای خوب می‌کرد، دیگر کسته کسته نیز به بازسری[3] و نافرمانی می‌ایستاد؛ بر آن هیر[4] بسیار چششنی[5] اندیشیدار[6] بود که: «مگرم از برگر[7] برهینیده[8] نباشد که ایران‌شهر به یک خدایی بشاید و بنارستن[9].» (۲) وش اندیشید که: «از دانایان و فرزانگان، و کیدان کنوشگان[10] بباید پرسیدن؛ اگر ایدون خدایی ایران‌شهر رائینیده کردن[11]، از دست ما برهینیده نباشد؛ خورسند و بالستان[12] باید بودن، و این کارزار و خونریزی بباید هشتن[13] و خویشتن را از این رنج هنگام آسان

---

[1] منجم - پیش‌گو.
[2] فرمان‌فرمایان.
[3] خودسری.
[4] خیر صلاح.
[5] انتظار.
[6] اندیشناک (به دانستن صلح و عاقبت کار خود بی‌اندازه متفکر و چشم به راه بود.)
[7] کننده‌ی بالا - پروردگار.
[8] بهره - قسمت - بخت.
[9] مرمت کردن.
[10] منجمین کنوج (شهری در هندوستان بوده است: «مالِلهند» بیرون دیده شود.)
[11] راندن - فرمانروایی.
[12] شاد و خرم - فارغ‌البال. مثل پهلوی، چاره تخشای، اچاری خورسندیه. (در چار، بکوش، در ناچاری خورسند باش).
[13] رها کردن.

کردن[1].» (۳) وش از استواران[2] خویش به پرسش کردن آراستن ایران‌شهر به یک خدایی، به پیش کید هندویان فرستاد.

(٤) مرد اردشیر، چون به پیش کید هندویان رسید، کید همچون (آن) میره[3] را دید، پیش از آن که میره سخن گوید، وش به میره گفت که: «ترا خدای پارسیان به این کار فرستاد که: (آیا) خدایی ایران‌شهر به یک خدایی به من می‌رسد؟» کنون بازگرد، و برو و این پاسخ از سخن من به‌اش گوی که: «این خدایی به دو تخمه، یک از تو، و یک از دوده مهرک نوشزادان (رسد)؛ و جز این ویناردن[4] نشاید.»

(۵) میره، باز به پیش اردشیر آمد، و از رائینش[5] کید هندویان که چگونه بود، اردشیر را آگاهینید.

(۶) اردشیر، چونش آن سخن شنود، گفت که: «آن روز مباد که از تخمه مهرک ورد-روان[6] کسی به ایران‌شهر کامکار شود؛ چه، مهرک یلان-تخم[7] و نا-تخم[8] دشمن من بود، و فرزندان کش هست همه دشمنان من و فرزندان منند؛ اگر به نیرومندی رسند، و کین پدر خواهند، به فرزندان من گزندکار باشند.»

(۷) اردشیر، از خشم و کین، به جای مهرک شد، و همگی فرزندان مهرک را فرمود زدن و کشتن. (۸) دخت مهرک، سه ساله بود، دایگان به نهان به

---

[1] آسودن - آسوده خاطر بودن.

[2] معتمدان.

[386]- نجیب‌زاده - بزرگ‌زاده. میرک به معنی شوهر Mari نیز آمده است.

[4] مرمت کردن.

[5] سخنرانی.

[6] روح بدکار.

[7] خانواده‌ی جنگجو - گران تخم.

[8] بدنژاد - تخم ناجنس.

بیرون آورده، وش به برزگر مردی سپردند که پرور و دش[1] ازش باز دارد؛ برزگر همگونه کرد و کنیزک را به نیکویی‌ها پرورد (۹) و چون سالی چند شد، کنیزک به داد[2] زنان رسید، و به برازندگی تن و دیدن و چابکی و نیز به زور و نیرو ایدون بود که از همگی زنان بهتر و فرازتر بود.

درِ سیزدهم

[در نخچیر رفتن شاپور، و دیدن دخت مهرک نوشزادان، و به زنی پذیرفتن او را]

(۱) دهش[3] و زمان برهینش[4] را، روزی، شاپور اردشیران به آن شهر[5] شد، و به نخچیر رفت، و پس از نخچیر خود با نه اسوبار به آن ده آمد که کنیزک[6] با دایگان بدان‌جا بودند. (۲) دایگان کنیزک به سر چاه بودند، و آب همی هیختندی[7]، و چارپایان را آب همی دادندی. (۳) برزگر به کاری رفته بود. (٤) کنیزک، چونش شاپور و اسوباران را دید، برخاست و نماز[8] برد و گفت که: «درست و به[9] و پدرود[10] آمدید[11]. بفرمایید نشستن؛ چه، جای خوش و

---

[1] بدی - آفت.

[2] سن.

[3] تقدیر.

[4] سرنوشت - بهره - قضا.

[5] ناحیه.

[6] دوشیزه - خانم بزرگ‌زاده.

[7] بیرون می‌کشیدند.

[8] تواضع.

[9] خوش و خرم.

[10] آفرین - با درود.

[11] فردوسی:

که شادان بدی، شاد و خندان بدی — همه ساله از بی‌گزندان بدی

سایه درختان خنک و هنگام گرم (است)، تا من آب هنجم،[۱] و خود و ستوران آب بخورید.»

(۵) شاپور، از ماندگی و گرسنگی و تشنگی خشمگین بود، وش به کنیزک گفت که: «دور شو، چه[۲] ریمن[۳]! آب تو به کار ما نیاید[٤].»

(۶) کنیزک به تیمار شد، و به کسته‌ای بنشست.

(۷) شاپور، به اسوباران گفت که: «هیچه[۵] به چاه افگنید و آب هنجیچید تا ما واج[۶] گیریم، و ستوران را آب دهید.»

(۸) اسوباران همگونه کردند و هیچه را به چاه افگندند، و بزرگ هیچه را که پر آب بود، بالا کشیدن نشایست.

(۹) کنیزک، از جای دور، نگاه همی کرد. (۱۰) شاپور، چونش دید که اسوباران را هیچه از چاه هیختن[۷] نشایست، خشم گرفت، و به سر چاه شد، و دشنام به اسوباران داده گفت که: «تان شرم و ننگ باد، که از زنی ناپادیاوندتر[۸] و بدهنرترید!» (۱۱) وش ارویس[۹] از دست اسوباران گرفت. و زور به ارویس (کرد)، وش هیچه از چاه بالا هیخت.

---

[۱] بالا کشم.

[۲] لکاته.

[۳] پلید - ناپاک.

[٤] فردوسی این طور جمله‌ی زننده را تغییر داده است:

«بدو گفت شاپور کای ماهروی — چرا رنجه گشتی بدین گفتگوی؟
که هستند با من پرستنده مرد — کزین چاه بن برکشند آب سرد.»

[۵] دلو - هیزه.

[۶] دعا و زمزمه.

[۷] بیرون کشیدن.

[۸] ناتوان‌تر - بی‌زورتر.

[۹] ریسمان - رسن.

(۱۲) کنیزک چونش این دید، به زور و هنر و نیروی شاپور افد نمود. (۱۳) کنیزک، به زور و هنر و نیرو و شایستگی که بود، خویش هیچه از چاه بالا آهیخته، دوان به پیش شاپور آمد، و بروی افتاده آفرین کرد و گفت که: «انوشه باشید! شاپور اردشیر،[۱] بهترین مردان!»

(۱٤) شاپور بخندید؛ وش به کنیزک گفت که: «تو چه دانی که، من شاپورم؟»

(۱۵) کنیزک گفت که: «من از بسیار کسان شنوده‌ام که اندر ایران‌شهر اسوباری نیست، که زور و نیرو و برازندگی تن و دیدن و چابکیش ایدون چون تو شاپور اردشیران باشد.»

(۱۶) شاپور به کنیزک گفت که: «راست گوی؛ که تو از فرزندان که هستی؟»

(۱۷) کنیزک گفت که: «من دخت این برزگرم،[۲] که به این ده می‌ماند.»

(۱۸) شاپور گفت که: «راست نمی‌گویی؛ چه، دختر برزگران را از این هنر و نیرو و دیدن و نکویی که ترا هست نباشد؛ اکنون، جز به آن که راست گویی، هم داستان[۳] نشنویم.»

(۱۹) کنیزک گفت که: «اگر به تن و جانم زنهار بدهی راست بگویم.»

(۲۰) شاپور گفت که: «زنهار و مترس.»

(۲۱) کنیزک گفت که: «من دخت مهرک نوشزادانم، و از بیم اردشیر به این‌جا آورده شده‌ام؛ از هفت فرزند مهرک جز من دیگر کس نمانده است.»

---

[۱] شاپور پسر اردشیر.

[۲] در شاهنامه: ده مهتر آمده است.

[۳] هم‌رای:

نشد هیچ خستو بدان داستان　　　نبد شاه پرمایه هم‌داستان

(۲۲) شاپور برزگر را فراخواند،[۱] و کنیزک را به زنی پذیرفت، و اندر همان شب با او بود، و برهینش[۲] را که باید شدن، به همان شب (کنیزک) به اورمزد شاپوران آبستن شد.

درِ چهاردهم

[در زادن اورمزد شاپوران از دخت مهرک،
و آگاه شدن اردشیر از آن]

(۱) شاپور کنیزک را آزرمی و گرامی داشت، و اورمزد شاپوران ازش زاد. (۲) شاپور اورمزد را از پدر به نهان داشت، تا آن که به داد هفت ساله رسید.
(۳) روزی، با ابر نازادگان[۳] وسپوهرگان اردشیر، اورمزد به اسپریس[٤] شد و چوگان (بازی) کرد. (٤) اردشیر با موبدان موبد و ارتیشتاران-سردار و بسیاری از آزادگان و بزرگان آن‌جا نشسته، به ایشان همی نگرید. (۵) اورمزد از آن ابرنایان به اسوباری چیر و نبرده بود. (۶) باید شدن را،[۵] یکی از ایشان چوگان به گوی زد، و گوی او به کنار اردشیر افتاد. (۷) اردشیر هیچ چیزی نه پیدائینید،[۶] و ابرنایان توشت[۷] مانند، و از شکوه اردشیر را، کسی نیارست[۸] فراز شود. (۸) اورمزد، گستاخانه رفت و گوی برگرفته گستاخانه زد و بانگ کرد. (۹) اردشیر از ایشان پرسید که: «این ریدک[۱] که هست؟»

---

[۱] صدا زد.
[۲] بهره - قضا.
[۳] خردسالان - نوجوانان - نونهالان.
[٤] اسپ راه - میدان اسب‌دوانی.
[۵] قضا را.
[۶] به سوی خود نیاورد.
[۷] خاموش.
[۸] یارایی نبود. فردوسی:

(۱۰) ایشان گفتند که: «انوشه باشید! ما این ریدک را ندانیم.»

(۱۱) اردشیر کس فراز کرد، ریدک را به پیش خواسته گفت که: «تو پسر کیستی؟»

(۱۲) اورمزد گفت که: «من پسر شاپورم.»

(۱۳) وش همان زمان کس فرستاد، و شاپور را خواند و گفت که: «این پسر کیست؟»

(۱٤) شاپور زنهار خواست. (۱۵) اردشیر بخندید؛ وش شاپور را زنهار داد.

(۱۶) شاپور گفت که: «انوشه باشید! این پسر من هست؛ و من درین چند سال، باز از شما به نهان داشتم.»

(۱۷) اردشیر گفت که: «ای ناخویشکارا![2] چرا که تو تا هفت سال باز، فرزندی ایدون نیکو از من به نهان داشتی؟» (۱۸) وش اورمزد را گرامی کرد، و بسیار دهش و پوشاک بهش داد، و سپاسداری اندر یزدن انگارده، وش گفت که: «مانند این آن است که کید هندو گفته بود.»

(۱۹) پس از آن، چون اورمزد به خداوندی رسید، همگی ایران‌شهر را باز به یک-خدایی توانست آوردن، و سرخدایان کسته-کسته را اورمزد به فرمانبرداری آورد، و از اروم و هندوستان سای[3] و باج خواست، و ایران‌شهر را او پیرایشنی‌تر و چابک‌تر و نامی‌تر کرد، و کیسر[4] ارومیان شهریار، و تاب

خرد را و جان را که یارد ستود؟ / وگر من ستایم، که یارد شنود؟

[1] پسرک.

[2] خودسر (کسی که به کار خود نادان است، صلاح خود را نمی‌داند.) فردوسی:

بلرزید از خشم و پس بانگ کرد / که «ای خویش نشناس ناپاک مرد»

[3] خراج.

[4] قیصر.

کافور[1] هندویان شاه، و خاکان[2] ترک، و دیگر سرخدایان کسته-کسته به خوشنودی و شیرینی به دربار آمدند.

[سرنیوه[3]]

(۱) فرجامید[4] به درود و شادی و رامش.

(۲) انوشه-روان باد اردشیر شاهنشاه پاپکان، و شاور شاهنشاه اردشیران، و اورمزد شاهنشاه شاپوران! (۳) ایدون باد! ایدون‌تر باد![5]

[انجام‌نامه]

(۱) انوشه-روان باد رستم مهربان، که این پچین[6] را نوشته بود. (۲) ایدون باد!

***

(۱) به سال هزار و پنجاه و چهار از شاه یزدگرد.

(۲) خوب فرجام باد! ایدون باد!

***

[دنباله*[7]]

---

[1] لقب پادشاه هندوستان.
[2] خاقان، فرمانروایان.
[3] سرنامه.
[4] به پایان رسید.
[5] به نظر می‌آید که سرآغاز و قسمت فوق و دنباله را مهر آوان کیخسرو افزوده باشد؛ همین شخص «یادگار زریران» و متن‌های دیگری را برای چهل-سنگن کتابت کرده است.
[6] داستان - رنویس کرده.
[7] در پنجم فقره‌ی ۱۳ دیده شود.

(۱) و پس (اردشیر) بر گاه اردوان نشست، و داد آراست، و مهتـران و کهـان سپاه، و موبد موبدان را او به پیشگاه خواست و فرمود که: «مـن انـدر ایـن بزرگ پادشاهی که یزدان به من داد، نیکـی کـنم، و داد ورزم، و دیـن بهـی اویژه[۱] بیارایم و گیهانیان[۲] را هم آئینه فرزنـدان بپـرورم. (۲) و سـپاس دادار برتر، افزاینده، دهنده، که همه دام[۳] را داده، و سرداری هفت کشور به آن من بسپارد، چون سزد ارزانی کرد.

(۳) و شما، چون خوشنودید، نیکی و بی‌گمانی به من اندیشید، و من برای شما نیکی بخواهم، و اندر داد کوشم، که سای و باج از ده یک[٤] از شما بگیـرم، و از آن هیر و خواسته سپاه آرایم تا پناهی گیهانیان کنند؛ و از صد جـوزن؛ شـش جوزن از همه گونه روغن‌ها، و به این آئینه داد کنیم؛ و خرید و فروش چـون بازرگانی نکنم، و اندر یزدان سپاسدار باشم که این خدائیم داد؛ و کرفه کنم، و ازدش-منشنی و (دش) گوشنی و (دش)-کنشنی[۵] بـیش پرهیـزم، تـا بـه رامش[۶] شاد و اشو[۷] و پیروزگر و کامروا.

(٤) انوشه-روان باد شاهنشاه اردشیر پاپکان کش این اندرز گفته است.

«فرجام گرفت.»

---

[۱] به خصوص.

[۲] مردمان جهان.

[۳] آفریدگان.

[٤] میزان باج بوده است. سعدی می‌گوید:

چو دشمن خر روستایی برد — ملک باج و ده یک چرا می‌خورد؟

[۵] بداندیشی و بدگویی وبدکرداری.

[٦] خوشی، رامی.

[۷] پاکی، پرهیزکاری.

گجسته ابالیش

سرآغاز

رساله ی پهلوی «گجسته ابالیش» شامل شـرح مباحثـه ی ابـالیش بـا مؤبـد زرتشتی آذرفرنبغ پسر فرخ زاد می‌باشد. این جلسه در حضور خلیفه مأمون و قاضی بزرگ و علمای یهودی، عیسوی و مسلمان تشکیل شده است. ابالـه که زرتشتی زندیقی بوده هفت ایراد به طور سؤال راجع بـه دیـن زرتشـت می‌نماید، و آذرفرنبغ به طرز درخشانی او را مجاب می‌کند، به طـوری کـه باعث مسرت خلیفه شده، اباله شرمسار و سرافکنده از دربار مامون رانده می‌شود.

به نظر نمی آید که اسم ابالیش زرتشتی یا ایرانی بوده باشد در رسم الخـط پهلوی به اشکال مختلف خوانده می‌شود، مانند: ابله، ابالیا، ابالیه، اباله، ابارگ و ابالا. زرتشتیان آن زمان ابالیش را جزو خود نمـی شـمرده و بـه او عنـوان «گجسته» یعنی «ملعون» داده اند که در مورد اهریمن و اسـکندر اسـتعمال می‌شود. احتمال می‌رود ابالیش پازند «ابلیس» بوده باشد، ممکـن اسـت از لغت «ابله» آمده، یوستی justi معتقد است که همان اسم یونـانی «ابـاریس» است.

راجع به آذرفرنبغ پسر فرخ زاد، پیشوای مزدیسنان پارس، اسناد زیـادتری در کتاب‌های پهلوی و جود دارد، و چنین به دست می‌آید که در قرن هشتم و ابتدای قرن نهم میلادی می‌زیسته است. به واسطه تبحر و تحقیقـات او در مسائل دینی و الهی نویسندگان هم زمان و بعد از او همه اسمش را با احترام ذکر می‌کنند. در کتاب «دینکرد» و «دادستان دینی» و «شکند گمانی ویچار» به عنوان مقدس و دانشمند عالی مقـام و بـزرگ تـرین پیشـوای بهـدینان

خطاب شده است. این شخص اولین گردآورنده ی کتاب دینکرد می‌باشد و تألیفات بسیاری به زبان پهلوی از خود گذاشته است.

چندین مؤبد مشهور آذرفرنبغ نامیده می‌شده اند، در «زند و هومن یسن» نام موبدی است که در زمان خسرو پسر قباد می‌زیسته. در «شایست نشایست» نام مفسری است، احتمال می‌رود نام آذرفرنبغ که در دینکرد آمده همان مؤبد مؤبدانی باشد که در زمان خسرو پسر قباد بوده است.

تاریخ این مباحثه را می‌توان در حدود (۲۱۸-۱۹۸) یعنی از زمان خلافت تا مرگ مأمون قرار داد. شاید بتوانیم این تاریخ را در سال ۲۰۲ هجری فرض بکنیم، یعنی زمانی که خلیفه پس از مرگ وزیر خود فضل بن سهل هنگام فراغت خود را بیشتر به مباحثات مذهبی و الهی صرف می‌کرده.

چون تا این تاریخ به واسطه اغتشاشات داخلی مملکت مجال چنین مشغولیاتی را نداشته است. مأمون به علت نسبت و آمیزش با ایرانیان خود را مشوق و مروج علوم و صنایع نشان می‌دهد. در زمان اوست که فرقه ی معتزله بر ضد تسنن عرب ایجاد گردید، فقها و علمای بزرگ عیسوی و یهودی و زرتشتی در دربار او وجود داشته و در حضور او مباحث دینی و الهی مطرح می‌شده است.

مسعودی در مروج الذهب اشاره می‌کند که مأمون رغبت زیادی به حضور در مباحثه مناظرین و متکلمین عالی مقام داشته است. امام ابوالمعالی محمد بن عبیدالله که در نیمه ی قرن یازدهم میلادی می‌زیسته، حکایتی نقل می‌کند که شبیه مباحثه ی گجسته اباله می‌باشد. ولی مؤلف مسلمان به واسطه ی اختلاف نظر مذهبی نتیجه به عکس می‌گیرد، یعنی مشرک زرتشتی را فقهای اسلام مجاب نموده و مأمون اشاره به کشتن او می‌کند به هر حال یکی از این مباحثات مناظره ی ابالیش با آذرفرنبغ می‌باشد.

اگرچه طبیعتاً ضبط صورت مجلس کامل مذاکرات غیـرممکن بـوده، شـاید قسمتی از آن مستقیماً مربوط به مسایل دینی زرتشتیان می‌شده به صورت این رساله به زبان پهلوی جمع آوری گردیده است. از مطالب بالا به دسـت می‌آید که تقریباً شکی در حقیقت تاریخی این مباحثه وجود ندارد و نمی توان گفت که این رساله جعلی است و زرتشتیان آن زمـان آن را بـرای اسـتحکام عقیده ی هم کیشان خود نوشته اند، زیرا پس از اندکی دقت به خوبی واضح می‌شود که ایرادات وارده خیلی شدید، حتی با لحن خشونت آمیز تهیه شده و اساس برخی از عادات و اعتقادات دین زرتشتی را هدف قرار می‌دهـد، و پیداست که از طرف دشمن تنظیم شده است.

در ادبیات زرتشتی و ایرانی گویا یک رشته از این قبیل رسالات وجود داشته است. طبق دینکرد (کتاب پنجم) آذرفرنبغ به سی و سـه پرسـش «بوخـت ماری» که به دین مسیح گرویده بود نیز جواب می‌هـد و طـرف را مجـاب می‌کند. در زمان ساسانیان چندین بار روحـانیون زرتشـتی بـرای مطالعـه و قضاوت عقاید جدا دینان (مانویان، مزدکیان و عیسـویان) تشـکیل جلسـات رسمی داده اند (دینکرد جلد چهارم) بعد از اسلام نیـز رسـالاتی بـه شـکل مباحثه بین فقهای زرتشتی و مسلمان در تحت ریاست خلیفه وجود دارد. دو متن فارسی در این زمینه در دست می‌باشد:

یکی مباحثه بین دستور زرتشتی و فقیه مسلمان راجع به هرمزد و اهریمن و دیگری رساله موسوم به «علمای اسلام» است.

هومی چاچا که مترجم و متتبع «گجسته ابالیش» بـه انگلیسـی مـی‌باشـد، در مقدمه ی خود اشاره می‌کند: درصورتی که مجادله ی بین گجسته ابالیش و آذرفرنبغ در دربار مأمون در حضور قاضی و علمای یهودی و عیسوی و عرب آن زمان انجام گرفته و گفتگو به زبان پهلوی می‌شده است، آیـا مـی‌تـوانیم

نتیجه بگیریم که همه ی آنها زبان پهلوی را می‌دانسته اند و یا می‌توانیم تصور بکنیم: ملل گوناگونی در بغداد می‌زیسته اند به زبان فارسی آشنا بوده اند؟ این مساله شایان تحقیق و توجه می‌باشد که صد و پنجاه سال پس از انقراض ساسانیان احتمالاً فارسی زبان درباری خلفای عباسی شده بوده است.

برای اولین بار متن پهلوی زند و پازند فارسی و تلفظ کلمات پهلوی به حروف لاتین یا ترجمه ی فرانسه گجسته ابالیش به انضمام یادداشت‌هایی به توسط بارتلمی چاپ شده است ولی متن انتقادی به اضافه ی تصحیحاتی که آقای بهرام گور انکلسر یادران نموده با یادداشت‌های مفصل و فرهنگ و ترجمه ی انگلیسی به توسط هومی چاچا در سنه ۱۹۳۶ انجام گرفته است که اساس ترجمه ی تحت اللفظی این متن می‌باشد و برای اطلاعات بیشتر باید به اصل نسخه مراجعه شود.

بمبئی - ۱۳۱۶

شهرستان‌های ایران

سرآغاز

شهرستانهای ایران رساله‌ای جغرافیایی است که شامل اسم و شرح احداث عده‌ای از شهرهای بزرگ به توسط شاهزادگان و پادشاهان ایران می‌باشد ولی تقریباً نام ۵٤ شهر بزرگ در آن از قلم افتاده است، این متن صورت یادداشت را دارد و مانند اغلب متن‌های پهلوی گردآورنده‌ی آن گمنام می‌باشد. اما از آن‌جائی که خلیفه ابومنصور «ابوالدوانیق» به عنوان بنا نهنده‌ی بغداد (فقره‌ی ۶۱) معرفی شده است ثابت می‌شود که متن مزبور تقریباً هشتصد سال بعد از میلاد گردآوری شده است. زیرا ابوجعفر در سنه‌ی ۷۵٤ میلادی به خلافت رسید و احتمال می‌رود بعدها اضافاتی به متن اصلی شده باشد.

گویا گردآورنده‌ی این رساله از متن‌های کهنه‌تر از متن‌هایی که فردوسی و دقیقی در دست داشته‌اند استفاده کرده است و از جمله راجع به جنگ گودرز با پیران (فقره‌ی ۳۵) و استعمال نام‌های اوستایی مانند خیون (فقره‌ی ۹) و توریا که با دینکرت و یادگار زریران و غیره تطبیق می‌کند. ولی از طرف دیگر اضافاتی که مربوط به قرن ششم و هفتم میلادی است نیز در آن دیده می‌شود.

این رساله را اولین بار ادگار بلوشه E. Blochet در کتاب Des Villes de l'Iran Liste Géographique چاپ کرده و بعد دارمستتر در کتاب خود موسوم به: Textes Pehlevis relatifs au Gudaisme راجع به شوشن دخت ملکه‌ی یهودی یزدگرد اول به دو فقره‌ی متن این رساله اشاره کرده است. در ثانی چاپ متن انتقادی توسط دستور جاماسپجی منوچهر جی جاماسپ آسانه جزو متن‌های پهلوی در بمبئی به سال ۱۸۹۷ انجام گرفت. در سنه‌ی

۱۸۹۹ سراروند جیوانجی جمشید جی مدی (شمس‌العلماء) متن و ترجمه‌ی گجراتی و انگلیسی این رساله را با تحقیقات و تعیین وضعیت شهرهای نامبرده انتشار داد.

متن کنونی از روی نسخه‌ی انتقادی با متن پهلوی و ترجمه‌ی انگلیسی و حواشی شهرستانهای ایرانی تألیف مارکوارت تنظیم شده که مسینا در Analecta orientalia شماره ۳ در ۱۹۳۱ به طبع رسیده است. از تحقیقات و تتبعاتی که ضمیمه‌ی متن بود به اشاره‌ی مختصری قناعت شده و بعضی یادداشتها به آن افزوده گردیده است. این رساله از لحاظ جغرافیایی و مطالعه‌ی افسانه‌های ایرانی قابل توجه می‌باشد.

***

پنام ئی داتارئی وه اوزونی

به نام دادار به افزونی

[شترستانیهائی ایران]

[شهرستان‌های ایران]

په نام و ($\hat{o}$) نیروک و ایباریدئی داتار اوهرمزدئی نیوک.

به نام و نیرو و یاری دادار اورمزد نیک.

***

۱- شهرستانیهائی اندرزمی ئی ارانشهر کرت استیت جویت جویت، روز کو کتام سر-خوتای کرت، په دوکان او را ین ایباتکارنپشت استیت.

۱- شهرستانهایی که در روزهای (زمانهای) جداگانه، در سرزمین ایران‌شهر (مملکت ایران) بنا شده و فرمانروایانی که آنها را ساخته‌اند دوباره درین یادداشت نوشته می‌شود.

[کوست ئی خوراسان]

[جانب خوراسان (مشرق)]

***

۲- په کوست ئی خوراسان سمرکند شترستان کایوس ئی کواتان بن فرکند؛ سیاوخش ئی کایوسان به فرجامینیت.

۲- در جانب خوراسان کایوس پسر کواد شالوده‌ی شهر سمرقند را ریخت سیاوش پسر کایوس آنرا به پایان رسانید.

***

۳- کیخسروئی سیاوخشان آنو زات وش ورجاوند آتخش ئی ورهرام آنو نشاست.

۳- کیخسرو پسر سیاوش در آنجا زاد و آتش پیروزمند بهرام را در آنجا برپا کرد.

***

٤- پس زردشت دین آورت از فرمان ئی ویشتاسپ شاه ۱۲۰۰ فرگرت په دین دپیریه په تختکیهائی زرین کند و نپشت و په گنج ئی آن آتخش نهات.

٤- پس زردشت دین بیاورد به فرمان گشتاسپ شاه او ۱۲۰۰ فرگرد (فصل) به (خط) دین دبیره به تخته‌های (لوحه‌های) زرین کند و نبشت و به گنج آن آتش نهاد.

***

۵- وپس گجستک سوکندر سوخت و واندر آو دریاپ افگنت، دینکردئی هپا خوتایان.

۵- و پس سکندر گجسته (ملعون) دینکرت هفت خدایان را سوزانید و در آب دریا افکند

***

۶- وش هپت خوتایانیه ئه کوهپت خوتایان اندر بوت: اوک آن ئی یم [واوک ئی آزی دهاک] و اوک آن ئی فریتون و اوک آن ئی منوچیهر واوک آن ئی

کایوس واک آن ئی کیخسرو واوک آن ئی لهراسپ واوک آن ئی ویشتاسپ شاه.

۶- مقصود از «هفت خدایان» هفت خداوندانی هستند که در آن (در سمرقند) بوده‌اند: یکی از آنها جم [یکی آزی دهاک] و یکی از آنها فریدون و یکی از آنها منوچهر و یکی از آنها کایوس و یکی از آنها کیخسرو و یکی از آنها لهراسپ و یکی از آنها گشتاسپ شاه.

***

۷- پس گجستک فراسیاک ئی تور هزاوک نشیمک تی بئان دیوان اوزدس زار پتش کرت.

۷- سپس افراسیاب گجسته (ملعون) تورانی هر یک از نشیمنگاه بغان خدایان را بتکده زار دیوان ساخت.

***

۸- اندر بخل ئی و امیک شترستان ئی نوازک سپندیات ئی وپشتاسپان پوس کرت.

۸- در بلخ درخشان اسپندیاد پسر گشتاسب شهرستان نوازک را بنا نهاد.

***

۹- وش ورجاوند آتخش ئی وهرام آنونشاست وش نیزه ئی خویش آنوبزت وش ئو یبوخاکان وسنجپیک خاکان وچول خاکان و وزرگ خان و گوهرم و توژاپ و ارچاسپ ئی خیونانشاه پیتام فرستیت کونیزه ئی من‌من پنکریت، هر که په ورشن ئی این نیزه نیکرت، چی آندر ئو ارانشهر دوباریت؟

۹- او آتش پیروزمند بهرام را بدانجا نشانید، او نیزه‌ی خویش در آنجا بزد و او یبغو خاقان و سنجپیک خاقان و چول خاقان و خان بزرگ و گوهرم و توزا و ارجاسپ شاه خیونان پیغام فرستاد که: «نیزه‌ی من بنگرید، هر کس به وزش این نیزه نگرد، چگونه [می‌تواند] در ایران‌شهر تاخت و تاز بکند.

***

۱۰- شترستان ئی خوارزم نرسیه ئی یهوتکان کرت.

۱۰- شهرستان خوارزم را نرسی که مادرش یهودی بود ساخت.

***

۱۱- شتریستان ئی مروئی روت وهرام ئی یزد کرتان کرت.

۱۱- شهرستان مرورود را بهرام پسر یزدگرد (بهرام پنجم گور) بساخت.

***

۱۲- شترستان ئی مرو و شترستان ئی هریه گجستک سوکندر ئی ارومائی کرت.

۱۲- شهرستان مرو و شهرستان هریور اسکندر گجسته (ملعون) ارومائی (بیزانتن) بنا کرد.

***

۱۳- شترستان ئی پوشن [گ] شاهپوهرئی ارتشیران کرت وش په پوشنک پوهل ئی وزورگ کرت.

۱۳- شهرستان پوشنگ را شاپور پسر اردشیر ساخت، او نیز پل بزرگی در پوشنگ بنا نمود.

***

۱٤- شترستان ئی توس، توس ئی نوتران (کرت ئی) ۹۰۰۰ سارت سپاهپت بوت، پس از توس سپاهپتیه ئو زریر و از زریر ئو بستورو از بستور ئو کرزم مت.

۱٤- شهرستان توس را توس پسر نوذر که ۹۰۰ سال سپهبد بود (بنا کرد) پس از آن سپهبدی از توس به زریر و از زریر به بستور و از بستو ر به کرزم رسید.

***

۱۵- شترستان نیوشاهپوهر شاهپوهرئی ارتشیران کرت په آن گــاس کــش پهلیزک ئی تورا وزت وش په هم گیواک شترستان فرموت کرتن.

۱۵- شهرستان نیشاپور را شاپور پسر اردشیر ساخت، بدانگاه که او پهلیــزک تورانی را کشت. او به همان جای فرمود شهرستان بسازند.

***

۱۶- شترستان ئی کاین کی لهراسپ ئی ویشتاسپ پت کرد.

۱۶- شهرستان قاین را کی لهراسپ پدر گشتاسپ ساخت.

***

۱۷- اندر گورگان شترستان ئی دهیستان خوانند نرسیه ئی اشکانان کرت.

۱۷- در گرگان شهرستانی که دهستان خوانند نرسی اشکانی بنا کرد.

***

۱۸- شترستان ئی کومش ئی پنج بورج آزی دهاک ئی شپستان کــرت. مــان ئیـه پهلویگان آنو بوت په خوتائیه یزد کرت ئی شاهپوهران کرت اندر تزنـد چول نیروگ پاهرئی آن آرده.

شهرستان کومش پنج برج را آزی دهـاک پیشـوای جادوگران(؟) ساخت. نشیمنگاه پهلویان در آنجـا بـود. یزدگـرد پسـر شـاپور (یزدگرد اول) در پادشاهی خود، در مقابل تاخت و تاز چـول در آنسو دیـده‌بـان نیرومنـدی بساخت.

۲- [کوست ئی خوربران]

[جانب مغرب]

***

۱۹- شترستان ۵ خوسرو بشات خوسرومست آپات و ویسپ شات خسرو وهوبود خوسرو وشات فرخو خوسرو خوسروئی کواتان کرت، نام نیهات.

۱۹- پنج شهرستان: خسرو شاد، خسرو مشت آباد و ویسپ شاد خسرو و هوبد خسرو و شادفراخ خسرو را خسرو پسر کباد (خسرو اول) بنا نمود و نام نهاد.

***

۲۰- وش پرسپ ئه که ۱۸۰ فرسنگ درهنای و ۲۵ ش اه ارشن بالا در کوشک دستکرت اندر فرموت کرتن.

۲۰- او فرمود در آنجا دیواری به درازی ۱۸۰ فرسنگ و ب ه بلن دی ۲۵ ارش شاه و یک کوشک و دستگرد بسازند.

***

۲۱- په کوست ئی خوربران شترستان ئی تیسفون از فرمان ئی توس گ رازه ئی گیپگان کرت.

۲۱- به جانب مغرب (خ وربران) ب ه فرم ان ت وس شهرس تان تیسفون را گرازه‌ی گیپگان بنا کرد.

***

۲۲- شترستان ئی نسیبین و رازک ئی گیپگان کرت.

۲۲- شهرستان نصبین را ورازه‌ی گیپگان ساخت.

***

۲۳- شترستان ئی اورها نرسیه ئی اشکانان کرت.

شهرستان اورهه (ادسا) را نرسی اشکانی ساخت.

***

۲۴- شترستان ئی باویل باویل په خوتاییه ئی یم ک رت وش تی را پ اختر آن و ببست و ماریک (ماریه) ئی ۷ و ۱۲ ئی اختران و اپاختران و هش تم ئ ی بخره (بهره) په یاتوکیه‌ئو میتروازیری بنموت.

شهرستان بابل را بابل در پادش اهی ج م س اخت. او (بابل) س تاره.ی تی ر (عطارد) را آنجا در بند نهاد و شماره‌ی ۷ و ۱۲ اختران (ب روج) و پ اختران

(سیارات) و هشتم بخت به جادویی بدمهر (خورشید) و آنچه در زیر آن بود (مردم) نمودار کرد .

***

۲۵- شترستان ئی هیرت شاهپوهرئی ارتشیران کرت وش میترزات (ئی) هیرت مرزپان په‌ور ئی تاجیکان په گمارت.

۲۵- شهرستان هیرت (الحیره) را پاشور پسر اردشیر (شاپور اول) ساخت و مهرزاد مرزپان هیرت را به دریاچه.ی تازیان (خلیج فارس؟) بگماشت.

***

۲۶- شترستان ئی همدان یزدگرت ئی شاهپوهران کرت، کشان یزدکرت ئی دفر خوانند.

۲۶- شهرستان همدان را یزدگرد پسر شاپور (یزدگرد اول) ساخت که او را یزدگرد گناهکار خوانند.

***

۲۷- اندرما(ی). کوست ئی نیهاوند و ورئی وهرام-آوند شترستان ئه وهرام ئی یزد کرتان کرت کشان وهرام ئو گور خوانت.

۲۷- درمای (مد غربی) و جانب نهاوند و دریاچه‌ی بهرام آوند شهرستانی بهرام پسر یزدگرد که او را بهرام گور خوانند ساخت.

***

۲۸- ۲۰ شترستان ئی اندر پشتخوارگر کرت استیت چی‌ار مایل... ادینش از فرمان ئی ارمایل اوشان کوپیاران کرت، کشان از آزی دهاک کوپ په شتریباریه وندات استات.

۲۸- بیست شهرستان در پذشخوارگر (نواحی کوهستانی تبرستان و گیلان) ساخته شده چه ارمایل... پس او (ارمایل) به فرمان (فریدون) برای

کوه‌نشینان ساخت؛ ایشان از آزی دهاک (ضحاک) شهریاری کوهستان را به دست آورده بودند.

***

۲۹- کوپیار هپت خند: دومباوند ویسـمکان، نیهاونـد، ویسـتون و دینبـران و مسرکان و بلوچان و مرنجان.

۲۹- فرمانروایان کوهستان هفت باشند: ویسکمان دماوند، نهاوند، بیسـتون (بهستون) دینبران (دینور) موسرکان (مسروکان) و بلوچان و مرینجان.

***

۳۰- این آن بوت کشان از آزی دهاک کوپ په شترییاریه وندات استات

۳۰- اینها آن بودند که از آزادی دهاک فرمانروایی کوهستان را بـه دسـت آورده بودند.

***

۳۱- شترستان ئی موسل پیروزئی شاهپوهران کرت.

۳۱- شهرستان موصل را پیروز پسر شاپور بساخت.

***

۳۲- ۹ شترستان اندرز می‌ئی گزیرک کرت استیت ئی آمتـوس ئـی کیسـر براترزات کرت.

۳۲- (۹) شهرستانی که در سرزمین گزیره (جزیره) سـاخته شـده امتـوس برادرزاده‌ی قیصر ساخته است.

۳۳- [۲٤ شترستان اندر زمی ئی شام، یمن و فریکا و کوفاه و مکاه و مـدینک گاس کرت استیت هست ئی شاهانشاه هست ئی کیسر.]

۳۳- [بیست و چهار شهرستانی که در سرزمین شام، یمن و افریقا و در گـاه کوفه و مکه و مدینه ساخته شده برخی به توسط شاهنشاه، برخـی بتوسـط قیصر بوده است.]

[۳- کوست ئی نیمروج]

[جانب نیمروز (جنوب)]

***

۳٤- په کوست ئی نیمروج شترستان ئی کاوول ارتشیرئی سپندپاتان کرت استیت.

۳٤- در جانب جنوب شهرستان کابل را اردشیر پسر سپندیاد ساخته است.

***

۳۵- شترستان ئی رخوت رهام ئی گوترزین کرت په آن گاس کیشان اسپورچ نر ئی تور اوزد، وش ییگوخاکان از آنوستوب بکرت.

۳۵- شهرستان رخوت را رهام پس گودرز در آنگاه که او اسپورچ یل تورانی را کشت و ییغوخاقان را بستوه آورد بنا نهاد.

***

۳۶- شترستان ئی بست بستورئی زریران کرت په آن گاس کو ویشتاسب شاه دین یشتن په فرزدان بوت و بنک ئی ویشتاسپ و اوره وسپوهرکان اندر نشاست.

۳۶- شهرستان بست را بستور پسر زریر به آنگاه که کی گشتاسپ برای پرستش دین (مزدیسنان) به (دریاچه‌ی) فرزدان بود و بنه‌ی گشتاسب و بزرگزادگان دیگر آنجا برپا بود بنا کرد.

***

۳۷- شترستان ئی فراه و شترستان ئی زاوالستان روتسخم ئی سگستان شاه کرت.

۳۷- شهرستان فراه و شهرستان زابلستان را رستم شاه سیستان بنا نمود.

***

۳۸- شترستان ئی زرنگ نخوست گجستک فراسیاک ئی تور کرت وش ورجاوند آتخش ئی کرکوگ آنو نشاست، وش منوچیهر اندر ئو پتشخوارگر

کرت وش اسپند رمت په زنیه خواست و سپندرمت اندر ئو زمی گمیخت. شترستان اویران کرت وش آتخش افسرت و پس کیخسروب ئی تشیاوشان شترستان اواز کرت‌وش آتخش ئی کرکوگ او از نشایست و ارتشیرئی تپاپکان شترستان به فرجامینیت.

۳۸- شهرستان زرنگ را نخست افراسیاب گجسته (ملعون) تورانی ساخت، او آتش پیروزگر کرکوگ بدانجا نشانید؛ او منوچهر را به پذشخوارگر فرستاد؛ و سپندارمذ (فرشته‌ی موکل زمین) را به زنی خواست، و سپندارمذ به زمین (با او) بیامیخت. او شهرستان را ویران کرد و آتش را بیفسرد و پس کیخسرو پسر سیاوش، شهرستان را دوباره ساخت و آتش کرکوگ را دوباره برپا کرد؛ و اردشیر پسر پاپک شهرستان را به پایان رسانید.

***

۳۹- شترستان ئی کرمان پیروزان کرمانشاه کرت.

۳۹- شهرستان کرمان را کرمانشاه پیروزگر ساخت.

***

۴۰- شترستان ئی ویه ارتشیرئی په ۳ خوتای کرت اردشیرئی پاپکان به فرجامینیت.

۴۰- شهرستان به اردشیر (در کرمان) که سه خداوند بنا نهادند، اردشیر پسر پاپک به پایان رسانید.

***

۴۱- شترستان ئی ستخر اردوان پهلویگان شاه کرت.

۴۱- شهرستان استخر را اردوان پادشاه پهلویان ساخت.

***

۴۲- شترستان ئی داراوکرت دارائی داریان کرت.

۴۲- شهرستان دارابگرد را دارا پسر دارا بنا نهاد.

***

۴۳- شترستان ئی ویه شاهپوهر شاهپوهرئی ارتشیران کرت.

۴۳- شهرستان به شاپور (در فارس) را شاپور پسر اردشیر ساخت.

***

٤٤- شترستان ئی گورارتشیرخوره ارتشیرئی پاپکان کرت.

٤٤- شهرستان گوراردشیرخوره را اردشیر پسر پاپک ساخت.

***

۴۵- شترستان ئی توزک همای ئی چیهر آزاتان کرت.

۴۵- شهرستان توزک را همای چهر آزاد ساخت.

***

۴۶- شترستان ئی اوهرمـزد ارتخشـیران، شهترسـتان ئـی رام – اوهرمـزد، اوهرمزدئی تگ ئی شاهپوهران کرت.

۴۶- شهرستان هرمزد اردشیران و شهرستان رام هرمزد را هرمـزد تکـاور پسر شاپور ساخت.

***

٤٧- شترستان ئی شـوس و شوسـتر شوشـیندخت زن ئـی یزدکـرت ئـی شاهپوهران کرت، چگون دوخت ئی ریش گالوتگ ئی یهوتان شاه مات ئه ئی وهرام ئی گور بوت.

٤٧- شهرستان شوش و شوشتر را شوشیندخت (شوشن) زن یزدگرد پسـر شاپور ساخت، زیرا او دختر ریش گلوته پادشاه یهودیان و مادر بهـرام گـور بود.

***

٤٨- شترستان ئی وندییوگ شاهپوهر و شترستان ئی اران – خوره – کرت – شاهپوهر هر شاهپوهرئی ارتشیران کرت؛ وش پلاپات نام نیهات.

٤٨- شهرستان وندییوگ شاپور و شهرستان – ایـران خـوره کـرد شـاپور را شاپور پسر اردشیر ساخت، ویلاپات (بیلاپاد) نام نهاد.

***

۴۹- شترستان ئی نهر – تیرک په دوشخوتاییه آزی دهاک پت ئی شپستان کرت و زندان ئی ارانشتر بوت؛ زندان ئی اشکان نام بوت.

۴۹- شهرستان نهر تیره را آزی دهاک پیشوای جادوگران(؟) دن پادشاهی بیدادگرانه‌ی خود ساخت، را زندان ایران‌شهر شد. نامش «زند و اشکانیان» بود.

***

۵۰- شترستان ئی سمران فریتون ئی اتوینان کرت وش مسورئی سمران شاه اوزدوش زمی ئی سمران اواز (ئو) خویشیه ئی ارانشتر آورت. وش دشت ئی تاجیک په خویشیه و آزاتیه به ئو بخت خوسروئی تاجیک شاه دات پتوند دارشن ئی خویش رای.

۵۰- شهرستان سمران (همیران) را فریدون پسر اتوین ساخت، اومسور شاه سمران را بکشت و سرزمین سمران را باز به آن ایران‌شهر (مملکت ایران) آورد و دشت تازیان را به دلخواه خود به مناسبت پیوند خویشی به بخت خسرو پادشاه تازیان واگذار کرد.

***

۵۱- شترستان ئی ارسپ(؟) شاهپوهرئی ارتشیران کرت.

شهرستان اراسپ(؟) را شاپور پسر اردشیر ساخت.

***

۵۲- شترستان ئی اسورئی شترستان ئی ویه - ارتخشیر (ارتخشیر) ئی سپندیاتان کرت وش او شک ئی هکر مرزپان گوند سر و بور کرپه ورئی تاجیکان بگمارت.

شهرستان آشور که شهرستان به اردشیر باشد (اردشیر) پسر سپندیاد ساخت؛ و او اوشک مرزپان هکر (هگر) را برگزید (؟) و برکررابه دریاچه‌تازیان (خلیج فارس؟) بگماشت.

***

۵۳- شترستان ئی گی گجستک الاسکندرئی فیلیپوس کرت؛ مانشن ئی یهوتان آنوبوت ئی په خوتاییه یزد کرت ئی شاهپوهران برت از خواهشن ئی شوشیندوخت کش زن بوت.

۵۳- شهرستان جی (اصفهان) را الاسکندر گجسته (ملعون) پسر فیلیپوس ساخت. جایگاه یهودیان آنجا بود، چه یزدگرد پسر شاپور آنها را به خواهش زن خود شوشیندخت به آنجا برد.

***

۵٤- شترستان ئی اران-آسان-کرت-کوات. کوات ئی پیروزان کرت.

شهرستان ایران آسان کرد کباد را کباد پسر پیروز ساخت.

***

۵۵- شترستان ئ ی اشکر وهرام ئی یزدکرتان کرت.

۵۵- شهرستان اشکر (کاشغر؟) را بهرام پسر یزدگرد (بهرام پنجم) ساخت.

[٤- کوست ئی آتورپاتکان]

[٤- جانب آذرپادگان]

***

۵۶- شترستان ئی آتورپاتکان اران – گشنسپ ئی آتورپاتکان سپاهپت (کرت).

۵۶- شهرستان آذرپادگان ایران گشنسب – سپهبد آذربایگان ساخت.

***

۵۷- شترستان ئی ون ون ئی گولخشان کرت و په زنیه ئوکی کـوات مـت؛ و در پشتیه ئی اروندا‌سپ (ارجاسپ) تورئی براتروش ئی کـرپ پـه پاتوکیـه کرت پناکیه ئی زن ئی خویش رای.

۵۷- شهرستان وان راون دختر گلخشن (ولخش) ساخت و بـه زنـی کیقبـاد درآمد و نور پسر براتوروش (براتروییا – رایشه) کرپان برای پنـاه دادن زن خویش به جادوگری در پشتی (استحکامات) اروندسپ (ارجاسپ) را ساخت.

***

۵۸- په کوست ئی آتورپاتکان شترستان ئی گنجک فراسیاک ئی تور کرت.

۵۸- در جانب آذربایگان شهرستان گنجه را افراسیاب تورانی ساخت.

***

۵۹- شترستان ئی آموی زندکی ئی پر مرگ کرت.

۵۹- شهرستان آمـوی (تبرسـتان) را زنـدیق (مـانوی) مرگبـار (مـزدک؟) بساخت.

***

۶۰- شترستان ئی ریه... کرت؛ زرتشت ئی سپیتامان از آن شترستان بوت.

۶۰- شهرستان ری را... ساخت. زردتشت پسر سپیتامان از آن شهرستان بود.

***

۶۱- شترستان ئی بکدات ابوگافر چگونشان ابو-دوانیک خوانت کرت.

۶۱- شهرستان بغداد را ابوجعفر (عبدالله المنصور) که ابودوانیق خواننـد بنـا کرد.

***

۶۲- به پیروزیه همباریت،

۶۲- به پیروزی انجامید،

***

۶۳- فرجفت په شنوم، شاتیه رامشن.

۶۳- به خوشی و شادی و رامش انجام گرفت.
تهران - ۱۳۲۱

گزارش گمان شکنی

مردان فرخ

چهار باب از کتاب
شکند گمانی ویچار
(گزارش گمان‌شکنی)

بسعی و اهتمام
صادق هدایت

سرآغاز

سرزمین ایران همواره مهد آراء و عقاید و مذاهب گوناگون بوده است. از مراجعه به تاریخ قبل از اسلام ایران، می‌بینیم که علاوه بر دیانت رسمی و دولت مملکت همیشه فرقه‌ها و مذهب‌هایی وجود داشته که به نسبت معکوس قوت و اقتدار کیش رسمی قوی یا ضعیف می‌شده است. در زمان ساسانیان علاوه بر دین رسمی، یعنی زرتشتی، در داخل ایران یک عده ادیان و مذاهب دیگر مانند: زروانی، مهرپرستی، یهودی، عیسوی، مانوی، مزدکی، سوفسطایی، بودایی و غیره در کشمکش بوده است.[1] پس از فتح ایران بدست اعراب، همین که ایرانیان بخود آمدند، در برابر دین اسلام؛ عکس‌العمل شدیدی نشان دادند و به وسایلی گوناگون، خاصه به‌وسیله تجدید ادیان و مذاهب پیشین به دین فاتحین خود تاخت آوردند. از تراجم احوال سرکشان زمان خلافت و همچنین بسیاری از شعرا و ادبا و سرکردگان صدر اسلام، (ابن‌مقفع، بابک، افشین، مازیار، برمکیان وغیره) چنین برمی‌آید که این مخالفت نهایت شدت را داشته است. لیکن برای مطالعه دقیق در این آراء و عقاید و مقایسه آنها با تعالیم قبل از اسلام، اسناد معتبری در دست نمی‌باشد. زیرا این قسمت از تاریخ بسیار تاریک می‌باشد و اسناد کتبی که در این زمینه وجود داشته به‌عمد از میان برده شده است.

در زمان خلفای عباسی، مخصوصاً در دوره خلافت مأمون، به‌واسطه تسامح و آزادی فکر او در مسایل دینی، چنانکه از تواریخ رسمی و دولتی برمی‌آید، ادیان و مذاهب و فرقه‌هایی که در خفا در ایران وجود داشت، از سر نو جان گرفته بود و نمایندگان این عقاید، آراء مذهبی خود را در حضور مأمون

---

[1] Casartelli, Philosophie Religieuse du Mazdéisme sous les Sassanides, pp. 1.2.3. & H. S. Nyberg, Questions de Cosmogonie et de Cosmologie Mazdéennes, (Journal Asiatique, 1931, Juil-Sept:) p.1.

مورد مباحثه و مناظره قرار می‌داده‌اند. در این دوره کتب و رسالات متعددی نیز از طرف علمای زرتشتی تألیف شده که عده‌ای از آنها هنوز باقی است. لیکن از میان صدها کتاب که نام آنها بطور اتفاق در تواریخ آمده و یا به عربی ترجمه شده، فقط عده بسیار محدودی که تقریباً همه مربوط به دین زرتشتی می‌باشد و به توسط پارسیان به هندوستان برده شده برجا مانده است. و چنین به نظر می‌آید، آنچه از متن‌های پهلوی و ادبیات قبل از اسلام که در ایران باقی بوده به‌عمد و به وسایل دقیقی محو و نابود کرده باشند.

ایرانیانی که به کیش زرتشتی وفادار مانده بودند، چون در اقلیت بودند، تا آنجا که عقیده همدینان خود را تقویت بکنند از دین خود دفاع می‌نموده‌اند. و در ضمن به ادیان یهود و مسیح و مانی حمله‌هایی می‌کرده‌اند. اما راجع‌به دین رسمی یعنی اسلام پیداست که ناچار بودند رویه محتاطی پیش گرفته فقط به اشارات مبهمی اکتفا نمایند.

کتابی که از آن گفتگو می‌کنیم: «شکند ویمانیک ویچار» نام دارد که آن را «گزارش گمان‌شکنی» یا «شرح رفع شبهه» می‌توان ترجمه کرد. این کتاب را بیش از هزار سال قبل «مردان‌فرخ پسر اورمزدداد» به زبان پهلوی تألیف کرده است، و بعد توسط دانشمند زرتشتی دیگری موسوم به «نیروسنگ» به زبان سانسکریت ترجمه و به پازند گردانیده شده است. موضوع آن مانند سایر کتب پهلوی که به دست زرتشتیان حفظ شده، عبارتست از دفاع از مذهب زرتشت که ضمناً در آن به ملل و نحل دیگر سخت حمله شده است. این کتاب را دکتر وست West در سال ۱۸۸۵ به انگلیسی ترجمه نموده[1] سپس در سال ۱۸۸۷ میلادی متن پازند را با تصحیحات و فرهنگ به

[1] S. B. E. Pahlavi Texts, Part III. transl. by E. W. West. Oxford, 1885.

چاپ رسانیده است.[1]

دلایلی که مؤلف برای اثبات وجود ایزد و اهریمن و ضدیت آنان و همچنین اثبات حقانیت و برتری دین زرتشت می‌آورد، البته به جای خود شایان توجه و مطالعه دقیق می‌باشد. ولی به طوری که خود مؤلف اعتراف می‌کند، اغلب این دلایل را از کتب دینی پهلوی گرفته است. چنانکه در کتاب دینکرد و دادستان دینی نظیر دلایلی که نگارنده آورده آمده است. مؤلف بیشتر سعی دارد که در مسائل دینی و نفی و اثبات قضایا جز به ادله عقلی[2] توسل نجوید. این نکته از لحاظ شناختن روش استدلال و منطق ایرانیان که سپس در اثبات احکام دین از طرف متکلمین اسلامی اخذ و اقتباس شده است درخور ملاحظه می‌باشد و نیز از مزایای این کتاب اینست که مؤلف چنانکه خود در مقدمه گفته است، در همه ادیان و مذاهب و آراء و عقاید زمان خود جستجو و تتبع نموده و پیوسته در مباحثات دینی آن زمان شرکت کرده بوده است: «(۳۵) این تألیف را من مردان‌فرخ پسر اوهرمزد داد کردم، زیرا من در مدت عمر بسیاری از انواع و اقسام دین‌ها را دیده و در بسیاری از مباحثات کیش‌ها (شرکت کرده‌ام)، (۳۶) و من از کودکی، همراه با هر عقیده‌ای گرم می‌گرفتم، و خواستار و جوینده راستی بودم. (۳۸) و من این گفتار موجز را برای آرزومندان راستی تحقیق نموده، از نامه یادداشت‌های دانایان پیشین و دستوران راست، بخصوص از آن آذر پادیاوندان مقدس دستچین کردم و این یادداشت را «شکند گمانی ویچار» نام نهادم.»

چنانکه مؤلف اقرار می‌کند، به برتری دین زرتشتی پی می‌برد و مذاهب و

---

[1] Shikand-Gûmânîk Vijâr, by Hôshang Dastûr Jâmâsp Asânâ & E. W. West, Bombay, 1887.

[2] La Méthode rationaliste

فرقه‌های زمان خود را مورد انتقاد قرار می‌دهد - به‌علاوه چند فصل از این کتاب را اختصاص به مذاهب گوناگون می‌دهد و به این سبب از لحاظ عکس‌العمل زرتشتیان در برابر ادیان و فرقه‌هایی که در آن زمان در ایران وجود داشته مطالب مهمی در بر دارد.

در اینجا چهار باب مستقل از «شکند ویمانی ویچار» که راجع‌به مذاهب یهود و مسیح و مانی می‌باشد، با متن پهلوی و یادداشت و ترجمه فارسی می‌آوریم و در دنباله کتاب ترجمه اشاراتی را که به مذهب اسلام شده نیز نقل می‌کنیم.

راجع‌به نگارنده و تاریخ زندگی او غیر از این کتاب هیچ‌گونه سند دیگری در دست نمی‌باشد. از عقاید و نام «مردان‌فرخ پسر اوهرمزدداد» آشکار است که زرتشتی بوده است، شاید مقام دستوری و یا موبدی نیز داشته.

در باب نخستین اینطور شکسته نفسی می‌کند:

«(٤٢) من نیز از دانایان برگزیده خواهشمندم، (٤٣) که چون بخواهند (به مطلبی) توجه کنند، به اصل دین گردآورنده ننگرند، بلکه بزرگی و راستی و استواری و گفتار اساسی دانایان پیشین را در نظر گیرند. (٤٤) زیرا من که گردآورنده‌ام پایه آموزگاری ندارم بلکه شاگرد می‌باشم.»

کسی که بطور دوستانه از او می‌پرسد، مهریار پسر مهماد اصفهانی است. و مؤلف او را اینطور معرفی می‌کند. در دوم «(٢) در پرسشی چند که مهریار پیروزگر پسر مهماد از اهل سپاهان با منش نیک نه از راه خرده‌گیری پرسید، اینک پاسخ.» گویا او نیز دستور زرتشتی بوده است.

شکی نیست که این کتاب بعد از فتح ایران بدست اعراب نوشته شده. مخصوصاً از مطالب باب یازدهم، این معنی تأیید می‌شود. هرچند چنانکه معمول همه نویسندگان پهلوی است، نام اسلام را نمی‌آورد و بطور خیلی

محتاط به آن اشاره می‌کند. ولی به اندازه کافی از اشارات مبهمی که مؤلف به قرآن می‌نماید، مخصوصاً راجع‌به «سقوط ابلیس» که اشاره مستقیم به قرآن است، شکی باقی نمی‌گذارد. در باب چهارم-۳ پازند «ویرود دینان» بی‌شک تحریفی از: «ویرویشنیکان» (مؤمنین) می‌باشد که عنوان مشهور خلفای اسلام است. چنانکه روی مسکوکی که در حدود ۶۷۳-۶۹۲ میلادی در ضرابخانه‌های ایرانی زده شده عنوان خلفاء «امیر ویرویشنیکان» ترجمه امیرالمؤمنین خوانده می‌شود. همچنین اشاره دیگر مردان‌فرخ در باب دهم- ٤۵:

«(٤۳) کنون من چنانکه در پیش نوشتم، برای شناسایی ایزد و دین و اراده او پیوسته دلگرم به جستجو و پرسش‌کننده بودم؛ (٤٤) همچنین برای جستجو به کشورهای دور و بوم هندوستان، و میان بسیاری از نژادهای گوناگون مسافرت کردم. (٤۵) چه من آن دینی که از سابق برجای مانده بود نپسندیدم. (٤۶) مگر آن خواستم که بخرد و گواهی ثابت‌تر و قابل قبول‌تر باشد.»

بدین‌سان نویسنده که زرتشتی است از مذهب رسمی سرزمین خود یعنی اسلام بیزاری می‌نماید. و نیز پازند «موتهزری» (باب یازدهم -۲۸۰) که اصل آن «موتزلیک» بوده؛ فقط ممکن است رسم‌الخط فارسی لغت عربی معتزله یکی از فرقه‌های اسلامی بوده باشد.

هرچند زمان کتابت این نسخه را می‌شود تخمین زد، ولی تعیین تاریخ حقیقی آن بخوبی میسر نمی‌شود. از طرف دیگر نام بعضی از شارحین و آثار آنها که نگارنده آورده است ما را در این تفحص راهنمایی می‌تواند کرد. از جمله آذر پادیاوندان که یکی از قدیم‌ترین شارحین می‌باشد، چنانکه از تعلیمات او در کتاب آذرفرنبغ نقل شده است. ولی این اسم تاکنون در

کتاب دیگری دیده نشده. آذرفرنبغ پسر فرخزاد بهتر شناخته می‌شود. در آخر کتاب دینکرد گفته می‌شود که او مؤلف کتاب است و منتخبات رسایل گوناگون مذهبی او در کتاب چهارم و پنجم دینکرد یافت می‌شود. زمان حیات او را بطور تقریب می‌توان تعیین نمود. رساله پهلوی: «گجستک ابالیش»[1] مباحثه آذرفرنبغ پسر فرخزاد پیشوای بهدینان پارس را با ابالیش زندیق در حضور مأمون شرح می‌دهد (۲۱۸-۱۹۸ هجری) از این قرار آذرفرنبغ همزمان مأمون بوده. نام دیگری که مردان‌فرخ به آن اشاره می‌کند «روشن پسر آذرفرنبغ» است که شرح روشن را تألیف نموده. در متن اوستای پهلوی نام او مکرر آمده است. هرگاه در حقیقت پسر آذرفرنبغ بوده، چنانکه اشاره می‌شود، خیلی بعید است که شرح روشن قبل از ۸۵۰ میلادی گردآوری شده باشد و تاریخ تألیف «شکند ویمانیک ویچار» که اشاره به آن شرح می‌کند، ناچار بعد از آن انجام گرفته است. ممکن است در زمان حیات روشن تألیف شده باشد، زیرا به اسم او «انوشه‌روان» اضافه نشده است. از این قرار است تاریخ تألیف این کتاب در نیمه قرن نهم میلادی و بیش از هزار سال قبل می‌باشد.

باید متذکر شد که هیچ‌یک از عبارات و اشاراتی که مردان‌فرخ از کتاب دینکرد می‌آورد بطور صریح در هفت کتاب دینکرد که عجالتاً وجود دارد یافت نمی‌شود. لذا باید این قسمت‌ها از کتاب اول و دوم دینکرد گرفته شده باشد که تاکنون بدست نیامده است. و چنانکه از آخر کتاب دینکرد استنباط می‌شود، هفت جلد دینکرد در تاریخ ۱۰۲۰ میلادی از دو جلد اولش جدا شده است.

---

[1] «گجسته ابالیش» ترجمه فارسی، چاپ تهران، ۱۳۱۸، آقای پرویز خانلری حدس می‌زنند که ابال ممکن است عبدالله اسم عربی خوانده شود.

از مراتب گذشته پیداست که «شکند ویمانیک ویچار» در ایران نوشته شده، چنانکه مؤلف می‌گوید او از مذهب رسمی: «اسلام» متنفر بوده است. و پرسش‌کننده او مهریار از اهل اصفهان بوده. و اما در اینکه در چه زمان و چگونه این کتاب به هندوستان رفته و کی متن پهلوی آن در هندوستان مفقود شده، معلوم نیست.

نسخ خطی شکند گمانی ویچار به چندین قسمت می‌شود. و پس از مطالعه دقیق بدست می‌آید که همه آنها از یک نسخه اصلی رونویس شده است. هیچ‌کدام از آنها کامل نیست، خوشبختانه قسمت آخر کتاب در نسخه قدیمی خطی حفظ شده است که نسخ دیگر را از روی آن نوشته‌اند. دکتر وست دو نسخه قدیمی خطی را اساس متن پازند خود قرار داده است. این دو نسخه به پازند و دارای ترجمه سانسکریت می‌باشد که توسط نیروسنگ موبد پسر دهول تهیه شده. دکتر وست حدس می‌زند که مترجم در قرن چهاردهم مسیحی می‌زیسته است.[1] به عقیده آقای انکلسریا نیروسنگ در حدود سنه ۲۱۵ یزدگردی مطابق ۸۴۶ میلادی از ایران به هندوستان رفته است.

بهرحال تاکنون اثری از متن اصلی پهلوی کتاب «شکند ویمانیک ویچار» بدست نیامده، ولی چندین نسخه وجود دارد که دارای متن پهلوی مغلوطی است، و چنین به نظر می‌آید که از روی پازند اقتباس شده است و گاهی پازند فارسی و پازند سانسکریت نیز به‌همراه آن نوشته شده.

دکتر وست پس از مقابله نسخ مختلف نتیجه می‌گیرد که همه نسخ موجود، از روی متن پازند نوشته شده و متن پهلوی در قرن پانزدهم میلادی مفقود

---

[1] مستشرقین راجع‌به تاریخ حیات نیروسنگ اختلاف عقیده دارند. دکتر وست نیز به عقیده قدیم خود باقی نمانده و زمان او را بطور دقیق در اواخر قرن دوازده میلادی دانسته است.

گردیده است. نیروسنگ در ترجمه سانسکریت خود می‌نویسد: «من نیروسنگ پسر دهول، این کتاب موسوم به: شکند گمانی وجار را از زبان پهلوی به زبان سانسکریت ترجمه کردم و متن به‌علت اشکال رسم‌الخط فارسی به حروف اوستایی گردانیده شده است، تا درست‌اندیشانی که به ارادت این سخنان می‌شنوند آن را برامش دریابند.» و این تعریف درست گردانیدن متن پهلوی به پازند می‌باشد.

در متن پازند موجود، دکتر وست تقریباً در حدود صد لغت مغلوط پیدا کرده، که از اشتباه گردانیدن متن اصلی پهلوی به پازند رخ داده است. ولی به نظر می‌آید که این اشتباهات از طرف رونویس‌کنندگان شده باشد، زیرا در ترجمه تحت لفظی سانسکریت نیروسنگ معنی کامل لغات را داده است. اما چنانکه از نسخه «مینو خرد» که مانند شکند گمانی ویچار، آن را نیروسنگ به پازند گردانیده و به سانسکریت ترجمه کرده و متن پهلوی آن نیز در دست می‌باشد برمی‌آید، اشتباهات کوچکی در سیاق گردانیدن لغات پهلوی به پازند از طرف خود نیروسنگ شده است.

***

به عللی که در پیش ذکر شد، در اینجا فقط چهار باب از کتاب «شکند گمانی ویچار» بطور کامل نقل و ترجمه فارسی می‌شود. لذا بی‌مناسبت نیست که خلاصه فصول آن را چنانکه دکتر وست در مقدمه متن پازند آورده بنگاریم. ولی پوشیده نماند که تقسیم‌بندی باب‌ها در نسخه اصل وجود نداشته و به توسط وست تنظیم شده است و به‌علاوه مقدمه کتاب به‌جای باب اول به‌شمار آمده است. اینک خلاصه مطالب کتاب:

در باب نخستین آفرینش همه موجودات خوب و سودمند و همچنین دین زرتشتی به اورمزد نسبت داده شده، و در این باب دین زرتشتی به درخت

بزرگی تشبیه می‌گردد که شاخه‌های آن عبارتند از «پیمان» و دو بخش «کردار و پرهیزکاری» و شاخه‌های سه‌گانه «هومت و هوخت و هوورشت» (منش نیک و گوش نیک و کنش نیک) و مراتب چهارگانه دین «چهار پیشگان دین» و «سرداران پنجگانه» که در رأس آنها پادشاه قرار گرفته است اداره می‌شود.

کالبد و استعداد مردم نیز با مراتب چهارگانه دین سنجیده شده است. با این آفرینش دشمنی وجود دارد که حربه (افزار) آن مذاهب بیگانه می‌باشد. سپس مردان‌فرخ خود را به‌عنوان پژوهنده حقیقت معرفی می‌کند و این حقیقت را در نوشته موبدان زمان باستان، به‌خصوص در تألیفات آذر پادیاوندان بدست می‌آورد و بر این اساس کتاب «شکند گمانی ویچار» را تألیف می‌نماید. بعد متذکر می‌شود که این کتاب چون بطور خلاصه نوشته شده فقط برای شاگردان سودمند تواند افتاد و نه برای مطالعه دانشمندان.

در باب دوم مردان‌فرخ به یک رشته مطالبی که مهریار پسر مهماد اصفهانی از او دوستانه پرسش می‌کند جواب می‌دهد. پرسش‌کننده با تردید می‌پرسد که چرا اهریمن چون روشنایی را دید به آن حمله‌ور شد، در صورتی که با گوهر او تضاد و مخالفت داشت و دو گوهر متضاد یکدیگر را می‌رانند، پاسخ اینست که اهریمن تباه کنند می‌باشد و فقط دو طبیعت متضاد که بهم برخورد و تلاقی پیدا کردند می‌توانند به یکدیگر آسیب برسانند.

باب سوم مربوط به پرسش دوم می‌شود که مهریار می‌پرسد چرا اورمزد که قادر مطلق است، مانع تباهکاری اهریمن نمی‌شود؟ در جواب به او می‌گوید که، قدرت مطلق و اراده اورمزد جز به ممکنات تعلق نتواند

گرفت و نه به ممتنعات، و هر امری که موجود و متحقق گردید معلوم می‌شود که این امر ممکن بوده است و نه ممتنع. و به هر حال اراده ایجاد ممتنع با خرد ایزد منافات دارد و نیز شر ذاتی اهریمن است، و بنابراین تغییر در آن غیرممکن و خارج از حیطه قدرت یزدان می‌باشد. و اما در مخلوقات خوبی و بدی بهم آمیخته شده است و علت وجود خوبی آنها خوبی و علت وجود بدی آنها بدی است. و حاصل آنکه خیر جز منشأ خیر و شر جز منشأ شر نتواند بود.

در چهارم- مهریار متذکر می‌شود: هرگاه هر چیزی تحت تأثیر ستارگان واقع شده است و اگر آنها را ایزد به‌وجود آورده، در این صورت باید چنانکه مؤمنین «ویرویشنیکان مسلمانان اظهار می‌دارند، ایزد هم منشأ خیر باشد و هم منشأ شر. اگر آنها را اهریمن بیافرید، چطور توانست ستارگان سعد منشأ خیر را نیز به‌وجود بیاورد؟ و اگر هر دو ستاره‌ها را بیافریدند، اورمزد در آفریدن ستارگان نحس و منشأ شر باید همدست اهریمن شناخته شود. جواب این سه پرسش اینست که سپهر آسمانی جای خداوندان درستکاری است که بخشنده نیکی می‌باشند، و زیر آنها ستارگان نحس که جادویی هستند و در اوستا «گدهه» یعنی راهزن نامیده می‌شوند جای گرفته‌اند. چون اورمزد همه چیزهای خوب را بیافرید، گنامینو و دیوان به آن تاخت آوردند، تا آفریدگان و آفرینش اورمزد را نابود سازند و این امر توسط روشنان که سیارگان را با روشنایی خود حفظ می‌نمودند پیش‌بینی و از تأثیر بد آنان جلوگیری شد. هر یک از هفت سیاره ستاره متضاد مخصوصی دارد و نیز با دو رشته به ماه و خورشید پیوسته می‌باشد، و از این قرار جنبش سیارگان در زیر فرمان آنها قرار گرفته است. ماه و خورشید دو دشمن دارند: یکی آنکه موجب خسوف و کسوف می‌شود و

دیگری ستاره دنباله‌دار که زیر و زبر ستارگان و خورشید در حرکت است. باران به‌وسیله کشمکش و مبارزه تشتر Sirius و روشنان با دیوان تندر، «اسپنجگره دیو - دیو اوستایی ضد باران» و خشکی تولید می‌شود. زیر آنها مردمان و جانورانی هستند دارای امیال خوب و بد، امیال خوب متعلق به آفریدگار است برای اینکه مانع از بدی بشود.

سپس اورمزد به باغبان دانایی تشبیه شده که باغستان میوه خود را از شر جانوران اهریمنی نگاهبانی می‌کند. آسمان به‌منزله دامی «تله‌ای» است که جانور زیانکار در آن گرفته می‌شود، و تا فرجام دنیا در ستیزه می‌باشد. و زمانی که نیروی او رو به زوال می‌رود از آن دامی که جای گزیده رانده می‌گردد و دنیا برای همیشه آراسته می‌شود. لیکن قدرت دشمن محدود است و مرگ عدم محض نمی‌باشد، زیرا جسم به اجزاء و عناصر خود برمی‌گردد و روح می‌رود تا اعمال خود را گزارش دهد. هرگاه کردار او خوب باشد به بهشت راهنمایی می‌شود و اگر دارای کردار بد باشد به دوزخ رانده می‌گردد، و سرانجام پس از پاک شدن از بدی رهایی می‌یابد. از اینجا نتیجه می‌گیرد که اورمزد جز خوبی نیافریده است. بعد مردان‌فرخ اظهار می‌دارد که این مطالب را از نوشته آذر پادیاوندان که در دینکرد تألیف آذرفرنبغ آمده است اقتباس نموده. آنگاه می‌گوید که پاسخ آخرین سؤال مهریار درباره تناهی و عدم تناهی را بعد مطرح خواهم نمود. (در شانزدهم ۱۰۷-۵۳)

در پنجم- به رد اقوال نیست یزدگویان (منکران وجود ایزد) و بیان وجوب شناختن ذات و صفات یزدان شروع می‌شود. و آنگاه مؤلف به بیان طریقه‌های وصول به این معرفت می‌پردازد، و این طریقه‌ها را برای اثبات وجود آفریدگار عاقل و نیکوکاری به‌کار می‌برد و وجود علاماتی را در

آفریدگان و اندام‌های آنها برای این معنی دلیل می‌آورد. و باز اشاره می‌کند که همه این دلایل از کتاب دینکرد گرفته شده و خواننده را برای توضیحات بیشتر به مراجعه کتاب نامبرده توصیه می‌کند.

در ششم- پس از بیان عقاید دهریان[1] و طبیعیون با استناد به وجود غایات و اغراض در عالم خلقت به رد آنها و آنگاه به ذکر ابطال سخنان سوفسطائیان پرداخته می‌شود که اظهار می‌دارند راجع‌به حقیقت عالم دلیل محکمی در دست نمی‌باشد، زیرا دانش ما جز یک نوع توهم شخصی خودمان چیز دیگری نیست.

در هفتم- راجع است به اثبات وجود یک ضد برای آفریدگار و اینکه خود آفرینش دلیل است بر اینکه مقصود این ضد انجام نخواهد یافت.

در هشتم- مردان‌فرخ به جزئیات دلایل فوق و بیان بداهت وجود دوگانه خیر و شر در آفرینش می‌پردازد. لزوم دنیای معنوی را از مبدأ و معاد زندگی جسمانی به‌وسیله مقایسه ایجاد از یک اصل نامرئی و تجرد روان را از جسم نشان می‌دهد. جزئیات دیگری راجع‌به وجود قصد و غرضی در آفرینش برای مقاومت در برابر این ضد و شکست فرجامین اهریمن شرح می‌دهد. و دلایل دیگری برای اعتقاد به یک منشأ بدی که باید آن را از منشأ خوبی جدا دانست می‌آورد و این نیز علت بدی‌هایی است که به نظر

---

[1] لفظ «دهر» که به معنی وقت و روزگار آمده و در قرآن نیز در چند مورد و از جمله در اشاره به عقیده کسانی که می‌گفته‌اند: «مایهلکنا الا الدهر»، که شاید همان «زروانیان» باشند، به‌کار رفته است. فارسی آن «دیرند» و با کلمه فرانسه durée که از ریشهٔ لاتینی durare آمده است از یک ریشه می‌باشد. و از لحاظ مفهوم و اصطلاح فلسفی نیز با لفظ durée در عرف پاره‌ای از فلاسفهٔ غرب و از جمله در عرب هانری برگسون فرانسوی که عقیده او درباره زمان با عقیده زروانیان بسیار نزدیک است کاملاً مطابقت می‌کند. رودکی می‌گوید: یافتی! تو به مال غره مشو، - چون تو بس دید و بیند این دیرند. (لغت فرس ص ۱۰۱) می‌توان حدس زد که دهر عربی نیز تحریفی از کلمه «دیر» فارسی و با کلمهٔ «دیرند» از یک ریشه باشد..
این یادداشت را لطفاً آقای احمد فردید به این جانب مرحمت کردند. ص. هـ.

می‌آید بطور ناگهان اتفاق می‌افتد.

در نهم- اطلاعات دیگری راجع‌به ضد و بداهت وجود آن قبل از آفرینش می‌دهد، و مبارزه او را با آفریدگان بعد از آفرینش، چنانکه در نوشته‌های آذر پادیاوندان در دینکرد آمده است شرح می‌دهد. بقیه این باب در بیان جزئیات همین مطلب است.

در دهم- با بحث راجع‌به مبدأ شر چنانکه در مذاهب گوناگون آمده است، شروع می‌شود و تا آخر این فصل ادامه پیدا می‌کند. مقصود همه مذاهب بیان ذات و صفات آفریدگار و تعلیمات راجع‌به تزکیه نفس است؛ و این خود دلیل آن است که فاعل شر آفریدگار نیست. پس لازم است که اصل خیر و شر شناخته شود و متذکر می‌شود که بعضی از فرقه‌ها آن را به یک و برخی به دو اصل نسبت می‌دهند. مردان‌فرخ می‌گوید که او مذهب رسمی مملکت (اسلام) را دوست نداشته و در بسیاری از سرزمین‌ها و میان هندوها تفحص کرده است، تا اینکه پس از مطالعه نوشته‌های آذر پادیاوندان و روشن پسر آذرفرنبغ و همچنین دینکرد آذرفرنبغ پسر فرخزاد معتقد به برتری دین زرتشتی گردیده است. این دین را زرتشت به کی‌گشتاسپ بیاموخت که آن را پذیرفت و شاهزادگان خانواده او مانند سپندداد و زریر و دیگران آن را در اروم (آسیای صغیر) و هندوستان تبلیغ کردند. سپس این دین به «خاندان الوهیت» (ساسانیان) رسید و آذرباد پسر ماراسپند با فلز گداخته آن را باز بیاراست؛ ولی ارومیان بی‌جهت سعی کردند آن را رد بکنند؛ در صورتی که به‌آسانی می‌توان پی برد که سایر عقاید مملو از موهومات و تناقض می‌باشد.

در یازدهم- مردان‌فرخ راجع‌به عقاید کسانی که معتقدند خیر و شر هر دو از اراده یزدان ناشی می‌شود گفتگو کرده، با اشارات سربسته به مذهب

اسلام تاخت می‌آورد. و می‌گوید ایجاد شر با علم مطلق و قدرت مطلق و نیکوکاری و بخشایشگری و همچنین با کامروایی و راستی ایزد راست نتواند آمد. اگر او نیکوکار است، چرا شر را باقی می‌گذارد؟ اگر بخشایشگر است، چرا کسانی را که بد می‌کنند عقوبت می‌نماید؟ اگر داناست چرا آفریده نخستین خود را از نافرمانی باز نداشت؟ (اشاره به سقوط ابلیس و هبوط آدم در قرآن) ولی مردمان به کشتن پیغمبران برانگیخته می‌شوند و فریبنده پیروزگر می‌گردد و پایدار می‌ماند. آیا پیروی از چنین عقیده‌ای عاقلانه است؟ پس از انتقادات دیگری چنین نتیجه می‌گیرد: یزدانی که چنین کند باید ناتوان و جبار و نادان باشد. همچنین اطمینانی به آمرزش او نیست و باید خود او درباره خیر و شر مردد باشد[1]. از وجود صدقه‌دهندگان و طبیب ثابت می‌شود که بیماری و تنگدستی نیز وجود دارد، زیرا اگر این دو نبود وجود صدقه‌دهنده و پزشک لازم نمی‌شد.

رابطه میان اراده ایزد و مبدأ شر تشریح می‌شود، و چنین نتیجه گرفته می‌شود که در برابر اراده ایزد اراده دیگری که مخالف و ضد آنست وجود دارد. سپس در امکان اینکه بدی از مردمان برخاسته، و یا اینکه بدی به‌وجود نیامده مگر اینکه به ارزش خوبی بیفزاید بحث می‌شود. قول به اینکه ایزد به همه آفریدگان و آفرینش فرمانروایی مطلق دارد و می‌تواند هر زیانی که بخواهد برساند و هرچه خواست می‌کند، با یک مثل که از روشن پسر آذرفرنبغ می‌آورد رد می‌شود. سپس به این مطلب می‌پردازد که آیا آفریدگار دوست و یا دشمن آفریدگان خود می‌باشد، یا اینکه او فرمانروای خوب یا بد و یا هر دو در عین حال است؟ اگر بدی از مردمان سر می‌زند، اهریمن بی‌گناه است، اما اگر اهریمن مبدأ شر است چگونه می‌تواند از

---

[1] مراجعه شود به ملحقات آخر کتاب.

جمله آفریدگان ایزد باشد؟ در صورت اخیر اگر ایزد آفریدگار اصل بدی باشد از این قرار خود او مبدأ شر است.

آنگاه اشاراتی به قرآن می‌شود راجع‌به اینکه ایزد هر کسی را بخواهد به میل و اراده خود دلالت به راه راست می‌کند و یا گمراه می‌سازد.[1] سؤالاتی از فرقه معتزله راجع‌به اراده خدا و قدرت او در اجرای آن شده است. همچنین مطرح می‌شود هرگاه مدبر دنیا بدون ضد و با بصیرت و نیکویی و قدرت کامل می‌بود می‌توانست بدی را مانع بشود. ولی از آنجا که بدی بی‌شک وجود دارد، او باید ناقص بوده باشد. و اگر او مسبب خیر و شر نیست نمی‌تواند آفریننده اهریمن بوده باشد و ناچار لازم است وجود اهریمن مبدأ مستقلی داشته باشد. سپس فرمان بی‌منطق او راجع‌به منع خوردن از درخت دانش در بهشت (قرآن دیده شود) بطور شدیدی انتقاد می‌شود. و رفتار جابرانه ایزد که خود مردمان را گمراه می‌نماید و سپس عقوبت می‌کند؛ چنانکه در قرآن آمده است نیز انتقاد می‌شود. در این باب نتیجه می‌گیرد و متذکر می‌شود، در مطالبی که شرح داده شد هر آنچه راست است از منشأ راستی و هرآنچه دروغ است از سرچشمه دروغ ناشی می‌گردد.

در دوازدهم- به ذکر دلایل متناقضی که در زمینه قدرت مطلق یزدان و اراده او چنانکه در دینکرد از دلایل فرقه‌های گوناگون جمع‌آوری شده و معتقدند که ثنویت جنبه بی‌اساس دارد شروع می‌شود. در این موضوع مردان‌فرخ می‌پرسد: آیا کدام یک بیشتر جنبه توهین‌آمیز دارد که معتقد باشند ایزد آفریدگان خود را از گمراهی حفظ نمی‌کند و آنان را به‌علت گناه موقت تا ابد شکنجه می‌نماید، یا معتقد باشند که او همیشه نیکوکار و

[1] رجوع شود به دنبالهٔ آخر کتاب (بند ۳۵۹-۳۷۰).

بخشایشگر و حاضر است که همه گناهان را یکباره پاداش بخشد و همه آفریدگان خود را سرانجام از دشمن و عقوبت نجات بدهد؟ بعد نگارنده نشان می‌دهد که خصایل نیک قادرند همه خصایل زشت که ضد آنها هستند سرکوبی بنمایند و ضد با همه کوشش خود قادر نیست که زیان همیشگی برساند.

در سیزدهم- با انتقاد کتاب یهودیان و شرح بی‌ثباتی و تناقض سفر پیدایش شروع می‌شود. پس از اشاره به بعضی آیات راجع‌به آفرینش و سقوط آدم در سفر پیدایش و سفر خروج، مردان‌فرخ به انتقاد آنها می‌پردازد. مخصوصاً آفرینش روشنایی و وضعیت دنیا قبل از روشنایی و علت شش روز درنگ برای آفرینش را مورد انتقاد قرار می‌دهد؛ که چگونه قبل از آفرینش خورشید روزها شمرده می‌شده و در صورتی که آفرینش فقط به فرمان او انجام گرفته، استراحت روز هفتم برای چه بوده است. چرا آدم نافرمان خلق شد و در صورتی که خدا می‌دانست اطاعت نخواهد کرد چرا فرمان به اطاعت داد؟ گویا این فرمان برای نادانی آنها داده شده بود، زیرا آدم دانش خود را رهین «مار و فریبندگی» می‌باشد. همچنین جزئیات دیگر را درباره هبوط آدم که با دانش مطلق و راستی و قدرت ایزد راست نباید مطرح می‌نماید سپس می‌گوید: عادلانه نیست که نفرین به آدم شامل همه نسل او بشود.

در چهاردهم- در دنباله انتقاد از نوشته‌های یهود می‌آید و توضیح داده می‌شود که بسیاری از قسمت‌های آن با عقیده زرتشتیان راجع‌به ایزد متناقض است. مانند سفر تثنیه، اشعیاء و ناحون که به‌نظر می‌آید با بخشایشگری و برازندگی ایزد متناقض می‌باشد. در ناحون ایزد وجودی می‌نماید کینه‌جو. از حزقیال تعظیم و تکریم به خورشید استنباط می‌گردد. از

اسفار: یوشع و اشعیاء و اعداد او جبار معرفی می‌شود و در سفر پیدایش از کرده خود پشیمان می‌شود. مطالبی که احتمال دارد از احادیث و سنت یهودیان گرفته شده نیز انتقاد می‌گردد. (مانند روانه ساختن روزانه ۹۰٬۰۰۰ فرشته با پرستندگان به دوزخ. یهوه به احوالپرسی ابراهیم می‌رود. تقدیمی فرشته به مرد پرهیزکار و جواب فرشتگان از اعتراض به کشنده جمعیت بیشماری از مردان). نگارنده نتیجه می‌گیرد که طبق این گفتار، یهوه در راستی و دانش و بخشایشگری خود کامل نبوده دشمن خویش می‌باشد.

در پانزدهم - کتاب عیسویان نیز به همان نحو مورد انتقاد قرار می‌گیرد. جزئیات تولد عیسی شرح داده می‌شود و بطرز دقیقی عقایدی که در این باره اظهار شده است انتقاد می‌گردد. قولی که مرگ او برای اثبات وجود رستاخیز لازم بوده رد می‌شود. در اعتقاد به تثلیث نیز بحث می‌گردد. و بعد دلیل می‌آورد که هرگاه دشمن یکی از آفریدگان باری تعالی است او نیز باید مانند سایر آفریدگان بخشیده شود و متذکر می‌گردد اگر مردمان بدی را به اراده خود مرتکب می‌شوند، این مطلب نمی‌تواند شامل حال جانوران موذی و نباتات سمی بشود. در این صورت آفریننده آنها باید مسئول زیانکاری ایشان باشد. نیز گفتار پولس که مخالف با اختیار و آزادی اراده می‌باشد ذکر می‌شود. بسیاری از عبارات انجیل متی و یوحنا نقل می‌گردد که گواهی می‌دهد عیسی معتقد به وجود دو آفریننده بوده. دعای مسیحیان نیز نقل می‌شود.

در شانزدهم - به «فریبندگی‌های مانی و مانویان» تخصیص داده شده، و بحث می‌شود که دین مانی مبتنی بر سه اصل است: - یکی نامحدودی دو نیروی اصلی، دیگری راجع به آمیزش آن دو با یکدیگر و سوم راجع به جدا شدن روشنایی از تاریکی در فرجام. مانی می‌گوید این جهان کهین به شیوه

جهان مهین بدست اهریمن از بدن فرمان او «کونددیو» که در جنگ دوم با فرشتگان کشته شد، به‌وجود آمده است. تکلیف ماه و خورشید و علت تأثیر باران نیز بر طبق عقیده مانوی شرح داده شده و بیان کرده است که به‌گفته او چون اهریمن آفریننده عالم اجسام است، کمک کردن به او از راه ازدیاد نسل و کشت زمین پسندیده نمی‌باشد. و نیز چون او تباه‌کننده زندگی است، کشتن جانوران جایز نیست. این دنیا نابود خواهد شد و عاقبت پیروزی با ایزد است، ولی رستاخیز نخواهد بود. در آن وقت دو اصل اولی تا ابد با هم خواهند ماند. بعد مردان‌فرخ چنانکه در آخر باب چهارم وعده کرده بود به بحث در تناهی و عدم تناهی وارد می‌شود. پس از آنکه مطرح می‌کند که جز زمان و مکان چیز دیگری نامحدود نیست و نشان می‌دهد نامحدود امریست که حتی ایزد نیز آن را در علم خود تصویر نمی‌تواند کرد، همچنانکه روشنایی و حیات نمی‌توانند به اجزاء تقسیم گردند و نه می‌شود مخل نظم آنها شد، زیرا برای آنها فضای قبلی وجود ندارد که بتوانند در آن حرکت بکنند پس اگر دو اصل وجود نامحدود باشند و نشود مخل نظم آنها گردند محلی برای آفریدگان وجود نخواهد داشت. مرگ اینکه آنان کاملاً نتیجه تغییر و تحول مبدأ اولیه باشند. ولی در پیچ و خم چنین الفاظ و استدلالات ممکن است رشته مطلب گسیخته شود. بعد دلیل می‌آورد که ماهیت هیچ‌چیز را بدون احاطه کامل بدان نمی‌توان دریافت. در اینجا نسخه ناگهان قطع می‌شود و باقی کتاب مفقود شده است.

***

از خلاصه فصول «شکند گمانی ویچار» چنین برمی‌آید که کتابی است در مباحثه مذهبی، و مؤلف پس از دفاع از دین زرتشت و طرح دلایلی در

اثبات ثنویت و اینکه خیر و شر را در عالم هر یک منشأ ای جداگانه است؛ ناگهان متوجه عقاید و مذاهبی می‌گردد که در آن زمان وجود داشته و در اطراف آنها بحث می‌شده است. از جمله منکران وجود خدا، دهریان، سوفسطائیان، معتزله، اسلام، یهود، عیسوی و مانوی. از آنجا که آخر کتاب افتاده دارد معلوم نیست، شاید باب‌های دیگری راجع به مذاهب دیگر وجود داشته است. چهار فصلی که در این کتاب راجع به یهود و عیسوی و مانوی مفصلاً نقل می‌شود، هر کدام مبحث جداگانه‌ای را تشکیل می‌دهد. ولی راجع‌به مذاهب دیگر که بطور اتفاق اشاره شده، چون اصول آنها جداگانه شرح داده نشده و فقط از لحاظ معتقدات زرتشتی مورد انتقاد قرار گرفته است از ذکر آنها چشم پوشیدیم.

اشاراتی که به اسلام شده از آنجا که شباهت تامی با رد عقاید یهود و مسیح دارد در ملحقات این کتاب بطور خلاصه ذکر خواهد شد.

آنچه مربوط به مذاهب یهودی و مسیحی است، البته امروزه چندان تازگی ندارد. ولی مطلب قابل توجه این است که تعیین شود مردان‌فرخ از کدام متن کتاب مقدس و انجیل نقل قول می‌کند. چیزی که مسلم است مطالبی که مردان‌فرخ از کتب مقدس می‌آورد، کاملاً با ترجمه آنها تطبیق می‌کند مگر در بعضی موارد که اختلاف کوچک مشاهده می‌شود ولی احتمال دارد این موضوع مربوط به تحریفاتی باشد که بعدها در تورات و انجیل شده است. زیرا به نظر می‌آید متن این کتاب‌ها در زمان خیلی قدیم از سریانی به پهلوی ترجمه شده بوده[1]. چنانکه از تلفظ مخصوص نام اسحق (در

---

[1] در کاوش‌های تورفان جزو اسناد مانوی، قطعاتی از ترجمهٔ انجیل به زبان سغدی پیدا شده است.

چهاردهم - ٤٢) و تحریف آن به پازند استنباط می‌شود[1]. و نیز به‌جای لفظ «یهوه» خدای یهود، لفظ قدیم خدا به زبان عبری «آدنائی» استعمال می‌شود. به‌علاوه به‌نظر می‌آید که نگارنده اخبار و احادیث یهود را مطالعه دقیق نموده و دو سه فقره می‌آورد که در تورات کنونی وجود ندارد و شاید از کتاب تلمود اقتباس کرده باشد. به‌هرحال کلماتی که نگارنده از کتب مقدس نقل می‌کند با ترجمه آنها به زبان‌های اروپایی بیشتر تطبیق می‌کند تا با ترجمه فارسی جدید آن که مغلوط می‌باشد.

در مباحثه عقاید مانویان مردان‌فرخ موضوعی را به میان می‌کشد و به آن حمله می‌کند که از عقاید دیگر به مراتب تاریک‌تر است. و اطلاعاتی که می‌دهد ارزش به‌خصوصی دارد. به‌طوری‌که نگارنده در باب دهم ۶۰-۵۹ اشاره می‌کند، چنین بدست می‌آید که مذهب مانوی در آن زمان در نهایت قوت بوده و پیروان بسیاری داشته است:

در دهم (۵۰) از نیروی متحد دانش دین، (۵۱) و غور در نوشته دانایان؛ (۵۲) اشارات شگفت‌آور نوشته‌های آذر پادیاوندان فرزانه، (۵۳) و به‌وسیله آن نوشته‌ای که روشن عالی‌مقام، پسر آذرفرنبغ فراهم کرد- (۵٤) و آن را «کتاب روشن» نام نهاد. (۵۵) همچنین پیشوای مقدس فرزانه آذرفرنبغ پسر فرخ‌زاد، (۵۶) که پیشوای دین بهی بود، (۵۷) از لحاظ گزارش راجع‌به دین «دینکرد» نام نهاد- (۵۸) از بسیاری شک و ضلالت و فریب‌های کیش‌ها رهائی یافتم، (۵۹) بخصوص از آن فریبندگان بزرگتر و زورمندتر، و بدآموزتر و تهی‌مغز مانوی، (۶۰) که کیش ایشان جادویی و فریبنده دین و

---

[1] در نقل اسامی خاص نیروسنگ پیوسته دچار اشتباه می‌شود. چنانکه از ترجمهٔ «مینوخرد» او نیز بدست می‌آید و اسم الاسکندر را به غلط از سکنگر و یا ارسنگر می‌آورد، می‌رساند که اطلاعات تاریخی او بسیار ضعیف بوده است.

آموزش ایشان بدی است و روش پیچیده و نهانی دارند.»

متأسفانه آخر این باب مفقود شده است[1] ولی به‌نظر نمی‌آید که قسمت افتاده متن زیاد بوده باشد. گرچه می‌توان حدس زد باب‌های دیگری راجع به سایر عقاید و ادیان متن اصلی داشته است.

از لحاظ اصطلاحات و تحول زبان فارسی این کتاب اهمیت بسزایی دارد. هرچند متن پهلوی اصلی آن در دست نیست، لیکن ترجمه این کتاب توسط نیروسنگ درحدود نهصد و یا هزار سال قبل به سانسکریت و گردانیدن آن به حروف اوستایی تغییرات زبان فارسی آن زمان را با فارسی زمان ساسانی به‌خوبی نشان می‌دهد و گذشته از اشتمال آن بر اصطلاحات فلسفی فارسی، تا یک اندازه نماینده طرز استدلال عقلی ایرانیان قبل از اسلام نیز می‌باشد. ضمناً چنین استنباط می‌شود که در زمان مأمون تألیف کتب به زبان پهلوی متداول بوده، و از رویه محتاطی که مؤلفین زرتشتی نسبت به مذهب اسلام داشته‌اند چنین برمی‌آید که ایرانیان مسلمان نیز از این زبان بی‌اطلاع نبوده‌اند.

گرچه به‌علت نقص الفبای فارسی مناسب‌تر بود که متن با الفبای صدادار چاپ می‌شد، اما به‌واسطه فراهم نبودن وسایل و به‌علاوه چون اصلاحاتی در متن شده است با حروف فارسی معمولی اضافه می‌شود.

این کتاب از روی متن پازند و سانسکریت انتقادی دکتر وست و ترجمه انگلیسی او و نیز مطابق تصحیحات آقای بهرام گور انکلسریا مقابله و تصحیح شده است. در خاتمه تشکرات خود را تقدیم بزرگترین استاد پهلوی‌دان

---

[1] باب شانزدهم این کتاب را دانشمند روسی سالمان Salemann جداگانه در کتاب خود Ein Bruchstük Manichaeischen Schrifttums در سن پترزبورگ ۱۹۰٤ تصحیح و چاپ کرده است و نیز W. Jackson, Researches in Manichaeism, N. Y. ۱۹۳۲, pp. ۱۷٤-۲۰۱. از لحاظ مطالعه مانی قسمتی ازین فصل را با انتقادات به چاپ رسانیده است.

معاصر آقای بهرام گور انکلسریا می‌نمایم که مدت طویلی وقت گرانبهای خود را صرف خواندن این کتاب با این‌جانب نموده است.

صادق هدایت

در سیزدهم[1]

(۱) دیگر در ناسازگاری و یاوه‌سرایی نخستین نامه، (۲) که آن را «مقدس»[2] خوانند، (۳) و همگی بدان هم‌رای هستند، که ایزد آن را به دست خویش نوشت و به موسی داد، (٤) چون (نامه مزبور) پر از اشتباهات قابل رد است، برای آگاهی شما شمه‌ای از ناسزایی‌های فراوان آن را در اینجا آشکار سازم. (۵) در آغاز نامه گوید، (۶) که: «نخست زمین بی‌شکل و تهی و تاریکی و آب سیاه بود؛ (۷) و روح ایزد به‌روی آن آب سیاه متحرک همی بود[3]؛ (۸) پس ایزد گفت که: «روشنایی باشد!» (۹) و روشنایی شد.[4] (۱۰) روشنایی از آن زیر به او واژگونه نمود؛ (۱۱) او روشنایی را به روز و تاریکی را به شب گذاشت[5]. (۱۲) او به شش روز این جهان و آسمان و زمین بیافرید[6]؛ (۱۳) زیرا در روز هفتم آرمید و آسایش کرد.[7]» (١٤) ازاین‌رو کنون نیز جهودان روز شنبه استراحت بکنند.[8]

---

[1] باید باب دوازدهم باشد، ولی طبق ترجمهٔ وست که مقدمه کتاب را باب جداگانه محسوب داشته در سیزدهم می‌باشد.

[2] مقصود سفر پیدایش است که به عبری برشیت می‌خوانند.

[3] «۱- در ابتدا خدا آسمان‌ها و زمین را آفرید ۲- و زمین تهی و بایر بود و تاریکی برروی لجه و روح خدا سطح آب‌ها را فروگرفت.» سفر پیدایش باب اول

[4] «۳- و خدا گفت روشنایی بشود و روشنایی شد.» س. پ. باب اول

[5] «٤- و خدا روشنایی را دید که نیکوست و خدا روشنایی را از تاریکی جدا ساخت. ۵- و خدا روشنایی را روز نامید و تاریکی را شب نامید.

[6] «۳۱- و خدا هرچه ساخته بود دید و همانا بسیار نیکو بود و شام بود و صبح بود روز ششم.» س. پ. باب اول

[7] «۱- و آسمان‌ها و زمین و همه لشکر آنها تمام شد ۲- و در روز هفتم خدا از همهٔ کار خود که ساخته بود فارغ شد و در روز هفتم از همهٔ کار خود که ساخته آرامی گرفت.» سفر پیدایش باب دوم.

[8] «۱۰- اما روز هفتمین سبت یهوه خدای تو است. در آن هیچ کار مکن تو و پسرت و دخترت و غلامت و کنیزت و به هیمه‌ات و مهمان تو که درون دروازه‌های تو باشد. ۱۱- زیرا که در شش روز خداوند آسمان و زمین و دریا و آنچه را که در آنهاست بساخت و در روز هفتم آرام فرمود.» سفر خروج باب بیستم.

(۱۵) این نیز که: او آدم و زنش حوا را بیافرید[1]، (۱۶) و در باغستان بهشت کرد[2] (۱۷) که آدم در آن باغستان برزگری و پاسبانی بکند.[3]

(۱۸) آدنائی[4]، که خود ایزد باشد، به آدم فرمود، (۱۹) که: «از همه درختان این باغستان بخور، مگر از آن درخت دانش؛ (۲۰) چه هرگاه از آن بخوری بمیری[5]»

(۲۱) «پس، او ماری در باغستان کرد. (۲۲) آن مار حوا را فریفته و گفت که: از این درخت بچین بخوریم؛ و به آدم بدهیم.[6] (۲۳) او نیز چنان کرد؛ (۲٤) آدم همچنین بخورد،[7] (۲۵) و چنان دانشی یافتند که نیک را از بد تمیز داده داده و نمردند.[8] (۲۶) ایشان دیدند و دانستند که برهنه هستند؛ (۲۷) زیر درختان پنهان شدند؛ (۲۸) از شرم برهنگی، برگ درختان بر تن خویش

---

[1] «۲۲- و خداوند خدا آن دنده را که از آدم گرفته بود زنی بنا کرد و وی را به نزد آدم آورد.» س. پ. باب دوم

[2] «۸- و خداوند خدا باغی در عدن به طرف مشرق غرس نمود و آن آدم را که سرشته بود در آنجا گذاشت.» س. پ. باب دوم. فقرهٔ ۹ و ۱۵ نیز دیده شود.

[3] «۲۷- پس خدا آدم را به صورت خود آفرید او را به صورت خدا آفرید ایشان را نر و ماده آفرید.» س. پ. باب اول «۱۵- پس خداوند خدا آدم را گرفت و او را در باغ عدن گذاشت تا کار آن را بکند و آن را محافظت نماید.» س. پ. باب دوم.

[4] لغت عبری آدنائی Adonâî به معنی یهوه می‌باشد. «... اما به لغت عبری که جهودان دارند نام ایزد تعالی بدین لفظها یاد کنند: ایلوهیم - آذونای - اهیا شد اهیا...» بیان الادیان، چاپ تهران، ص۷.

[5] «۱۶- و خداوند خدا آدم را امر فرموده گفت از همهٔ درختان باغ بی‌ممانعت بخور ۱۷- اما از درخت معرفت نیک و بدزنهار نخوری زیرا روزی که از آن خوردی هرآینه خواهی مرد.» س. پ. باب دوم.

[6] «۱۰- و مار از همهٔ حیوانات صحرا که خداوند خدا ساخته بود هوشیارتر بود و به زن گفت آیا خدا حقیقتاً گفته است که از همهٔ درختان باغ نخورید... ٤- مار به زن گفت هرآینه نخواهید مرد.» س. پ. باب سیم.

[7] «۶- چون زن دید که آن درخت برای خوراک نیکوست و به نظر خوش‌نما و درختی دلپذیر دانش‌افزا پس از میوه‌اش گرفته بخورد و به شوهر خود نیز داد و او خورد.» سفر پیدایش، باب سیم.

[8] «۵- بلکه خدا می‌داند در روزی که از آن بخورید چشمان شما باز شود و مانند خدا عارف نیک و بد خواهید بود» س. پ. باب سیم.

پوشیدند.»[1]

(۲۹) «پس آدنائی به باغستان شده آدم را به نام خواند که کجایی؟[2]

(۳۰) «آدم پاسخ داد که: اینجا زیر درختان هستم، زیرا که برهنه باشم.[3]

(۳۱) «آدنائی خشمناک شد، (۳۲) و گفت که: که ترا آگاهی داده که برهنه هستی؟ (۳۳) مگر تو از آن درخت دانش که گفتمت مخور خوردی؟[4]

(۳٤) «آدم گفت که: این زنی که تو به من دادی، مرا فریفت و خوردم.[5]

(۳۵) «و آدنائی از حوا پرسید: چرا تو چنین کردی؟ (۳۶) حوا گفت که: این مار مرا بفریت.[6]

(۳۷) «او آدم و حوا و مار، هر سه را نفرین نموده از باغستان بهشت بیرون کرد.[7]

(۳۸) «او به آدم گفت که: خوراکت از پاک کردن عرق پیشانی و دم زدن بینی بدست آید، (۳۹) تا فرجام زندگیت؛ (٤۰) در زمینت همه پلیدی و نجاسات بروید![8]

---

[1] «۷- آنگاه چشمان هردوی ایشان باز شد و فهمیدند که عریانند پس برگ‌های انجیر به‌هم دوخته سترها برای خویشتن ساختند. ۸- و آواز خداوند خدا را شنیدند که در هنگام وزیدن نسیم نهار در باغ می‌خرامید و آدم و زنش خویشتن را از حضور خداوند خدا در میان درختان باغ پنهان کردند.» س. پ. باب سیم.

[2] «۹- و خداوند خدا آدم را ندا در داد و گفت کجا هستی؟»

[3] «۱۰- گفت چون آواز ترا در باغ شنیدم ترسان گشتم زیرا که عریانم پس خود را پنهان کردم.»

[4] «۱۱- گفت که ترا آگاهانید که عریانی آیا از آن درختی که ترا قدغن کردم که از آن نخوری خوردی؟» س. پ. باب سیم

[5] «۱۲- آدم گفت این زنی که قرین من ساختی وی از میوهٔ درخت به من داد که خوردم.»

[6] «۱۳- پس خداوند خدا به زن گفت این چه کار است که کردی؟ زن گفت مار مرا اغوا نمود که خوردم.» س. پ. باب سیم

[7] «۲۳- پس خداوند خدا او را از باغ عدن بیرون کرد تا کار زمینی را که از آن گرفته شده بود بکند.

[8] «۱۷- و به آدم گفت چون که سخن زوجه‌ات را شنیدی و از آن درخت خوردی که امر فرموده گفتم از آن نخوری پس به سبب تو زمین ملعون شد و تمام ایام عمرت از آن با رنج خواهی خورد. ۱۸- خار و خس نیز

(٤١) «او به حوا گفت: آبستنی تو با درد و دشواری و زایشت با رنج گران باشد![1]

(٤٢) «او به مار گفت که: در میان چارپایان و ددان دشتی و کوهی نفرین کرده باشی؛ (٤٣) ترا پای مباد؛ (٤٤) روشت به‌روی شکم و خورشت خاک باد؛ (٤٥) و میان فرزندان تو با زن کین و دشمنی چنان باشد که فرزندان ایشان ترا سر کوبند!»[2]

(٤۶) این نیز گویند که: «او این گیتی با هرچه از هرچیز که در آنست برای مردمان کرد و آفرید؛ (٤٧) او مردم را بر همه آفریدگان و آفرینش و تر و خشک فرمانروا کرد.[3]

(٤٨) کنون شمه‌ای به باطن هرزه درایی‌ها و فریبندگی گفتار ایشان می‌پردازم، (٤٩) آیا آن زمین بی‌شکل و تهی و تاریکی و ایزد و روحش و آب سیاه کجا و به کدام حد بود (۵٠) یا خود ایزد چگونه بوده است؟

(۵١) پیداست که او روشن نبوده؛ (۵٢) زیرا چون روشنایی را دید (۵٣) از آنجا که آن را ندیده بود به او واژگون نمود.[4] (۵٤) اگر گویند که: تاریک بود، پیداست که اصل تاریکی ضد روشنایی است. (۵۵) اگر گویند که: تاریک نه، بلکه روشن بود؛ (۵۶) در صورتی که خود روشن بود، چرا چون او

برایت خواهد رویانید و سبزه‌های صحرا را خواهی خورد. ١٩- و به عرق پیشانیت نان خواهی خورد...» سفر پیدایش باب سیم

[1] «١۶- و به زن گفت الم و حمل ترا بسیار افزون گردانم با الم فرزندان خواهی زایید...» س. پ. باب سیم

[2] «١٤- پس خداوند خدا به مار گفت چون که اینکار کردی از جمیع بهایم و از همهٔ حیوانات صحرا ملعون‌تر هستی بر شکست راه خواهی رفت و تمام ایام عمرت خاک خواهی خورد. ١۵- و عداوت در میان تو وزن و در میان ذریت تو و ذریت وی می‌گذارم او سر ترا خواهد کوبید و تو پاشنهٔ وی را خواهی کوبید.» س. پ. باب سیم.

[3] «٢۶- و خدا گفت آدم را به صورت ما و موافق شبیه ما بسازیم تا بر ماهیان دریا و پرندگان آسمان و بهایم و بر تمامی زمین و همهٔ حشراتی که بر زمین می‌خزند حکومت نماید.» سفر پیدایش باب اول

[4] بند (١٠) این باب دیده شود.

روشنایی دید شگفت نمود؟ (۵۷) و اگر گویند که: نه روشن بود و نه تاریک، (۵۸) باید سومین بار مدلل دارند که نه روشن بود و نه تاریک؛ (۵۹) وگرنه چطور او می‌توانست روشنایی را ببیند در صورتی که جایگاه و مسکنش در تاریکی و آب سیاه بود و هرگز روشنایی را ندیده بود؟ (۶۰) او ایزدی را از کجا آورده بود؟ (۶۱) زیرا، اکنون نیز هرکه در تاریکی بماند روشنایی را نمی‌تواند ببیند. (۶۲) این نیز (باید دانست) که، اگر مبدأ و جایگاهش تاریکی بود، چگونه توانست در مقابل روشنایی ایستادگی بکند؟ (۶۳) چه، این آشکار است که تاریکی در مقابل روشنایی ایستادگی نمی‌تواند، زیرا که آن را می‌راند و سرافکنده می‌سازد.

(۶٤) دیگر اینکه آن زمین بی‌شکل و تهی، با کران بود یا بیکران؟ (۶۵) اگر محدود بود، آنکه بیرون از آن بود چه بود؟ (۶۶) اگر بیکران بود، نامحدودی آن به کجا رفت؟ (۶۷) زیرا چنانکه همه می‌بینیم، این زمین و گیتی آن نیست که در نخست بوده است.

(۶۸) اینکه آدنائی گفت، (۶۹) که: «روشنایی باشد و روشنایی شد!» (۷۰) پس باید دانست که آدنائی پیش از آن روشنایی وجود داشته؛ (۷۱) چون زمانی که همی خواست روشنایی بکند، فرمانی به بودن آن داد، پس او به تفکر اندیشید که روشنایی چگونه باشد، خوش‌گوهر و یا بدگوهر است. (۷۲) و اگر روشنایی، به چگونگی خویش، در دانش و اندیشه آدنائی یافت می‌شد، پیداست که روشنایی همیشه در دانش و اندیشه آدنائی می‌بود، (۷۳) و نیز بیرون از او بوده؛ (۷٤) زیرا که نمی‌توان هیچ چیز را دانست و دریافت، مگر آنکه وجود خارجی آن ثابت شود؛ (۷۵) اگر روشنایی همیشه می‌بود، ازآن‌رو آفریده آدنائی است؟ (۷۶) و اگر گویند که: روشنایی به چگونگی خویش در دانش او نبود، آیا او روشنایی را خواست ولی ندانست

که چگونه می‌باشد؟ - بسیار احمقانه است. (۷۷) یا چگونه ممکن است کسی با فکر بیندیشد به چیزی که هرگز فکر نکرده و ندانسته؟

(۷۸) و این نیز (باید دانست)، که آن فرمان به بودن روشنایی را به چیزی داد یا به هیچ چیز؟ (۷۹) چه، این محقق است، که فرمان به فرمانبردار باید داد؛ (۸۰) اگر او (فرمان) به وجود روشنی داد، آن خود روشنایی بود، (۸۱) و اگر او فرمان به نیستی داد، پس چگونه نیستی فرمان آدنائی را شنود؟ (۸۲) و یا او چگونه دانست، «چنین است خواهش آدنائی که روشن باشم؟» (۸۳) چه، نیستی فرمان آدنائی نمی‌شنود، پنداری که او نداده است؛ (۸٤) زیرا نیستی هیچ فکر کردن نمی‌تواند؛ (۸۵) آنکه نیست، ناگزیر دانا به هستی و پیش‌بین نیز نمی‌باشد؛ چگونه می‌دانست که آدنائی به چه جور می‌خواست که «باشم» تا بهمان جوری که می‌خواست بشود؟

(۸۶) اگر گویند که روشنایی از گفتار آدنائی شد، که او گفت: «باش» و شد؛ (۸۷) در صورتی که گوهر آدنائی تاریکی بود، و نیز هرگز روشنایی ندیده بود، آن روشنایی چگونه از گفتار می‌توانست بشود؟ (۸۸) چه، آشکار است، که گفتار زاییده اندیشه است.

(۸۹) اگر گویند، گفتار او روشن بود، این سخت دشوار باشد؛ چه، از این قرار باید روشنایی ثمره تاریکی تخمه و روشنایی تجلی آن باشد؛ با اینکه روشنایی در تاریکی نهفته باشد. (۹۰) چنانکه گفتم[۱]، فرمان جز به فرمانبر داد نشاید داد؛ (۹۱) پیداست همین که روشنایی باشد، پس فرمان دادن سزاوار است.[۲]

(۹۲) دیگر، اینکه چون او این آفریدگان و آفرینش و آسمان و زمین را به

---

[۱] بند ۷۹ همین باب دیده شود.

[۲] پیداست که فرمان دادند به روشنی آنگاه سزاوار است که روشنی باشد.

شش روز پرداخت و بیافرید، (۹۳) روز هفتم از آن کار آرمید؛[1] (۹٤) پس، چون او این گیهان را از چیزی نیافرید، و فقط از فرمانش بود که: «باش» و شد، (۹۵) درنگ شش‌روزه او از بهر چه بود؟ (۹۶) زیرا اگر بگوییم که از همان گفتن: «باش» او را رنج چندان بود که شش روز درنگ نمود - خیلی بدنما می‌باشد؛ (۹۷) از او رنج بردن سزاوار نیست؛ (۹۸) اگر کسی قادر و تواناست که از نیست هست بکند، بدون درنگ نیز ممکن می‌باشد، (۹۹) و اگر ناتوان است که بدون روز و زمان بیافریند، درباره چنین کسی سزاوار نیست که بگویند از نیست می‌آفریند.

(۱۰۰) و دیگر اینکه، اگر شمار روزها از خورشید دانسته شود، پس پیش از آفرینش خورشید شمار روزها و نیز نام روزها را از چه می‌دانستند؟ (۱۰۱) چه، می‌گویند که او خورشید را روز چهارم به چهارشنبه آفرید![2]

(۱۰۲) این نیز که: چرا بایستی روز هفتم آسایش و استراحت بکند؟ (۱۰۳) چون، او را برای آفریدن و ایجاد گیهان که گفت: «باش!» چندان درنگ و رنج بود! (۱۰٤) چگونه آن روز شمرده شود که او بایستی بیاساید و رعایت رنج خود را بنماید؟ (۱۰۵) چه، اگر او گفت: «باش!» می‌بایست که رنج و آسایش او در همان زمان بوده باشد.

(۱۰۶) دیگر اینکه: او به چه علت و بهانه آدم را با حوا بیافرید؟[3] (۱۰۷) تا اینکه خواهش او را بجای بیاورند؛[4] پس چرا آنها را این‌گونه نیافرید تا از کامروایی او روی نگردانند؟ (۱۰۸) چه، اگر او پیش از کار می‌دانست، که ایشان

---

[1] رجوع شود به بند ۱۲-۱۳

[2] «۱۶- و خداوند دو نیر بزرگ ساخت نیر اعظم را برای سلطنت روز و نیر اصغر را برای سلطنت شب و ستارگان را... ۱۹- و شام بود و صبح بود روزی چهارم.» سفر پیدایش، باب اول.

[3] بند ۱۵ دیده شود.

[4] فرمانی که در بند ۱۹-۲۰ شرح داده شده است.

فرمان‌شنو نباشند، و بالاخره آنها را آفرید، کنون تحقیر کردن و برایشان خشمگین شدن بی‌سبب است؛ (۱۰۹) چه، آشکار است که خود آدنائی اراده استواری نداشت، پرآرزو بود و ظاهراً با کامروایی خویش دشمن و مخالف می‌بود. (۱۱۰) اگر او پیش از کار آنها را نمی‌شناخت، و نیز این ندانست که فرمانش را نمی‌شنوند، پس نادان و بدشناس است. (۱۱۱) اگر گویند که مرادش این بود که نکنند، پس چرا فرمان به کردن داد؟ (۱۱۲) ایشان را از نکردن چه گناه است؟ (۱۱۳) چگونه رود اسپی که او را به لگام یوغ زنند و با تازیانه تهییج به شتاب کنند؟ (۱۱٤) ازین گفتار نشان و علامت ریاکاران آشکار می‌شود، (۱۱۵) که اراده و فرمان ایشان با یکدیگر متباین و ناسازگار است.

(۱۱۶) و اگر اراده و مقصود او این بود، که از خواهش او روی نگردانند، (۱۱۷) کنون زور و شایستگی ایشان به سرپیچی از اراده او بسیار ارجمندتر و تواناتر از اراده او به برنگشتن بوده است؛ (۱۱۸) اگر مقصودش به انحراف ایشان از اراده او بوده و نیز بدان آگاهی می‌داشته، او فرمان به برنگشتن داد، کنون آدم مستمند چگونه می‌توانست از این فرمان برنگردد؟ (۱۱۹) قصد اساسی او نیز پایه استواری نمی‌داشته؛ (۱۲۰) زیرا، به‌محض سرپیچی از فرمانش، او فرمان به برنگشتن را نقض می‌کند و اراده و دانش او نیز لغو می‌شود.

(۱۲۱) دیگر اینکه: او آن باغستان را چرا و برای چه سودی پرداخت و آفرید[1]، (۱۲۲) و درخت دانش را که خود او فرمود: «مخورید» و نیز او اندرز به نخوردن از آن کرد، آفریدنش چه لزومی داشت؟

(۱۲۳) از اندرز و فرمانش پیداست که او دوستدار دانش کم و نادانی است، (۱۲٤) و تمایلش بدان بیشتر از دانش و دانایی می‌باشد. (۱۲۵) نیز سود او از

[1] بند ۱۶-۱۷ دیده شود.

نادانی بیشتر بود؛ (۱۲۶) چه، تا هنگامی که ایشان از درخت دانش نخورده نادان بودند، و نسبت به او نافرمان و زیان‌کار نبودند؛ (۱۲۷) همین که ایشان دانش یافتند، بر او نافرمان شدند. (۱۲۸) او را از نادانی ایشان غمی نبود چنانکه از دانایی ایشان، (۱۲۹) بر ایشان تحقیر کرد و خشمگین شد. (۱۳۰) ایشان را با خواری بسیار و بی‌آبرویی از بهشت بیرون کرده به زمین افگندند. (۱۳۱) خلاصه اینکه علت ظاهری پیدایش دانش مردمان در گیتی از مار و فریبندگی شد.

(۱۳۲) این نیز گویند که: همه چیز را برای مردم آفرید؛ از این قرار پیداست که او آن درخت را نیز برای مردم آفرید. (۱۳۳) او مردم را به همه آفریدگان و آفرینش فرمانروا کرد.[۱] (۱۳٤) اگر چنین است، کنون به چه سبب از آن درخت که از خودشان بود چشم بپوشند؟

(۱۳۵) از این گفتار نیز پیداست، که او را به‌هیچ‌وجه دانش نبود؛ (۱۳۶) زیرا اگر او فراز به باغستان آمد[۲] و بانگ کرد و آدم را به نام خواند که «کجایی؟» برای اینست که از مکان آدم آگاه نبود؛ (۱۳۷) اگر نیز بانگ او پیش از دیدنش نبود که او از آن درخت خورد یا نه، ازین نیز که کی و چگونه و که خورد و که فریفت آگاه نبود؛ (۱۳۹) اگر آگاه بود چرا پرسید: «مبادا هرگز تو از آن درختی که فرمودم مخور، خورده باشی[۳]؟» (۱٤۰) و در نخست که نزدیک آمد تحقیرآمیز نبود؛ پس چون او دانست که خورده‌اند، برایشان تحقیرآمیز و خشمگین گردید.

(۱٤۱) از کمی دانش او نیز اینکه، مار مدعی خود را آفرید، و با ایشان به

---

[۱] بند ٤۶-٤۷ دیده شود.

[۲] بند ۲۹

[۳] «۱۱- آیا از آن درختی که ترا قدغن کردم که از آن نخوری خوردی؟» سفر پیدایش، باب سیم، بند ۳۳ دیده شود.

باغستان کرد[1]؛ (۱۴۲) یا چرا او باغستان را چنان مستحکم نکرد، تا آنکه مار و دشمنان دیگر نیز اندر آن نروند؟

(۱۴۳) دروغزنی او نیز از آنجا پیدا که او گفت که: «هرگاه از این درخت بخوری بمیری[2]،» ایشان خوردند و نمردند؛ بلکه نیز دانشمند گردیدند؛ (۱۴۴) ایشان نیک را از بد تمیز دادند!

(۱۴۵) این نیز که، تا چه اندازه دانش و خواهش و فرمان او سست و متناقض است؛ (۱۴۶) زیرا، اگر او می‌خواست از آن درخت بخورند و فرمان به نخوردن داد، او آگاه بود که می‌خورند. (۱۴۷) کنون پیداست که خواهش و دانش و فرمان او هر سه با یکدیگر متناقض می‌باشد.

(۱۴۸) این نیز که، هرگاه آدم گناه کرد، نفرینی که او[3] (آدنائی) به نسل همگی مردمان در زمان‌های مختلف می‌کند بیدادی است. (۱۴۹) به هر طریقی که پندارم؛ بیهوش و نادان و هرزه‌گو می‌باشد.

(۱۵۰) در این در به‌علت درازی گفتار به همین اکتفا می‌شود.

---

[1] بند ۲۱
[2] بند ۲۰ «۱۷- اما از درخت معرفت نیک و بد زنهار نخوری زیرا روزی که از آن خوردی هر آینه خواهی مرد.» سفر پیدایش باب دوم
[3] بند ۴۱-۳۷ دیده شود.

در چهاردهم

(۱) می‌خواهم شمه‌ای از همه تناقض و سفسطه فراوان همین کتاب بنویسم، (۲) که انباشته از هرگونه گناه و دیومنشی است؛ و از هزاران یکی را برگزیده به‌طور خلاصه آشکار سازم؛ (۳) اینک بدان التفات کرده بنگرید:

(٤) نخست اینکه در چگونگی خویش گوید، (۵) که: «منم آدنائی کین‌خواه، (۶) و کین‌توز،[1] (۷) و کین هفت پشت از فرزندان بستانم،[2] (۸) اصل کینه را فراموش نمی‌کنم.»

(۹) در جای دیگر گوید که: «خشم یافته و منش بزرگ به‌دست آورده، (۱۰) لب او پرزهر، (۱۱) و زبان چون آتش سوزان، (۱۲) و روح چون رود تندرو،[3] (۱۳) بانگ او تندرآسا که بیشتر به بانگ «دیو» ماند[4]؛ (۱٤) نشستگاه او در تاریکی برابر سهمناک،[5] (۱۵) توسن او باد خشک‌کننده،[6] (۱۶) از گام برداشتن او گرد و غبار خیزد[7]؛ (۱۷) چون رود از پس او آتش زبانه کشد[1].»

[1] «۳۵- انتقام و جزا از آن من است.» سفر تثنیه باب ۳۲ «۱۹- ای محبوبان انتقام خود را مکشید بلکه خشم را مهلت دهید زیرا مکتوب است خداوند می‌گوید که انتقام از آن من است من جزا خواهم داد.» رساله پولس به رومیان باب ۱۲.

[2] «۱۵- خداوند به وی گفت پس هر که قائن را بکشد هفت چندان انتقام گرفته شود.» سفر پیدایش باب ٤

[3] «۲۷- اینک اسم خداوند از جای دور می‌آید در غضب خود سوزنده و در ستون غلیظ و لب‌هایش پر از خشم و زبانش مثل آتش سوزان است ۲۸- و نفخهٔ او مثل نهر سرشار تا به گردن می‌رسد تا آنکه امت‌ها را به غربال مصیب ببیزد و دهنهٔ ضلالت را بر چانهٔ قوم‌ها بگذارد.» کتاب اشعیاءِ باب ۳۰

[4] «۳۰- خداوند جلال آواز خود را خواهد شنوانید و فرود آوردن بازوی خود را با شدت غضب و شعلهٔ آتش سوزنده و طوفان و سیل و سنگ‌های تگرگ ظاهر خواهد ساخت.» کتاب اشعیاءِ نبی باب سی‌ام.

[5] «۲- ابرها و ظلمت غلیظ گرداگرد اوست، عدل و انصاف قاعدهٔ تخت اوست.» کتاب مزامیر مزمور ۹۷

[6] «۳- آنکه غرفات خود را بر آب‌ها بنا کرده است، و ابرها را مرکب خود نموده و بر بال‌های باد می‌خرامد.» کتاب مزامیر مزمور ۱۰٤

[7] «۳- خداوند دیرغضب و عظیم القوت است و گناه را هرگز بی‌سزا نمی‌گذارد. راه خداوند در تندباد و طوفان است و ابرها خاک پای او می‌باشند.» کتاب ناحوم باب اول

(۱۸) و دیگر جای، درباره خشمگینی خویش می‌گوید، (۱۹) که: «چهل سال بر اسرائیلیان به خشم بودم.» (۲۰) او گوید که: اسرائیلیان گمراه دل باشند.» جای دیگر گوید که: «که کور است، جز کسی که بنده من باشد؟ (۲۲) که کر است، جز فرستاده‌ای که می‌فرستم؟ (۲۳) که هست کور چون پادشاه؟[2]» پیداست که پادشاه ایشان خود آدنائی می‌باشد.[3]

(۲۴) دیگر جا این نیز گوید که: «فرشتگان آتش او گمراهند[4]» (۲۵) این نیز که: «کردار او دود کورکننده آورد، (۲۶) و ستیز او خونریزی.[5]» (۲۷) این نیز که: «مردم را به یکدیگر برانگیزم؛ (۲۸) بر آسمان بر اندام ایشان نشینم.» (۲۹) این نیز که: «او به یک شب صدوشصت هزار از سپاه دلیر مازندران (آشوریان؟) به مرگ سخت بکشت.[6]» (۳۰) «و دیگر بار ششصدهزار مرد به غیر از زنان و کودکان خردسال از اسرائیلیان در بیابان بکشت، (۳۱) جز

---

[1] «۱۵- زیرا اینک خداوند با آتش خواهد آمد و عرابه‌های او مثل گردباد تا غضب خود را با حدت و عتاب خویش را با شعلهٔ آتش به انجام رساند.» کتاب اشعیاء نبی باب ۶۶

[2] «۱۹- کیست که مثل بنده من کور باشد و کیست که کر باشد مثل رسول من که می‌فرستم، کیست که کور باشد مثل مسلم من و کور مانند بندهٔ خداوند؟» کتاب اشعیاء باب ٤۲

[3] «۲۲- زیرا خداوند داور ماست، خداوند شریعت‌دهنده ماست، خداوند پادشاه ماست پس ما را نجات خواهد داد.» کتاب اشعیاء باب ۳۳

[4] «۱۶- پس مرا به صحن اندرونی خانهٔ خداوند آورد و اینک نزد دوازده هیکل خداوند در میان رواق و مذبح به قدر بیست‌وپنج مرد بودند که پشت‌های خود را به سوی هیکل خداوند و روی‌های خویش را به سوی مشرق داشتند و آفتاب را به طرف مشرق سجده می‌نمودند. ۱۷- و به من گفت ای پسر انسان این را دیدی...» کتاب حزقیال باب هشتم.

[5] «۲۱- و چون یوشع و تمامی اسرائیل دیدند که آنانی که در کمین بودند شهر را گرفته‌اند و دود شهر بالا می‌رود ایشان برگشته مردان عای را شکست دادند.» صحیفه یوشع باب ۸ (نیز کتاب اشعیاء باب ۶۶ فقره ۱۵ دیده شود.)

[6] «۳۶- پس فرشتهٔ خداوند بیرون آمده صدوهشتادوپنج‌هزار نفر از اردوی آشور را زد و بامدادان چون برخاستند اینک جمیع آنها لاش‌های مرده بودند.» کتاب اشعیاء باب ۳۷

دو مرد که برستند.[1]»

(۳۲) دیگر، او نماید که در فرجام کار به‌کلی پشیمان شد؛ (۳۳) چون که گوید تا آزرده شد او گفت که: «از کردن مردمان به زمین پشیمانم![2]»

(۳٤) این نیز گوید که: «بر تختی نشیند که چهار فرشته روی پر دارند، و از بار سنگین هر یک رودی آتشین همی روانست.[3]» (۳۵) اکنون اگر او روحانی است و نه جسمانی، به چه سبب آن چهار مستمند بیچاره را به زیر بار گران به رنج می‌دارد؟

(۳۶) دیگر اینکه: «هر روز بدست خویش نودهزار فرشته بسازد که تا شبانگاه او را همی پرستند؛ سپس ایشان را به رودی آتشین به دوزخ اندازد.[4]» (۳۷) کی پریشانی و بی‌دادی بدین‌گونه دیده شده، چگونه برای جهانیان سزاوار است که کار و پرهیز و کردار نیک بنمایند؛ (۳۸) در صورتی که او فرشتگان مستمند فرمانبردار، فرمان‌شنو، نیکوکردار را جفت دیگر

[1] «۳۷- و بنی اسرائیل از رعمسیس به سکوت کوچ کردند قریب ششصدهزار مرد پیاده سوای اطفال». سفر خروج باب ۱۲ «۳۰- شما به زمینی که درباره آن دست خود را بلند کردم که شما را در آن ساکن گردانم هرگز داخل نخواهید شد مگر کالیب بن یفنه و یوشع بن نور... ۳۲- لیکن لاش‌های شما در این صحرا خواهد افتاد.» سفر اعداد باب ١٤

[2] «۶- و خداوند پشیمان شد که انسان را بر زمین ساخته بود و در دل خود محزون گشت.» سفر پیدایش باب ۶

[3] «۵- و از میانش شبیه چهار حیوان پدید آمد و نمایش ایشان این بود که شبیه انسان بودند ۹- و بال‌های آنها به یکدیگر پیوسته بود و چون می‌رفتند روی نمی‌تافتند بلکه هر یک به راه مستقیم می‌رفتند. ۲۳- و بال‌های آنها زیر فلک به سوی یکدیگر مستقیم بود و بال هر یک از این طرف می‌پوشانید و دو بال هر یک از آن طرف بدن‌های آنها را می‌پوشانید ۲۶- و بالای فلکی که بر سر آنها بود شباهت تختی مثل صورت یاقوت کبود بود و بر آن شباهت تخت شباهتی مثل صورت انسان بر فوق آن بود.» کتاب حزقیال باب اول. «۱۰- نهری از آتش جاری شده از پیش روی او بیرون آمد. هزاران هزار او را خدمت می‌کردند و کرورها کرور به حضور وی ایستاده بودند، دیوان برپا شد و دفترها گشوده گردید.» کتاب دانیال باب هفتم.

[4] احتمال دارد مطلب بالا در تلمود آمده باشد و یا جزو سنت یهود بوده ولی امروزه از بین رفته است.

گناهکاران به دوزخ جاودانی افگند؟ (۳۹) چنانکه نیز گروهی دیگر گویند[1] که: «ایزد روز رستاخیز خورشید و ماه را جفت دیگر گناهکاران به دوزخ بفرستد، به‌علت اینکه مردمانی هستند که به آنها تعظیم و تکریم بکنند.» (٤٠) جای دیگر نیز این گوید که: «چون ابراهیم سالخورده دوست آدنائی چشم‌درد گرفت، خود آدنائی به احوالپرسی او رفت؛ (٤١) به بالین او نشست و احوالپرسی کرد. (٤٢) و، ابراهیم گرامی‌ترین پسر خود اسحق را پنهانی خوانده گفت، (٤٣) که: برو به بهشت و می ناب گوارا بیاور. (٤٤) او رفت و بیاورد، (٤٥ و، ابراهیم از آدنائی بسی خواهش کرد، (٤۶) که: در خانه من جرعه‌ای شراب بخور. (٤٧) آدنائی گفت که: نمی‌خورم، چه از بهشت و پاک نیست. (٤٨) پس ابراهیم گواهی داد: آن می از بهشت و پاک است و پسرم اسحق آورده است. (٤٩) پس آدنائی از اطمینانی که به اسحق داشت، و گواهی ابراهیم، جرعه‌ای شراب بخورد. (۵۰) پس، چونش آهنگ رفتن کرد، (ابراهیم) نگذاشت، تا او به سوگند زیاد یکی دیگر بخورد.[2]»

(۵۱) بنگرید به این سخنان پر از فریبندگی که یکی از آنها نیز درخور ایزد نمی‌باشد، (۵۲) چون آمدنش به هیکل جسمانی به خانه ابراهیم و نان خوردن و می خوردن او، یکی از آنها نیز درخور او نیست. (۵۳) این نیز پیداست که آن درد ابراهیم از آدنائی نبوده، بلکه از کننده دیگری بوده است. (۵٤) او را اختلال دانش و بیهوشی نیز چنان می‌بود، که پاکیزگی و محل می را نمی‌دانست. (۵۵) دروغزنی او نیز اینکه: گفت می نخورم و در انجام بخورد؛ (۵۶) پس باور کرد که بی‌آلایش و پاک است. (۵۷) کنون، کسی که

[1] شاید اشاره به این آیه انجیل می‌کند: «۲۰- خورشید به ظلمت و ماه به خون مبدل گردد قبل از وقوع روز عظیم مشهور خداوند.» کتاب اعمال رسولان باب ۲

[2] این قسمت و قسمت‌هایی که بعد می‌آید در تورات فعلی وجود ندارد. شاید ابتدا وجود داشته بعد حذف شده است و یا متعلق به احادیث و اخبار یهودی است که معلوم نیست نگارنده از کجا آورده است.

چگونگی او از این قرار می‌باشد، چطور سزاوار است به‌عنوان ایزد عالم کل و قادر مطلق پرستیده شود؟

(۵۸) و جای دیگر گوید که: «یکی از بیماران بود که با زن و فرزندان سخت تنگدست و بدبخت بود؛ (۵۹) و همواره در نماز و روزه و پرستش ایزد بسیار کوشش می‌کرد. (۶۰) او روزی در نماز راز و نیاز کرده مراد طلبید که: مرا گشادگی به روزی ده (۶۱) تا مرا زیستن آسان‌تر باشد؛ (۶۲) فرشته‌ای بر او فرود آمد و گفت که: ترا ایزد روزی بیش از این در ستارگان[1] قسمت نداده؛ (۶۳) دوباره قسمت دادن ممکن نباشد؛ (۶٤) مگرم به پاداش پرستش و عبادت تختی که آن را چهار پایه از گوهر باشد و در بهشت برای تو تعیین شده است؛ (۶۵) اگر باید تا ترا از آن تخت یک پایه بدهم. (۶۶) آن پیغامبر جویای اندرز زن خویش شد. (۶۷) زن گفت که: ما را به روزی کم و زندگی بد به گیتی خورسند بودن بهتر است، (۶۸) تا اینکه ما را در بهشت میان همسران تخت سه پایه باشد؛ (۶۹) اما اگر ترا ممکن باشد، از در دیگری برای ما روزی فرمای؛ (۷۰) دیگر بار آن فرشته آمد و گفت که: جز آنکه سپهر را بپاشم و آسمان و زمین از تو بیافرینم، روش ستارگان را از تو بیافرینم و آماده کنم، از آن پس پیدا نیست که ترا بخت بهتر و یا بدتر بشود[2].»

(۷۱) از این سخن چنین پیداست که خود او بخشنده روزی و سرنوشت نمی‌باشد، (۲۷) و بخشش به اراده او نبوده، و گردانیدن بخت نمی‌تواند، (۷۳) و گردش سپهر و خورشید و ماه و ستارگان در محیط دانش و اراده و

---

[1] مینوخرد، پرسش هفتم، چاپ ارود تهمورس انکلسریا، بمبئی، ۱۹۱۳، ص: ٤۳-٤۷ دیده شود و نیز مراجعه شود به در شانزدهم همین کتاب یادداشت بند ۳۱.

[2] احتمال می‌رود که این نقل قول نیز از تلمود و یا احادیث یهود باشد.

فرمان او نیست؛ (۷٤) آن تختی را نیز که نوید داد که: «در بهشت می‌دهم» از کردار و بخشش او نمی‌باشد.

(۷۵) و جای دیگر، یاوه‌سرایی کرده خود گوید، (۷۶) که: «من هم ردیف گناهکاران گروه بیشماری از بیگناهان کشته‌ام.» (۷۷) چون فرشتگان گفتند: «کردار بسیار بیجایی بوده است.» پس او گفت که: «منم آدنائی خدای خودکامه، (۷۸) قادر متعال، بی‌ضد و کامکار، و کسی را یارایی نباشد که بر من خرده‌گیری بکند.[1]»

(۷۹) خیلی بیش از اینها سخنان یاوه پر از فریبندگی وجود دارد، که از نوشتن خودداری نمودم؛ (۸۰) کسی که این گفتار را در نظر گرفته و از پیروی آن سر باززند، می‌تواند آموزگار با گفتار آزاد باشد، (۸۱) تا از چگونگی این کتاب و راستی آنچه که گفتم آگاه بشود. (۸۲) اکنون اگر آن ایزد است که علامت و نشانش این باشد، راستی از او دور، (۸۳) و بیگانه از بخشایش است؛ (۸٤) و او را بهره‌ای از دانایی نباشد؛ (۸۵) چه، او خود (دیو) دروج دوزخی، سالار بالانشین پناهگاه شرارت و تخم تاریکی است، (۸۶) که او را گمراهان دیومنش و بدکرداران به نام آدنائی ستایند و پرستش کنند.

(۸۷) در این موضوع این فصل تمام شد.

---

[1] مانند قسمت‌های سابق محتمل است که مؤلف از احادیث یهود گرفته باشد جواب دلیل اخیر را نگارنده در باب یازدهم همین کتاب می‌دهد و مثلی از روشن می‌آورد. دنباله کتاب بند ۲۰۵-۲۱۶ دیده شود.

در پانزدهم

(۱) دیگر شمه‌ای از سستی و چرندگویی و دلایل نامربوط معتقدین ترسا[1] آشکار سازم؛ (۲) زیرا هر سه (عیوب بالا[2]) از یک اصل جهودی ناشی می‌شود، (۳) آنچه از باطن یکی از آنها گفته شود، آن (عیوب) برای دیگری صدق می‌کند.

(٤) آیا می‌دانید که اساس کیش ترسا از کجا بیامد؟ (۵) چون در روستایی اورشلیم، زنی از جهودان به دوشیزگی شناخته شده بود، (۶) آبستنی در او پدیدار شد[3] (۷) چون از او پرسیدند که: «تو از کدام کس آبستن شدی؟» (۸) او به پاسخ گفت که: «گبریل[4] فرشته برآمد و گفتش که: تو از باد پاکی[5] آبستنی[6]!»

(۹) این بنگرید که: گبریل فرشته را جز آن زن که دید که از آن سبب آن زن را بتوان راستگو پنداشت؟» (۱۰) اگر گویند که آن فرشته روحانی را کسی نمی‌توانست دید، (۱۱) اگر بهانه نامرئی بودن آن فرشته به‌علت گوهر روحانی است، هم از آن سبب آن زن نمی‌تواند او را دیده باشد (۱۲) اگر گویند که: ایزد به آن زن نمودار کرد و آن زن را ارزانگی داشت؛ (۱۳) او

---

[1] نام اولین کسی که در ایران به دین عیسی گروید. (البیرونی) به کتاب زیر مراجعه شود
Sachau, Chronology of Ancient Nations, p. ۳۰۸, ۱.٤۰.

[2] معایبی که در بند ۱ ذکر شده.

[3] «۱۸- اما ولادت عیسی مسیح چنین بود که چون مادرش مریم به یوسف نامزد شده بود قبل از آنکه با هم آیند او را از روح‌القدس حامله یافتند.» انجیل متی، باب اول

[4] جبرائیل

[5] روح‌القدس

[6] و در ماه ششم جبرائیل فرشته از جانب خدا به بلدی از جلیل که ناصره نام داشت فرستاده شد، ۲۷- نزد باکرهٔ نامزد مردی مسمی به یوسف از خاندان داوود و نام آن باکره مریم بود... ۳۵- فرشته در جواب وی گفت روح‌القدس بر تو خواهد آمد و قوت حضرت اعلی بر تو سایه خواهد افکند از آن جهت آن مولود مقدس پسر خدا خوانده خواهد شد.» انجیل لوقا باب اول

کس دیگر را ارزانگی نداشت، (۱٤) آیا اینکه آن زن راست گفت از کجا پیداست؟ (۱۵) یا اگر آن زن شهرت به راستگویی داشت، سزاوار بود او را به کسان دیگر نیز نشان می‌داد، تا بتوان آن گواهی را بیشتر و راست‌تر پنداشت؛ (۱۶) کنون او فقط از نشان دادن به آن زن، کسی (سخن) او را به راستی نپذیرفت. (۱۷) کنون، بنگرید که همه بنیاد دین ایشان ازین گواهی آن زن بیامد که برای خودش داد!

(۱۸) دیگر، اینکه اگر گویند مسیحا از باد پاک[۱] ایزد به‌وجود آمد، اگر فقط آن یک باد پاک از ایزد هست، بادهای دیگر جدا از آن و غیرایزدی و ناپاک، (۱۹) و ناچار آفریدگار دیگری باید داشته باشد. (۲۰) اگر همه بادها از ایزد و ایزدیست، سزاوار است که همه پاک باشد. (۲۱) اگر تنها آن یک باد پاک و بادهای دیگر پلید و غیر ایزدیست؛ (۲۲) چون جز ایزد هیچ آفریدگاری نیست، آن بادهای پلید و ناپاک دیگر هم از ایزد باشد (۲۳) و اگر بادهای دیگر از ایزد و ایزدیست، سزاوار است که همه پاک بوده باشد (۲٤) کنون، سبب چیست که آن یک باد را به پاکی داشت و دیگران را ناپاک؟

(۲۵) دیگر، اینکه اگر مسیحا پسر ایزد بود به این سبب که ایزد پدر همگی هستی‌ها و آفریدگان و پرورندگان می‌باشد، (۲۶) آن مسیحا، از پسری ایزد، امتیازی به پست‌ترین مخلوق که ایزد به‌وجود آورد و آفرید ندارد. (۲۷) اگر به‌وسیله آلت نری و مادگی زاییده شد، (۲۸) اگر سزاوار است ایزد از نری و مادگی زاییده شود، بنابرین امشاسپندان[۲] و روحانیان را همان‌گونه زایش بوده و مرگ آنها نیز سزاوار باشد؛ (۲۹) پس شکی نیست که برای ایزد هم جایز است؛ (۳۰) چه، آنجا که زایش باشد، مسلم است که

---

[۱] روح‌القدس

[۲] هفت ملک مقرب اورمزد که بی‌مرگ می‌باشند.

همان‌گونه خوردن و آشامیدن و مرگ خواهد بود.

(۳۱) کسانی هستند که می‌گویند: مسیحا خود ایزد هست. (۳۲) کنون، این شگفت‌تر باشد، که ایزد بزرگ، دارنده و پرورنده دو دنیا، به تخم مردمی درآمده، به شکم زن جهودی برفت، (۳۳) او خدایی و نشستگاه آسمان و زمین و سپهر همه را از فرمانروایی و پاسبانی بازداشته، به نهان در جای تنگ پلیدی افتاد، (٤۳) و در انجام تن خویش را به ضربت و دار زدن به دست دشمنان سپرد، (۳۵) تا ایشان گذشته از مرگ، بسیاری ناسزایی و بیدادی برایش مهیا سازند!

(۳۶) اگر ایشان گویند: او در شکم آن زن بود به آن سبب که ایزد همه جا هست؛ (۳۷) و اگر به همه‌جا هست در شکم آن زن پلیدترین و گنده‌ترین جا نباشد. (۳۸) اینکه بگویند: گوهر ایزد همه‌جا باشد، بسیار مغلطه‌آمیز است، (۳۹) چه، اگر این‌گونه باشد، پس وجود هر چیزی را از ایزد مجزا دانستن غیرمنطقی است.

(٤۰) دیگر، آنکه گویند که: «او مرگ و مصلوب شدن را برای اثبات رستاخیز به مردمان به گردن گرفت». (٤۱) در صورتی که جز به آن دار زدن و مرگ و رسوایی و بی‌آبرویی خویش نمایش رستاخیز به مردمان ممکن نبود، چرا مردم را به دانش هوشیار و به رستاخیز بینا و مطمئن نکرد، تا احتیاجی به این‌گونه زشتی‌ها و رسوایی‌ها و تنگی‌ها و برآوردن کام دشمنانش نبوده باشد؟ (٤۳) اگر او آن مرگ را برای آیین نو و به دلخواه خویش به گردن گرفت، (٤٤) کنون آن وای و نفرین به کشندگان کردن و آن جهودان را به خشم داشتن بی‌جهت است[1]؛ (٤۵) و نه نیز نفرین و وای بر ایشان کردن،

---

[1] «۲۹- وای بر شما ای کاتبان و فریسیان ریاکار که قبرهای انبیاء را بنا می‌کنید و مدفن‌های صادقان را زینت می‌دهید. ۳٤- لهذا الحاق انبیاء و حکماء و کاتبان نزد شما می‌فرستم و بعضی را خواهید کشت و به دار خواهید

بلکه آن کردار ایشان سزاوار پاداش می‌باشد.

(۴۶) دیگر اینکه می‌گویند: پدر و پسر و باد پاک را سه نام ولی از یکدیگر جدا نمی‌باشند[1]، (۴۷) و نه یکی پیش از دیگری. (۴۸) این نیز که، پسر کهتر از پدر نباشد و به هر دانشی مانند پدر[2]، به چه علت او را به نام جداگانه می‌خوانند؟ (۴۹) اگر سه یک تواند بود، بی‌شک سه نیز نه و نه سه می‌تواند باشد؛ (۵۰) شمارش‌های دیگری را به همین طریق الی غیر النهایه می‌توان گفت.

(۵۱) این نیز که: اگر پسر کوچک‌تر از پدر نباشد، آن پدر نیز از پسر بزرگ‌تر نباشد[3]؛ (۵۲) و اگر گفته شود پدر از پسر یا پسر نه از پدر، ممکن است. (۵۳) و این مسلم است، که هر نتیجه‌ای باید کوچک‌تر از مولد و تخمه خود بوده باشد، (۵۴) چه نسبت به زمان و چه نسبت به پیوند. (۵۵) اگر پسر کهتر از پدر نباشد، (لازم است) صانع نه پیش و نه نیز بزرگ‌تر از

کشید و بعضی را در کنایس خود تازیانه زده از شهر به شهر خواهید راند. ۳۶- هرآینه به شما می‌گویم که این همه بر این طایفه خواهد آمد.» انجیل متی باب ۲۳

[1] «۷- زیرا سه هستند که شهادت می‌دهند ۸- یعنی روح و آب و خون و این سه یک هستند.» رساله اول یوحنای رسول باب ۵

[2] - «و درین تثلیث هیچ‌یک پیش یا پس از دیگری نیست: هیچ‌یک برتر یا فروتر از دیگری نیست.» اصول عقاید St Athanase اتانازیوس. این شخص اسقف اسکندریه بود که در سه ۲۹۸ متولد شد و در ۳۲۶ به مقام اسقفی رسید و در ۳۷۳ میلادی درگذشت. وقت او صرف مخالفت قلمی با یهودی‌ها و ایجاد تغییرات میان عیسویت و موسویت گذشت و مواعظ و کتب بسیاری از خود گذاشت و باعث شد که عیسویت به طوری که در مجمع Nicée (نیقیه) مقرر شده بود غالب شود. و آن همان اصول مذهب ارتودکس کاتولیکی است که تاکنون باقی است.

[3] - «۷۶- از گفتار ناسازگار آشکار ترسائیان که عیسی که او را ایشان مسیحا خوانند، و ایدون پسر ایزد انگارند. که پسر نه کهتر از پدر و خود او ایزد است و او را بی‌مرگ انگارند. ۷۷- گروهی از برای مسیحا گویند که مرد و گروهی گویند که نمرد؛ ۷۸- آن گروهی که گویند مرد و آن گروهی که گویند نمرد، آنکه مرد چون نمرد و آنکه نمرد چون بمرد گویند، ناسازگار می‌باشند. ایشان به گفتار خود مخالف باشند زیرا یکدیگر باشند». دادستان دینی، پرسش ۳۶.

مصنوع باشد؛ (۵۶) ممکن است هر دو بنیاد بوده باشند، (۵۷) آفریدگان از آفریدگار کوچک‌تر و آفریدگار از آفریدگان بزرگ‌تر نباشد؛ (۵۸) به هر جور که گفته شود بی‌انتها خواهد بود.

(۵۹) این نیز که: اگر پسر به همه دانش برابر با پدر باشد، پدر همان‌قدر نادان است که پسر، چون از مرگ و دار زدن خویش آگاه نبود[1]، (۶۰) تا دستگیر و به مرگ دشوار و زشتی و رسوایی کشته شد. (۶۱) او ندانست آنچه ایشان از او پرسیدند که: «روز رستاخیز کی است؟» او پاسخ داد که: «این را هیچ‌کس به‌جز پدرم آگاه نباشد[2].» (۶۲) چون که نادانی پسر محقق است (نادانی) پدر نیز چنان خواهد بود.

(۶۳) این نیز که او همه آفریدگان و آفرینش و دشمن خویش را نیز از نیستی آفرید و به هستی آورد، و کشندگان پسرش گمراه شدند؛ (٦٤) اگر ایزد خود بدون علت و بهانه کشندگان پسرش و ضد خویش را آفرید، (۶۵) ایشان پسر را با همدستی او کشتند، (۶۶) اکنون، می‌توان مطمئن بود که کشنده پسرش خود او بوده است، (۶۷) اگر او می‌دانست که: «اگر من پسری پیدا بکنم پس او را بکشند،» و بالاخره به‌وجود آورد؛ بسا احمق و نادان بود. (۶۸) اگر او ندانست، دانش او ناقص بود.

(۶۹) دیگر اینکه، اگر ایزد این آفریدگان و آفرینش را از هیچ بیافرید، او دشمن را نیز از هیچ بیافرید و به‌وجود آورد، پس سزاوار است گوهر ایشان یکی باشد؛ (۷۰) کنون، به بچه علت دشمن را مانند موجودات دیگر رستگار نساخت؟

---

[1] این آیه مخالف نظر نویسنده است: «۲- می‌دانید که بعد از دو روز عید فصح است که پسر انسان تسلیم کرده می‌شود تا مصلوب گردد.» انجیل متی، باب ۲۶

[2] «٤- ما را خبر بده که این امور کی واقع می‌شود علامت نزدیک شدن این امور چیست. ۳۲- ولی از آن روز و ساعت غیر از پدر هیچ‌کس اطلاع ندارد، نه فرشتگان در آسمان و نه پسر هم.» انجیل مرقس باب ۱۳

(۷۱) جای دیگر در تناقض گفتار ایشان از «نامه حواریون»، (۷۲) و اینکه گوید که: «هیچ چیز از درخت نیفتد و بانگی در شهر نباشد و دو مرغ با هم نستیزند مگر به فرمان پدر[۱].» (۷۳) از این گفتار ثبات می‌شود که بنیاد یکی است و همه چیز به مرادش است. (۷٤) کنون، مسیحا پسرش را به چه کار آفرید؟ او کدام راه را نمود که به مراد او (پدرش) نبود؟ (۷۵) چون او کامروای مطلق بود، نگفت که چیزی به مرادش نمی‌باشد. (۷۶) این نیز از همان قیاس منطقی ناشی می‌شود که جهودان مسیحا پسرش را به میل پدر کشتند.

(۷۷) تناقض‌های دیگری راجع‌به آزادی اراده مؤمنین گویند: (۷۸) اینکه مردم را او با اراده آزاد آفرید. (۷۹) این اختیار منشأ گناهانی است که از مردم سر می‌زند؛ (۸۰) آزادکامی را از خود به مردم داد. (۸۱) ازاین‌رو سزاوار است او را گناهکار پنداشت، که شالده علت گناه را بریخت. (۸۲) اگر مردمان گناه و جنایت را به اختیار خود مرتکب می‌شوند و نه به اراده ایزد، (۸۳) پس آن شیر و مار و گرگ و گزدم و جانوران موذی گزنده و کشنده که به اقتضای طینت از آنها گناه و جنایت سر می‌زند، به کدام اختیار و که گناهکار است؟ (۸٤) همچنین، نیز زهر کشنده در بیش[۲] و انواع دیگر نباتات که از روی اختیار نمی‌باشد[۳]، آیا شالده علت آن را که ریخت[٤]؟ (۸۵)

---

[۱] «۲۹- آیا دو گنجشک به یک فلس فروخته نمی‌شود و حال آنکه یکی از آنها جز به حکم پدر شما به زمین نمی‌افتد. ۳- لیکن همهٔ موی‌های سر شما نیز شمرده شده است.» انجیل متی باب دهم

[۲] نام زهر کشنده‌ای است که از گیاه موسوم به بیش استخراج می‌شود در مقدمه کتاب الابنیه عن حقائق الادویه که حکیم ابومنصور به تاریخ ٤٤۷ تألیف کرده می‌نویسد: «... و جنسی است که از برون و اندرون زهر است چون بیش و هلهل و قرون سنبل...» در فارسی اجل گیا نیز آمده است. دکتر وست Napellu Moysis و هرتس W. Hertz آن را Aconitum ferox تشخیص می‌دهد.

[۳] برحسب دین زرتشت جانوران موذی و گیاه‌های زهردار، آفرینش اهریمن هستند و طینت آنها بد است.

[٤] از بند ۷۷-۸۵ رجوع شود به کتاب:

اگر گویند که: آن زهرها برای بسیاری داروی بیماری و دفاع ناخوشی‌ها سودمند و ضروری است؛ (۸۶) آیا می‌پرسید که: «خود بیماری و زیان را که آفرید و چه ضرورتی داشت؛ (۸۷) که او برای داروی آنها زهر کشنده آفرید و ضروری نمود؟» (۸۸) یا، برای دفاع آن بیماری نوشدارو آفریده بود سزاوارتر از زهر دارو نبود؟ (۸۹) این نیز که خود نام «زیانکاری» از کدام اصل آمده که «سودمندکاری» ضد آن باید باشد؟ (۹۰) درین باره می‌توان بسی سخن راند، به اندکی قناعت شد.

(۹۱) دیگر از گفتار پولس، حواری ایشان، (۹۲) که مانند بنیادش متضاد است[1]، این نیز گویند، (۹۳) که: «نیکی را که اراده دارم به جای نمی‌آورم بلکه آن گناهی (۹۴) که نمی‌خواهم می‌کنم[2]، (۹۵) و نه من می‌کنم، بلکه آن که در درون من است می‌کند، (۹۶) چه، می‌بینم که شب و روز با من ستیزه کند[3].»

(۹۷) دیگر از گفتار مسیحا گویند که: «بنیاد ایزد روشنی و نیکی است؛ (۹۸) بدی و تاریکی ازش دور است[4]».

(۹۹) این نیز که: «مانند شبانی که او صد گوسپند را پاسبانی کند، (۱۰۰) چون یکی از آنها را گرگان برند، (۱۰۱) از پس آن یک شود که گرگان برده‌اند، تا

W. Jackson, Zoroastrian Studies, ۱۹۲۸, pp. ۲۳۳-۲۳٤.

[1] «۳- اما سولس کلیسا را معذب می‌ساخت و خانه‌به‌خانه گشته مردان و زنان را برکشیده به زندان می‌افکند». کتاب اعمال رسولان باب ۸ «۹- ولی سولس که پولس باشد پر از روح‌القدس شده بر او نیک نگریسته.» همان کتاب باب ۱۳

[2] «۱۹- زیرا آن نیکویی را که می‌خواهم نمی‌کنم بلکه بدی را که نمی‌خواهم می‌کنم.» رسالهٔ پولس رسول به رومیان باب هفتم.

[3] «۲۰- پس چون آنچه را نمی‌خواهم می‌کنم من دیگر فاعل آن نیستم بلکه گناه که در من ساکن است. ۲۳- لکن شریعتی دیگر در اعضای خود می‌بینم که با شریعت ذهن من منازعه می‌کند و مرا اسیر می‌سازد.» رساله رسول به رومیان باب هفتم.

[4] «۵- ... خدا نور است و هیچ ظلمت در وی هرگز نیست.» رساله اول یوحنای رسول باب اول.

آنکه او را باز به رمه برگرداند، (۱۰۲) او آن نودونه را به دشت بگذارد[1].» (۱۰۳) و نیز اینکه: «من برای رستگاری گمراهان آمده‌ام نه برای راستان، (۱۰٤) چه، آنکه راست است به راه آوردن نیازمند نمی‌باشد.[2]» (۱۰۵) اگر بنیاد یکی است و اگر اراده او برای همه است که هیچ‌کس نیز بی‌راه و گمراه نباشد، (۱۰۶) نیز گرگ که گوسپند را بکشد به اراده اوست، (۱۰۷) و نیز گرگ را خود بیافرید.

(۱۰۸) گفتار مسیحا، تناقض گزافی در (فلسفه) دو بنیاد نشان می‌دهد؛ (۱۰۹) چون از همان گفتار مسیحا گویند: «بنیاد دیگری هست که دشمن پدر من باشد، من از آن نیکوکارم[3].» (۱۱۰) ازین گفتار پیداست که پدر خویش را از دشمن تمیز داده جدا می‌سازد.

(۱۱۱) این نیز که: «به توسط ایزد برای راستی و با راستی آفریده شده‌ام؛ (۱۱۲) اهریمن نابکار به گمراهی من آمد؛ (۱۱۳) او به انواع گوناگون خواست مرا بفریبد[4].» (۱۱٤) کنون اگر بنیاد یکی است و آن را ضدی نمی‌باشد. پس به چه سبب اهریمن توانا خواست پسر ایزد را گمراه بکند؟ (۱۱۵) اگر خود ایزد آن گناهکار را آفرید، پس آن گمراهی با دانش و اراده او بود، (۱۱۶) و

[1] «٤- کیست از شما که صد گوسفند داشته باشد و یکی از آنها گم شود که آن نودونه را در صحرا نگذارد و از عقب آن گم‌شده نرود تا آن را بیابد.» انجیل لوقا، باب ۱۵

[2] ۱۱- زیرا که پسر انسان آمده است تا گم‌شده را نجات بخشد.» انجیل متی، باب ۱۸ «۳۱- عیسی در جواب ایشان گفت تندرستان احتیاج به طبیب ندارند بلکه مریضان ۳۲- و نیامده‌ام تا عادلان را بلکه تا عاصیان را به توبه بخوانم.» انجیل لوقا باب پنجم.

[3] «۳۷- ... آنکه بذر نیکو می‌کارد پسر انسان است ۳۹- و دشمنی که آنها را کاشت ابلیس است» انجیل متی باب سیزدهم.

[4] «۱٤- و کلمه جسم گردید و میان ما ساکن شد پر از فیض و راستی و جلال...» انجیل یوحنا باب اول. «۳- پس تجربه‌کننده نزد او آمده گفت اگر پسر خدا هستی بگو تا این سنگ‌ها نان شود. ۵- آنگاه ابلیس او را به شهر مقدس برد... ۸- پس ابلیس او را به کوهی برد. ۱۰- آنگاه عیسی وی را گفت دور شو ای شیطان زیرا مکتوب است که خداوند خدای خود را سجده کن...» انجیل متی باب ٤

نیز گمراه‌کننده پسر خود او بوده است.

(۱۱۷) این نیز گوید که: چون جهودان برعلیه او به مناظره برخاستند، او به جهودان گفت که: «شما از آنید که دون‌تر است و من از آنم که برتر است؛ (۱۱۸) شما از این جهانید و من از این جهان نیستم[1].»

(۱۱۹) او نیز گفت که: «می‌دانم که شما از تخم ابراهیم هستید، که در زمان پیشین مردم را کشته بود؛ (۱۲۰) مرا نیز خواست بکشد؛ (۱۲۱) من آن کنم که با پدرم دیده‌ام و شما آن کنید که با پدر خویش دیده باشید.[2]»

(۱۲۲) این نیز که: «اگر ایزد پدر شما بود، شما دوست من بودید؛ (۱۲۳) زیرا که من از ایزد بیرون شده‌ام، به اداره خویش نیامده‌ام؛ (۱۲۴) آن ایزد ثواب‌کار مرا برگزید[3]، شما چرا سخن مرا نمی‌شنوید؟ (۱۲۵) چون که شما از نابکارید، نمی‌توانید آن را بشنوید، (۱۲۶) و آرزوی پدر خود را برمی‌آورید؛ (۱۲۷) او راستی نگفت، هرچه گوید دروغ گوید، ازین‌رو خودتان و پدرتان دروغزنید، (۱۲۸) و من که راستی گویم باورم نکنید[4]. (۱۲۹) و آنکه از ایزد است سخن ایزد را شنود؛ اما شما که از ایزد نیستید سخن مرا نمی‌شنوید[5]!» (۱۳۰) از تمام این گفتار نمایان است که دو بنیاد هست: یکی آنکه من از آن آفریده شده‌ام و دیگری جهودان؛ (۱۳۱) او آن دومی را

---

[1] «۲۳- ایشان را گفت شما از پایین می‌باشید اما من از بالا، شما ازین جهان هستید لیکن من ازین جهان نیستم.» انجیل یوحنا، باب هشتم.

[2] «۳۷- می‌دانم که اولاد ابراهیم هستید لیکن می‌خواهید مرا بکشید زیرا کلام من در شما جای ندارد. ۳۸- من آنچه نزد پدر خود دیده‌ام می‌گویم و شما آنچه نزد پدر خود دیده‌اید می‌کنید.» انجیل یوحنا و باب هشتم.

[3] «۴۲- عیسی به ایشان گفت اگر خدا پدر شما می‌بود مرا دوست می‌داشتید زیرا که من از جانب خدا صادر شده و آمده‌ام زیرا که من از پیش خود نیامده‌ام بلکه او مرا فرستاده است.» انجیل یوحنا باب ۸

[4] «۴۳- برای چه سخن مرا نمی‌فهمید از آن جهت که کلام مرا نمی‌توانید بشنوید ۴۵- و اما من ازین سبب که راست می‌گویم مرا باور نمی‌کنید.» انجیل یوحنا باب ۸

[5] «۴۷- کسی که از خداست کلام خدا را می‌شنود و ازین سبب شما نمی‌شنوید که از خدا نیستید.» انجیل یوحنا باب ۸

نیکوکار ندانسته گناهکار می‌خواند.

(۱۳۲) او نیز این گفت که: درخت پرهیزکاری نمی‌تواند بر گناه بدهد، چنانکه درخت گناه نیز میوه پرهیزکاری نیاورد.[۱]» (۱۳۳) این نیز که: «او همه درخت را با بر پرهیزکاری کند، و یا همه درخت را با برگناهکاری[۲]، (۱۳۴) زیرا درخت را از میوه شناسند که ثواب و یا گناه باشد.[۳]» (۱۳۵) او همه درخت را گفت نه نیم درخت را. (۱۳۶) کنون چگونه ممکن است نیم درخت روشن و نیمش تاریک، (۱۳۷) نیم ثواب و نیم گناه، (۱۳۸) نیم راست و نیم دروغ باشد؟ (۱۳۹) چون این هر دو با هم رقابت بکنند، (۱۴۰) شایسته نیست که یک درخت باشد.

(۱۴۱) دیگر او جهودان را: «مار کوهستان یهودا[۴]» خواند، (۱۴۲) او گفت که: «چونتان خوبی توانید کردن که جهودان گناهکارید[۵]؟» (۱۴۳) او پدر خویش را را گناهکار نخواند.

(۱۴۴) این نیز گوید که: «هر درختی را که پدر نکشت باید کنده و به آتش افگنده شود[۶].» (۱۴۵) که ازین سخن می‌تواند تشخیص بدهد که کدام است درختی که پدر نکشت و باید کنده و (به آتش) افگنده شود؟

---

[۱] «۱۸- نمی‌تواند درخت خوب میوهٔ بد آورد و نه درخت بد میوهٔ نیکو آورد.» انجیل متی باب هفتم.

[۲] «۱۷- همچنین هر درخت نیکو میوهٔ نیکو می‌آورد و درخت بد میوهٔ بد می‌آورد.» انجیل متی باب ۷

[۳] «۴۴- زیرا که هر درخت از میوه‌اش شناخته می‌شود از خار انجیر را نمی‌یابند و از بوته انگور را نمی‌چینند.» انجیل لوقا باب ۶

[۴] «۷- پس چون بسیاری از فریسیان و صدوقیان را دید که به جهت تعمید وی می‌آیند بدیشان گفت ای افعی‌زادگان که شما را اعلام کرد که از غضب آینده بگریزید.» انجیل متی باب ۳ «۳۳- ای ماران و افعی‌زادگان چگونه از عذاب جهنم فرار خواهید کرد.» انجیل متی باب ۲۳

[۵] «۳۴- ای افعی‌زادگان چگونه می‌توانید سخن نیکو گفت و حال آنکه بد هستید زیرا که زبان از زیادتی دل سخن می‌گوید.» انجیل متی باب ۱۲

[۶] «۱۰- پس هر درختی که ثمرهٔ نیکو نیاورد بریده و در آتش افکنده شود.» انجیل متی، باب ۳ «۱۳- او در جواب گفت هر نهالی که پدر آسمانی من نکاشته باشد کنده شود.» انجیل متی، باب پانزدهم

(۱۴۶) دیگر اینکه: «روی به خویشانم آوردم، و خوشیان مرا نپذیرفتند[1]!» (۱۴۷) که می‌تواند بداند که خویش و غیرخویش دو هست؟
(۱۴۸) این نیز گوید که: «پدر ما که در آسمانی شهریاری تو بیاید و اراده‌ات چنانکه بر آسمان است بر زمین باشد! (۱۴۹) نان روزانه ما را ده، و ما را به وسوسه مینداز[2]!» (۱۵۰) ازین گفتار پیداست که اراده او به زمین به خالصی اراده او به آسمان نیست؛ (۱۵۱) این نیز که وسوسه مردم از ایزد نمی‌باشد!
(۱۵۲) او نیز در نخست گفت که: «من نیامده‌ام که آیین موسی را خراب بکنم، (۱۵۳) بلکه به قصد تکمیل آن آمده‌ام[3].» (۱۵۴) همه گفتار و فرمان او چنان بود که مخرب قوانین و آیین موسی و ضد آن بود.
(۱۵۵) درین زمینه همین اندازه کافی است.

در شانزدهم

(۱) دیگر، از هزار و ده‌هزار فریبندگی‌های مانی یکی نوشته شود؛ (۲) چه، از کامل‌تر نوشتن درباره دروغ و هرزه‌درایی و فریب مانی و مانویان ناتوانم؛ (۳) مرا رنج بسیار و روزگاری درازتر لازم باشد.
(٤) کنون، مزدیسنان زرتشتی، این بدانید که اساس گفتار مانی روی نامحدودی در قوه اولیه است؛ (۵) و میانه آن بهم آمیخته می‌شود[4]؛ (۶) و

[1] «۱۱- به نزد خاصان خود آمد و خاصانش او را نپذیرفتند.» انجیل یوحنا، باب اول.

[2] «۹- ... ای پدر ما که در آسمانی ۱۰- ملکوت تو بیاید، ارادهٔ تو چنانکه در آسمان است بر زمین نیز کرده شود ۱۱- نان کفاف ما را امروز به ما بده ۱۳- و ما را در آزمایش میاور بلکه از شریر ما را رهایی ده...» انجیل متی، باب ۶

[3] «۱۷- گمان مبرید که آمده‌ام تا تورات یا صحف انبیاء را باطل سازم، نیامده‌ام تا باطل نمایم بلکه تا تمام کنم.» انجیل متی باب پنجم.

[4] «مبدأ عالم بر دو کون ازلی یکی نور و دیگر ظلمت است... این دو کون یا دو ملک و کشور با یکدیگر همسایه‌اند، کشور نور و کشور تیرگی از یک بر به‌هم چسبیده‌اند و فاصل و حایلی در میانشان نیست و صفحهٔ

در فرجام، روشنایی از تاریکی جدا می‌گردد، (۷) آن بعدم تجزیه بیشتر می‌ماند.

(۸) دیگر اینکه دنیای جسمانی همگی اهریمنی است؛ (۹) دنیای جسمانی آفرینش اهریمن است. (۱۰) توضیح اینکه آسمان از پوست، (۱۱) زمین از گوشت، (۱۲) و کوه از استخوان، (۱۳) و نباتات از موی، «کونددیو[۱]» هستند[۲]؛ (۱۴) باران از منی دیوان مازندران[۳] است که به سپهر[٤] دربند باشند. (۱۵) و مردم دیو دوپای و حیوانات دیو چهارپای. (۱۶) و کونددیو سپهسالار اهریمن است، (۱۷) چون، او در نخستین جنگ، با ناخن خود، روشنایی را از اورمزد خدا ربوده فرو داد؛ (۱۸) و در جنگ دوم، کوند دیو را با بسیاری از دیوان گرفتند، (۱۹) و یا کونددیو را به سپهر در بند نهاده، بکشت. (۲۰) این آفرینش بزرگ را از او مجزا داشته بیافرید (۲۱) و خورشید و ماه را بیرون از آسمان (جسمانی) به بالاترین نقطه بیاراست، (۲۲) تا آنکه روشنایی را که دیوان فرو داده‌اند اندک‌اندک، به‌وسیله خرامیدن و پالیدن خورشید و ماه

هر دو با یکدیگر کاملاً مماس است، و عالم نور از بالا و چپ و راست بی‌نهایت است. همچنین ظلمت که یک برش به نور چسبیده و از فروسو و راست و چپ بی‌نهایت است.» ابن‌الندیم، الفهرست.

[۱] نیروسنگ در پازند و سانسکریت کنی می‌نویسد، گمان می‌رود همان دیو کوند و یا کوندی باشد که در ویدیوداد پهلوی باب یازدهم ۲۸-۳۶ و باب هنوزدهم -۱۳۸ آمده است در بندهش (باب بیست‌وهشتم-٤۲) کوندک ذکر شده و مینویسد «توسن جادوان» است.

[۲] «و این آب‌ها که در هفت اخلاط‌هاست برابر هفت دریاست، پیه‌ها و رگ‌ها برابر رودهاست و گوشت برابر گل و خاک است و استخوان‌ها برابر کوه . کمرهاست و موی‌ها برابر دارو درخت است.» ام‌الکتاب، چاپ ایوانو، ص ۷۳.

[۳] در اوستا مازینیادیوا به معنی بزرگترین دیوان آمده است در دادستان دینی (در شصت‌وپنجم-۵) به دیویسنان یعنی دیوپرستان مازندران اطلاق شده که در قدیم به محل دیوان و جادوگران می‌گفته‌اند. «۱۹- و از هوشنگ پیشدادی سود این بود ۲۰- که سه بهر از دیوان مازندران که باعث تباهی دنیا می‌شدند دو بهر را بکشت.» مینوخرد (در بیست‌وششم، ص ۸۷، چاپ اروند تهمورس انکلسریا) بند ۳۸-٤۰ نیز دیده شود.

[٤] سپهر دنیای مینوی یعنی روحانی و معنوی است در صورتی که آسمان جسمانی می‌باشد و اهریمن به رقابت اورمزد آن را به‌وجود آورد. رجوع شود به.

تصفیه نموده روان سازند.[۱]

(۲۳) پس اهریمن با پیش‌بینی دانست[۲]، که این روشنایی به‌وسیله گردش خورشید و ماه بزودی صاف و بی‌آلایش می‌شود؛ (۲٤) برای اینکه به‌زودی روشنایی از تاریکی جدا نشود، این جهان کهین را مانند مردم و چارپایان و جانوران دیگر را مانند نمونه جهان مهین، با آفریدگان جسمانی دیگر بیاراست[۳]، (۲۵) جان و روشنایی را در تن در بند نهاد و زندانی کرد، (۲۶) تا آن روشنی که به‌وسیله خورشید و ماه به گردش افتاده است، دوباره به‌وسیله مقاربت و زایش جانوران ضایع بشود، (۲۷) و جدا شدن (روشنایی از تاریکی) به تأخیر بیفتد.[٤]

(۲۸) و باران منی دیوان مازندران باشد، (۲۹) به آن سبب که دیوان مازندران به سپهر در بند باشند[5]، (۳۰) و ایشان روشنایی را فرو داده‌اند، (۳۱) برای اینکه روشنی از ایشان بیخته شود، به طریقه جدید موافق نیروی موجد زروان[6]، دوازده اختر[1] باعث می‌شوند دیوان مازندران که نر هستند

---

[1] F. C. Burkitt, The Religion of the Manichees, 1925, p. 27.

[۲]- در دین زرتشت فقط اورمزد پیش‌آکاس یعنی قادربه پیش‌بینی است و از آینده خبر دارد در صورتی که اهریمن پس‌دانشنی یعنی بعدمطلع می‌شود. (بوندهش در نخستین-۳) دیده شود.

[۳]- در یسنای ۶۸ بند ۶ نباتات را در جهان کهین تشبیه به موی زمین می‌کند. در زندآگاهی چاپ انکلسریا ص ۱۸۹ می‌نویسد: «پوست چون آسمان، چون زمین، استخوان چون کوه، رگ‌ها چون رود، خون در کالبد چون آب در دریا و موی چون «اورواران» (نباتات)، آنجا که موی بیش رسته است چون بیشه.» در ادبیات فارسی و به‌خصوص در اصطلاح صوفیان دنیای اصغر و دنیای اکبر و جمال اعظم مکرر آمده است.

A. H. Krappe, La Genèse Mythes, pp. ۲۶۰-۲۶۱.

[٤] «... پس خورشید و ماه را بیافرید تا در کار تصفیه و تجزیهٔ نور درین جهان مدد کنند، خورشید مأمور است نورهایی را که با دیوان گرمی آمیخته و ماه مأمور است نورهایی را که با دیوان سردی آمیخته تصفیه کرده و به‌سوی خود جذب نمایند.» ابن‌الندیم، الفهرست.

[5] چنانکه در بند ١٤ گفته شده.

[6] در اینجا مظهر زروان است.

دختران زروان را که هم منزل ایشانند ببینند[۲]؛ (۳۲) تا آنکه، شهوت دیوان مازندران از دیدن ایشان انگیخته شود، (۳۳) و منی از ایشان جدا گردد، (۳٤) آن روشنایی که در منی باشد به زمین ریخته شود، (۳۵) نباتات، درختان و غلات از ایشان روئیده شود؛ (۳۶) و روشنایی که در دیوان مازندران باشد به‌وسیله منی بیخته گردد[۳]، (۳۷) و آن در زمین به‌وسیله نباتات از زمین بیخته شود.

(۳۸) دیگر، درباره گوهر جداگانه جان و تن، اینکه جان در تن در بند و زندانی شده است. (۳۹) چون (به‌عقیده مانی) آفریدگار و پشتیبانی دنیای جسمانی اهریمن است، (٤۰) ازین رو، زایش کردن و پیوند خانوادگی را روا داشتن سزاوار نمی‌باشد؛ (٤۱) و نه کشتن نباتات و غلات، چه همدستی با اهریمن باشد[٤] به نگهداری مردمان و جانوران و ضایع ساختن جان و روشنی در تن‌ها.[۵]

(٤۲) تناقض دیگر گفتار ایشان این نیز که گویند، (٤۳) که: اهریمن نیز

---

[۱] بروج و یا سپهبدان روحانی که از طرف اورمزد برگزیده شده‌اند. در مینوخرد می‌نویسد: «۱۷- هر نیک و بدی که به مردمان و نیز آفریدگان دیگر رسد از هفتان و دوازدهان رسیده باشد؛ ۱۸- و آن دوازده اختر چنانکه به دین گفته‌اند دوازده سپهبد از جانب اورمزد باشند؛ ۱۹- و آن هفت اپاختر را هفت سپهبد از جانب اهریمن گفته‌اند، ۲۰- و همگی افریدگان و آفرینش را آن هفت اپاختران فاسد کنند و به مرگ و هرگونه زیان بسپارند، ۲۱- چون که دوازده اختر و هفت اپاختر قسمت‌دهنده و اداره‌کنندهٔ این جهان می‌باشند.» مینوخرد، پرسش هفتم، ص ٤۵-٤۶، چاپ اورد تهمورس انکلسریا، بمبئی، ۱۹۱۳.

۲ راجع‌به دوازده خوریگان دختران زروان رجوع شود به کتاب کومون:
Cumont, La Cosmogonie Manichéenne, p. ۵٤-۶۸.

[۳] «... و الا این دد و دام و کوه و کمر و ارور و نباتات و کالبد هم از کندوی (کونددیو؟) اهریمن‌اند و اکنون همان اهریمن به ابر و رعد ظهور می‌کند و روزی آفریدگان خویش را می‌رساند به امر ملک تعالی.» از کتاب مجعول ام‌الکتاب، ص ٤۰، چاپ ایوانو.

[٤] برخلاف دین زرتشت که کشاورزی را می‌ستاید.

[۵] «... مذهب ایشان موافق مذهب مانویه است که او خلق بدان داشته بود که ترک نکاح کنند و بلواطه مشغول شوند تا نسل منقطع شود و ارواح از ممازجت اجسام خلاص یابد.» تبصرةالعوام، چاپ تهران، ص ۵۱-۵۲.

همیشه تباه‌کننده آفریدگان است؛ (٤٤) ازین سبب، کشتن هیچ‌یک از آفریدگان جایز نیست، (٤٥) چه (کشتن) کار اهریمنی باشد.[1]
(٤۶) دیگر، اینکه چون اهریمن به جهان دست یافت. در انجام پیروزی با ایزد است، (٤٧) به‌وسیله رهایی دادن جان از کالبدها، (٤٨) این گیتی جسمانی در انجام تباه شود، (٤٩) دوباره آراسته نشود، (۵٠) رستاخیز و زندگی جسمانی فرجامین نباشد.[2]
(۵١) دیگر، اینکه آن دو نیروی اصلی تا ابد برقرار، در حد یکدیگر[3] مانند آفتاب و سایه‌اش باشند[4]، (۵٢) میانه ایشان هیچ جایگاه و گشادگی نباشد.
(۵٣) کنون در ممتنع بودن وجود هیچ چیز نامحدود گویم، (۵٤) مگر تنها آنهایی که بیکران خوانم: فضا و زمان باشند. (۵۵) این نیز که، به‌راستی مکان و زمانی که اندرون هستی‌ها است محدود دیده شود. (۵۶) این نیز که، اگر بر ایشان یکی و دوئی گفته شود، چون ممکن نیست مگر آنکه محیط بر همه آن چیز باشد، دیگرگونه نباشد، (۵٧) چه یک اینست که دو نباشد؛ (۵٨) دو این باشد که اصلش یکی باشد و از دیگری جدا باشد، (۵٩) از این قرار دو خوانده نشود، (۶٠) چون یک بی‌احاطه به یکی بودن شناخته نشود، (۶١) و دوئی به‌جز جدایی یکی از دیگری نتواند بود، (۶٢) یک آنست که یکی باشد و استوار به یکی بودن باشد؛ (۶٣) یک و دو اساس مقدار و شمارش باشند،

---

[1] تأثیر دین بودایی در مذهب مانی است در آئین مزدک نیز کشتن جانوران جایز نمی‌باشد (الفهرست محمد بن اسحق ندیم دیده شود).

[2] مانی فقط معتقد به رستاخیز روحانی است و نه جسمانی. رجوع شود به:
Waldschmidt & Lentz, Die Stellung Jesu im Manichäismus p. 21-22 & H. H. Schaeder, Studien, p. 284-286.

[3] دیده شود: Cumont, Recherches sur le Manichéisme.

[4] «و (هما - ای النور و الظلمه) فی الحیز متحاذیان تحاذی الشخص و الظل.» ملل و نحل، ص ١٢٠، چاپ تهران، ١٢٨٨.

(۶٤) و مقدار شمارمندی و یگانگی[1] و جدایی، چنانکه من گفتم جز به محدود بودن نشاید؛ (۶۵) این نیز میانه مردمان دانا روشن است.

(۶۶) دیگر، نامحدود آن باشد که دانش محیط بر آن نشود؛ (۶۷) که به هیچ دانشی محاط نشود، ناچار شایسته نیست که در دانش ایزد محاط شود؛ (۶۸) ایزد به خودی خویش، و نیز نیروی اصلی تاریکی، دانش هرگز بر آن محیط نشود. (۶۹) چون خودی او در دانش خودش محاط نشود او را خیر محض و بینای کل گفتن ناروا باشد[2]، (۷۰) زیرا که، لفظ «مطلق» شامل همه می‌شود، (۷۱) و «همگی» برای شامل شدن گرداگرد اطراف چیزی خوانده شود، (۷۲) و چیزی که از هر سو گرداگرد آن معین است، ناچار محدود خواهد بود. (۷۳) آن ایزدی که از محاط بودن خود آگاه است، سزاوار است محدود انگاشته شود؛ (۷٤) اگر نامحدود است، از آن آگاه نمی‌باشد (۷۵) نخستین دانش شخص دانا، ناگزیر دانستن کیفیت و کمیت خویش می‌باشد؛ (۷۶) آنکس که از همگی خود و چگونگی و کمیت خویش آگاه نیست، منطقی نمی‌باشد که بگویند: به کیفیت و کمیت دیگران دانا باشد.

(۷۷) این نیز که، چون نامحدود به علت عدم محاط بودنش، دانش بر آن احاطه نکند، (۷۸) او از اینکه همگی خودش کدامست، آیا دانا یا نادان است، یا تمام روشن و یا تاریک است، یا او کاملاً زنده و یا مرده است آگاه نمی‌باشد[3].

[1] یکنواختی، یک‌شکلی.

[2] «... در اول (کرامیه) گفتند خدای را حد و نهایتست و آخر گفتند حد و نهایت ندارد زیرا که محدود و متناهی آن بود که وی را حد و نهایت بود در جهات شش‌گانه و خدای را نزد ما حد و نهایت از یک جهتست و آن تحتست و این قول از مانویه گرفتند که نور متناهیست از جهت سفل دون جهات پنجگانه...» تبصرة‌العوام، چاپ تهران، ص ۷۱.

[3] کانت Kant در کتاب Critique de la raison pure همین مطلب را مطرح می‌کند.

(۷۹) دیگر، اینکه روشنایی و جان که در اینجا بیابم آیا قسمتی از همان زروان است[۱] یا نه؟ (۸۰) اگر آنها قسمتی از خود زروان باشند، باید نتیجه گرفت: چیزی که قسمتی از آن را بشود جدا کرد پذیرای انقسام می‌باشد؛ (۸۱) چیزی نمی‌تواند پذیرای انقسام باشد، مگر اینکه مرکب از اجزایی بوده باشد؛ (۸۲) و چیزی که مرکب از اجزائیست، طور دیگر نمی‌تواند شناخته شود مگر اینکه اجزاء ترکیبی که بهم مخلوط شده‌اند تعیین گردد؛ (۸۳) و اگر اجزاء و قسمت‌ها محدود دیده شود، بی‌شک اصلی که این اجزاء از آن می‌آید محدود خواهد بود، (۸٤) چنانکه ایشان گویند: همه نتیجه قابلیت تقسیم علت اساسی را مدلل می‌دارد؛ (۸۵) از آنجائی که هر قسمتی که شده محدود می‌باشد، چنین می‌یابم که اصل مرکب از قسمت‌هایی بوده و محدود است، و غیر از این نمی‌تواند بوده باشد.

(۸۶) این نیز که، نامحدود پذیرای انقسام نیست؛ (۸۷) زیرا، بهره را از همگی چیزی قسمت کنند، (۸۸) و همگی چیزی بر محدود بودن آن چیز گواهی می‌دهد، (۸۹) چنانکه پیش ثابت نمودم[۲]، (۹۰) اینکه: هستی و چگونگی اصل را نمی‌یابم مگر از شباهت و نسبت مشترک نتیجه، (۹۱) هرآنچه که به نتیجه یافت شود، (۹۲) بی‌شک، به اصل هم به همان طریق خواهد بود؛ (۹۳) چون ترکیب و محدودیت به نتیجه یافت شود، بی‌شک، محدودیت از همین رو شامل اصل می‌شود که نتیجه از آن حاصل شده است.

(۹٤) دیگر اینکه، بیکران آنست که مکان نامحدود داشته و خودبخود بی‌پایان باشد؛ (۹۵) او را مکان دیگر و نشیمنگاه معینی نباشد، (۹۶) چون دو اصل بیکران و خود آنها نامحدود گفته شوند، آسمان‌ها، زمین‌ها، همگی

---

[۱] بندر ۳۱ همین باب دیده شود.

[۲]- بندر ٦٤ دیده شود.

موجودات جسمانی، رستنی‌ها، جان‌ها، روشنان، خداوندان، امشاسپندان و بسیاری از انجمنان که به‌واسطه جدایی از یکدیگر نام جداگانه دارند، شایسته نیست که محدود باشند؛ (۹۷) از چه چیز و از کجا آن دو همه آنها را آفریدند، (۹۸) اگر دو اصل همیشه در فضای نامحدود بودند، (۹۹) جز به آنکه نامحدودی خود ایشان برای همه هستی‌ها و آنهایی که خواهند بود محدودیت تولید کند، چگونه ممکن است؟ (۱۰۰) اگر شایسته است گوهر هرآنچه بیکران است محدود بوده باشد، بی‌شک آنچه نیست نیز می‌تواند بوده باشد، (۱۰۱) آنچه که ایشان راجع‌به تغییرناپذیر بودن گوهر گویند ناسزاست.

(۱۰۲) این نیز می‌دانید که، نامحدود آن باشد که ابتدا حدی برای آن متصورنباشد؛ (۱۰۳) به‌غیر از او هیچ چیز نمی‌تواند از آن جدا شده باشد؛ (۱۰٤) جز به حد، نامحدودی شناخته نشود؛ (۱۰۵) یا باید با تعجب گفته شود آن چیزی که نداند همی چه باشد، درباره آن ستیزه کردن و سخن راندن و کودکان کم‌دانش را بدان گمراه کردن، با این راه به کجا رهبری کنند؟ (۱۰۶) اگر او نیز این بی‌خردانه گوید که خودش نامحدود است، دانش او نیز نامحدود باشد، با دانش نامحدود بداند که نامحدود است، (۱۰۷) آن غلط اندر غلط است (۱۰۸) یکی اینکه دانش به چیزی، آنست که به دانش یافته و محاط در دانش شود؛ (۱۰۹) هیچ چیز به تمام شناخته نشود، مگر آنکه کاملاً در دانش یافته و محاط در آن گردد؛ (۱۱۰) دانش به چیزی شناختن همه آن چیز باشد؛ (۱۱۱) شناختن کامل چیزی منوط به محیط شدن دانش بدان می‌باشد.[1]

[1] - کلیهٔ نسخ خطی که ازین کتاب در دست می‌باشد در اینجا قطع می‌شود و قسمت آخر کتاب مفقود شده است.

بخش دوم: متن پهلوی

در سیزدهم

(۱) دید اور انبسانی[۱] و[۲] زیفان[۳] - گوشنی ئی نخستین نیوه[٤]، (۲) یش «آزاد»[۵] خوانند؛ (۳) وش‌همویین پدش همدائستان[۶] هند کو یزد[۷] په خویش دست نیوشت ئوموشای داد، (٤) کو چون پر-ایرنگ[۸] از هر دوشی[۹] و از وس یش اندر نیهنگ[۱۰] ئه آگاهی ئی شوما را ایدر پیدائینم.

(۵) گوید په بن ئی نیوه، (۶) کو: «فردم[۱۱] بود زمی ئی اوه-گون[۱۲] و تهه[۱۳] و تاریکی و آو ئی سیاه؛ (۷) و وخش[۱٤] ئی یزد اور رود ئی آن آو ئی سیاه همه و بیاود[۱۵]؛ (۸) پس یزد گفت کو: «باد روشنی». (۹) و بود روشنی. (۱۰) وش ازیر

---

[۱] سستی، تناقض.

[۲] «و» تنها صدای ô می‌کند.

[۳] گزاف، چرند.

[٤] کتاب، نوشته.

[۵] به زبان عبری Bereshith می‌باشد نگارنده آزاد ترجمه کرده یعنی سفر پیدایش

[۶] هم‌عقیده (به این حدیث همرای هستند).

[۷] نگارنده ایزد را در مورد خدای غیر از خدای زرتشتیان که اورمزد است می‌آورد.

[۸] Êrang سخنان سست و بی‌اساس. بـاختـاا غئنـتـا بوخت = مقبول ایزد، ایریخت = پسندیدهٔ اهریمن.

[۹] بدی

[۱۰] اندکی، پاره‌ای (فرهنگ پهلویک، ص ۷۵)

[۱۱] نخستین در مقابل افدم که آخرین است، لغت فرد عربی از فردم گرفته شده.

[۱۲] آو-خون متن غلط است Awê-gôn خل‌ثب‌ثاا به معنی بی‌ترکیب و بی‌رنگ می‌باشد.

[۱۳] Tahê تـغبـث

[۱٤] دکتر وست این لغت را Vâyâ به معنی هوا و دم (اندروای Atmosphère) به‌جای وخش «افزایش، توسعه» پیشنهاد می‌کند که در پهلوی یک‌جور نوشته می‌شود. روح - روشنایی؟ در سانسکریت چشمان ترجمه شده.

[۱۵] Hamaa-Vyâwet ویاویدن - ویافتن؟ نزد چیزی رسیدن، متحرک، مجاور. در ترجمهٔ سانسکریت نگاه کنند آمده است. این لغت نیازد به معنی لایق و سزاوار نیز خوانده می‌شود.

نیگونه سیهست[1] آن روشنی؛ (۱۱) وش وزارد[2] روشنی ئو روز و تاریکی ئو شو. شو. (۱۲) وش په شش روز آفرید این گیهان و آسمان و زمی؛ (۱۳) چی اندر هفتم روز اسپین[3] و آسان بود. (١٤) به آن هم-رز[4]، نونیچه زوهودان روز ئی ئی شونبد[5] اسپیتمند.

(۱۵) اینیچه کش آدم و زنی ئی خود حوای آفرید، (۱۶) اندر باغستانه ئی وهشت[6] کرد، (۱۷) کو آدم اندر آن باغستان ورز کناد و پاس پایاد[7].

(۱۸) آدینو[8] ئی خود یزد هست ئو آدم فرمود، (۱۹) کو: «از هر ویسپ[9] درخت ئی اندر این باغستن خور، به[10] از آن درخت ئی دانشنی؛ (۲۰) چی کش ازش خورید میرید.»

(۲۱) وش، پس مارئه[11] اندر باغستان کرد. (۲۲) آن مار حوای (را) فریفت، گفت کو: از این درخت چین؛ خوریم ئو آدم دهیم. (۲۳) وش همگونه کرد، (٢٤) آدم همچون خورد، (۲۵) و دانشنی اوین بود، یشان وزارد[12] نیک ازود و

---

[1] سهستن، نمودن

[2] گزارد

[3] وست این لغت را Xuspîn اصلاح کرده ولی از همان ریشهٔ اسپنج فارسی به معنی آسودن و آرمیدن می‌باشد. در لغت فرس، ص ۶۵ به معنی منزل یک‌شبه است.

[4] صف‌آرایی و رژه. دکتر وست راز ترجمه کرده -به تقلید- به‌موجب سنت - آنچه که شالده‌اش ریخته شده.

[5] شبات Sabbath لغت سامی شنبه است.

[6] صفت مبالغهٔ بهترین در اصل وهشت اهو (بهترین زندگی) می‌باشد چنانکه دش-اهو دوزخ است.

[7] پاسبانی کند.

[8] Adonâï به‌معنی یهوه است.

[9] همگی، تمام

[10] به‌جز، به‌غیر از، لیکن

[11] یک مار، ماری

[12] گزارد، تمیزداد

نمردهند. (۲۶) وش[۱] دید و دانست که برهنه هست؛ (۲۷) ازیر[۲] درخت نیهان بود؛ (۲۸) وش ورگ ئی درخت اور خویش تن نهفت، شرم ئی برهینی را.»

(۲۹) «پس آدینو ئو باغستان شد، آدم په نام خوانید کوک کوهئی؟

(۳۰) «آدم پاسوخ داد کوک این هم ازیر درخت، ئه را چی[۳] برهنه هم.

(۳۱) «آدینو خشم کرد، (۳۲) گفت کو: که آگاهینید هئه[٤] کو برهنه هئه؟

(۳۳) مگرت از آن درخت ئی دانشنی یم گفت[۵] کو: مخورید خورد؟

(۳٤) «آدم گفت کو: این زنی یت ئو من داد فریفت هم[۶] ویم خورد.

(۳۵) «و آدینو ئو حوای پرسید: کت چم[۷] ایدون[۸] کرد؟ (۳۶) حوای گفت کو: این مار فریفت هم.

(۳۷) «وش آدم و حوا و مار هر سه په نیفرین از وهشت باغستان بیرون کردهند.

(۳۸) «وش ئو آدم گفت: کت خورشنی په هوسترشنی[۹] ئی خوئه[۱۰] و دمشنی[۱۱] ئی وینی باد، (۳۹) اندا[۱۲] فرجام یت زیندیی؛ (٤۰) وت زمی

---

[۱] وشان به‌صورت جمع بهتر است.

[۲] زیر

[۳] زیرا که

[٤] آگاهی داده

[۵] گفتمت

[۶] فریفته شدم

[۷] علت، سبب

[۸] چنین

[۹] پاک کردن (دیده شود Henning, B.S.O.S., Vol. IX, part I, p. 80. Wytr)

[۱۰] عرق

[۱۱] نفس زدن

[۱۲] تا

هماهیخر[۱] و کیمار[۲] رویاد!

(٤١) «وش ئو حوای گفت: کت آوستی په درد و دشوار، وت زایشنی په گران اوشتاوشنی[۳] باد!

(٤٢) «وش ئو مار گفت کو: از میان ئی چیهار پایان و ددان[٤]ئی دشتی و کوهی کوهی نیفریده باش؛ (٤٣) وت پای مباد؛ (٤٤) وت روشنی په اشکم و خورشنی خاک باد، (٤۵) و یمان ئی فرزندان ئی تو اوا[۵] زنی کین و دشمن – گشتی[۶] اوین باد کو ایشان فرزندان سر گزند[۷]!»

(٤۶) اینیچه گویند: «کش این گیتی اواهر چی اندر هر تیس[۸]مردومان را کرد کرد و داد؛ (٤٧) وش مردوم اوره همادام و دهیشنی[۹]و خوید[۱۰] و خوشک پادشاه کرد».

(٤٨) نون[۱۱] گویم نیهنگ[۱۲] ئه اور اندرگ[۱۳] یشان درایشنی[۱٤] و زیفان[۱۵] یشان

---

[۱] اجزاءِ پلیدی که از بدن دفع شود مانند: ناخن، موی سر و دندان و غیره. شاید به معنی آخال و پیخال باشد.

[۲] وست به‌جای این لغت که ظاهراً غلط است دمل و یا Simâr به معنی علف هرزه پیشنهاد می‌کند.

[۳] Aûshtâftan اوشتافتن زحمت و مشقت.

[٤] جانوران وحشی

[۵] اوا، اواک = با Avec

[۶] دشمن گشتن

[۷] یل‌ثائً – زال‌ثائً گزند، کوبند

[۸] چیز

[۹] آفرینش

[۱۰] تر، مرطوب

[۱۱] به معنی علی حال گویند و به جای اکنون هم گویند عماره گوید: گویی زبان شکسته و گنگ است بت ترا / ترکان همه شکسته ز بانگ تواند نون. (لغت فرس)

[۱۲] خلاصه، اندکی

[۱۳] باطن، درون

[۱٤] درائیدن= هرزه‌گویی کردن، هرزه‌درایی

[۱۵] جفنگ گئصل‌وظ

گوشنی، (۴۹) کو آن زمی ئی اوه - گون و تهه و تاریکی ویزد (وش) وخش[۱] و آو ئی سیاه کو و په کدام ویمند[۲] بود، (۵۰) ایائه خود یزدچی آئینه بود؟ (۵۱) پیدا کو نه روشن بود؛ (۵۲) چی کش روشنی دید، (۵۳) آن را کش ندید استاد نیگونه سیهست. (۵۴) اگر گویند کو: تاریک بود، آن پیدا کو تاریکی بن[۳] و از فرا[۴] ئی روشنی هست. (۵۵) اگر گویند کو: نه تاریک به[۵] روشن بود؛ (۵۶) آنکه خود روشن بود چم کش روشنی دید شکفت سیهست؟ (۵۷) و اگر گویند کو: نه روشن بود نه تاریک، (۵۸) ادینشان[۶] سه سه دیگر پیدائینیدن آواید ئی نه روشن و نه تاریک؛ (۵۹) اینا[۷] آن کش گاه و مانشنی[۸] اندر ترایکی و آوئی سیاه بود، وش همیشه روشنی ندید استاد، آنش روشنی دیدن چون توانست؟ (۶۰) وش یزدی از چی؟ (۶۱) چی، نونیچه هر که اندر تاریکی ماند آنش روشنی دیدن نتوان. (۶۲) اینیچه کواگرش بن و مانشنی تاریکی بود، آنش پدیره[۹] روشنی استادن چون توانست؟ (۶۳) چی، این آشنا کو تاریکی پدیره روشنی استادن نتوان، چیش سپوزد[۱۰]

---

[۱] روح

[۲] حد، ثغور

[۳] اصل، پایه

[۴] ضد، زایل‌کننده

[۵] بلکه

[۶] بدین طریق، باز، پس

[۷] به طریق دیگر

[۸] مان = خانه. اسدی گوید: چو آمد بر میهن و مان خویش / ببردش به صد لابه مهمان خویش. (لغت فرس)

[۹] برخوردن، روبه‌رو شدن، استقبال کردن. بهرام پژدو: مر او را پذیره براه آمدند / به نزدیک او کینه‌خواه آمدند. (کارنامهٔ اردشیر، در چهارم، ۱۹)

[۱۰] سپوختن، افگندن، سر باززدن، به‌ستوه آوردن، باج گرفتن، به تأخیر انداختن. (کارنامه، در دوم، ۸)

هونامد[۱].

(۶٤) دید این کو: آن زمی ئی اوه - گون و تهه، کنار اومند بود آیا ئه اکناره[۲]؟ اکناره[۲]؟ (۶۵) اگر کنار اومند[۳] بود، آنش بیرون ازش چی بود؟ (۶۶) اگر اکناره بود، آنش اکناریی ئو کوشد؟ (۶۷) که چون همه وینیم این زمی و گیتی نه آن ئی نخستین هست.

(۶۸) آن ئی آدینو گفت، (۶۹) کو: «باد روشنی و بود.» (۷۰) پس دانستن سزد کو آدینو پیش از آن کو روشنی بود؛ (۷۱) کش روشنی همه[٤] کامست کردن[۵] وش فرمان ئی په به بودن داد پس (په) منشنی اندیشید کو: روشنی روشنی چی آئینه[۶]، هوچیهر[۷] بهود ایائه دوشچیهر[۸]؛ (۷۲) و اگرش روشنی په په خویش چونی[۹] اندر دانشنی و اندیششنی ئی آدینو ایافت، آن پیدا کو روشنی همه بود[۱۰] هم اندر دانشنی و منشنی ئی آدینو، (۷۳) و هم بیرون ازش؛ (۷٤) چی هچی تیس نشاید دانستن و ایافتن به هستی پیدائی[۱۱]؛ (۷۵) اگر روشنی همه بود آن را[۱۲] آفریده ئی آدینو هست؟ (۷۶) و اگر گویند

---

[۱] هونامد به سه شکل در پهلوی آمده است: هونپتن، هوناپتن، هونامیدن، یعنی خم کردن، مطیع کردن و سرافگنده کردن.

[۲] بیکران

[۳] محدود

[٤] همی استمراری است.

[۵] می‌کامست = می‌خواست

[۶] طریق

[۷] خوش‌گوهر (چیهر = ذات) این لغت در لهجه طبری خجیر می‌باشد.

[۸] بدگوهر

[۹] چگونگی

[۱۰] همیشه بود، می‌بود

[۱۱] بروز حوادث ظاهری، در کتاب دینکرد بابی راجع‌به فلسفهٔ «هستی و پیدایی» نوشته شده است.

[۱۲] از آن سبب

کوک روشنی په خویش چونی اندر دانشنی نبودغ آنش روشنی خواهست[۱] یش ندانست کو چی آئینه؟ اویر[۲] ادانیها. (۷۷) ایائه چون شاید آن یش هرگزیچه نه مینید[۳] و دانست په منشنی اندیشیدن؟

(۷۸) و اینیچه کو ان فرمان ئی په بودن ئی روشنی ئو تیس داد ایائه ئوا تیس؟ (۷۹) چی، این اور[٤] کو فرمان ئو فرمانگر شاید دادن؛ (۸۰) اگرش ئو هستیئه[۵] داد ئی روشن، آن روشن خود بود، (۸۱) و اگرش فرمان ئو نیستی داد، ادین[۶] نیستی فرمان ئی آدینو چون اشنود؟ (۸۲) ایائش چون دانست کو: «آدینو ایدون کامه کوروشن بم؟» (۸۳) چی، نیستی فرمان ئی آدینو هم اوین نه اشنود، چون کش نداد؛ (۸٤) چی، نیست په هچی آئینه مینید نیچه نشاید؛ (۸۵) آن ئی نیست بریهینید[۷] کو نیست به هست ئی دانا پیش - وینیچه بود، کش دانست کو آدینو چی آئینه همه خواهید کو «بم» په آن آئینه یش خواهست بود؟

(۸۶) اگر گویند کو: روشنی از گوشنی ئی آدینو بود، یش گفت کو: «باش» و بود؛ (۸۷) آنکه آدینو وش خودی تاریک بود، وش هرگزیچه روشنی ندید استاد، آن روشنی از گوشنی چی آئینه شاید بودن؟ (۸۸) چی، این آشنا کو گوشنی زایشنی ئی مشنی هست.

---

[۱] اراده کرد

[۲] خیلی، بسیار

[۳] مینیدن، فکر کردن

[٤] بیگمان Aêwar

[۵] به یک هستی

[۶] Adîn پس

[۷] قسمت، مقدر (بختن ب‌خت‌ا ست‌ا ئئل‌اخت‌اا جغ فـدغصت‌ا/ بخت مد سپوختن نشاید = مرگ آمد درنگ کردن نشاید). سرنوشت، آفریده. (کارنامه در دوازدهم-۱)

(۸۹) اگر گویند: کش گوشنی روشن بود، آن اویر شکیفت[۱]؛ چی، پس روشنی بر ئی تاریکی و تاریکی تخمه، وش روشنی دخشه[۲]، ایائه این کوروشنی اندر تاریکی نهفته بود. (۹۰) چوم گفت[۳] کو فرمان به[٤] فرمانگر دادن نشاید؛ (۹۱) (۹۱) پیدا کوهئه روشنی بود، پس فرمان سزست داد.

(۹۲) دید، این کو اش این دام و دهشنی[۵] و آسمان زمی چیش په شش روز ویراست[۶] و داد، (۹۳) هفتم اسپید[۷] ازش؛ (۹٤) ادین کش[۸] این گیهان نه از تیس داد بش اواج[۹] از فرمان بود کو: «باش» و بود، (۹۵) آنش شش روز دیرنگی از چی؟ (۹۶) چی که اش رنج اواج اند بهود چند به «باش» په گفتن آن شش روز دیرنگی بود، وس دوش مانا؛[۱۰] (۹۷) وش رنج ازش نسزد بودن؛ (۹۸) اگر نیست هست کردن شاید و توانی، اواج دیرنگیچه دادن شاید، (۹۹) و اگر به په روز جمان[۱۱] دادن اتوانی، آنش از نیست داد گفتن نسزد.

(۱۰۰) و دید این کو که هوشمارئی روزان از خورشید دانیهد، ادین پیش از آفریدن ئی خورشید، روزمر[۱۲] نامیچه[۱] ئی روزان از چی دانیهد؟ (۱۰۱) چی،

---

[۱] فدغزال‌تا - دغزثل‌تا شکیپت = مشکل، دشوار. شگفت = تعجب.

[۲] علامت، نشان Symbole

[۳] چگونه که گفتم

[٤] مگر، الا

[۵] آفریدگان و آفرینش

[۶] مرتب کرد. ویراستن، پتراستن، آراستن

[۷] بند ۱۳ دیده شود. اسپین، آسودن

[۸] پس، چون

[۹] باز، نیز بی

[۱۰] بدنما

[۱۱] دمان، زمان

[۱۲] شمار

گویند کو اش خورشید روز ئی چیهارم ئی خود چیهار شونبد[۲] داد.

(۱۰۲) اینیچه: کو اش روز ئی هفتم آسان اسپین از چی آوایست کردن؟ (۱۰۳) کش په آفریدن و دادن ئی گیهان دیرنگ و رنج اند بود چند گفت کو: «باش». (۱۰٤) آنش روز چون هشماریهد کو اش اسپین آوایست کردن کش رنج هوگاریهد[۳]؟ (۱۰۵) چی اگرش به «باش» په هم جمان گفت، آنش رنج و آسان هم جمان سزد بودن.

(۱۰۶) دید این کواش آدم اوا[٤] حوای چی چم[۵] و وهان[۶] را داد؟ (۱۰۷) کو انداش کام ورزند، آنش چم اوین[۷] نداد کواش از کامشنیگری[۸] نه ورداند؟ (۱۰۸) چی، کش پیش از کنشنی دانست کواش فرمان-نیوخش[۹] نه بیند وش اودم[۱۰] داد، آنش نون کاهید بودن[۱۱] و خشم اورشان کردن اوه-چم؛ (۱۰۹) چی پیدا کو خود آدینو پر روا[۱۲] نبود، یش خویش-کام کام‌اومند و ئو خویش کام همستار[۱۳] و پتیاره[۱] پیدا. (۱۱۰) اگرش پیش از کنشنی نشناخت اومند وش

---

[۱] نیز نام

[۲] لغت سامی که از شبات Sabbat آمده است.

[۳] وست ôkâlihed تصحیح کرده. معنی این لغت درست معلوم نیست. گوکاریهد = گوارا کردن، هنگاریهد = انگاریهد از انگاشتن می‌آید.

[٤] اواک = با

[۵] سبب حقیقی

[۶] بهانه = سبب مجازی

[۷] این‌گونه

[۸] برآوردن کام

[۹] نیوشیدن، نیگوشیدن، نیوخشیدن = شنیدن

[۱۰] آخر در مقابل فردم که به معنی اول است.

[۱۱] کاهیدن، تحقیر کردن

[۱۲] با عزم محکم

[۱۳] دشمن

وش اینیچه دانست کو فرمان ئی اوی‌نه نیوخشند، پس ادان و ود-شناس[۲] هست. (۱۱۱) اگر گویند کواش خودکام په نکردن بود، آتش پس فرمان ئی په کردن چم داد؟ (۱۱۲) وشان په نکردن چی گناه؟ (۱۱۳) و چون رود اسپه کش په لگ[۳] هم-ایوزند[٤] وش په تازانه اوشتاوند؟ (۱۱٤) ازین گوشنی نشان و دخشه ئی فریفتاران پیدائیهد، (۱۱۵) کشان کام و فرمان یک ئو دید انبسان اساختار[۵].

(۱۱۶) و اگرش کام آوایست[۶] این بود کواش از کام نه وردند[۷]، (۱۱۷) نون زور و آوایست ئی اشان په وشتن[۸] ئی از کام ئی اوی وس اوجمندتر[۹] و پادیاوندتر[۱۰] کو آن ئی اوی په نه وشتن؛ (۱۱۸) اگرش کام په شان وشتن ئی از اوی کام و دانشنیچه پدش بود وش فرمان په نه وشتن داد، نون مستمند آدم چون توانست کو نه وردند؟ (۱۱۹) وش بن داشته[۱۱] چه کام نسزد بودن؛ (۱۲۰) چیش په وشتن ئی از اوی فرمان اواز[۱۲] په فرمان-دروجی[۱] په نه

---

[۱] بلا باشد و چیزی که دشمن دارند. کسایی گوید: برگشت چرخ بر من بیچاره / و آهنگ جنگ دارد پتیاره. (کارنامه در هشتم، ۱۰)

[۲] بدشناس

[۳] لگام

[٤] ایوختن، مقید کردن و یوغ زدن Joug

[۵] ناسازگار

[۶] بایستگی، ضرورت

[۷] نگردند

[۸] گشتن

[۹] عالی‌تر

[۱۰] قوی‌تر، در فارسی جدید به شکل پایاب و به معنی طاقت آمده فردوسی گوید: که مرباره را نیست پایاب او / درنگی بود چرخ از تاب او.

[۱۱] مقصود اساسی

[۱۲] محض

نه وشتن کام و دانشنیچه هر دو دروجی بهود.

(۱۲۱) دید این: کواش آن باغستان ویراست چم را و چی سود را داد، (۱۲۲) و خود درخت ئی دانشنی یش فرمود کو: «مخورید» وش اندرزیچه ئی په نخوردن کرد آنش آفریدن چم آوایست؟

(۱۲۳) وش از اندرز و فرمان پیدا کواش کم-دانشنی و ادانی دوشیده[2]-تر، (۱۲٤) و کامه ئی پدش ویش[3] کو دانشنی و دانائی. (۱۲۵) وش سودیچه از ادانی ویش بود. (۱۲۶) چی، انداشان[4] درخت ئی دانشنی نخورد استاد ادان بود هند و اندراوی ایزد - فرمان[5] وانیکی[6] نه؛ (۱۲۷) همچونشان دانشنی بود، اندرش ابرد - فرمان بودهند. (۱۲۸) وش از ادانی ئی اشان تیمار ئه نبود همچو نشان دانشنی بود، (۱۲۹) اورشان کاهید و خشمون بود. (۱۳۰) وشان په گران اخواری و انازرمی[7] از وهشت بیرون کرد، ئوزمی او گندهند. (۱۳۱) هنگرد[8] این کواین دانشنی زایشنی ئی مردومان اندر گیتی وهان[9] از مار و فریفتاری بود.

(۱۳۲) اینیچه گویند کو: هموپین تیس مردم را آفرید، کرا پیدا کواش آن

---

[1] دروج ضد اشه است. فرمان دروجی = فرمان‌شکنی. مهر دروجی = پیمان‌شکنی، دروجیدن = فریب دادن. دیو نر است و دروج ماده آن می‌باشد.

[2] دوشیدن = دوست داشتن، پسندیدن. دوشارم اسم زن به معنی عزیزه است.

[3] بیشتر

[4] تا ایشان

[5] نافرمان

[6] بی‌نیکی، زیان‌آور

[7] بی‌احترامی

[8] خلاصه

[9] بهانه

درختیچه مردم را آفرید. (۱۳۳) وش مردم په هر دام و دهیشنی پادشاه[۱] کرد. (۱۳٤) آن اگر همگونه، نون از آن درخت یشان خویش بود کامه وزودن[۲] چم؟

(۱۳۵) ازین گوشنی اینیچه پیدا کواش همبونیچه[۳] دانشنی نبود؛ (۱۳۶) چی، اگر فراز ئو باغستان مد وش وانگ کرد و آدم په نام خوانید کو: «کوهئی؟» اوین چون کش کو جا هستی اناگاه بود؛ (۱۳۷) اگرش! پاسخ[٤] بود هئی[۵] کوجا کوجا هستی ئی آدم اناگاه بود؟ (۱۳۸) اگرش وانگیچه پیش وینشنی نبود کواش از آندرخت خوردایائه نه اینیچه کو که و چون و که خورد و که فریفت اناگاه بود؛ (۱۳۹) اگر آگاه بود، آنش «مه[۶] هرگزیچه تو از آن درخت یم فرمود که مخورید خورد»، پرسشنی کردن چم؟ (۱٤۰) و په نخست که فرازمد نکاهید بود، پس کش دانست کو خورد اورشان کاهید بود و خشمون بود.

(۱٤۱) وش کم-دانشنیچه از این که ماریش خود پتیاره[۷] آفرید و اوا اشان ئو باغستان کرد؛ (۱٤۲) ایائش چم باغستان اوین درویشت[۸] نکرد کواش مارو هنیچه[۹] دشمن پدش اندر نشواد؟

---

[۱] فرمانروا

[۲] ضد افزودن یعنی کاستن و کم کردن.

[۳] به‌هیچ‌وجه

[٤] بی‌جواب

[۵] می‌بودی

[۶] «م» نفی، مگر

[۷] یادداشت، بند ۱۰۹ دیده شود.

[۸] کلون کردن، استحکامات Fortification

[۹] دیگر نیز

(۱٤۳) وش دروز نیچه[۱] از آن پیدا کش گفت کو: «که ازین درخت خورید میرید،» وشان خورد و نمردهند؛ به[۲] دانشمندیچه بود هند؛ (۱٤٤) وشان نیک از ود هوزوارد[۳]!

(۱٤۵) اینیچه کواش چون انبسان[٤] همبیدی[۵] دانشنی اواکام و فرمان؛ (۱٤۶) چی، اگرش کامست خوردن از آندرخت وش فرمان په نخوردن داد، دانشنی ئی پدش بود کو خورد. (۱٤۷) نون، پیدا کو هر سه یک ئو دید انبسان کام و دانشنی و فرمان.

(۱٤۸) اینیچه کو که آدم گوناه کرد، نیفرین یش کرد اورهموبین مردم ئی هنگام هنگام[۶] رسید ادادیها[۷]. (۱٤۹) په هر آئینه[۸] ئی هوسکالم[۹] اوه-هوش و و ادان وهله[۱۰] گوشنی.

(۱۵۰) په این در دیرنگی[۱۱] را این اند[۱۲] بونده[۱۳] سیهست[۱٤].

---

[۱] دروغزنی او نیز

[۲] بلکه

[۳] دکتر وست به‌صورت Hûzinhârd اصلاح کرده یعنی خوب تشخیص دادند. ولی هوزواردن = ریشهٔ اصلی را پیدا کردن، فهمانیدن، تمیز دادن می‌باشد.

[٤] مخالف؛ در لغت فرس به‌غلط انیسان آمده و شاهد از بوشکور می‌آورد: من آنگاه سوگندانیسان خورم، کزین شهر من رخت برتر برم.

[۵] دشمن

[۶] همهٔ زمان‌ها، نسل بعد نسل

[۷] با بیداری، بیدادانه

[۸] به هر طریقی

[۹] سگالم، پندارم، سگالیدن (کارنامه اردشیر در نهم -۱ و کتاب التفهیم، ص ۲٤۶)

[۱۰] بیهوده، گزاف

[۱۱] تأمل

[۱۲] این چند

[۱۳] کامل، تمام

[۱٤] سهستن، نمودن

در چهاردهم

(۱) ویم[۱] کام کونیهنگ[۲] ئه از هم-انبسانی[۳] و پر-ایرنگی[٤] ئی هم نیوه[۵] نویسم، نویسم، (۲) کو پراز هر بزه ئی[۶] و دیوی، و از هزار یک ئی ازش پیدا هنگردی هنگردی ئه نیگیزم[۷]؛ (۳) پدش فرمائید نیگریدن:

(٤) نخست این ئی[۸] گوید اور[۹] خویش چونی، (۵) کو: «منهم آدینوئی کین-خواه، (۶) و کین-توز،[۱۰] (۷) و کین ئی هفت-انباده[۱۱] به فرزندان توزم؛ (۸) ویم بن[۱۲] کین نه فرموشیده.»

(۹) وهن[۱۳] جا گوید کو: «ایافته[۱٤] خشم و گران منشنی[۱۵]، (۱۰) وش لو[۱۶] پر-زهر، (۱۱) و هوزوان[۱۷] چون آتش ئی سوزا، (۱۲) و وخش[۱] چون رودئی

---

[۱] «ما» در اینجا به معنی من آمده (خواهش من).

[۲] اندکی، قسمتی

[۳] کاملاً ناسازگار

[٤] سخنان سست اهریمنی

[۵] کتاب

[۶] گناه

[۷] نیگیزیتن، گزارش کردن، خلاصه کردن، انتخاب کردن

[۸] این‌گونه

[۹] بر Over ، Über

[۱۰] تختن، توبه کردن. توزش = رد کردن، پشیمان شدن.

[۱۱] هفت نواده، نبیره (کارنامه، در هفتم-۱)

[۱۲] اصل

[۱۳] دیگر

[۱٤] دکتر وست حدس می‌زند آشفته باید باشد.

[۱۵] پوزش‌ناپذیر

[۱۶] لب

[۱۷] به اوستایی هیزوا و بکردی هیزوان و زوان

اروندنا[۲]؛ (۱۳) وش وانگ ئو گرانا[۳] هومانا[٤] آن ئی دیو وانگی هوماناتر؛ (١٤) وش نشستن اندرگ تم[۵] و وژم[۶] و اور؛ (۱۵) وش باره[۷] وادئی خوشینا[۸]؛ (۱۶) وش از روشنی ئی پای خاک گرد آخیزد؛ (۱۷) که رود، آنش از پسی آخیز ئی آدر[۹].»

(۱۸) وهن اور خشمونی ئی خویش گوید، (۱۹) کو: «چیهل سال اور اسرائیلان په خشم بودهم.» (۲۰) وش گفت کو: «وشفته-دل[۱۰] هند اسرائیلان.»

(۲۱) هن گوید کو: «که هست کور به اگر بندهئی من؟ (۲۲) که کر[۱۱] به فریسته ئی همه بریهینم؟ (۲۳) که هست کور چون پادشاه؟» پیدا کو پادشاه ئی اشان خود آدینو.

(٢٤) هن اینیچه گوید: «کواش فریستگان[۱۲] ئی آتش و شفته هند.» (۲۵) اینیچه: «کواش کنشنی دود کور کن برد، (۲۶) و کوخششنی[۱۳] خونریزشنی.»

---

[۱] در سیزدهم، بند ۷، یادداشت ١٤ دیده شود.

[۲] تندرو

[۳] تَپوغز ا جاچغز گرانایی، روچاک، رعد و برق، آسمان غره، غریدن

[٤] شبیه

[۵] تیرگی و تاریکی. به زبان کردی تم به همین معنی میباشد.

[۶] گژم، سهمناک

[۷] مرکب، توسن. فردوسی گوید: همان ماهرخ بر دگر بارگی / نشست و برفتند یکبارگی. (کارنامه، در سوم، ۱۵)

[۸] خویشتن، خوشینیتن، خوشینا = خشک‌کننده.

[۹] آذر

[۱۰] گمراه دل

[۱۱] در متن Xarg آمده دکتر وست به شکل Xar-Kun اصلاح کرده ممکن است وجز هورگ باشد که همان کر است (در ترجمهٔ سانسکریت به جای کور نیازمند و به جای کر بی‌نیاز ترجمه شده است.)

[۱۲] فرسته رسول بود فردوسی گوید: فرسته چو از پیش دیوان رسید / زمین بوسه داد آفرین گسترید. دکتر وست پرستگان حدس می‌زند یعنی پرستندگان.

[۱۳] ستیزه

(۲۷) اینیچه کو: «هردوم یک اور دید سارینم[1]؛ (۲۸) اور آسمان نشینم و اورشان اندام.» (۲۹) اینیچه: «کواش په یک شوسد شست هزار از گند[2] سپاه ئی مازندریگان[3] په ود-مرگ اوزد.» (۳۰) «وهن دانر[4] ئه شش سد هزار مرد جد[5] از زنی و ریدک[6] ئی اورنای[7] از اسرائیلان اندر وییاوان اوزد، (۳۱) به دو مرد ئی برستهند.»

(۳۲) دید نماید کواش فرجامکاری هماپشیمانی؛ (۳۳) چون این ئی گوید کو زریگان[8] اندا بود وش گفت کو: «پشیمان هم په کردن ئی مردومان په زمی!»

(۳٤) اینیچه گوید کو: «اور تخت نشیند که چیهار فریسته اور پری[9] دارند کشان از سنگ بار، هر یک رودی ئی آتشی ازش همه رود.» (۳۵) نون، که اون مینو[10] هست نه تنی-کرد[11]، ادینش آن چیهار مستمند ئی خوار گرانبار په رنج داشتن چم؟

---

[1] سارینیدن = دوبهم زدن، برانگیختن، سخن‌چینی کردن

[2] جند معرب آنست یعنی سپاه دلیر و بی‌باک

[3] بزرگترین دیوان، یعنی جای دیوان و جادوگران که به آشور نیز اطلاق می‌شود.

[4] صدّوج dâner دیگربار (فرهنگ پهلوی، ص ۸۱)

[5] به‌جز، به‌غیر

[6] جوان ساده‌رخ. فردوسی گوید: چو از دل گسل ریدکان سرای / ز دیبا بناگوش و دیبا قبای (کارنامه، در چهاردهم-۹).

۷ خردسال، برنا

[8] رنجور، آزرده‌دل، به زبان کردی نیز Zarâw به معنی غم و اندوه می‌باشد. دکتر وست این لغت را زردکان حدس می‌زند.

[9] بال

[10] روحانی، معنوی

[11] جسمانی

(۳۶) دید این کو: «هر روز په خویش دست، نود هزار فریسته ویرائد[۱] وش وش اندا شوانگاه همه پرستند، وشان پس په رودی ئی آتشی ئو دوزخ هلد.» (۳۷) که دید موست[۲] و اوه-دادی[۳] ئی په این آئینه، په کار و کربه[٤] کربه[٤] وهوکنشنی[٥] گیتیان بودن چون سزد، (۳۸) که اوی مستمند فریسته ئی ترس-آگاه[۶] ئی فرمان نیوخش ئی اویژه-کنشنی جومه[۷] اوره گناهکاران ئو دوزخ ئی جاودانه اوگند؟ (۳۹) چون اینیچه ئی هن گروهه گویند کو: «یزد روزئی ریستاخیز[۸] خورشید و ماه جومه اوره گناهکاران ئو دوزخ دهد[۹]، په آن چم کو هست مردم‌کشان نماز[۱۰] هوش برد.»

(٤۰) هن جا اینیچه گوید کو: «که مهادر[۱۱] ابراهیم ئی دوست ئی آدینو چشم دردیهست، آنش خود آدینو ئو پرسشنی مد[۱۲]؛ (٤۱) وش بالین نشست و درود پرسید[۱۳]. (٤۲) و، ابراهیم ایسوک[۱٤] یش دوشست[۱٥] پوس[۱] په نیهان[۲]

---

[۱] بپردازد

[۲] مستمندی، درماندگی، فغان؛ رودکی می‌گوید: مستی مکن که نشود او مستی.

[۳] بیدادی

[٤] کاربغ، کار پسندیده خدا، ثواب

[٥] کار نیک

[۶] ترس-کاس = ترس + آگاه از شکوه و جلال جرئت دیدار کسی را نداشتن، فرمانبردار.

[۷] ٪+مآ، = ثاسغث = ثال‌ت‌غث به اوستایی یما (یشت سی‌ام) جومه و جفته به پهلوی.

[۸] ریست = مرده. آخیز = برخاستن یعنی روز قیامت.

[۹] دادن = فرستادن، سپردن

[۱۰] تعظیم و تکریم

[۱۱] سئّصـتـاج = سصدث صـتـاج مادر = مسداتور = مس دادور، مهادر. یعنی دارندهٔ سن بزرگ، ریش سفید. (فرهنگ پهلوی، ص ۸۶)

[۱۲] احوال‌پرسی

[۱۳] جویای حال او شد.

[۱٤] نیروسنگ آسینه خوانده لیکن صحیح آن به پهلوی ایسوک می‌باشد که سریانی آن Is'hoq است.

[۱٥] عزیزترین، گرامی‌ترین (در سیزدهم متن، بند ۱۲۳)

خوانید گفت، (۴۳) کو: ئووهشت شو[3] مئی خوار[4] و پاک آور. (٤٤) شد وش آورد، (۴۵) و ابراهیم وس خواهشنی ئو آدینو کرد، (۴۶) کو: اندرمان[5] ئی من مئی شی[6] خور. (۴۷) آدینو گفت کو: نخورم، چی نه ازو هشت و نه پاک. (۴۸) پس ابراهیم گوایی داد کو: پاک آن مئی ازوهشت و ایسوک یم پوس آورد. (۴۹) پس، آدینو اوه-گمانی[7] یش په ایسوک و گوایی ئی په ابراهیم را[8] مئی شی خورد. (۵۰) پس؛ کش رفتن کامست نه هشت انداش په سوگند ئی گران یک ئی دید خورد.»

(۵۱) نیگرید ئو این پر-ایرنگ درایشنی[9] ئی یک ایچه په یزد نه پسیزه[10]، (۵۲) په چون آمدن یش په تنومندی ئومان ئی ابراهیم و نان خورشنی و می خورشنی یش یکیچه هوش نه پسیزه. (۵۳) اینیچه ازش پیدا کو آن دردئی ابراهیم نه از آدینو بود، به ازهن کردار[11]. (۵٤) وش وییاوانیچه[12] ئی از دانشنی و اوه-هوشی اوین بود کواش پاکی و ازکوئی[13] ئی‌می ندانیهست.

---

[1] پسر

[2] پنهانی

[3] برو (بشو و بچو در زبان‌های بومی فارسی)

[4] خوشمزه، گوارا

[5] خانه

[6] پیکی، جرعه. دکتر وست Gah-é اصلاح کرده است. شی یا شگ = شرابی که از جو می‌گیرند. (فرهنگ پهلوی، ص ۸۲)

[7] بیگمانی

[8] از آن سبب

[9] درائیدن = هرزه‌گویی اهریمن ضد گفتن که سخن اورمزدی است. در فارسی جدید به شکل مرکب هرزه‌درایی مانده است.

[10] پسیچه از پساختن = حاضر کردن و آماده ساختن آمده است در اینجا به معنی درخور و سزاوار می‌باشد.

[11] کننده، آفریدگار

[12] ویاوانی = پریشانی، گمراهی (کارنامه در سوم-۲)

[13] علت پیدایش

(۵۵) وش دروزنیچه این کش نه خوارشنی ئی می‌گفت و اودم[۱] خوارید؛ (۵۶) پس خستوهید[۲] کو اویپه پاک هست. (۵۷) نون، اوی کش این چونی[۳] په یزدی ئی هرویسپ-آگاه[٤] ئی ویسپ توان[۵] پرستیدن چون سزد؛ (۵۸) وهن جا گوید کو: «بود یک از ویماران که اوا خویش زنی و فرزندان اویر[۶] آزاره[۷] و دریوش[۸] اوه-بهر بود؛ (۵۹) هموار په نماز و روزه و پرستشنی پرستشنی ئی یزد اویر تخشا[۹] و کردار[۱۰] بود. (۶۰) وش ئه روز اندر نماز راز ایافت[۱۱] خواهست کو: من فروخی ئی په روزی ده، (۶۱) یم زیوشنی[۱۲] آسانتر باد؛ (۶۲) وش فریسته (وش) اور فرود آمد گفت: کت روزی ازین ویش په اختر[۱۳] یزد نه بخت[۱٤] استید؛ (۶۳) از نو بختن نشاید؛ (٦٤) بئم[۱۵] تو را به پاددهشنی[۱۶] ئی پرستشنی ئی نماز تخت ئه کش چیهار پایه از گوهر اندر وهشت داد استید؛ (۶۵) اگر آواید اندات از آن تخت یک پایه دهم دهم.

---

[۱] افدم = آخر

[۲] استوار شد

[۳] چگونگی، کیفیت

[٤] عالم مطلق

[۵] قادر مطلق

[۶] بسیار

[۷] آزرده

[۸] درویش، بی‌چیز

[۹] کوشش‌کننده

[۱۰] کارکننده

[۱۱] ایپت، ایفت = مراد طلبیدن

[۱۲] زیوستن مناسب‌تر است یعنی زیستن

[۱۳] ستارگان

[۱٤] بهره، قسمت

[۱۵] مگرم

[۱۶] پاداش

(۶۶) آن پیدامبر[۱] آفرا[۲] از آن ئی خویش زنی خواهست. (۶۷) زییانه[۳] گفت: گفت: کومان په کم روزی و ود-زیوشنی ئی په گیتی خورسند بودن وهی[٤]، (۶۸) کو اگرمان په وهشت میان هم-ایاران تخت سه پائه؛ (۶۹) به اگرت شاید ادینمان روزی ئه ازهن در فرمائه. (۷۰) دید آن فریسته آمده گفت کو: به اگر سپیهر[۵] و شووم[۶] و آسمان زمی از نودهم و روشنی ئی ستاران از نو پسازم[۷] و دهم از آن فراز[۸] نه پیدا، کت بخت وهی ئه افتد اپاوتر.»
(۷۱) ازین سخون اوین پیدا کو: نه خود اوی هست بختار[۹] ئی روزی و برین[۱۰]، برین[۱۰]، (۷۲) و بخششنی نه په کام ئی اوی و بخت وردینیدن[۱۱] نتوان، (۷۳) و گردشنی ئی سپیهر و خور[۱۲] و ماه و ستارگان نه اندر پروسته[۱۳] دانشنی و کام و فرمان ئی اوی؛ (۷٤) اینیچه کو تخت یش نویدینید[۱٤] کو: «اندر وهشت دهم.» نه از کنشنی و دهشنی ئی اوی.

---

[۱] پیذامبر، پیغامبر

[۲] آفراس = افرا به اوستایی جواب پرسش را گویند. در اینجا به معنی اندرز می‌باشد.

[۳] زیانه از ریشهٔ زهیدن و زائیدن می‌آید یعنی تولید مثل‌کننده به لهجهٔ کردی و بختیاری نیز زیوونه و زیونه به معنی زن و خانم است.

[٤] بهتری

[۵] سپهر دنیای غیرمادی و روحانی تواشه-سپاش = اسپیهر = Sphère ثئ‌آص‌ا، س‌پاش = ئثل‌خدغپ

[۶] وشفتن = خراب کردن

[۷] آماده کنم

[۸] از آن پس

[۹] قسمت‌دهنده

[۱۰] بریدن = حصه دادن، قسمت دادن

[۱۱] گردانیدن

[۱۲] خورشید

[۱۳] محیط، پیرامون

[۱٤] نوید داد

(۷۵) وهن جا اور در ایشنی ئی خویش گوید، (۷۶) کو: «من جومه رم[۱] ئی گناهکاران چندان امر[۲] اگناهان اوزد[۳].» (۷۷) که فریستگان «اوه-چم-کنشنی کنشنی وس[٤]» گفت، ادینش گفت: «کومن هم آدینوئی کامه-خودائه، (۷۸) و اورگر[۵] و انهمبیدی[۶] و کامکار[۷] و کس نه ایارد[۸] اورمن درنزشنی[۹] گفتن.» گفتن.»

(۷۹) فرهست[۱۰] وس درایشنی ئی پرایرنگیهایم نوشتن دیرنگ سیهست. (۸۰) که نیگرائه[۱۱] و اواز-دادن[۱۲] ازین گوشنی آنش را گوشنی-آزاد[۱۳] دستورئه باد، (۸۱) اندابهود آگاه از چونی ئی هم نیوه و راستی ئی آن یم گفت. (۸۲) نون اگر آن یزد کش این نشان ودخشه[۱٤] آن، راستی ازش دور،

---

[۱] رمه، دسته

[۲] بیشمار

[۳] اوزدن = کشتن

[٤] زیاد

[۵])پارا،کـای‌ری‌ا، = خل‌جزج اورگر که به اوستایی اوپرو کریه به معنی کارکنندۀ بالا و پروردگار می‌باشد در لغت فرس (ص ۱۲۸) به غلط گرگر آمده است. دقیقی گوید: چو بیچاره گشتند و فریاد جستند / بر ایشان ببخشود یزدان برگر. (کارنامه در دوازدهم-۱)

[۶] بی‌ضد

[۷] کامرواکننده

[۸] یارایی

[۹] بهتان زدن، خرده گیری کردن.

[۱۰] ل‌پغئضت فرایست که پازند آن فرهست آمده یعنی فراوان‌ترین در لغت فرس (ص ۳۵) در شعر ابونصر مرغزی به معنی اغراق آمده: نیست راهست کند تنبل اوی / هست را نیست کند فرهستش. به لغت فره. (ص ٤۲۵) و فرایسته (٤۹۰) همین لغت مراجعه شود.

[۱۱] نکیرای، از فرمان دین سر باز زدن

[۱۲] باز دادن

[۱۳] گفتار بی‌پروا

[۱٤] علامت

(۸۳) و اوخشایشنی ازش بیگانی؛ (۸٤) وش دانائی اور نه وخت[۱]؛ (۸۵) چی، این خود هست دروج ئی دوزخ، سالارئی سارئی گریسته[۲] ئی تم-تخمه[۳]، (۸۶) کش وشفتگان[٤] ئی دیوی ودگان[۵] په آدینو نام ستایند و نماز برند.
(۸۷) اور این در ایدر[۶] بونده[۷].

در پانزدهم

(۱) هن ئ یاور انبسانی و اوه-ویمندگوشنی[۸] و اوه-برهم[۹] پتکارشنی[۱۰] ئی ترسا گروشنان[۱۱] هنجاره[۱۲] نیهنگ پیدائینم؛ (۲) چی، چون هر سه از یک بن ئی زوهودی، (۳) آنکه اندرگ[۱۳] ئی یک گفت، ادینشان همویین هم-ایاریها[۱٤] ایرنگ ئی خویش.
(٤) ئه دانید[۱۵] کوبن کیش ئی ترسایی از کو به آمد؟ (۵) کو اندر اوروشلم[۱]

[۱] قسمت، بخشش
[۲] به اوستایی گردهه Geredha به پهلوی Grista در ویدیوداد به معنی مقر اهریمن و دیوان آمده است.
[۳] تخم تاریکی
[٤] وشفتن، تجزیه شدن، گمراه شدن، خراب شدن
[۵] بدکرداران
[۶] اینجا
[۷] کامل، تمام
[۸] گفتار بی‌سروته
[۹] بی‌برهم، بی‌لباس و پیرایه
[۱۰] مباحثه، مناظره
[۱۱] معتقدین در لغت فرس بر روشنان آمده (ص ۳۵۸) Nyberg نیبرگ این لغت را مأخوذ از Virravistan می‌داند که به پازند varôstan شده است.
[۱۲] راه، اعتقاد
[۱۳] باطن
[۱٤] همدستی
[۱۵] این بدانید

دیه ازهم زوهودان زن ئه‌ئی په دوشازکی[۲] آشنا بود، (۶) آوستنی پدش پیدائیهیست. (۷) کشان پرسید: «کت این آوستنی از کو؟» (۸) اوی په پاسوخ گفت: «کم گیپریل[۳] فریسته اور آمد وش گفت کو: از واد ئی پاک آوستن هئی.»

(۹) آن ئه نیگرید کو: گیپریل فریسته جد[٤] از آن زنی که دید که را[٥] آن زنی په راست سزد (پئه) داشتن؟ (۱۰) اگر گویند کو: آن فریسته مینوئی را کس دیدن نتوان، (۱۱) آن اگر وهان ئی ندیدن ئی آن فریسته مینوئی چیهری[۶] هست، هم چم را آنیچه زنی دیدن نه اتو[۷]. (۱۲) اگر گویند کو: یزد ئو آن زنی دیدار کرد و ارزانی ئی آن زنی را، (۱۳) وش هن کس (را) ارزانی نکرد، (۱٤) این کو آن زنی راست گفت پیدائی کو؟ (۱۵) ایائه کش آن زنی په راستی پیدا بود، آنش ئوهن کس نمود نیچه سزد کوشان آن گوایی را اویرتر[۸] په راست‌تر داشت هئه؛ (۱۶) وش نون اواز[۹] ئو آن زنی نمودن کس په راست نداشت. (۱۷) نون، ئه نیگرید چی بن یشان دین هما ازین گوایی ئی زنی به آمد یش اور خویش داد!

---

[۱] نیروسنگ به غلط هوروشرم خوانده که از اشتباه سیاق لغات پهلوی و گردانیدن آن به پازند ناشی شده است.

[۲] دوشیزگی، نیروسنگ در سانسکریت زن بدکار ترجمه می‌کند.

[۳] این لغت را نیز نیروسنگ به غلط سپرگر نوشته مقصود جرائیل است.

[٤] غیر از

[٥] که بدان سبب

[۶] ذات و گوهر روحانی

[۷] توانا

[۸] بیشتر

[۹] فقط

(۱۸) دید، کو اگر مشییای[1] ازوادئی پاک ئی یزد بود، گویند آن اگر اواز وادئی پاک ئی از یزد آن یک هست، آن اوره[2] وادئی جد از آن نه از یزد و نه پاک، (۱۹) هن آفریدار پیدائیهد اچاری (۲۰) اگر وادهما از یزد و یزدی هست، هما پاک سزد بودن. (۲۱) اگر اواز آن یک واد پاک، اوره واد ریمن[3] نه یزدی؛ (۲۲) چون به یزد هچی آفریدار نیست، آن ریمنی و نه پاکی ئی اوره واد هم ازیزد. (۲۳) و اگر اوره واد آن ئی یزد و یزدی هست، هما پاک سزد بودن. (۲٤) نون، آن یک به پاکی داشتن اوره ریمن بود چم؟

(۲۵) دید، این کو: اگر مشییای پوس[4] ئی یزد بود په آن چم کویزد پید[5] ئی ویسپان[6] په داداری و آفریداری و پرورداری، (۲۶) آنش مشییای په پوسری ئی یزد نه جتر کو خوارتر[7] دام ئی یزد داد و آفرید. (۲۷) اگر از اوزاری[8] ئی نری و مادگی زاد، (۲۸) آن اگر اور یزد زایشنی از نری و مادگی سزد، آنیچه اور امشاسپندان مینویان همگونه زایشنی بود را مر گیچه بودن سزد، (۲۹) ایدون اورهم یزد بودن نه گمانی؛ (۳۰) چی آنو کو زایشنی ئی په آن آئینه خورشنی خوارشنی[9] مر گیچه اور[10].

---

[1] در اسناد مانوی مسیحا به اشکال ییشو (یشوع) Mashyâê, Mshixa, Msdhyh آمده است. (لغات خارجی در قرآن تألیف A. Jeffery، ۱۹۳۸، ص ۲۶۵)

[2] دیگر

[3] پلید

[4] پسر

[5] پدر

[6] همگی. دکتر وست حدس می‌زند vîsp-âîn باشد.

[7] پست‌تر

[8] ابزار، افزار به‌وسیلهٔ آلت

[9] آشامیدن

[10] بی‌شک

(۳۱) و هست ئی کیچه گوید کو: مشییای خود یزد هست. (۳۲) نون، این شکفت‌تر که یزد ئی وزورگ[۱] ئی دو-اهوان[۲] داشتار پروردار په چیهرئی مردمی هم از راینیداری[۳] و پانائی[٤] هشتن په نهفتی ئو ریمن و تنگ جا اوپست[٥]، (۳٤) و اودم خویش تن ئو زنشنی[۶] ودار کردی[۷] ئو دست ئی دوشمنان اوسپارد، (۳۵) انداشان جد از مرگ وس زیشتی، انائینی[۸] اور آراست[۹]!

(۳۶) اگرش اندر اشکم ئی زن ئه بود په آن چم گویند کو: یزد هر جا هست، (۳۷) آن په هر جا هستی اندر اشکم ئی آن زنی نه جتر کو ریمن تر و گنده[۱۰] ترجا. (۳۸) اوا آن کوهما جا خودی[۱۱] ئی یزد بود گفتن زیفانی[۱۲] وس، (۳۹) چی، اگر همگونه آن هچی تیس ئی جد از یزد هستی گفتن واهر[۱۳].

(٤۰) دید، آن ئی گویند: کواش مرگی ودار کردی ریستاخیز[۱٤] ئو مردمان

---

[۱] بزرگ

[۲] خدغاغاا - خل‌ثهاثها - اەوؤ دو زندگی دنیوی و اخروی بن‌اهو = بنیاد

[۳] فرمانروایی

[٤] پاسبانی

[٥] اوپستن = افتادن

[۶] ضربت

[۷] دار زدن

[۸] بیدادی

[۹] بیاراست

[۱۰] گنده؟ متعفن؟

[۱۱] خودی = گوهر = اصل

[۱۲] Zîfân خطا، بی‌منطق

[۱۳] بیهوده، بی‌اساس

[۱٤] برخاستن مردگان، روز قیامت

نمودن را ئو گردن[۱] پذیرفت. (٤١) آن اگرش ریستاخیز ئو مردمان نمودن به[۲] په آن رسووائی و مرگ و زیشتی[۳] ئی خویش اندا نتوان بود، آنش ویسپ-توانی نه پسیزه[٤]. (٤٢) ایائه کش هچی هم-مال[٥] و پتیاره[۶] نبود، آنش مردم چم اوین روشن دانشنی و په ریستاخیز وینا اوه-گمان نکردهند، کواش نیاز ئو این آئینه زیشتیها، رسووائیها، و تنگیها، دشمنان-کامئیها[۷] نمودن نبود هاد؟ (٤٣) اگرش آن مرگی نو-آئینی[۸] پد خویش کام ئو گردن پذیرفت، (٤٤) آنش نون وی[۹] و نیفرین ئو اوزناگان خواندن اشان زوهودان په خشمون داشتن اوه-چم؛ (٤٥) نئیچه، نیفرین و وی اورشان کردن، بشان په آن کنشنی پاددهشنیمند[۱۰] سزد بودن.

(٤۶) دید، این ئی گویند کو: پید و پوس و ادئی پاک سه نام ئی یک از دید نه جتر؛ (٤٧) نه پیش یک. (٤٨) اینیچه کو که: پوس ئی نه که از پید په هر دانشنی هوند[۱۱] کوپید، آن نون په نام ئی جد خواندن چم؟ (٤٩) اگر سه یک

---

[۱] در متن غلط بوده. دکتر وست اصل پهلوی آن را به شکل ا# اجه = ا# چاجه که به معنی «بگردن» می‌باشد اصلاح نموده است. (مینوخرد، چاپ تهمورس انکلسریا، پرسش ۳۸-۳۰).

[۲] جز

[۳] بی‌آبرویی

[٤] نه‌پسیچه، ناسزا

[٥] همال و هممال به معنی ضد است در لغت فرس (ص ۳۲۲-۳۲۳) به غلط به معنی انباز آمده است بهرام بن پژدو می‌گوید: برآمد زراتشت را هفت سال / نگهدار او ایزد بی‌همال (۳۵۸) فردوسی گوید: چنین تا برآمد برین هفت سال / ببود اورمزد از جهان بی‌همال. در خسرو و ریدک چاپ اونوالا نیز به غلط هم‌اهل مترادف همال آمده است (ص ۷۱)

[۶] دشمن، بلا

[۷] برآوردن کام دشمنان

[۸] طریق جدید، طرح نو

[۹] وای Alas

[۱۰] - لایق پاداش

[۱۱] - مانند، برابر

سزد بودن، آن سه بودن نه و نه سه بودن شایستن اور[1]؛ (۵۰) اوره مره په این پدسار[2] اوه-ویمندیها[3] شاید گفتن.

(۵۱) اینیچه کو: اگر پوس نه که از پید، آن پیدیچه از پوس نه مه[4]، (۵۲) آن اگر پید از پوس ایائه پوس نه از پید گوئیهد شاید. (۵۳) و این اور کوهر[5] ازش از آن یش ازش ئی خود مادگ[6] تخمه که شاید بودن (۵٤) اگر په جمان اگریچه په پیوند. (۵۵) اکر پوس نه که از پید، آن کردار[7] از کرده[8] نه نه پیش نئیچه مه؛ (۵۶) هر دو بنیشته[9] سزد بودن، (۵۷) ودهشنی[10] از دادار نه که و دادار از دهشنی نه مه؛ (۵۸) هر چون[11] گوئیهد اوه-ویمند.

(۵۹) اینیچه کو: اگر پوس په هر دانشنی هوند[12] کوپید، آن پیدیچه اوین ادان چون پوس که از مرگ و دار کردی ئی خویش اناگاه بود، (۶۰) انداشان گریفتن په ود-مرگ[13] و زیشتی رسووا کردن اوزد. (۶۱) ندانست په آن

---

[1]- بی‌شک

[2]- پتی سارا لغت اوستایی به معنی شمارش مرتب از یک تا ده‌هزار می‌باشد. چیزی را به‌طور مبسوط شرح دادن. (در فرهنگ پهلوی چاپ یونکرس، ص ۱۲۲، این لغت را به اشتباه آورده است)

[3]- بی‌حد و انتها

[4]- بزرگ‌تر

[5]- چیزی که موجب پیدایش چیز دیگر شود.

[6]- ماده، بن، سرچشمه، مادری؛ ماتکیک = اصل، بن مادری.

[7]- کننده، صانع

[8]- مصنوع

[9]- دو اصل اولیه bunyasht صفت تفضیلی در مبالغة بن می‌باشد یعنی اصلی که بن آن پیدا نیست مانند بهشت که به معنی بهترین است. به زبان کردی binachak یعنی اصل؛ نیبرگ Nyberg این لغت را به شکل buné-dâtak در فرهنگ خود می‌آورد: Hilfsbuch des pehlevi, II.

[10]- آفریدگان

[11] هرجوری‌که

[12] برابر، شبیه

[13] سخت‌ترین مرگ

چیشان[1] ازش پرسید کو: «روزئی آخیزشنی کئی؟» وش پاسخینید کو: «این نه کس آگاه به پید.» (۶۲) چونکه پوس په ندانشنی تاشتی[2]، پیدیچه[3] ایدون. ایدون.

(۶۳) اینیچه کواش همادام و دهشنی خویشیچه پتیاره از نه-تیس[4] آفرید و داد، و اوزناگان[5] یش پوس وییاوانینید هند[6]؛ (۶٤) اگر یزد اوزناگان یش پوس خویشیچه پتیاره اوه چم به وهان خود داد؛ (۶۵) وشان پوس په همدانشنی[7] ئی اوی اوزد؛ (۶۶) آن نون اوه-گمان شاید بودن کو اوزدار[8] یش پوس خود بود؛ (۶۷) اگرش دانست کو: «پوس که بریهینم[9] ادینش اوزنهند» و اودم بریهینید؛ هلئیها[10] وادانیها. (۶۸) اگرش ندانست، کم دانشنیها.

(۶۹) دید این کو، اگر یزد این دام و دهشنی از نه-تیس آفرید، وش پتیارئیچه هم از نه-تیس آفرید و داد؛ ادینشان گوهر یک سزد بودن؛ (۸۰) نون، چم پتیاره اوین نبوزد[11] چون اوره دام؟

[1] آنچه ایشان

[2] مطمئن، تاشتن = تراش کردن و شکل مشخص به چیزی دادن.

[3] پیدیچ

[4] Nothing

[5] کشندگان

۶ منحرف شدند، گمراه شدند

[7] بااطلاع

[8] کشنده

[9] بیافرینم

[10] با بیهودگی، ابلهانه

[11] بختن = آمرزیدن، رهایی دادن

(۷۱) هن اور انبسانی یشان گوشنی از «دستور نیوگان[۱]»، (۷۲) و آن ئی گوید کو: «نه افند و نه تیس از درخت و نه بهود وانگ په شهرونه دو مورو[۲] اکوبن[۳] کوخشند به[٤] فرمان ئی پید.» (۷۳) که نمودار هست ئی این گوشنی گوشنی کوبنیشته یک وش ویسپ[۵] په کام. (۷٤) نون، مشییای یش پوس په چی کار بریهینید، وش کدام راه نمودن ئی اوی نه-کام؟ (۷۵) کش ویسپ کام وش هچی نه-کام نه اخت[۶]. (۷۶) اینیچه از هم وزار[۷] کو زوهودان مشییای یش پوس په کام ئی پید اوزد.

(۷۷) دید انبسانیها اور آزاد-کامی[۸] ئی استیان[۹] گوید: (۷۸) کواش مردم آزاد-کام دادهند. (۷۹) ایدون آهو[۱۰] ئی گناه ئی مردم کنند آزاد-کامی هست، (۸۰) یش آزادکامی خود ئو مردم داد. (۸۱) آن هم اوی گناهکار سزد داشتن که بن وهان ئی گناه. (۸۲) اگر مردم گناه و بزه په آزاد-کامی ئی خویش کنند، نه په کام ئی یزد، (۸۳) آن شیر، مار، گورگ، گزدم، خروستر[۱۱] ئی گزا[۱]، اوزنا[۲] ئی چیهری کنشی[۳] گناه و بزه یشان ازش همه رود،

---

[۱] نوشته‌ها، کتاب‌ها. در بند ۹۱ همین باب پولس دستور نامیده می‌شود، ولی در اینجا این اصطلاح به سایر حواریون عیسوی نیز اطلاق می‌گردد.

[۲] مرغ

[۳] باهم

[٤] مگر، الا

[۵] همگی

[۶] نگفت

[۷] گزار، قیاس

[۸] اختیار، اصطلاح فلسفی جبر و تفویض Libre arbitre

[۹]- وضت‌ابو - وضت‌ابغج - وضت‌ظوا - ضت‌ث استوان، استوار، هستو یا خستو، استیکان از ریشهٔ ستائیدن، ستودن می‌آید در اینجا به معنی مؤمنین و امت است.

[۱۰]- عیب

[۱۱] خرفستر = جانوران موذی

رود، په کدام آزاد-کامی و که گناه؟ (٨٤) ایدونیچه زهرئی اوزنائی اندربیش[٤] و اوره ارور[٥] سردرگان[٦] یشان نه از آزاد-کامی، وهان که بن داشت؟ (٨٥) اگر گویند کو: آن زهریها په‌وسان[٧] داروئی ویماران، ویماری سپوختار[٨]، سودمند، آروایشنی[٩]. (٨٦) «آن ئه پرسید کو: خود ویماری و زیان ئی ازش که داد، وش چی آوایشنی، (٨٧) کش پس په اوی دارو و زهرئی اوزنا آفرید و آوایست؟ (٨٨) ایائه آن ویماری کش ئوبه بردن انوش-دارو[١٠] دادهئه سزاتر هئه کو زهر-دارو؟ (٨٩) اینیچه کو خود نام «زیانگاری» از کدام بن کش «سودمندکاری» پدیره آوایشنی؟ (٩٠) اور این در وسیها[١١] شاید گفتن ئو هنگردی[١٢] انداخت.

(٩١) هن از گوشنی ئی باولوش[١٣] یشان دستور[١٤]، (٩٢) آن یشان ئو خویش بن انبسان، اینیچه گویند، (٩٣) کو: «نه کر به ئی کامم به بزه[١٥]، (٩٤) ئی نه

---

[١] گزنده

[٢] کشنده

[٣] طینت، از ذات آنها ناشی می‌شود.

[٤] نام گیاه سمی است Aconit napel (بندهش در ٢٧-١)

[٥] نباتات Arbre به معنی مجموع نباتات Flore می‌باشد.

[٦] انواع

[٧] بسا، بسیاری. دکتر وست حدس می‌زند که در اصل وس آئین بوده است.

[٨] دورکننده، التیام‌دهنده

[٩] بایستنی، ضروری

[١٠] نوشدارو

[١١] بسیاری

[١٢] شمه‌ای، خلاصه‌ای

[١٣] در متن پهلوی پاولوش Paulos بوده و مترجم به اشتباه پاوروش خوانده است St Paul.

[١٤] حواری

[١٥] گناه

کامم کنم؛ (۹۵) و نه من کنم، به آن کند ئی اندر من هنبرد[۱] استید، (۹۶) چی، همه وینم کوام روز وشو اواکوخششنی[۲].»

(۹۷) دید، از گوشنی ئی مشییای گویند کو: «یزد بنیشته روشنی و وهی؛ (۹۸) وتری[۳] و تاریکی ازش جد.»

(۹۹) اینیچه کو: «چون شوان[٤] کش کوسپند سد اندر پانائی کند، (۱۰۰) یک ازش گرگان برند، (۱۰۱) از پس ئی آن یک شهود ئی گرگان برد، انداش اواز ئو رم نیبد[۵]، (۱۰۲) وش آن نود نه په دشت هلد[۶].» (۱۰۳) اوینیچه: «من ئو آهیختن[۷] ئی وشفتگان[۸] آمدهم نه ئوراستان، (۱۰٤) چی، اوی ئی راست، ئو راه راه آوردن اوه نیاز.» (۱۰۵) آن اگر بنیشته یک وش ویسپان کام، آن کسیچه نه اوه-راه و وشفته، (۱۰۶) گرگیچه گوسپند کشتن هم اوی کام، (۱۰۷) وش گرگیچه خود آفرید!

(۱۰۸) گوشنی ئی مشییای، فرهست[۹] انبسانیها اور دو بنیشت[۱۰] نمودار؛ (۱۰۹) چون گویند از هم گوشنی ئی مشییای این یک کو: «هست هن بنیشته دشمن یم پید من اوی یزد کربه گرهم.» (۱۱۰) ازین گوشنی پیدا کو خویش

---

[۱] هنبردن = باهم بردن

[۲] ستیزه‌کننده، کوشش‌کننده

[۳] بدتری

[٤] شبان

[۵] نئیدن = بردن

[۶] هشتن = گذاشتن

[۷] بیرون کشیدن، آهنجیدن (کارنامه در سیزدهم-۲-۱۰)

[۸] گمراهان

[۹] در چهاردهم بند ۷۹ دیده شود

[۱۰] دو بنیاد اصلی bunishtakîh

پید از اوی دشمن وزارد[1] جد کند.

(۱۱۱) اینیچه کو: «په یزد ئو راستی و په راستی[2] بریهینیدهم؛ (۱۱۲) ویم آهرمن ئی بزه‌گر ئو وردن[3] آمد؛ (۱۱۳) وش پ هوس آئینه فریفتن کامست هم.» (۱۱٤) نون، اگر بنیشته یک وش هچی همبیدی[4] نیست، آهرمن چم ایدون توانی کواش پوس ئی یزد کامست وییاوانیدن[5]؟ (۱۱۵) اگر اگر خود یزد داد، آن بزه‌گر ادینش آن وییاوانی کردن په دانشنی و کام ئی خود؛ (۱۱۶) وییا وانگریچه ئی پوس هم خود.

(۱۱۷) اینیچه گوید کو که[6]: زوهودان پدیره پتکار استادهند، آنش ئوزوهودان گفت کو: «شما از اوی ئی ازیرتر[7] و من از اورتر[8] هم؛ (۱۱۸) شما ازین شهر[9] هید من نه ازش هم.»

(۱۱۹) وش اینیچه گفت کو: «دانم کو شما از تخم ئی ابراهیم هید آن ئی از پیش مردم اوزد بود؛ (۱۲۰) منیچه کامست اوزدن[10]؛ (۱۲۱) من آن کنم یم پیدردید، شما آن کنیدیتان په خویش پید دید.»

(۱۲۲) اینیچه کو: «اگر یزد هست آن پیدئی شما ادینتان من دوست هاد؛

---

[1] گزارد، تمیز دهد

[2] به کمک راستی

[3] گردانیدن، وسوسه کردن، ویدردن = درگذشتن

[4] ضد، مخالف

[5] منحرف کردن، گمراه کردن

[6] چون

[7] زیرتر

[8] برتر، عالی‌تر

[9] مملکت، دنیا

[10] کشتن

(۱۲۳) ئه را[1] چی من از یزد اوزیدهم[2] نه از خویش کامشنی آمدهم؛ (۱۲٤) په په اوی یزد کربه گر بریهینید[3] هم، آن شما چی راس سخون ئی من نه نیوخشید؟ (۱۲۵) به[4] ئه راچی از بزه‌گرهید آنتان نتوان نیوخشیدن، (۱۲۶) و کامه ئی خویش پیدر کامید کردن؛ (۱۲۷) په اوی راستی نه اخت، هرچی گوید آن دروغ گوید، ئه راچی دروزن هید خود اوا پیدرتان، (۱۲۸) منکه راستی گویم آنم واور نکنید. (۱۲۹) و آنکه از یزد سخون ئی یزد نیوخشد، به شما ئه را چی نه از یزد هید سخون ئی من نه نیوخشید.» (۱۳۰) وش په این گوشنی هما آن نمود کو هست دو بنیشته: یک کش من بریهینید، یک کش زوهودان؛ (۱۳۱) وش آن نه کر به گر بیش بزه‌گر خوانید.

(۱۳۲) وش اینیچه گفت کو: «نه اتو[5] درخت ئی کربه بر[6] ئی بزه، نه نیچه ئی ئی بزه برئی کربه دادن.» (۱۳۳) اینیچه کو: «ایائه هما درخت اوا برئی کربه کند ایائه هما درخت اوا برئی بزه کند. (۱۳٤) چی هر درخت از بر پیدا بهود اگر کربه و اگر بزه.» (۱۳۵) وش هما درخت گفت، نه نیم درخت. (۱۳۶) نون، چون سزد نیم درخت روشن و نیم تار، (۱۳۷) نیم کربه و نیم بزه، (۱۳۸) نیم راستی و نیم دروزنی؟ (۱۳۹) که این هر کو اکوین[7] همبیدی[8] استند، (۱٤۰) یک درخت بودن نشاید.

---

[1] ازین سبب که به زبان کردی نیز همین معنی را دارد. اصطلاح عامیانه: چرا؟ برای ئرا.

[2] بیرون آمده‌ام

[3] آفرید، برگزید

[4] مگر

[5] نمی‌تواند

[6] میوه

[7] باهم (فرهنگ پهلوی، ص ۹۷)

[8] ضدیت، مخالفت

(۱٤۱) وش دید زوهودان «مارئی کوهی زوهوده[۱]» خواند، (۱٤۲) وش گفت کو: «چونتان کربه توان کردن که بزه گر زوهوده هید؟» (۱٤۳) وش نه ئو خویش پید بزه‌گر خواند.

(۱٤٤) اینیچه گوید کو: «هر درخت ئی پیدر نکشت، کنیهاد و ئو آدر اوگنیهاد.» (۱٤۵) کرا ازین سخون شاید دانستن کو هست درخت ئی پیدر نکشت کندن اوگندن آواید؟

(۱٤۶) دید این کو: «ئو خویشان آمدهم و خویشان نپدیرفت هم.» (۱٤۷) کرا شاید دانستن کو خویشی و اخویشی[۲] دو هست؟

(۱٤۸) اینیچه گوید کو: «پیدرمان ئی په آسمان، ات باد شهریاری[۳] وت ئه بادکام په زمی چون په آسمان. (۱٤۹) اومان ده نان ئی روزگاری[٤]، اومان مبرئو گمانگری[۵].» (۱۵۰) ازین گوشنی پیدا کواش کام په زمی نه اوین اویپه چون په آسمان. (۱۵۱) اینیچه کو گمانگری ئی مردم نه از یزد!

(۱۵۲) وش اینیچه گفت په نخست کو: «نه په آن آمدهم کو آئین ئی موشای و شووم[۶]، (۱۵۳) به په آن آمدهم کو بونده[۷] تر بکنم.» (۱۵٤) وش هما گوشنی و فرمان آن که ئو آئین و داد ئی موشای وشفتار و انبسان بود!

(۱۵۵) اوریچه این در اندا ایدر بونده.

---

[۱] یهودا Judée

[۲] بیگانگی

[۳] ملکوت

[٤] روزانه

[۵] شک و تردید، وسوسه

[۶] وشفتن = خراب کردن، تجزیه کردن

[۷] کامل، تمام (فرهنگ پهلوی، ص ۱۰۱)

در شانزدهم

(۱) دید، نیویسیهد[۱] اور[۲] ایرنگ[۳] ئی‌مانای[٤] از هزاران بیوران[٥] یک؛ (۲) چی، ایرنگ و درایشنی[۶] و فریوئی مانای ومانیکان[۷] په بونده[۸] تر نوشتن انتوهم؛ (۳) وم رنج ئی وس و روزگار ئی دیرنگ[۹] اندر آواید.

(٤) نون، ئه دانید مزدیسن[۱۰] ئی زرتوشت کو ب-وشنی ئی مانای اور اکنارئی[۱۱] ئی بنیشتگان[۱۲]؛ (٥) و میان اور گمیزشنی[۱۳]؛ (۶) و فرجام، اور وزارشن[۱٤] ئی روشن ازتار، (۷) آن ئی ئو اوزار-داری[۱٥] وس ماناتر.

(۸) دید این کو گیتی تنی-کردی[۱۶] ئی آهرمن هامست[۱۷]؛ (۹) تنی-کردی دهشنی[۱۸] ئی آهرمن. (۱۰) وش دوکان[۱۹] این کو، آسمان از پوست، (۱۱) و

---

[۱] نوشته شود

[۲] بر، درخصوص

[۳] در سیزدهم، بند ٤ دیده شود.

[٤] مانی

[٥] ده‌هزار

[۶] هرزه‌درایی

[۷] پیروان دین مانی

[۸] در پانزدهم بند ۱۵۳

[۹] دراز، درنگ

[۱۰] مزدیسنان یا پرستندگان اورمزد در مقابل دیویسنان یا پرستندگان دیو.

[۱۱] کـاران‌ا، - زجوز - زاغجز کرنه، کران، کناره - حدا، کناری = بیکران، بی‌پایان

[۱۲] bûndâtagân صفت تفضیلی برای ایزد و اهریمن

[۱۳] گمیزشن = اختلاط دو ناجنس، ضدآمیخته که اختلاط دوهمجنس می‌باشد.

[۱٤] گزارش، تفکیک

[۱٥] پاکی‌ناپذیر، تقسیم‌ناپذیر

[۱۶] تن-کردی = جسمانی

[۱۷] تمامی، شامل همه شدن

[۱۸] آفرینش

[۱۹] تفصیل، تکرار، بازگویی

زمی از گوشت، (۱۲) و کوه از است[۱]، (۱۳) و ارور[۲] از ورس[۳] ئی کنی دیو[٤]؛ (۱٤) واران شوسر[۵] ئی مازندران[۶] سپیهر بست استند. (۱۵) و مردم دیوئی دو دو پای و گوسپند[۷] ئی چیهار پای. (۱۶) و کنی سپاهسالارئی آهرمن، (۱۷) کش کش په ناخون، فردم اردی[۸]، روشنی از هورمزد بغ ربوده اوپارد[۹]. (۱۸) وشان په ددوم[۱۰] اردی، کنی دیو اوا وسان دیوان گریفت، (۱۹) وهست[۱۱] ئی په سپیهر بست، کنی دیواوزد؛ (۲۰) این دام ئی وزورگ[۱۲] ازش داشت و کرد. (۲۱) و خورشید، ماه بیرون آسمان په بالست[۱۳] وینارد[۱٤]، (۲۲) کواندا آن روشنی ئی دیوان اوپارد، اندک اندک په خرامنشی[۱۵] و پالایشنی[۱۶] ئی خورشید و ماه پالایند و خرامینند.

---

[۱] استخوانی به زبان کردی hastî ، estik ، esk

[۲] مجموع نباتات و رستنی‌ها و درخت‌ها را ارور گویند. در سانسکریت به معنی کشتزار است و به لاتینی Arbor می‌باشد و به فرانسه Arbre

[۳] موی

[٤] کنده یا کونددیو اوستایی دیده شود.L. H. Gray, The Foundations of the Iranian Religions, p ۲۰۸

[۵] دوئج منی

[۶] بزرگ‌ترین دیوان

[۷] به معنی مجموع جانوران اهلی و بی‌آزار نیز آمده است.

[۸] جنگ، کشمکش (شاید اردو بازمانده این لغت است).

[۹] هوپاردن یا اوپاردن = فرودادن و بلع کردن، هپرو کردن یعنی خوردن اهریمنی ضد لغت گواریدن که نوش جان کردن است. (لغت فرس ص ۱۵۸ اوبار دیده شود).

[۱۰] دوم

[۱۱] و یا

[۱۲] بزرگ

[۱۳] اوج، عالی‌ترین نقطه، در اصطلاح نجوم خانه شرف (کارنامه در سوم-۵)

[۱٤] آراست

[۱۵] خرامیدن ل‌جال‌ت‌اا - ل‌جاخل‌ت‌اا - ل‌جاغشصت‌اا فر نامیدن، فرنافتن، فرنفتن

[۱۶] بیختن، پاک کردن به اصطلاح شیرازی ترش پالا آبکش را می‌گویند.

(۲۳) پس آهرمن پیش-وینائیها[۱] دانست، کو این روشنی په خورشید و ماه خرامشنی زود پالند و وزاریند[۲]؛ (۲٤) زود نه وزارشن ئی روشن ازتار رئه، این گیهان ئی کودک[۳] ئی چون مردم و گوسپند اوره جانور، هم-پچین[٤] انگوشیده[۵] ئی گیهان ئی وزورگ[۶]، را اوره تنی-کردی[۷] دهیشنی ویراست، (۲۵) جان و روشنی اندر تن بست و زیندانی کرد، (۲۶) کواندا آن روشنی ئی په خورشید و ماه خرامیهد، دید په مرزشنی[۸] و زایشنی ئی جانوران پادیزانیهد[۹]، (۲۷) وزارشنی[۱۰] دیرنگ‌تر باد.

(۲۸) و واران شوسرئی مازندران بود؛ (۲۹) په ان چم که مازندران ئی په سپهیر بست استند، (۳۰) کشان روشنی اوپارد، (۳۱) و په نو آئین و وییامانی[۱۱] و کیرو[۱۲] یی ئی زوروانی[۱۳]، روشنی ازشان وزردن[۱٤] را دوازدهان خوریگان[۱۵]

---

[۱] با پیش‌بینی

[۲] گزارینند

[۳] جهان کهین، عالم اصغر Microcosme

[٤] با هم نوشته‌شده، رونویس

[۵] به منزلة

[۶] جهان مهین، عالم اکبر Macrocosme

[۷] دارای جسم

[۸] مقاربت، مجامعت، نزدیکی

[۹] براند، دور کند، فاسد کند

[۱۰] گزارش، متمایز شدن

[۱۱] Vahmânîh تبعیض، تشخیص، میانجیگری

[۱۲] حیات بالقوه Énergie latent نیروی اصلی که در تخم و نطفه پنهان است و باعث نشو و نمای درخت می‌شود. فکر اولیه که در ضمیر کسی وجود داشته بعد ظاهر می‌گردد. کیرو در برهان قاطع به معنی نگاهداشتن و حصول چیزهایی باشد که پیش ازین در ذهن پوشیده بود.

[۱۳] زمانی؛ فرقة زروانیان که معتقدند زروان پدر اورمزد و اهریمن بوده است.

[۱٤] بیختن

[۱۵] وآخترز خورده، خوردگان، دوازده اختر

دختران ئی زروان هندیمان[1] مازندران ئی نر وینینند[2]؛ (۳۲) کواندا، آن مازندران از دیدن ئی اشان ورون[3] ازشان انگیزیهد[4] (۳۳) و شوسر ازشان وزاریهد، (۳٤) آن روشنی ئی اندر شوسر ئو زمی ریزیهد، (۳۵) اروران[5]، درختان، جوردایان[6] ازشان روئیهد؛ (۳۶) و روشنی ئی اندر مازندران په شوسر وزاریهد، (۳۷) آن ئی اندر زمی په وهان[7] ئی اروران از زمی وزاریهد.

(۳۸) دید، اور جد-جوهری ئی جان و تن، این کو: جان اندر تن بست و زیندانی (کرد) (۳۹) چون دادار[8] و داشتار ئی ویسپ استومندان[9] تنی-کردان[10] آهرمن هست، (٤۰) هم چم را ئه، نزد زایشنی کردن پیوند رائینیدن[11]؛ (٤۱) چی، هم-ایار[12] اوا آهرمن هست په داشتاری ئی مردم و گوسپند و پادیران[13] کرداری ئی جان و روشنی اندر تنان، نئیچه کشتن ئی اروران و جوردایان.

(٤۲) دید انبسائیها اینیچه گویند، (٤۳) کو مروچینیدار[14] ئی دام هم آهرمن

---

[1] همخانه روبه‌رو، جلو چشم یاروی

[2] دلربایی کنند، نمایش دهند

[3] نفس اماره، شهوت

[4] وئصل‌صدغصت هنگیزیهد

[5] به یادداشت بند ۱۳ همین در مراجعه شود.

[6] بنشن، دانه‌ها

[7] بهانه = علت مجازی ضد چم که سبب اصلی باشد.

[8] حافظ، پشتیبان

[9] دارای استخوان‌بندی و ترکیب ظاهری

[10] به‌صورتِ جسمانی درآوردن

[11] روا کردن، رایج نمودن

[12] همدست

[13] نفله کردن، فاسد کردن بند ۲۶ همین باب دیده شود.

[14] تباه‌کننده، ویران‌کننده

هست؛ (٤٤) هم چم را، نسزد هچی دام اوزدن، (٤٥) چی آهرمن-کنشنی هست.

(٤۶) دید، این کو چون گیهان آهرمن داشت، فرجام پیروز یزد هست، (٤٧) په وزار داری[۱] ئی جانان از تنان، (٤٨) این گیتی په اودم[۲] وشوویهد[۳]، (٤٩) نو[٤] نو[٤] نه آرائیهد، (۵۰) نبهود ریست ویراستاری[۵] تن ئی پسین.[۶]

(۵۱) دید، این کو آن دو بنیشته همائیها-استیشنی، هم-ویمندیها[۷] اوین بود چون آفتاو و آسایه، (۵۲) وشان نبود هچی نیشامی[۸] و وشادئی[۹] میان.

(۵۳) نون گویم نخست اور بودن نشایستن ئی هچی هسته تیس ئی اکناره، (٥٤) به[۱۰] اواز[۱۱] آن ئی اکناره خوانم تیهی[۱۲] وجمان[۱۳]. (۵۵) آنیچه ئی ئو هست اندرون په جامندی[١٤] وجمانی هستان[۱۵] تیسان[۱۶] کناراومند وینیهد. (۵۶) اینیچه کو، اگرشان یکی و دوئی اور گوئیهد، از آن چون یکی به په

---

[۱] گذرداری، رهایی دادن

[۲] افدم، آخرین در مقابل فردم = نخستین

[۳] خراب شود، تاراج شود

[٤] از نو، باز

[۵] آراستن دوباره اجساد

[۶] تن آخرین، قالب جسمانی جدیدی که در روز قیامت مردگان را به آن می‌آرایند (کارنامه در یازدهم-۱۵)

[۷] در حد یکدیگر بودن

[۸] نشیمی درست‌تر به‌نظر می‌آید یعنی نشیمن و جایگاه.

[۹] گشادگی، فاصله، درز

[۱۰] بلکه

[۱۱] فقط، تنها

[۱۲] تهی، خلاء، فضا Espace

[۱۳] زمان Temps

[١٤] چیزی که جایی را اشغال می‌کند، تصرف محل

[۱۵] هستی‌ها

[۱۶] چیزها

همائیها پروستئی[1] ئی تیس اینا[2] نبهود، (۵۷) چی یک این کونه دو؛ (۵۸) دو این کوبن یک ئی جدایی ئی یک از دید، (۵۹) ئی نه دو خوانیهد، (۶۰) که[3] یک یک به په هما پروستئی ئی یکی نشناسیهد، (۶۱) و دوئی به په جدایی ئی یک‌یک نشاید بودن، (۶۲) یک آن ئی په یکی یک و استیان[4] په یکی؛ (۶۳) یک یک و دو اندر تخمه چندی[5] مره اومندی[6]، (۶۴) و چندی و مره اومندی و همایی و جدایی ئی چون من گفت به کنار اومندی بودن نشاید؛ (۶۵) اوچه[7] میانه دانشنان[8] روشن.

(۶۶) دید، این کو، اکناره[9] آن بهود ئی په دانشنی نه بروندیهد؛ (۶۷) که په هچی دانشنی پروستن نشاید، اندر دانشنی ئی یزد پروستن نشایست اچار؛ (۶۸) آن یزد خودی ئی خویش آنیچه ئی تار-بنیشته[10] همائیها[11] اندر دانشنی نه پروندیهد. (۶۹) کش خویش خودی اندر خویش دانشنی نه پروندیهد آن ویسپ-وه] وویسپ-وین گفتن واهر[12]؛ (۷۰) چی، «ویسپ«

---

[1] محیط، دایره کشیدن

[2] دیگرگون

[3] چون

[4] استوار، مستقیم. در پانزدهم متن بند-۷۷ دیده شود.

[5] اصل شمارش

[6] شمارمندی

[7] این نیز

[8] مردم دانشمند

[9] بی‌کناره، بیکران، بی‌پایان

[10] بنیاد تاریکی

[11] همگی

[12] بی‌اساس، بی‌منطق

همایی وزارد، (۷۱) و «همایی» هما کوسته[1] پروستئی راهما خوانیهد، (۷۲) هما کوسته پروسته کنار اومندی اچار. (۷۳) آن یزد که از هما پروستئی ئی خویش آگاه، کنار اومند سزد انگاردن[2]؛ (۷٤) اگر اکناره، اناگاه. (۷۵) فردم دانشنی ئی دانا ازش اوزیرشنی[3] دانستن ئی خویش خودی و چونی و چندی؛ (۷۶) که آن ئی خویش هما خودی و چونی و چندی اناگاه، اوریچه اوره چونی و چندی[4] دانا بود گفتن واهر.

(۷۷) اینیچه کو، چون اکناره اپروستئی[5] را په دانشنی نه پروندیهد، (۷۸) آن این کواش هما خودی دانا ایائه هست ئی ادان هما روشن ایائه هست ئی تاریک هما زینده ایائه هست ئی مرده وش اناگاه.

(۷۹) دید، این کو روشنی و جان ئی ایدر[6] ایاوم بهر[7] ئی از هم زروانی هست هست ایائه نه. (۸۰) که بهرئی از خودی ئی زروانی هست، آن ئه هوزواراند[8]: کوتیس کش بهرازش بختن شاید بهرمند شاید بودن؛ (۸۱) بهرمند به که همینیده[9] اندانشاید؛ (۸۲) وهمینیده به از همینید ارکش آن همینید اینانه وزیرد[10]؛ (۸۳) و که بهر کرده کنار اومند وینیهد، بن کش

---

[1] سوی، جانب Côté در لغت فرس ص ٤۸ به معنی کمر و پهلو آمده است. بوشعیب گوید: شاکر نعمت نبودم یافتی! / تا زمانه زد مرا ناگاه کوست.

[2] هنگار، پندار، پنداشتن

[3] ناگزیری

[4] کیفیت و کمیت

[5] نامحدودی

[6] اینجا

[7] بهره، حصه

[8] دکتر وست به شکل Hûzînharend اصلاح می‌کند در سیزدهم بند ۱٤٤ دیده شود. اوزواردن = اوز Out بیرون + واردن = گردیدن یعنی بیرون گردانیدن ریشهٔ اصلی لغت (اوزوارشن).

[9] هم‌کرده، متحد، متمرکز

[10] گزیرد

بهرازش هم آئینه کرده کناراومند بودن اگمان، (٨٤) په آن چی گویند کو ویسپ بر[1] بهر ئوبن گوایی دادار؛ (٨٥) آنکه بهر کرده کناراومند ایاوم آنچه آنچه بن به که کرده و از بهران همینیده کناراومند، اینا بودن نشاید.

(٨۶) اینیچه کو اکناره نه بخشیهد؛ (٨٧) چی بهراز همایی بخشیهد، (٨٨) وهمایی اورکنار اومندی گوایی، (٨٩) چون من ازور[2] نمود، (٩٠) کو هستی چونی[3] ئی بن به از هومانایی[4] و انگوشیده ئی بر اینانه ایاوم، (٩١) هرچی په بر بر ایاویهد[5]، (٩٢) په بن هم آئینه بودن اور[6]؛ (٩٣) آن که کردئی[7] و کناراومندی په بر ایاوشنی، هم از وزار[8] بنیچه کش برازش په کنار اومندی اگمان.

(٩٤) دید این کو اکناره آن بهودئی اپرخت جا[9] و اویمند[10] خودی؛ (٩٥) وش هن جانیشامی[11] ازش پرخت نیست، (٩۶) آن که دو بنیشته اکناره و اسامان[12] خودی گوئیهد، آسمانان، زمینان، هامست[13] تنی-کردان،

---

[1] نتیجه، بن = علت. بروبن = علت و معلول.

[2] زبر

[3] چگونگی

[4] مانندگی

[5] یافته شود

[6] بی‌گمان، یقین

[7] ساختگی

[8] گزار

[9] دکتر وست فرخت اصلاح کرده یعنی مکان نامعین.

[10] بی‌پایان. در ترجمهٔ سانسکریت بی‌شک آمده است تصور می‌رود در اصل اگمان بوده است.

[11] نشیمی به معنی نشیمن شایسته‌تر است.

[12] سامان = حد

[13] همگی

وخششنان[۱]، جانان، روشنان، بغان[۲]، امشاسپندان وسان[۳] همبرشنان[٤] کشان کشان جد-نامی از جدایی ئی یک یک ازاوی، دید نه سامانمند شاید بودن؛ (۹۷) آنش هما اندر چی[۵] وکو[۶] داد، (۹۸) که دو بنیشتان همشئیها اپرخت-جا جا بودهند، (۹۹) به اگرشان خودی ئی اکناره کناراومند کرد و جائی این هماهستان بودان بهودان[۷] کرد بودن، چون شاید؟ (۱۰۰) اگر گوهرئی هم] اکناره کناراومند بودن شاید، آن نیستیچه بودن شایستن اور؛ (۱۰۱) آن ئی اور اوردیشنی ئی گوهر گویند واهر.
(۱۰۲) اینیچه ئه داند کو اکناره آن بهودکش پرخت ئی ازش فردم نه وخت[۸]؛ وخت[۸]؛ (۱۰۳) هچی تیس جد از اوی جدا ازش بودن نشاید؛ (۱۰٤) به از ویمند ئی اکنارئی نشناسیهد؛ (۱۰۵) ایائه استردئیها[۹] آن تیس ئی نداند کوچی همه گوید و ستیزد و سخون اور رائیند[۱۰] کودگان کودک دانشنان پدش ویپاوانیند[۱۱] اندا راه ئو چی؟ (۱۰۶) اگرش اخردیها اینیچه گوید کش خودی اکناره، وش دانشنیچه اکناره په اکناره-دانشنی داند کو اکناره هست؛ (۱۰۷) آن واهرئی دوبار واهر. (۱۰۸) یک این کو دانشنی اورتیس آن ئی په دانشنی

---

[۱] رستنیها
[۲] خداوندان
[۳] دکتر وست وس‌آئین اصلاح کرده است.
[٤] انجمنان
[۵] چه چیز
[۶] کجا
[۷] آنهایی که بعدها بباشند.
[۸] بخت. از بخشیدن = قسمت کردن
[۹] ستردگی، تحیر
[۱۰] راندن
[۱۱] ویپاوانیدن = منحرف کردن، گمراه کردن

ایافته و اندر دانشنی پروسته؛ (۱۰۹) تیسیچه به آن ئی اندر دانشنی همائیها پروسته[1] و ایافته اندا بونده[2] نشناسیهد؛ (۱۱۰) ئی تیس دانشنی په هما شناختن ئی تیس بهود؛ (۱۱۱) هما شناختن ئی تیس په هما پروستئی ئی تیس اندرون دانشنی بهود.

دنباله

تکه‌هایی از باب یازدهم «شکند ویمانیک ویچار»

(۱) پیش ازین درباره سفسطه و هرزه‌درایی و نظریه راست (راست‌نگرشنی) نوشتم، (۲) تا دانشمند بدان بنگرد.

(۳) نخست او (ایزد) یک بنیاد (مبدأ) نیک‌اندیش (هوسکال) است، (٤) چون گویند که: «ایزد یکی است، نیکو کردار و دانا و توانا و آمرزنده و بخشایشگر می‌باشد؛ (۵) چون کربه و بزه و راستی و دروغ و زندگی و مرگ و خوبی و بدی از اوست.»[3]

(۶) کنون باید از ایشان پرسید، (۷) که: «آیا ایزد همیشه آمرزنده و بخشاینده و نیکوکار و دادگر و به همگی آنچه هست و خواهد بود داناست و به هرچه آرزو کند کامروا می‌باشد و نیز میانجیگری او از روی داد است یا چنین چیزی نیست؟» (۸) چه اگر او آمرزنده و نیکوکار و بخشایشگر است، پس چرا اهریمن و دیو و اینهه گروش‌های بددوزخی را با وجود آمرزندگی و

---

[1] محصور

[2] کامل، تمام

[3] قرآن، سورة تغابن- ٦٤ آیات ١٣-١٤-١٨ و سورة سوم-٣٠ آیة ٤٠: «الله لا اله الا هو. ان الله غفور رحیم. عالم الغیب و الشهادة العزیز الحکیم. الله الذی خلقکم ثم رزقکم ثم یمیتکم ثم یحییکم.» خدایی که جز او خدایی نیست. آمرزنده و بخشاینده است. دانای نهان و آشکار، بزرگ فرزانه... خدایی که شما را بیافرید پس به شما روزی داد پس شما را بمیراند پس شما را زنده گرداند.

نیکوکاری و بخشایشگری خود برای آفریدگان خویش روا داشته است؟ (۹) اگر او نمی‌دانست دانایی و آگاهی مطلق او کجا بود؟ (۱۰) اگرش نخواست که زیان و بدی را از آفریدگان بازدارد و هرکس را جداگانه نیکی بدهد، دادگری و میانجیگری او به کجا رفته؟ (۱۱) اگرش شایسته نبود که نداد، توانایی مطلق او از چیست؟ (۱۲) هر کس چون نگرد بدان پی تواند برد.

(۱۳) مگر گویند: هر نیکی و زیان از ایزد باشد، جز هنگامی که این چهار صفت (هنر) که بایسته الوهیت (ایزدی) هست: آگاهی مطلق و توانایی مطلق و خوبی و بخشایشگری را زاید بر ذات او دانند؛ (۱٤) وگرنه چاره دیگری نیست، (۱۵) چون هرگاه یکی ازین چهار صفت را ازش جدا کنند، پس ایزدی او کامل نمی‌باشد. (۱۶) چه اگر ایزد همه‌آگاه و همه‌توان و خوب و بخشایشگر باشد، پس کسی که همه‌آگاه و همه‌توان و خوب و بخشایشگر نیست ایزد نمی‌باشد.

(۱۷) دیگر اینکه چون او خداوند کامروا به هر کس و به هر چیز بود، چرا آن ملک و شهریاری خویش را چنان از هرگونه دشمن و ضد (پتیاره) نگاهبانی نکرد، تا هیچ چیز نیز از مستمندی و ستم و بیدادی و گله‌مندی (گرزشنی) برای هیچکس در شهریاری او نباشد، (۱۸) چه خداوندی و شهریاری را مردی برازنده خداوندی و شهریاری باشد که ملک و شهریاری خویش را چنان با خرد خویش تواند پاسبانی کند که دشمن را از کردار خود یارایی کاستی (کهستن) و گناه و زیان کردن نباشد، (۱۹) یا چون دشمن به کار او طمع کند (نیازد) ناتوان باشد که از منش دوستان خود او را باز دارد و هر کس را نامستمند تواند کرد.

(۲۰) دیگر اینکه: چون پیروز و چیره و توانا (پادیاوند) باشد، (۲۱) آن پیروزی و چیری بر دشمنان و ضد (همبیدی) بر که می‌تواند باشد؟ (۲۲) زیرا برای

پیروزی بر دشمنان باید که ضدی وجود داشته باشد، (۲۳) سزاوار نیست که مخالف و دشمن خویش بوده باشند؛ (۲٤) تا زمانی که دشمن و مخالفی وجود ندارد، بر که می‌توان پیروزمند و چیره شد؟ (۲۵) این‌گونه پیروزی و چیرگی گفته نشود. (۲۶) زیرا گاوان و گوسپندان نیز زمانی که مخالف و ضدی ندارند بر خویشتن چیره و پیروزمند می‌باشند!

(۲۷) دیگر اینکه: آیا دانشمند به ایزدی و بزرگی خویش خورسند است یا نه؟ (۲۸) اگر مرد دانا خورسند است، پس او خورسند می‌باشد به اینکه با دانش خویش دشمن و گناهکاری بیافریند و همه آنچه که ملک را فاسد کند با دانش و خواهش خود به سود ملک و آفریدگان روا دارد. (۲۹) چگونه سزاوار است که گناه و زیان ایشان را خواستن و خود بر ایشان دشمن و نفرینگر بودن و دوزخ را آماده کردن و سبب زیان مردم شدن؟

(۳۰) دیگر اینکه: هرچه گوید باید راست و باور داشت یا نه؟ (۳۱) اگر به‌راستی گوید و می‌توان باور کرد که می‌گوید: «من دوست کربه و دشمن بزه‌ام.» (۳۲) همیشه گناه و گناهکار بیشتر می‌آفریند تا ثواب و ثوابکار. (۳۳) راستگویی او کجاست؟

(۳٤) دیگر اینکه: آیا اراده او خوبی و یا بدی است؟ (۳۵) اگر اراده او بر بدی است، ایزدی او از کجاست؟ (۳۶) اگر اراده او بر خوبی است، پس چرا بدکاران و بدی بیش از خوبان و خوبی است؟

(۳۷) دیگر اینکه: او بخشایشگر هست یا نه؟ (۳۸) اگر بخشایشگر نیست، پس ایزدی او از کجاست؟ (۳۹) اگر بخشایشگر است، پس چرا می‌گوید که: «دل‌ها و گوش‌ها و چشم‌های مردمان را بستم تا ایشان نتوانند اندیشیدن و

گفتن و کردن مگر آنچه که من بخواهم[1]؛ (٤٠) ایشان از وجود مهان و آزادگان بی‌نیازند، (٤١) کسانی هستند که به انواع مرگ کشته شوند و به دوزخ جاویدان افگنده شوند. (٤٢) تا آنهایی که باز بیافرینم ثواب‌کننده خوب باشند!» (٤٣) کنون نیز آنهایی را که بعد بیافرید آزارکننده شدند؛ (٤٤) و از آنهایی که پیش بودند جنایتکارتر و گناهکارتر باشند!

(٤٥) دیگر اینکه: اگر او هرچه کند با دانش و به سببی بکند، (٤۶) پس نیز اگر او را هیچ ضد و دشمن نبود، چرا نخستین کاری که او آماده کرد و انجام داد، پرستندگانش به دیومنشی و نافرمانی ایستادند و مردمان به نابکاری (دروندی) گمراه و دوزخی گشتند[2]؟ (٤٧) اگر او ندانست که گمراه شوند؛ سزاوار بود آزمایشی در کار بکند، (٤٨) چه اکنون بیش از هزاران هزار که او پرداخت، که بایستی او را بپرستند و از فرمانروایی‌اش شاد باشند همگی نافرمان و بداندرز شدند؛ (٤٩) زیرا مردم با آن دانش کم، چنان آماده و ساخته نشده‌اند چنانکه آرزوی مردمان است، (٥٠) اگر نیز چیزی آماده کنند، و بسازند که نباید باشد و بشود چنانکه آرزویشان بوده است، دوباره برای ساختن چنین چیزی پافشاری نکنند بلکه از آن بپرهیزند.

(٥١) او که خداوند توانای مطلق و دانای مطلق است، تاکنون از بسا چیزهای بیشماری که آفرید و آماده ساخت یکی نیز چنانکه آرزو می‌کرد نبود و نشد، هنوز نیز از آماده کردن و آفریدن بسیاری چیزهای تازه نمی‌پرهیزد! (٥٢) زیرا چون آفریدگار یکی از نخستین فرشتگانی بود، که از روی مهرورزی او را برای چندین هزار سال از آتش آماده کرد، (٥٣) چنین گویند

---

[1] «٤- اما خداوند دلی را که بدانید و چشمانی را که ببینید و گوشهایی را که بشنوید تا امروز به شما نداده است.» سفر تثنیه، باب بیست‌ونهم.

[2] احتمال می‌رود اشاره به سقوط آدم باشد. بند ۶۱-۷۷ همین باب دیده شود.

که همواره پرستش او را می‌کرد؛ (۵٤) در انجام به‌واسطه سرپیچی از یک فرمان او (ایزد) که: «به این نخستین مرد که من از گل آماده کردم سجده (نماز) بکن.» (۵۵) رستگاری ناسزایی آشکارا درباره او مقرر داشت. (۵۶) پس چنانکه به گل خود خشمناک شوند و نفرین کنند، او را خوار کرد، (۵۷) به دیومنشی و دروغزنی گمراه شده او را از بهشت بیرون کردند، (۵۸) و به او زندگی هزاران سال و خداوندی جاودانه بخشید! (۵۹) چنانکه او گفت: «من می‌روم بندگان و پرستندگانت را گمراه سازم و بفریبم.» [1] (۶۰) و او (ایزد) به میل خویش، زیان‌کننده و ضد را آفرید!

(۶۱) در انجام نیز آن مرد را که از راه دوستی و آزرم به بزرگترین (مهست) فرشته و بسیاری از پرستندگان فرمان داد که او را کرنش کنند، (۶۲) به بوستان بهشت فرستاد، (۶۳) تا کشاورزی کند و از همه میوه‌ها بخورد، (٦٤) به‌جز آن‌یک درخت که فرمود: «از آن مخورا» [2] (۶۵) و با آنها فریبنده و

[1] قرآن سورة ۱۵ (حجر) آیات ۲۶-٤٠ «و جن را از پیش آفریدیم از آتش سموم و چون پروردگار تو به فرشتگان گفت: من آفریدگار مردی از گلی از لجن بدبویم. پس چون آن را گستردم و در آن از روان خویش بدمیدم پس سجده‌کنان بر او زانو زدند. پس فرشتگان همه با هم به خاک افتادند جز ابلیس که سر باز زد از اینکه با سجده‌کنندگان باشد، گفت ای ابلیس برای تو چاره‌ای جز اینکه از سجده‌کنندگان باشی نیست. گفت نشاید که من به بشری که از گلی از لجن بدبو آفریده‌ای سجده کنم. گفت پس از آن (بهشت) بیرون شو که تو به سنگ رانده شده هستی و بر تو تا روز قیامت نفرین خواهد بود. گفت پس به من مهلت بده تا روز رستاخیز. گفت پس تو از مهلت داده‌شدگانی تا روز وقت معلوم گفت پروردگارا چون تو مرا از راه بدر بردی من نیز در زمین آنها را بفریبم و همگی را از راه بدر برم جز از آنان که بندگان مخلص تو باشند.»

[2] «۱۵- پس خداوند خدا آدم را گرفت و او را در باغ عدن گذاشت تا کار آن را بکند و آن را محافظت نماید.
۱۷- اما از درخت معرفت نیک و بد زنهار نخوری زیرا روزی که از آن خوری هرآینه خواهی مرد.» سفر پیدایش باب دوم. «ولا تقر باهذه الشجره فتکونا من الظالمین - و بدین درخت نزدیک مشوید وگرنه از ستمکاران باشید.» قرآن

گمراه‌کننده را آماده کرد، (۶۶) و در بوستان گذاشت (۶۷) کسانی مار[1] گویند، کسانی اهریمن[2]. (۶۸) و او خود آز و تمایلی به خوردن آن به مردم داد. (۶۹) پس، به‌دست گمراه‌کننده فریفته شدند که: »از آن درخت بخور!« (۷۰) برخی گویند که او به آدم گفت، (۷۱) به سبب آن تمایل خوردن (چیهر خورداری)، ایشان خوردند[3].

(۷۲) پس از خوردن چنان دانشمند شدند که ایشان بد و خوب را شناخته و دانستند.[4] (۷۳) از آن‌یک اندرز که فراموش کردند، از احترام بزرگ و مهربانی بی‌بهره گردیدند، (۷٤) آن فراموشکاری باعث بهانه از ایشان شد، (۷۵) او (آدم) با زنش با خشم زیاد و بی‌آزرمی از بوستان بهشت بیرون رانده شدند[5]، (۷۶) به‌دست آن دشمن فریبنده و گمراه‌کننده سپرده شدند؛ (۷۷) بدینسان اراده خویش را میان ایشان روا داشت، تا آن را به‌کار بندند!

---

[1] «۱- و مار از همهٔ حیوانات صحرا که خداوند خدا ساخته بود هوشیارتر بود و به زن گفت آیا خدا حقیقتاً گفته است که از همهٔ درختان باغ نخورید؟» سفر پیدایش باب سیم.

[2] «۹- و آن اژدهای بزرگ و مار قدیم که به ابلیس و شیطان مسمی است که تمام مسکونه را میفریبد مطروح شده بر زمین انداخته شد و فرشتگانش نیز با وی افکنده شدند.» مکاشافات یوحنا، باب دوازدهم. «۲- و اژدها یعنی آن مار کهن را که ابلیس و شیطان است گرفتار نمود و او را تا مدت هزار سال بند نمود.» مکاشفات یوحنا، باب بیستم.

[3] مقابله شود با سفر پیدایش، باب سیم، آیه ۱-۶.

[4] «۷- آنگاه چشمان هر دوی ایشان باز شد.» سفر پیدایش باب سیم.

[5] «۲۳- پس خداوند خدا او را از باغ عدن بیرون کرد تا کار زمینی را که از آن گرفته شده بود بکند. ۲٤- پس آدم را بیرون کرد تا کار زمینی را که از آن گرفته شده بود بکند. ۲٤- پس آدم را بیرون کرد و به‌طرفِ شرقی باغ عدن کروبیان را مسکن داد.» سفر پیدایش باب سیم. «الم انهکما عن تلکما الشجرة و اقدلکمان ان الشیطان لکما عدو مبین - شما را نهی کردم و گفتم در پیرامون این درخت نگردید و متابعت سخن دشمن نکنید. - اهبطوا منها جمیعاً بعضکم لبعض عدو ولکم فی الارض مستقرو متاع الی حین- هر چهار بر زمین شوید و اقرار گیرید و هریک دیگری را دشمن شدند (آدم و حوا ابلیس را دشمن شدند و ابلیس فرزندان او را و حوا ما را دشمن شد.)

(۷۸) کنون بیدادی، فرمان بی‌علت و پس‌خردی و کم‌دانشی و یاوه‌تر و زیان‌رساننتر ازین کدامست؟ (۷۹) این نیز که آن بوستان را چرا چنان مستحکم و استوار نکرد که آن فریبنده نتواند در آن شود؟[1]

(۸۰) کنون نیز آن (فریبنده) بسا از بندگان و پرستش‌کنندگان او را گمراه کرد و کند، (۸۱) و به همین سبب بسیاری پیغمبران و فرستادگان (وخشوران) را نوبت به نوبت برای گیتی برگزید؛ (۸۲) که: «بندگان مرا از دست آن فریبنده رهایی بخشند، (۸۳) و آنها را به راه و رسم راست آورند[2]!» (۸٤) و نیز آن پرستش‌کنندگان و پیغمبران خویش که کوشش آنها مردم را به راه راست و موعظه (پند) نیکو آورده بود، همگی به اراده او مرگ دشوار (شکنجه) تسلیم و کشته شدند![3]

(۸۵) آن مبدأ فریبنده و گمراه‌کننده جاودان زنده است، (۸۶) تاکنون نیز اراده او به فریبندگی و گمراهی پیروزمندتر و کامرواتر از آن ایزد می‌باشد؛ (۸۷) زیرا فریب‌خوردگان و گمراهان خیلی بیشتر از راست‌راهان و ناگمراهان می‌باشند.

(۸۸) دیگر اینکه هرچه او کند به سببی است یا نه؟ (۸۹) اگر بی‌سبب کند کار بیهوده است، (۹۰) کسی که کار بیهوده کند سزاوار نیست که به عنوان ایزد ستایش شود. (۹۱) اگر برای سببی کند، (۹۲) پس درصورتی‌که هیچ ضد و مخالفی وجود نداشت، اینهمه آفریدگان مانند دیومنشان و مردم

---

[1] در سیزدهم بند-۱٤۲ دیده شود.

[2] «۲۲- زیرا خداوند به‌خاطر نام عظیم خود قوم خود را ترک نخواهد نمود چون که خداوند را پسند آمد که شما را برای خود قومی سازد. ۲۳- و اما من حاشا از من که به خداوند گناه ورزیده ترک دعا کردن برای شما نمایم بلکه راه نیکو و راست را به شما تعلیم خواهم داد.» کتاب اول سموئیل، باب دوازدهم.

[3] «٤۹- ازین‌رو حکمت خدا نیز فرموده است که بسوی ایشان انبیاء و رسولان میفرستم و بعضی از ایشان را خواهند کشت و بر بعضی جفا خواهند کرد.» انجیل لوقا، باب یازدهم

نافرمان که برضد اراده او می‌کوشند و گمراه‌کننده می‌باشند و آفریدگان بیشماری که بی‌سود آفرید از بهر چه بود؟

(۹۳) دیگر اینکه: اگر او همه این‌ها را می‌دانست و خواست که بشود، درخور او نبود که با دانش و اراده خویش چیزی بیافریند که از آن پشیمان شود و در برابر اراده و فرمان او ایستادگی کنند، (۹٤) و دشمن پیغمبران و کارفرمایان (کامنشگران) خویش بوده باشد!

(۹۵) اگر گویند که: «ابن ضد (پتیاره) را اصلاً خوب و نیک آفرید، سپس آفریدگان به بدی و گمراهی گرائیدند،» (۹۶) اینکه گویند او توانای مطلق است، به همان سبب اراده ضد به گراییدن به بدی و گمراهی آفریدگان چیره‌تر و زورمندتر از آن ایزد می‌باشد. (۹۷) چه در هر زمانی بدی نیرومندتر از خوبی است.

(۹۸) دیگر اینکه گناهکار هم به اراده اوست» (۹۹) او خود منش گناهکاران را گمراه کرد، (۱۰۰) او خود تخم بزه را کشت، (۱۰۱) چون که روئید پس ریشه خود را از کجا داشت؟ (۱۰۲) از کدام نیروی دادگری یکی کشته شد و دیگری را پاداش دادند؟

(۱۰۳) دیگر اینکه این جهان را به علتی برای رامش و آسایش خود و نیکی مردمان آفرید و داد یا بدون علت برای گرفتاری و رنج (شتاب) و دیگری را پاداش دادند؟

(۱۰۳) دیگر اینکه این جهان را به علتی برای رامش و آسایش خود و نیکی مردمان آفرید و داد یا بدون علت برای گرفتاری و رنج (شتاب) و فریب خویش و درد و مرگ مردمان؟ (۱۰٤) چه اگر او بی‌سبب آفرید کار بیهوده‌ای بود، (۱۰۵) چیز بی‌جهت از دانایان پذیرفتنی نیست. (۱۰۶) اگر او به علتی آفرید، برای شادی خود و آسایش و نیکی مردمان به‌وجود آورد، (۱۰۷)

چرا آن را آبادان و پر از نیکی نیافرید؟
(۱۰۸) اگر از آراستن مردم و آفریدگان مقصود رامش و نیکی بود، از کشتن و فساد چه سودی داشت؟ (۱۰۹) اگر منش جنایت را او به مردم نداد، او کیست که از فرمان خود و اراده‌اش فکر جنایت می‌دهد؟ (۱۱۰) اگر او خود داد و اکنون آنها را به عیب (آهو) گیرد، پس راستی و میانجیگری او از چه است؟ (۱۱۱) زیرا مردم نیز با دانش کم و کم‌خردی پس تا می‌توانند شیر و گرگ و خرفستر (جانوران موذی) دیگر را میان جوانان و زنان آبستن خویش نمی‌گذارند؛ (۱۱۲) تا می‌توانند آنها را بکشند. (۱۱۳) کنون ایزد بخشایشگر اهریمن و دیو را چرا به جان آفریدگان خود رها کرد، (۱۱٤) بدینسان آنها را کور و گمراه و نابکار و دوزخی کرد؟ (۱۱۵) اگر برای آزمایش آفرید، چون می‌گویند آن بد را از لحاظ آزمایش برای آفریدگان به‌وجود آورد؛ (۱۱۶) چرا آن را پیش از آن مردم و آفریدگان نشناخت؟ (۱۱۷) چه کسی که دستورش برپایه آزمایش باشد آگاه مطلق خوانده نمی‌شود.
(۱۱۸) خلاصه اینکه اگر هیچ ضد (همال) و مخالفی (پتیاره) برای ایزد نبود می‌توانست همه آفریدگان و آفرینش را بی‌گزند بیافریند، چرا این‌گونه نکرد؟ (۱۱۹) آیا اراده‌اش ناتوان بود، (۱۲۰) اگر او خواست و نتوانست، توانایی او کامل نیست؛ (۱۱۱) اگر می‌توانست و نخواست؛ بخشایشگر نمی‌باشد؛ (۱۲۲) اگر می‌دانست که: «ازین آفریدگان و آفرینش که به‌وجود آوردم، کسی یا چیزی باشد که به کام من نیست.» (۱۲۳) و در انجام بیافرید! (۱۲٤) پس کنون این همه ناخورسندی به خود راه دادن و پیوسته خشمناک شدن و نفرین کردن و به پاداش به دوزخ افگندن بی‌سبب است.
(۱۲۵) دیگر اینکه اگر همه فکر جنایت (بزه‌منشی) و ارتکاب جنایت (بزه‌کنشی) و گناه که مردم اندیشند و گویند و کنند، همچنان نیز بیماری و

درویشی (فقر) و پاداش زیان و دوزخ جز اینکه به اراده و فرمان ایزد باشد شایسته نیست؛ (۱۲۶) کام و توانایی ایزد همیشگی است، (۱۲۷) زیرا خود او نیز همیشگی است؛ (۱۲۸) ناامیدی از رستگاری جاوید و از زیان و پادفراه کنون نیز محقق است؛ (۱۲۹) چنانکه بارها گفته شد، که هیچ استاد با فرهنگ (فرهنگود) نیست که بتواند خود را از فریب بدی و خواهش‌ها بازدارد؛ (۱۳۰) اگر پرستندگان از همان پرستندگان و دستوران باشند که به مردمان این اندرز داده‌اند که: «جنایت (بزه) و گناه نکنید!» (۱۳۱) چه می‌خواهند از اراده و فرمان ایزد سر باز زنند[1]. (۱۳۲) این نیز که چون اراده هر کس هم بزهکار است و هم نکوکار، پیدا نیست که نکوکاری نیکوکاران و یا جنایت بدکاران را می‌پسندد!

(۱۳۳) این نیز بزشکانی که به امید روان بیماران را دارو دهند، (۱۳٤) ایشان درد و بیماری را براندازند. (۱۳۵) آیا ازین کردار ایشان کار نیکی به خویش کرده باشند، (۱۳۶) یا اینکه به پاداش دوزخ را پیرایش کنند؟ (۱۳۷) و آنهایی که از راه علاقه روحانی (روان دوشارم) به درویش نیازمند و مردم آزرده چیز دهند، (۱۳۸) ایشان نیاز و درویشی آنها را برطرف سازند، (۱۳۹) چگونه از آن کردار کار خوبی به خویش کرده باشند؟ (۱٤۰) بی‌شک ایشان گناه بزرگی مرتکب شوند. (۱٤۱) اگر گویند که: «آن بزشکان و درمانی که کنند، همچنین کسانی که به درویشان و آزردگان چیز دهند همه به اراده ایزد باشد.» (۱٤۲) آسان‌تر و منطقی‌تر و بیشتر درخور ایزد بود، اگر ایزد بدون ضد و مخالف می‌بود، بیماری و درویشی را نمی‌داد، (۱٤۳) تا اینکه ایشان را خود بیمار و درویش کند و به مردمان فرمان دهد که: «شما ایشان

---

[1] بی‌اراده و فرمان او گناه و بدی نمی‌تواند وجود داشته باشد، چنانکه در بند ۱۲۵- ذکر شده است.

را تندرست و بی‌نیاز کنید!» (۱٤٤) اگر گویند که: «مقصودش این بوده که آن بزشکان و دهندگان را به پاداش نیکی بنماید، (۱٤۵) ایشان را با نیکی جاودانی به بهشت جای دهد.» (۱٤۶) این بنگرید که: او از بیدادگری و ناتوانی برای نیکی و شادی و برآوردن خواهش بندگان دیگرش، مایه زیان بسیاری از بیگناهان می‌شود که مستمند و درویش و نیازمند و بیمار باشند! (۱٤۷) این نیز که برای او ممکن نیست که نیکی و آبادی به کسی دهد مگر از راه مستمندی و درد و بیچارگی دیگران! (۱٤۸) کردار او نشان می‌دهد که کامکاریش از بند ضد آزاد نمی‌باشد. (۱٤۹) اگر گویند که آن بیماران و درویشان را به پاداش به نیکویی در بهشت مینویی (لاهوتی) جاویدان بفرستد، (۱۵۰) چنین به‌دست می‌آید که کاملاً نمی‌تواند پاداش مینویی بدهد مگر به‌وسیله درماندگی در زندگی ناسوتی (گیتی)! (۱۵۱) این نیز که ایجاد بدبختی در زندگی مادی بی‌پرسش و بی‌منطق و بی‌پیش‌بینی و از روی تصادف است! (۱۵۲) پس از بیچارگی پاداش بهشتی مشکوک و باورنکردنی است. (۱۵۳) چون درماندگی قبلی بی‌علت بود، پاداش بعدی نیز بی‌سبب و احمقانه است؛ (۱۵٤) این نیز که هیچ آزادی بعدی به‌دست نمی‌آید مگر پس از مستمندی قبلی علتی ندارد.

[..]

(۲۰۰) این نیز گویند که: «او (ایزد) مرگ و درویشی را به این علت به‌وجود آورد تا مردمان ارزش زندگی و تندرستی و توانگری را بیشتر شناسند، (۲۰۱) و به ایزد سپاسگزارتر باشند.» (۲۰۲) آن کردار بی‌منطق او را بنگرید که بدانگونه او زهر به مردم می‌دهد تا ارزش و بهای پازهر را بیفزاید! (۲۰۳) تا آن پازهر را گران‌تر و ارزمندتر بفروشد! (۲۰٤) این از کدام میانجیگری (ایزد) ناشی می‌شود که برای شناختن ارزش نیکی، به دیگر

بی‌گناهان درد و مرگ و زیان روا دارد؟

(۲۰۵) دیگر آنکه گروهی از ایشان گویند که: «ایزد به همه آفریدگان و آفرینش پادشاه است، (۲۰۶) زیرا که آفریدگان همه از آن خود او هستند، (۲۰۷) چنانکه باید و خواهد با آنها کند و ستمگر نمی‌باشد، (۲۰۸) چه به چیزی ستمگری کنند که از خودشان نباشد؛ (۲۰۹) پس کسی که همه چیزها از خودش است، چنانکه خواهد با آنها رفتار کند و ستمگر نیست.»[1]

(۲۱۰) این بدانید که اگر پادشاهی نیز ستم کند ستمگر خوانده نشود، (۲۱۱) این مانند آن است که پادشاهی دروغ گوید و راستگویش پندارند، (۲۱۲) مانند اینکه چون پادشاهی جنایت گناه و دزدی کند و تاراج نماید گناهکار خوانده نشود! (۲۱۳) همچنانکه آن بزرگوار (هوفرورد) روشن پسر آذرفرنبغ مثلی (انگوشیده) گفته است: (۲۱۴) «چون دیدند مردی با خری نزدیکی همی کند، (۲۱۵) چون از او پرسیدند که: «این کار نکوهیده چرا می‌کنی؟» (۲۱۶) او پوزش خواسته گفت که: «خر مال خودم است!»

[...]

(۲۴۵) دیگر اینکه همه چیز در جهان ازین بیرون نیست که نام نیک و یا بد دارد، (۲۴۶) اگر گفته شود که: «خوبی و بدی هر دو از ایزد و از اراده ایزد آمده است.» (۲۴۷) آن اهریمن مستمند بی‌جهت بدنام شده، زیرا بی‌گناه و بی‌بنیاد است و نیز هرگز بدو سرکش (بازسر) نبوده و نخواهد بود، (۲۴۸) چنانکه در کتاب گوید که: «اهریمن بازسر شد و او را از بهشت بیرون

---

[1] «۲۰- نی بلکه تو کیستی ای انسان که با خدا معارضه می‌کنی آیا مصنوع به صانع می‌گوید که چرا مرا چنین ساختی؟ ۲۱- یا کوزه‌گر اختیار بر گل ندارد که از یک خمیره ظرفی عزیز و ظرفی ذلیل بسازد؟» باب نهم، رسالۀ پولس رسول به رومیان.

راندند[1].» بی‌علت است، (۲۴۹) زیرا آن بازسری و نافرمانی نیز به اراده ایزد بوده است.
(۲۵۰) اگر نیز گفته شود که: «نیکی از ایزد و به کام ایزد و بدی از مردم سر زده،» پس اهریمن بی‌بنیاد و بیگناه است و نفرین و نکوهش او بی‌سبب می‌باشد. (۲۵۱) اگر همه این زیان و بدی نه از گوهر جداگانه بلکه از ذات و خودی ایزد به‌وجود آمده، (۲۵۲) لازم است که ایزد دشمن و مخالف تمایلات (رون) خود بوده باشد.
(۲۵۳) این نیز که از هستی بزهکاری گفتگو شود بی‌آنکه گوهر آن را در نظر گیرند بسیار فریبنده است، (۲۵٤) چنانکه اگر انگاشته شود جنایت از گوهر نیکی به‌وجود آمده فریبنده است، هرگاه اهریمن نیز که مبدأ و بنیاد هر جنایتی است از آفرینش و انجام کار ایزد جدا انگاشته شود فریبنده‌تر می‌باشد.
(۲۵۵) خلاصه اینکه: اگر نخست چیزی وجود داشت که به کام ایزد نبود، اگر هرچیز از اراده ایزد به‌وجود آمده است، کسی گناهکار نمی‌باشد، (۲۵۶) نیز پیغمبر و آوردن دین بی‌علت بوده؛ (۲۵۷) اگر سزاوار است هرکس گناهکار است تباه شود، خیلی بیشتر سزاوار است که بنیاد نهنده (بن‌کردار) و نگاهدارنده (داشتار) و آفریننده هرگونه بدی و جنایت از میان برود. (۲۵۸) اگر نیز گفته شود که: «بدی و جنایت از اهریمن یا مردم سر می‌زند»، چون ایشان نیز از جانب ایزد آفریده شده و به‌وجود آمده‌اند که بنیاد آنها به شمار می‌رود، پس باید که هم او علت بنیاد بدی باشد، (۲۵۹) از بد بتر است.

---

[1] بند - ۵۹ همین در دیده شود.

(۲۶۰) این نیز بنگرید که، همگی کیش‌ها از (زبان) دستور خویش این گویند که به جماعت (رمه) خود گفته و اندرز داده که: «ثواب کنید و از گناه بپرهیزید!» (۲۶۱) به‌واسطه فریبندگی این سخن نمی‌اندیشید، که از چه و از کدام بنیاد گناه آمده، که درباره آن فرمان داده: «شما نباید آن را بکنید و کسی که کرد او را به دوزخ جاودانی می‌افگنم!» (۲۶۲) چون، اگر چنین بود، برای ایزد نیافریدن آن (گناه) آسان‌تر بود تا پس از آفریدن، آن را آشکار سازد و فرمان به پرهیز از آن بدهد (۲۶۳) از این رو، نیز هیچ سود و بهانه‌ای برای آفریدن بدی نمی‌شناسم.

(۲۶٤) دیگر اینکه در کتب (نیوگان) آنها، گفتار متناقضی درباره ثواب و گناه دارد، (۲۶۵) که: «ثواب و گناه هر دو از من است، (۲۶۶) دیوان و جادوگران توانا نیستند که به کسی گزند برسانند. (۲۶۷) نه کسی که دین پذیرفت ثواب کرد، نه کسی که به دین بد رفت گناه کرد، مگر به اراده من.» (۲۶۸) در همین نامه بسیاری نامربوط می‌گوید، و نفرین به آفریدگان می‌کند، (۲۶۹) که: «چرا مردم مایلند گناهی که من برای آنها تعیین می‌کنم مرتکب شوند؟» (۲۷۰) چنین برمی‌آمد که اراده و کردار در دست خودش است، و آنها را به پاداش جسمانی و روحانی می‌ترساند! (۲۷۱) در جای دیگر گوید که: «من خود گمراه‌کننده مردمم، چه اگر اراده کنم پس راه راست را بنمایانم، لیکن اراده من است که به دوزخ روند.[1] (۲۷۲) و جای دیگر گوید

[1] از این‌گونه اشارات در قرآن فراوان است، مثلاً سورة ششم (انعام) آیة ۳۹- «من یشاءِ الله یضلله و من یشاء یجمله علی صراط مستقیم - هر که را خدا خواهد گمراه سازد و هر که را خواهد به راه راست اندازد. سورة چهاردهم (ابراهیم) ۳۲ و ۳٤ «خدایی که آسمان‌ها و زمین را آفرید و از آسمان آب فروفرستاد و بدان میوه رویانید که خورش شما باشد و کشتی را مسخر شما گردانید تا در دریا روان گردد و جوی‌ها را مسخر شما گردانید... و از هرچه درخواستید شما را بهره‌ور ساخت و اگر نعمت خدا را شمار کنید به شمار آن نخواهید رسید.» سوره ١٤ (ابراهیم) آیه ٤-۲-۲۷ و سوره سیزدهم (رعد) آیة ۲۷ از این قرار: «خدا گمراه سازد هر که

که: «خود مردم گناه‌کننده می‌باشند!»

(۲۷۳) به این طریق (آیینه) ایزد درباره آفریدگان خودش که طریق جداگانه دارند گواهی می‌دهد: (۲۷٤) یکی اینکه خود اهریمن است[۱]، (۲۷۵) یکی اینکه خود گمراه‌کننده آفریدگان است[۲]، (۲۷۶) و در دیگری او آفریدگان خود را در گمراه کردن[۳] به همکاری و همدستی اهریمن می‌آفریند چون می‌رساند: «در جایی است که من مسبب آنم و در جای دیگریست که اهریمن.»

(۲۷۷) اما آنکه گوید که: «مردم خودشان گناه کنند» آنها را او به دستیاری اهریمن ساخته و خود او از جنایت و گناه دور است. (۲۷۸) زیرا، اگر مردم به حکم طینت (گوهر) خود جنایت کنند ایزد و اهریمن از گناه دور هستند. (۲۷۹) زیرا هرگاه کار ایزد نباشد، کار اهریمن نیز نخواهد بود.

[..]

(۳۵۲) این نیز گویند که: «ایزد به آدم فرمود که ازین یک درخت در بهشت مخور!»[٤] (۳۵۳) از ایشان باید پرسید، (۳۵٤) فرمانی که ایزد به آدم داد که: «ازین درخت مخور!» نیک بود یا بد؟ (۳۵۵) اگر فرمان نیک بود، پیداست که درخت بد بود، (۳۵۶) سزاوار نیست که ایزد چیز بد بیافریند، (۳۵۷) اگر درخت نیک بود، فرمان بد بود، از ایزد فرمان بد دادن سزاوار نیست؛ (۳۵۸) اگر درخت نیک بود، فرمانی که او به نخوردن داد درخور

را که خواهد و رهنمایی کند هر که را که خواهد، و وای بر کافران از عذاب سخت ... و خدا ستمکاران را گمراه سازد. بگو به‌درستی که خدا گمراه سازد هر که را که خواهد، و هر که توبه کند به او راه خواهد برد.»

[۱] از بند ۲۶۹ نتیجه می‌گیرد.

[۲] از بند ۲۷۱ نتیجه می‌گیرد.

[۳] نگارنده از بند ۲۷۲ نتیجه می‌گیرد.

[٤] بند ٦٤ همین در دیده شود.

خوبی و بخشایشگری ایزد نبود که از بندگان بی‌گناه خود چنین بخششی را دریغ بدارد.

(۳۵۹) این نیز که گویند که: «ایزد هر کسی را بخواهد به ایمان (گروش) و راه راست آورد، و به پاداش روش نیک، او را خوشی جاودانی بخشد؛ (۳۶۰) کسی را که نخواهد به بی‌دینی و خدانشناسی گذارد، و به این سبب، او را به ذلت و دوزخ جاودانی افگند.»[1] (۳۶۱) باید از ایشان پرسید، (۳۶۲) که: «کسی که میل و اراده‌اش دین و ایمان به ایزد و راه راست می‌باشد خوبست، یا کسی که قصد و اراده او به بیراهی و بی‌دینی و خدانشناسی است؟» (۳۶۳) اگر گویند: کسی که میل و اراده او به دین ایزد و راه راست است خوب می‌باشد، (۳۶٤) کنون آن مرد که درباره او اراده ایزد این است که می‌خواهد او را به بی‌دینی و گمراهی و خدانشناسی بگذارد و هرگاه پیغامبر یا یک نفر دوست به او دین ایزد و راه راست را بیاموزد، (۳۶۵) آیا ایزد برای او بهتر و سودمندتر است یا آن پیغمبر و آن مرد؟ (۳۶۶) اگر گویند که: «اراده ایزد درباره او بهتر است» ازین گفتار چنین برمی‌آید که، خدانشناسی و نپذیرفتن دین و بیراهی بهتر می‌باشد. این مغلطه پذیرفتنی و آموختنی (چاششنی) نیست. (۳۶۷) اگر گویند که: به دین راست آمدن و خداشناسی برای او بهتر و سودمندتر است، (۳۶۸) دلیل روشنی است که پیغمبر و آن مرد برای او بهتر از ایزد است؛ (۳۶۹) زیرا مردی که راه راست و خداشناسی را برای مردم لازم می‌داند و اراده بدان دارد خیلی بهتر از ایزد است. (۳۷۰) کسانی که بی‌راه و خدانشناس و بی‌دین می‌باشند، برای آنها اراده ایزد بسیار بدتر از اراده آن مرد است.

---

[1] بند ۲۷۱ همین باب دیده شود.

(۳۷۱) این نیز که اگر بزه منشی و بزهکاری مردم به اراده ایزد است، کنون از آنجایی که ایزد موجد بزه منشی است، پس بزه را در منش خود پرورید، (۳۷۲) او اهریمن را باز به بزه کردن خواند و اغوا کرد، پس باید که بزه منشی ایزد و اراده‌اش بدان زورمندتر و بدتر از آن اهریمن باشد؛ (۳۷۳) چون نیز گوش کردن به اهریمن در بزهکاری از بزه منشی ایزد و نیز تمایلی که بدان دارد سر می‌زند، کنون آشکار است که ایزد بسی بدتر و گناهکارتر از اهریمن می‌باشد.

(۳۷٤) درباره سخنانی که یاد کردیم، (۳۷۵) یکی ازین دو جنبه را داراست: (۳۷۶) یا همه راست و یا همه دروغ است، (۳۷۷) یا برخی راست و برخی دروغ است؛ (۳۷۸) اگر همه راست است، هر سخنی که با این سخن جور نیاید دروغ و یا برخی از آن دور است و دروغ می‌باشد. (۳۷۹) اگر همه دروغ است، هر سخنی که با این سخنان سازگار نباشد راست است و یا کمی از هر دو در بر دارد. (۳۸۰) اگر بخشی از آن راست و بخشی دروغ باشد، (۳۸۱) پس آنکه راست است از گوهر و سرچشمه راستی سر می‌زند، (۳۸۲) و آنچه دروغ است از گوهر و بنیاد دروغ سرچشمه می‌گیرد. (۳۸۲) بنیاد دو است: یکی راستی و دیگری دروغ.

پایان

یادگار جاماسپ

یادگار جاماسپ یا جاماسب نامه که نسخ متعددی از آن به فارسی و پازند و پهلوی وجود دارد کتابی است که در آن گشتاسپ شاه پرسش‌هایی راجع به مسائل گوناگون دینی و تاریخی و جغرافیایی و غیره از جاماسپ می‌کند و او پاسخ می‌دهد. قسمت آخر آن مربوط به موعود زرتشتی است و نویسنده در آن پیش‌آمدهایی را که هنگام ظهور هوشیدر و هوشیدر ماه و سوشیانس رخ خواهد داد شرح می‌دهد و پیش‌گویی‌های زرتشت را راجع به سرنوشت آینده ایران از زبان جاماسپ نقل می‌کند. در این‌جا دو باب آخر کتاب که مربوط به پیش‌گویی‌های نامبرده است و خود موضوع جداگانه‌ای را تشکیل می‌دهد به فارسی گردانیده می‌شود.

جامع‌ترین کتابی که در این موضوع به زبان پهلوی وجود دارد «زند و هومن یسن» یا «بهمن یشت» می‌باشد که این جانب از روی کامل‌ترین و صحیح‌ترین متنی که آقای بهرام گور انگلسریا فراهم کرده است با اسناد و یادداشت‌های مربوط به آن به فارسی گردانیده‌ام ولی هنوز چاپ نشده است. این قسمت از یادگار جاماسب که مربوط به همان موضوع می‌شود یکی از اسناد آن کتاب به شمار می‌آید. و به همین مناسبت در این قسمت اشاره به بعضی پیش‌آمدها شده و یا اسمی خاصی ذکر گردیده که چون در متن «زند و همون یسن» مفصلاً توضیح داده شده در این جا از تکرار آن توضیحات چشم پوشیدیم.

بهترین تحقیقاتی که درباره یادگار جاماسپ پهلوی شده توسط جیوانجی جمشید جی مدی(۱۹۰۳) و دکتر وِست West و بِنونیست Beneveniste (۱۹۳۲) و بالاخره دکتر بِیلی Dr. Bailey انجام گرفته است ولی کامل‌ترین و دقیق‌ترین متنی که اخیراً با تحقیقات و فرهنگ به زبان ایتالیایی ترجمه شده متن ج. مسینا (۱۹۳۹) می‌باشد که مأخذ قطعه ذیل است. از آن‌جایی که

قطعه نامبرده تحت لفظ به فارسی امروز گردانیده شده از نقل متن پهلوی صرف نظر شد و خواننده را برای اطلاعات بیشتر بــه مراجعــه اصــل کتــاب توصیه می‌نماییم و اینجا فقط در مقابل لغات غیر مأنوس فارسی معنی آنها را در هلالین () می‌افزاییم.

در شانزدهم

(۱) گشتاسب شاه پرسید که: این دین اویژه چند سال روا (رایج - برقرار) باشد و پس از آن چه هنگام و زمانه رسد؟

(۲) جاماسب بیتخش گفتش که: این دین بهی هزار سال روا باشد پس آن مردمانی که اندر آن هنگام باشند به مهر دروجی (پیمان شکنی) ایستند؛ با یکدیگر کین و رشک و دروغ کنند و به آن چیم (سبب) ایران شهر (مملکت ایران) را به تازیان بسپارند و تازیان هر رئز نیرومندتر شوند و شهر شهر فراز گیرند.

(۳) مردم به اوارونی (نابکاری - فساد) و دروغ گردند و هر آن چه گویند و کنند به سود خوشان باشد. از ایشان روش فرارون (کردار نیکو) آزرده شود.

(٤) به بیدادشان به این ایران‌شهر و دهبدان (فرمانروایان) بار گران رسد و آمار (مقادیر) زرین و سیمین و نیز بسی گنج و خواسته انبار کنند.

(۵) و همه نابین (نامریی) و ناپیدا شود و نیز بسیاری گنج و خواسته شایگان به دست و پادشاهی (در اختیار) دشمنان رسد و مرگ بی‌زمانه (ناگهانی - نابه هنگام) بسیار باشد.

(۶) و همه ایران‌شهر به دست آن دشمنان رسد و انیران (بیگانگان) اندر ایرانیان گمبزند (اختلاط کنند) چنان‌که ایرانی از ناایرانی پیدا نباشد: آن ایرانی باز ناایرانی باشد.

(۷) و با آن هنگام بد توانگران را از درویشان فرخنده‌تر دارند و درویشان خود فرخنده نباشند و آزادگان و بزرگان به زندگی بی‌مزه رسند، ایشان را

مرگ چنان خوش نماید که پدر و مادر را از دیدار فرزند و مادر را از کابین دختر باشد.

(۸) و دختری زایند به بها بفروشند و پسر پدر و مادر رازنند و زندگی کد خدایی از ایشان جدا کند (بگیرد) و برادر کهتر برادر مهتر رازنند، و خواسته ازش بستاند، و برای به دست آوردن خواسته زور گوید و دروغ گوید و زن شوی را به مرگ ارزان بدهد (محکوم به مرگ کند).

(۹) و مردمان نامرد (زن صفت) ناپیدا (گمنام) به پیدایی رسندو زور و گواهی ناراست و دروغ فرخ شود.

(۱۰) شب با یکدیگر نان و می‌خورند و به دوستی روندو روز دیگر به جان یکدیگر چاره سازند و بد اندیشند.

(۱۱) و اندر آن هنگام بد آن را که فرزند نیست فرخ دارند، و آن را که فرزند است به چشم خوار دارند و بسیاری مردم به اوزدهگی (دربه دری) و بیگانگی و سختی رسند.

(۱۲) و اندر هوا آشفتگی و باد سرد و باد گرم وزد، و براروران (نباتات) کم بباشد و زمین از بر بشود.

(۱۳) و بوم گزندک (زمین لرزه) بسیار باشد و ویرانی بکند و باران بی‌موقع بارد و آن که بارد بی‌سود باریده باشد و ابر بر آسمان گردد.

(۱٤) و دبیر را از نوشتن بد آید و هر کس از گفت و گفتار نوشته و پیمان باز ایستد.

(۱۵) و هر کس که او را اندک بهی (رفاه) است زندگیش بی‌مزه‌تر و بهتر باشد و کلبه ناکرده (ناتمام - خراب) خانه باشد.

(۱۶) سواره پیاده و پیاده سوار باشد. بندگان به راه آزادگان روند، هرچند آزادگی به تنشان مهمان نباشد (ولیکن آزادگی در وجودشان یافت نشود).

(۱۷) و مردمان بیشتر به فسوسگری (دلقکی) و اوارون کنشی (نابکاری) گردند و مزه راست را ندانند و مهر و دوشارم (علاقه) ایشان به دهی (درشتی-پستی) باشد.
(۱۸) مردم برنازود پیر شوند، و هر کس از کردار بد خود شاد باشد و برمندش (ضد فرومند یعنی ارجمند) دارند.
(۱۹) و شهر شهر و ده ده و روستا روستا با یکدیگر کارزار کنند و از یکدیگر چیز بستانند.
(۲۰) و سترگ و رزد (حریص) و مرد ستمگر را به نیکی دارند و فرزانه و مردم به دین (زرتشتیان) را دیو دارند و نیز کسی چنان که باید به کام خویش نرسد.
(۲۱) و مردمی که به آن هنگام بد زایند از آهن و روی سختتر باشند. گرچه از خون و گوشت باشند از سنگ سختتر باشند.
(۲۲) و فسوس (دلقکی) و ریاری (تمسخر) پیرایه باشد و هر کس با اهریمن بیگانه است به خویشی او رسد.و مهر دروجی (پیمان شکنی) و گناه که اندر هنگام کنند.
(۲۳) تیز وزود دست به پاسخ برسند چنان آبی که به دریا نتازد.
(۲٤) و آتشان ایران شهر را به انجام و افسردگی رسند و هیر (مال و منال) و خواسته به دست انیران (نا ایرانیان) و دروندان (کفار) رسد، و همه بیدین بباشند.
(۲۵) و خواسته بسیار گردکنند، و بر آن را نخورند، همه به دست سرداران بیسود (فرومایه) رسد.

(۲۶) و هر کس کاری کند کردار او را دیگری نپسندد. و سختی و انئیه (کاهش- زیان) ایشان از آن برسد، که زندگی بی‌مزه شود و به مرگ پناه برند.

(۲۷) پس اندر زمین خراسان مرد خرد و ناپیدایی (گمانم) با بسیار مردم، اسپ و سرنیزه تیز برخیزد و شهر به چیرگی به پادشاهی (فرمانروایی) خویش درآورد.

(۲۸) خود میان پادشاهی نابین (نامریی) و ناپیدا باشد.

(۲۹) پادشاهی (فرمانروایی) همه از یارانیان بشود، و به ناایرانیان رسد، و بسیاری کیش و آیین و گروش باشد، و کشتن یکدیگر را به کربه (ثواب) دارند: مردم کشی خوار نباشد.

(۳۰) ترا به این تیز گویم که: اندر آن گاه باشد که خداوند پیروزمندی اندر زمین اروم بسایر شهر و بسی شهرستان گیرد و بس خواسته به آوار (غنیمت – چپو) از زمین اروم بیاورد.

(۳۱) پس آن خداوند پیروز گر بمیرد، و از آن فراز فرزندان او به خداوندی نشینند.

(۳۲) و شهر به چیری پایند. و بس ستمگری و بیدادی به مردم ایران شهر کنند، و بس هیر (مال) همگان به دست ایشان رسد. و پس نیز با افسردگی و نابودی رسند.

(۳۳) و اندر آن هنگام بد، مهر و آزرم نباشد، ایشان را مهتر از کهتر و کهتر از مهتر پیدا نباشد، و آنان را هم پشتگی (دستیاری) بباشد.

(۳۴) ترا این چنین گویم که: اوی بهتر که از مادر نزاید، یا چون زاید بمیرد و این‌اند (چنین) بدو درشک (دغلی) را به هنگام سر رفتن هزاره زرتشتان نه بیند.

(۳۶) و نه بیند آن کارزار بزرگی که باید بشود، آن‌اند خونریزی، که اندر آن هنگام باید بودن و مردمی در برابر نمیمانند.
(۳۶) آن تازیان با ارومین و ترکان اندرگمیزنـد (مخلـوط شـوند) و کشـور بوشفند (شلوغ کنند-تاراج کنند).
(۳۷) سپندار مذ (فرشته موکل زمین) به اورمزد بانگ کند کـه: «مـن ایـن بدوانابیه (زبان) را نتابم، من زیر وزبر شوم، و ایم مردم را زیر و زبر کنم، آب و آتش را بیازارند، از بس مسـت (آزار و شـکنجه) و بیـدادی مـردم بـدان کنند.»
(۳۸) و پس مهر و خشم با هم به پد کفند (برخورد کنند)، اندر آن پد کفـتن (تصادم) دروجی (دیوی) که وتینگان خوانند «و به خداوندی جم بسـته شـد، (در بند شد) و به خداوندی بیور اسپ (ضحاک) از بند برست».
(۳۹) و بپور اسپ با آن دروج همپرسگی (مشـورت) داشـت. و آن دروج را کار این بود که بر جورداریان (غلات) می‌کاهید، اگـر آن دروج نبـودی، هـر کس جریبی بکشتی، ٤۰۰ جریب برگرفتی».
(٤۰) در سال ۳۹۶ مهر (سروش مهر) آن دروج بزند، و پس هر کـه جریبـی بکار، ٤۰۰ اندر انبازر کند، بسا گوهر و ایوشوست (ایوکشست=فلزات) پدیـد آورد.
(٤۲) پس از کوست (جانب) نیمروز مردی برخیزد، که خداندی (پادشـاهی) خواهد و سپاه گند (جند-دلیر) آراسته دارد، و شهرها بـه چیرگـی گیـرد، و بسا خونریزی کند، تا کار به کام خودش باشد.
(٤۲) و پس افدم (آخر) از دسـت دشـمنان بـه زابلسـتان گریـزد، وبـه آن کوست (سوی) شود، و از آن جا سپاه آراسته بازگردد. و از آن فراز (به بعد)

مردم ایران شهر به ناامیدی کران رسند، و مهتر و کهتر به چاره خواهی (جویی) رسند، و پناه جان خویش نگرند.
(٤٣) و پس از آن از نزدیکی بار (ساحل) دریای پذشخوارگر (مازندران و گیلان) مردی مهر ایزد را به بیند، و مهر ایزد بسی راز نهان به آن مرد گوید.
(٤٤) پیغام به پذشخوارگر شاه فرستد که: «این خداوندی کر و کور چرا داری؟ و تو نیز خداوندی چنان کن چنان که پدران و نیاکان تو وشما کردند.»
(٤٥) به آن مرد گوید که: «من این خداوندی را چگونه شایم کردن که مرا آن سپاه گند (دلیر) و گنج سپه سردار نیست، چنان که پدران و نیاکان مرا بود؟»
(٤۶) آن پیغامبر (فرستاد) گوید که: «بیاور (یقین کن) تا ترا گنج و خواسته از پدران و نیاکانت بیش بسپارم.» او را گنج بزرگ افراسیاب بیشتر نماید.
(٤٧) چوم گنج به دست آورد، سپاه گند زابل آراید و به دشمنان شود.
(٤٨) و چون دشمنان را آگاهی رسد، ترک و تازی و ارومی به هم آیند که: «پذشخوارگر شاه را گیریم و آن گنج و خواسته از آن مرد بستانیم!»
(٤٩) و پس آن مرد چون آگاهی شنود، با بس سپاه گند زابل، به میان ایران شهر آید، و با آن مردمان به آن دشت، چنان که تو گشتاسب با خیونان سپید (هون‌های سفید) به سپید رزور (صحرای سفید) کردی، با پذشخوارگر شاه کوشش (ستیزه) و کارزار فراز کند.
(٥٠) وبه نیروی یزدان ایران شهر و فره کیان و فره دین مزدیسنات و فره پذشخوارگر و سروش و رشن و آبان و آذران و آتشان کار ار اویر (بسیار) شگفتی کنند. و از ایشان بهتر آیند،از دشمنان چندان بکشند، که مره (شمار) نتوان گرفت.

(۵۱) و پس سروش و نیرو سنک پشتوتن، پسر شما را به فرمان دادار اورمزد از گنگ دزکیان بی انگیزید.
(۵۲) و پسر شما پشتوتن برود با ۱۵۰ هاوشت (طلبه) که ایشان پدموزان (جامه‌های) سپید و سیاه، و دست (فره؟...) من به درفش، تا به پارس آن جایی که آتش و آبان نشسته اند (برقرارند) آن جا یشت کنند (مراسم دعا به جا آورند).
(۵۳) چون یشت سر برود، زوهر (چربی یا آب مقدس) به آب ریزند و آن آتش را با زوهر دهند، و دروندان (خبثان) و دیو یسنان (دیو پرستان) را چنان به او سپهند، (تباه کنند) چنان که به زمستان سرد برگ درختان بخشکد.
(٥٤) و هنگام گرگ بشود (سر آید) و هنگام میش نادر آید و هوشیدر زرتشتان به نموداری دین به پدید آید، و انا ییه (زیان) و دروشک (دنی و غرز) سرآید، و رامش وشادی و خرمی بباشد.

درهو دهم

(۱) گشتاسپ شاه پرسید که: پس از آن که دستوران مینویی (روحانی) به ایران شهر آیند، و اندر اوزده (بتکده) زنند، (ویران کنند) و جهان از اپادیاوی (آلودگی) به پاکی و بی‌آلایشی گردانیده باشند، چه هنگام و زمانه رسد؟ اندر هزاره یک یا چند خداوند و دهبد (پادشاه-فرمانرو) باشند؟جهان را چگونه را بینند؟ (اداره کنند) داد دادستان اندر جهان چگونه؟به هزاره هوشدر و هوشِیدر ماه و سوشیانس چه آیین باشد؟
(۲) جاماسپ بیختش گفتش که: «اندر هنگام هوشیدر ۱۸ خداوند باشند. اندر آن هنگام پِتیاره (آفت-بلا) کم باشد،دروج (دیو) و گرگ سرده (نوع)

به او سپهد، (تباه شود) کار دادستان نه ارداد بلکه ازهات مـر (زبردسـتی) کنند؛ سال و ماه و روز کم‌تر باشد.

(۳) چـون از هـزاره هوشـیدر پانصـد سـال سـر بـرود، خورشـید دامـان (آفریـدگان) را بزنـد. هوشـیدرماه زرتشـتان بـه پیـدایی آیـد، و دیـن را روا(رایج)کند، آرزو نیاز سرده (نوع) همه را تباه کند.

(٤) پس دیو ملکوس آید، و آن زمستان ملکوسان کند همه، دام و جانور اندر آن زمستان تباه شوند. پس ورجمکرد (حصارجم) را به او سپهند، (ویران کند - بگشایند) و مردم،ستور و جـانور از آن ور حصـار بیـرون آینـد، و جهـان را بازبیارایند.

(۵) پس خشم (دیو خشم) برود، بیور اسپ (ضحاک) را از بند برهاند،و جهان را فرا گیرد، پس مردم بخورد و جانور را بخورد.

(۶) پس اورمزد، سروش و نیـرو سـنگ را بفرسـتد کـه: «سـام نریمـان را برانگیزید!» ایشان روند و سام را برانگیزند، نیرویشـان چنـان کـه بـود بـاز دهند. سام برخیزد و به سوی آزی‌دهاک (ضحاک) شود.

(۷) آزی دهاک که سام نریمان را بیند، به سـام نریمـان گویـد کـه: «سـام نریمان! هر یک دوستیم، بیاور (یقین کن) تا من خداوند و تو سپه سردار من باشی و این جهان را با هم بداریم!»

(۸) سخن ننیوشد (نشنود) و او گرزی بر سـر آن درونـد (خبیـث) زنـد.آن دروند به سام گوید که: «مرا مزن!تو خداوند من و من سپه سردار باشـیم، این جهان را با هم بداریم!» و سام سخن آن دروند را نشنود، و گـرزی دیگـر بر سر آن دروند زند و او بمیرد.

(۹) پس هزاره سوشانس اندر آید.سوشـیانس بـه همپرسـگی (مشـورت) اورمزد رور،دین بپذیرد،و به جهان روا کند.

(۱۰) پس نیرو سنگ و سروش بروند؛کی خسرو سیاوشـان، تـوس نـوذران و گیوگودرزان و دیگران را با هزار گنج و سردار انگیزند، اهـریمن را از دامـان (آفریدگان) بازدارند، مردمان گیتی همه هم منش (هم فکر) و هـم‌گفتـار و هم‌کردار باشند.

(۱۱) اهریمن و گشادگان (زاد و رود) او را بر دام اورمزد هیچش کار نباشـد. پس دیو آز به اهریمن در آیـد (هـرزه درایـی کنـد) کـه: «تـو بـه دامـان (آفریدگان) اومزد هیچ کاری نتوانی!».

(۱۲) پس اهریمن پیش تهمورس آید: «مرا خورش باید،خورش من و تو مهان (گران-زیاد)باید داشت!» نشنود.

(۱۳) ازین رو اهریمن به آز (دیو آز) درآید که: «برو، تو همه دیـو و دروج و خرفستر (جانوران موذی) و دام من بخور!» دیو آز برود و همه دام و دهـش (پروریدکار) اهریمن را بخورد. (تـم = تیرگـی؟) سـپس گویـد کـه: «سـیر نشدم!» پس دیو آز و اهریمن نزار و ناتوان باشند.

(۱٤) پس سوشیانس سـه یـزش (مراسـم مـذهبی) فـراز کنـد، نزدیسـت (نخست) زندگام انوشه، پس مردگان آورد. چون یزش به هاون گاه (فجـر) کند همه مردمان برخیزند؛ چون یزش به رپیتـون گـاه کنـدمردمان همـه درست و ی دروش (بی رنج) باشند.

(۱۵) چون یزش به اویسروتوم گاه کند مردم همه دوگانه (نر و ماده) پانزده ساله باشند؛ چون بزش به اوشهن گاه کند. شهریور همه کـوه‌هـا بـه جهـان بتاود، ایوشوست (فلزات) به همـه جهـان بازایسـتد، همـه مـردم بـه روی گداخته بگذرند، و چنان اویژه و روشن و پاک شوند که خورشید به روشنی.

(۱٦) اهریمن را بیرون از آسمان بکشند و سرش را ببرنـد؛ پـس دام اویـژه (خالص) باشد، مردمان جاودانه، انوشه و بی‌مرگ و بی‌زرمـان (بـی‌علـت -

بی‌غم) به داد (سن) پانزده ساله باشند، آنـان را چنـان باشـد کـه بـه کـام خواهند.

(۱۷) فرجفت (انجام گرفت) به درود و شادی و رامش

دنباله نخستین

(۱) گشتاسپ شاه پرسید که: «سیج (بال) گران چند بار، نیاز چند بار و بـرف سایاه چند بار، تگرگ سرخ چند بار و کارزار بزرگ چند بار باشد؟

(۲) جاماسپ بیتخش گفتش: سیج گران سه بار باشد: یکـی بـه فرمـانروایی بیدادانه دهاک و یکی به افراسیاب تورانی و یکی به هزاره زرتشتان باشد.

(۳) نیاز چهار بار باشد:یکی به فرمـانروایی بـد افراسـیاب تـورنی، یکـی بـه خداوندی اشکانیان و یکی به خداوندی پیروز یزدگردان، و یکی به سر رفـتن هزاره زرتشتان باشد.

(٤) گزند گران سه بار باشد: یکی به خداوندی منوچهر و یکی بـه خداونـدی پیروز یزدگردان، و یکی به سر (انجام) هزاره زرتشتان.

(۵) و برف سایاه و تگرگ سرخ سه بار باشد: یکی بـه خداونـدی منـوچهر و یکی به خداوندیِ کی‌کاوس و یکی اندر هزاره هوشیدران باشد.

(۶) کارزار بزرگ سه بار باشد: یکی به آن کاوس شاه که با دیـوان بـه بـرز (بالا-آسمان) ستیزه کرد و یکی آن شما باخیون سپید (هون سفید) که دیـن را جادو کرد، که او را ارجاسپ خوانند و یکی در سر هزاره زرتشتان باشد که بهم آیند ترک و تازی و ارومی چون با آن دهید (پادشاه) ستیزند.

دنباله دوم

(۱) گشتاسپ شاه ازجاماسپ پرسید که: به آمدن آن هنگام پسرمن، دخشه (علامت) و نشان چه نماید؟

(۲) جاماسپ بیتخش گفتش که: گاه هوشیدر که پدید آید، این چند نشان به جهان پدیدار شود:

(۳) یکی این که شب روشن‌تر باشد.

(٤) دوم این که هفتورنگ (بنات النعش) گاه بهلد (مقر خود را تغییر دهد) و به سوی خراسان گردد.

(۵) سوم این که درآمد مردمان یکی از دیگری بیش‌تر باشد.

(۶) چهارم این که مهر دروجی (پیمان شکنی) که اندر آن زمان کنند، زودتر و بیش‌تر (به مقصود) رسند.

(۷) پنجم این که مردمان خوار فرمانرواتر و چابک‌تر باشند.

(۸) ششم این که بتران را نیکی بیش باشد.

(۹) هفتم این که دروج آز سهمنک‌تر باشد.

(۱۰) هشتم این که بند افسون که اندر آن زمانه کنند دوست‌تر(؟) دارند.

(۱۱) نهم این که خرفستران (جانوران موذی)، مانند پلنگ و گرگ چهار زنگ (چهار پا) را زیان بیش باشد.

(۱۲) دهم این که بد آگاهان بردین دستوران فسوس (مسخره) بیش کنند.

(۱۳) یازدهم این که آزار دین دستوران روا باشد، به ایشان زور و ناراستی گران گویند.

(۱۴) دوازدهم این که هامین (تابستان) و زمستان گزیـدن (تشـخیص دادن) نشاید.

(۱۵) سیزدهم این که دوشارم (علاقه) بسیار به کهتر، دهی (درشتی) باشد.

(۱۶) چهاردهم این که کسانی که اندرآن هنگام و زمانـه زاینـد بتـر و نیـر و مانتز (زیرک تر- زرنگ تر) باشند و نیز به زودی به مرگ رسند.

(۱۷) پانزدهم این که آزرمیان (محترمین) بـه بـی‌آزرمـی و دروجـی و درغ داوری و زور گواهی بیش کنند. مرگ و زمان بزرگ شتاب هفتان (سیارگان) به همه کشور رسد.

(۱۸) پس دستور جهان بیاید و پیغامبر زند فرازمرزد (دوباره تصفیه کند).

(۱۹) شانزدهم این که دوور (دریاچه) هست به سگستان (سیستان)بگشـاید وزره (دروازه) شهرستان را آب ببرد و همه سگستان پر آب بباشد.

تهران-۱۳۲۲

آمدن شاه بهرام ورجاوند

ترجمه‌ی آمدن شاه بهرام ورجاوند نخستین بار در شماره‌ی هفتم سال دوم مجله‌ی سخن مورخ تیر ۱۳۲۴ انتشار یافته است و به علتی – که در صفحه ۱۰۹ این یادبودنامه از قول حسن قائمیان ذکرشده – تاکنون از چاپ مجدد آن خودداری گردیده است. باید متذکر شد که اگر این نوشته در این‌جا به چاپ می رسد تنها ازاین نظراست که هر اثری در هر زمینه از صادق هدایت – حتی اگر در اذهان عده‌ای کوته فکر سؤ اثر داشته باشد – باید دردسترس عموم قرار گیرد.

ترجمه‌ی آزاد قطعه‌ی پهلوی زیر از کتاب «متون پهلوی» گردآورده‌ی جاماسب اسانه، بمبئی ۱۸۹۷ (ص۱۶۰-۱) انتخاب شده که آقای H. W. Bailey آن را درکتاب اخیر خود به نام: (۱۹۴۳) Zoroastrian Problems, Oxford نقل کرده‌اند. چیزی که شایان توجه است درین قطعه‌ی کوتاه چند لغت عربی به‌کار رفته و موضوع آن مربوط به آرزوی دیرین زرتشتیان راجع به ظهور بهرام ورجاوند می‌باشد که در کتاب‌های دینی زرتشتی مکرر اشاره شده است.

به نام یزدان

«کی باشد که پیکی از هندوستان آید که: آن شاه بهرام از دوده‌ی کیان آمد، او را هزار پیل است و بر سر هر یک پیلبانی است که درفش آراسته دارد؟ به آئین خسروان پیش‌لشکر برند. سرداران سپاه را مردی بصیر باید که ترجمان زیرکی باشد. چون بیاید، به هندویان گوید که: از دست تازیان ما یک گروه چه دیدیم! دین را نزار کردند و شاهنشاه ایران ما را بکشتند. ایشان چون دیو دین دارند و چون سگ نان خورند. پادشاهی را از خسروان بستاندند، نه به هنرو مردانگی به (بلکه) به افسوس (استهزاء) و ربارى (تحقیر) بستاندند. به ستم از مردمان زن و خواسته‌ی شیرین، باغ و بوستان گیرند.»

گزیته (جزیه) بنهادند و بر سران بخشیدند و باز اصلی و سایران خواستند. «بنگر که دروجان چه بدی‌ها بدین جهان افگندند، که هیچ بدی از آن بتر نیست. جهان از آن ما شود. آن شاه بهرام ورجاوند از دوده‌ی کیان را به کینخواهی تازیان بیاوریم. چونان که رستم گرزکین را به جهان آورد. مزگت‌های (مسجدها) ایشان را فرهلیم، آتشان را بنشانیم، اوزده زارها (بتکده‌ها) را بکنیم و از جهان پاک کنیم تا گشودگان (تخم و ترکه) دروج ازین جهان نابین (ناپیدا) شوند.»

«فرجام یافت به خوشی و شادی!»